KB047563

사회과학자 12인에게 던지는 질문

당신은 어떤 세계에 살고 있는가? ❷

아르민 퐁스 엮음

윤도현 옮김

국립중앙도서관 출판시도서목록(CIP)

당신은 어떤 세계에 살고 있는가?. 2 / 아르민 퐁스 엮음
; 윤도현 옮김. -- 서울 : 한울, 2003
    p. ;   cm

관제: 사회과학자 12인에게 던지는 질문
원서명: In welcher Gesellschaft leben wir eigentlich?
: Gesellschaftskonzepte im Vergleich. Band 2
원저자명: Pongs, Armin
ISBN 89-460-3170-0 03330
ISBN 89-460-0113-5(세트)

331.54-KDC4
303.4-DDC21   CIP2003001170

In welcher Gesellschaft leben wir eigentlich?

Gesellschaftskonzepte im Vergleich

Band 2

Aus der Reihe "Gesellschaft X"
herausgegeben von Armin Pongs

DILEMMA
VERLAG

In welcher Gesellschaft leben wir eigentlich?
Gesellschaftskonzepte im Vergleich, Band 2
by Armin Pongs

Copyright ⓒ 2000 by Dilemma Verlag, München
Korean translation copyright ⓒ 2003 by Hanul Publishing Company

All rights reserved. This Korean edition was published by arrangement
with Dilemma Verlag.

막스 베버(1864-1920)를 기리며

20세기 초반의 사회에 대한 그의 분석은 그
가 죽은 지 80년이 지난 지금에도 그 설명
력을 상실하지 않았다. 오히려 그의 저작들
은 항상 새롭게 해석되기를 요구한다. 그가
예견한 '예속의 틀(Gehäuse der Hörigkeit)'
에 갇힌 인간생활이라는 미래상이 철저하게
관료화된 사회에 대한 경고로 계속해서 남
기를 바라며…….

"지적 수준의 향상과 합리화의 증대는 사람들이 처해 있는 생활조건들에 대한 전반적 지식의 증가를 의미하지 않는다. 오히려 그것은 다른 것을 의미한다. 즉 우리의 삶에 개입하는 어떤 비밀스럽고, 알 수 없는 힘은 원칙적으로 존재하지 않는다는 사실을, 마음만 먹으면 언제든지 알 수 있다는 것 그리고 오히려 이제는 모든 사물을 −원칙적으로는− 합리적 계산을 통해 지배할 수 있다는 것에 대한 지식, 또는 믿음이 증가한다는 사실이다. 그런데 이것은 다름 아닌 세계의 탈주술화를 의미한다."

막스 베버(Max Weber)

옮긴이 서문

우리는 살면서 "스트레스 쌓인다" "힘들어 죽겠다" 또는 "살맛 난다" 등의 표현을 가끔 한다. 물론 이러한 말들이 나오는 것은 말하는 사람의 천성적 성향 탓도 있겠지만, 대개는 그 사람의 주변환경, 일자리, 그리고 나아가서는 전체 사회구조와 관련이 깊다. 이렇게 볼 때, 우리를 스트레스 받게 하고, 힘들게 하며 때로는 살맛 나게 하는 일차적 요인은 사회환경이고, 나아가 사회는 우리 개개인의 몸과 정신 속에 이미 함께 하는 것이라고 할 수 있다. 따라서 어떤 면에서는 우리가 살고 있는 사회를 이해하는 만큼, 우리는 우리 자신을 이해할 수 있는 것이다.

사회학을 공부하는 사람으로서 역자는 사람들이 사회에 너무나 크게 영향을 받는다고 생각한다. 예를 들어 너도나도 "돈, 돈" 하면서 금전적인 것을 중시하는 것은 태어나면서부터 돈을 밝히는 성향을 타고 난 것이 아니라 돈을 중시할 수밖에 없는, 돈이면 거의 모든 것이 해결되는 사회에 살기 때문이라고 생각한다. 또 우리는 흔히들 기성세대보다 현재의 젊은 세대들이 더 자기중심적, 개인주의적 경향이 강하다고 말한다. 그러나 이것도 사실은 젊은 세대들의 유전자가 원래 개인주의적인 것이 아니라, 그간 우리 사회가 개인주의적 사고방식과 행동양식을 취하지 않으면 적응하기 힘들도록 변화하였기 때문이라고 생각한다.

역자는 여기서 인간이 환경에 의해 좌우되는 수동적 객체에 불과하다고 말하려는 것은 아니다. 인간은 물론 역사를 만들어가는 능동적 주체이기도 하다. 그러나 우리가 주목해야 할 것은 이러한 능동적 역할조차도 주어진 일정한 사회적 조건하에서 이루어진다는 점이다. 따라서 우리가 진정으로 현재보다 더 나은 사회를 희망한다면, 우리는 현재의 사회가 어떤 사회인지를 깊이 고민하지 않으면 안 된다.

현대사회는 급속하게 변화하고 있다. 우리는 일상에서 너무나도 자주 정보화, 세계화, 유연화라는 말을 듣고, 또 심심찮게 포스트모던 사회, 지식기반사회, 탈산업사회 등에 관한 이야기를 접한다. 그리고 이러한 변화들은 실제로 우리들의 일상생활을 크게 변화시키고 있다. 예를 들어 빠른 정보화로 인해 새로운 정보 네트워크와 의사소통양식이 생겨나는가 하면, 다른 한편에서는 수많은 기성세대들이 이른바 컴맹이라는 이유로 퇴출당하고 있다. 또 노동시장의 유연화로 인해 일부 경직된 구조들이 생동성을 얻기도 하지만, 다른 한편으로는 과거와 같은 직업의 안정성은 더 이상 기대할 수 없고, 실직의 불안 속에서 동료들간의 경쟁이 격화되고 있다. 한편 사회의 기본 단위로 당연시되던 가족구조도 변화를 겪고 있다. 이혼 등으로 혼자 사는 사람의 수가 늘어나는가 하면, 다른 한편으론 결혼조차 안하겠다는 젊은이들을 주변에서도 심심찮게 볼 수 있다.

이 책은 바로 이러한 현대사회의 변화들을 다룬 책이다. 1권과 마찬가지로 2권에서도 서구의 12명의 저명한 학자에게 "우리는 도대체 어떤 사회에 살고 있는가"라는 질문을 집요하게 던지고 있다. 이 책의 구성을 간략히 소개하면 다음과 같다. 우선 각 장마다 해당 학자의 이론을 요약한 다음 공통질문을 하고, 또 나아가 각자의 특성에 맞춘 심도 있는 인터뷰를 통하여 현대사회의 쟁점들을 제기하고 그 해결책을 모색하고 있다. 특히 2권에서는 세계화, 정보화, 가치변동 등에 관한 주제를 다루고 있는데, 이러한 주제들은 오늘을 살아가는 현대인들이라면 반드시 나름대로 생각해보아야 할 내용들이다.

이 책은 처음부터 끝까지 읽을 것을 권한다. 그러나 정 시간이 없는 독자라면 일부 관심 있는 부분만 골라가며 읽어도 도움이 될 것이다. 예를 들어 가족구조의 변화나 가치관의 변화에 관심이 있는 사람들은 아미타이 에치오니(Amitai Etzioni), 스테판 라딜(Stefan Hradil), 로널드 잉글하트(Ronald Inglehart) 부분을, 신자유주의, 세계화에 관심 있는 독자는 앤소니 기든스(Anthony Giddens), 리처드 세네트(Richard Sennett) 부분을, 또 정보화, 미디어에 관심 있는 독자들은 스콧 래시(Scott Lash), 닐 포스트맨(Neil Postman), 지안니 바티모(Gianni Vattimo) 부분을 읽으면 될 것이다. 그러나 이 모든 주제들은 서로 무관한 것이 아니라 나름대로 일정한 연관성을 가지고 있으며, 또 일부 주요 문제들에 대해서는 학자간에 서로 견해를 달리하고 있다. 따라서 현대사회에 대한 좀더 전반적인 이해를 얻고자 하는 독자라면 이 책에서 다루는 학자들을 나름대로 비교하면서 가급적 끝까지 읽을 것을 권한다.

처음에 출판사로부터 이 책이 과연 번역할 가치가 있는가 하는 검토를 요청받고 나서 역자는 바로 이 책을 살펴보았다. 그리고 한 시간이 채 지나기도 전에 이런 좋은 책은 반드시 번역되어야만 한다고 생각했고, 나아가 그 번역을 직접 했으면 좋겠다는 욕심을 내었다. 그러나 막상 번역을 시작해보니 번역작업이 생각만큼 만만한 것이 아니었다. 우선 학자들이 12명이나 되다보니 다루는 주제의 폭이 매우 광범위했고, 또 언제나 그렇듯이 독일어의 학문적 용어를 우리말로 좀더 쉽게 옮기는 것은 결코 간단치가 않았다. 그러나 이제 책이 나오고 나니 개인적으로 큰 보람을 느낀다. 그리고 이 자리를 빌어 번역과정에서 많은 도움을 준 독일 빌레펠트 대학 독문학 박사과정의 윤부한 선생에게 고마움을 전하고 싶다.

나름대로 번역에 최선을 다하였으나 -역자의 어학실력 부족과 천학으로 인해- 있을 수 있는 오역에 대해서는 독자 여러분께서 가차없이 따끔한 지적과 비판을 해주시길 바란다. 그리고 마지막으로 이 책의 출간을 위해 애써주신 도서출판 한울의 모든 분들에게 감사의 말씀을 드린다.

2003년 9월
윤도현

엮은이 서문

최근 들어 종말에 관한 일련의 책들이 쏟아져나왔다. 종말을 주장하는 저자들의 명단을 일일이 열거하자면 끝이 없다. 다음을 한번 살펴보자. 『사회민주주의적 세기의 종말』(랄프 다렌도르프), 『거대 서사의 종말』(장-프랑수아 료타르), 『역사의 종말』(프랜시스 후쿠야마), 『현대성의 종말』(지안니 바티모), 『확실성의 종말』(지그문트 바우만), 『이데올로기의 종말』(다니엘 벨), 『노동의 종말』(제레미 리프킨), 『계급의 종말』(울리히 벡), 『도시의 종말』(알랭 투랜느), 『전통의 종말』(앤소니 기든스), 『확신성의 종말』(니클라스 루만), 『문자시대의 종말』(마셜 맥루한), 『교육의 종말』(닐 포스트맨), 『조직자본주의의 종말』(스콧 래쉬), 『공공생활의 종말』(리처드 세네트), 『민주주의의 종말』(장-마리 기엔노), 『국민국가의 종말』(오마에 겐이치) 등등, 이밖에도 많은 사람들이 종말을 주장하였다.

이 책의 서두에서 우리는 확실히 해둘 것이 있다. 모든 것은 종말이 있다. 또, 모든 것은 일시적인 것이며, 틀린 것으로 드러날 수 있다. 이 책에서 얘기하는 사회에 관한 서술 역시 예외는 아니다. 사회에 관한 서술들은 각자 개성 있는 형성역사를 가지고 있다. 그것들은 특정한 시대, 특정한 지역, 그리고 특정한 시각으로부터 생겨난 것이다. 하지만 이것이 그 서술들의 설명력을 약화시키는 것은 결코 아니다. 다만 우리가 다루게 될 개념들에서는 포괄적인 사회이론이 아니라, 과학적 주의력으로 현실의 특정한 측면을 비추는 설명 모델을 중요시한다는 점을 강조해야 될 듯하다. 각 이론적 입장의 다양한 차이들은 사회적 현실이라는 것이 하나의 유일한 개념으로는 파악될 수 없다는 것을 보여주고 있다. 사회에 대한 서술이 폭증하는 것은 오히려 수많은 연구자들이 상이한 관심과 상이한 시각들을 가지고 현실의 상이한 단면들에 주목하고 있다는 사실을 보여준다. 이 책은 진정한 올바른 인식은 없으며 수많은 경쟁하는 해석들만이 있다는 것을 보여준다. 즉 통일적인 시각은 사회를 바라보는 수많은 아르고스(Argos: 그리스신화에 나오는 백 개의 눈을 가진 거인. 날카롭고 의심스런 눈초리를 가진 파수꾼의 의미도 있음—옮긴이)의 눈들에 의해 대체되었다.

이 책은 세상을 새로이 설명하려고 하진 않는다. 또, 어떤 해결방안이나 미래에 대한 예언도 제시하지 않고 있다. 이런 식의 내용들을 기대한다면 이 책은 이런 것들을 담고 있지도 않으며 또 단호히 배격한다는 점을 확실히 말해주고 싶다. 또 우리가 살고 있는 사회는 도대체 어떤 사회인가라는 핵심적 질문에 해답을 제시하는 것을 목적으로 하지 않으므로 이에 대한 최종적 대답을 제공하고 있지 않으며, 12개의 서로 다른 대답만을 제시하고 있다.

이 책에는 12명의 사회연구자들의 인식과 시각이 들어 있다. 이들은 자신들의 경험적 연구와 저술에서 이익갈등이 드러나는 장소에 주목하고, 또 사람들이 능력과 가능성을 실험하고 펼치는 무대를 설명하고 있다. 중요한 것은 시대의 변화 속에 있는 인간과, 인간에 의해 창조된 제도들에 대한 연구이다. 이 책은 요즘 유행하고 있는, 사회를 설명하려는 여러 시도들에 대한 일종의 반응이며 이러한 여러 시각들에 대한 기록자료로서 의미가 있다. 각 시각들은 각각의 언어적 힘, 심층적 차원에서의 설명, 그리고 각 경험적 자료들의 신빙성에서 나름의 매력을 끌고 있다. 사회를 하나의 공식 또는 개념으로 파악하는 것은 이 책의 1차적인 목적이 아니다. 이 책은 무엇보다도 불충분하게 파악된 사회적 삶이라는 차원들을 들여다보고 설명하며, 또 새로운 현실들을 서술하고, 현재의 당면 요구들과 문제들을 주제로 삼고, 나아가 은폐된 부당함을 드러내고자 하는 의도에서 쓰여졌다. 결국 이 책의 목적은 사회를 그 다양성 속에서 이해하고자 하는 것이다. 그럼으로써 동시에 사회적 기본 조건들에 대한 비판적인 고찰들을 자극할 수 있을 것이다.

많은 독자들은 이미 이 책의 핵심적 질문(우리가 살고 있는 사회는 도대체 어떤 사회인가?)을 제기했고 그 해답을 찾으려 노력했다. 또 다른 독자들은 아마도 이 책을 읽으면서 비로소 이 문제에 관심을 가지게 되고 또 이에 대한 해답을 찾으려 노력할 것이다. 여기에 실린 여러 입장들은 이러한 노력을 방해하지는 않을 것이다. 오히려 정반대이다. 그것들은 사회적 현실의 단면들을 천착하고 있으며 우리들의 사고를 자극하고 우리들이 사회를 해석하는 데 도움을 준다.

완벽하다고 자부할 수는 없지만, 이 책에서는 "우리가 살고 있는 사회는 도대체 어떤 사회인가?"라는 질문에 대해 가능한 모든 대답을 보여주고자 한다. 사회과학자들—사회학자, 정치학자, 철학자—을 선정하는 데 있어서는 그들의 상이한 시각들을 고려하였다. 그럼에도 불구하고 학자들간에 수많은 접점들과 중첩되는 내용들이 존재하는 이유는 바로 사회과학자 자신들이, 그들이 설명하려는 사회의 일부이기 때문이다. 게다가 그들의 해석은 모두 예외 없이 고도로 테크놀로지화된 사회와 관련이 있다.

여성학자들은 선정과정에서 제대로 반영되지 못했다. 이것은 사회과학 내에서 사회이론적 문제들과 씨름하는 여성학자들이 매우 적다는 사실과 관련이 있다. 우리는 앞으로도 계속 눈을 크게 뜨고, 귀를 크게 열어, 지금까지 고려하지 못했던 이론적 입장들을 찾아내려 노력할 것이다. 1권과 비교해보면 2권에서는 기본적으로 영어권 사회과학자들이 더 많이 다루어지고 있고, 또 이탈리아 학자도 1명 들어 있다. 곧 머지않아 출간될 3권에서는 독일, 영국 그리고 미국의 학자들 외에도 프랑스와 스페인의 학자들을 다룰 것이다. 이것은 더 이상 한 국가에 국한된 사고를 지향하지 않는, 좀더 자유로운 사회의식을 고려하고자 하는 것이다.

사회를 연구하는 사람들은 자신의 통찰을 다른 이들과 나누기보다 혼자 간직하는 경우가 많다. 따라서 나는 기꺼이 인터뷰에 응해준 12명의 사회과학자들에게 감사드린다. 왜냐하면 그들은 계속되는 질문에도 인내심을 갖고 받아주었고, 또 자신들의 통찰을 말해주었기 때문이다. 하지만 이로써 지식의 보물이 빛을 보게 되었고, 부분적으로는 몇 년에 걸친 경험적 연구와 집중적인 이론 작업의 결과로 얻어진 인식들이 공개될 수 있었다.

　나는 이 책의 출판이 예상보다 지체된 데에 대해 죄송하게 생각하며 이미 몇 개월 전부터 관용과 인내로 기다려준 독자들에게 감사드린다. 전체 문장을 매끄럽게 다듬어준 라이너 켈러스(Rainer Kellers), 피에로 살라베(Piero Salabe), 토비아스 볼프(Tobias Wolff), 텍스트의 편집과 정리를 해준 우쉬 퓌어헬러(Uschi Vierheller), 그리고 이 책의 기획에 신뢰와 지도, 지원을 아끼지 않은 크리스토프 호프바우어(Christoph Hofbauer), 카메라를 빌려준 우베 퐁스(Uwe Pongs), 딜레마 출판사의 홈페이지(www.dilemma-verlag.de) 제작을 담당한 랄프 그라이너(Ralf Greiner)와 한스 바이트호퍼(Hans Weidhofer), 그리고 이를 개선하고 실행시킨 아닐 야인(Anil Jain), 컴퓨터의 문제점을 해결해준 귀도 지이버(Guido Sieber)와 각 사회이념에 대한 나의 생각을 일러스트와 캐리커처로 표현해준 클라우스 에스퍼뮐러(Klaus Espermueller)에게 감사드린다. 특히 이 책의 탄생 계기인 우리 사회의 문제점들을 알려준 나의 아내 에텔(Ethel)과 아들 알레얀드로(Alejandro)에게 고맙게 생각한다. 서두에 제기된 질문이, 너무 일찍 끝나지 않는 토론으로 이어지길 바라며……

2000년 6월 14일, 뮌헨에서
아르민 퐁스(Armin Pongs)

차례

들어가며

세계의 탈주술화[Entzauberung, 막스 베버가 만든 개념으로 전근대사회와 근대사회를 나누는 중요한 기준이다. 그에 의하면 근대 이전의 전통적, 비합리적 생활, 지배 대신에 근대사회는 합리적 생활과 지배가 들어선다. 이 과정에서 사회는 과거의 비합리적, 주술적, 종교적 관념보다는 목적과 수단을 정확히 계산하는 합리성을 중시한다. 그의 합리화(Rationalisierung)라는 개념은 바로 탈주술화의 다른 말이기도 하다. 베버는 이러한 합리화가 사회를 발전시키지만, 결국에는 필연적으로 사회의 관료주의적 지배, 인간성의 상실 등을 낳는다고 예견하였다─옮긴이]는 새로운 단계에 접어들었다. 이 과정에서 결정적인 것은 사회학자 막스 베버가 이미 80년 전에 예견했던 것처럼, 한편으로 '더 이상 예측 불가능한 비밀스런 힘들'은 없다는 것이고, 또 다른 한편으로는 우리가 "모든 것들을 ─원칙적으로는─ 예측을 통해 지배할 수 있다"는 것이다. 우리는 많은 긍정적인 것들을 야기하는 구조변화 속에 살고 있다. 하지만 일부 부정적인 경향들도 존재한다. 그 중에 하나는 앤소니 기든스가 정리했듯이 우리가 '사물을 지배하면서 사물에 대한 통제를 상실'했다는 사실이다.

세계의 탈주술화는 그 자체의 내적 논리를 따른다. 그것은 멈출 수 없는 지속적인 변화과정이며, 기껏해야 인간의 개입으로 지체시킬 수 있을 뿐이다. 하지만 우리가 지금 눈앞에 보고 있는 것은 바로 정반대이다. 새로운 테크놀로지는 현재 일어나는 사회 경제적 변동속도를 둔화시키는 것이 아니라 오히려 가속화시키고 있다. 기술적, 경제적 가능성의 증가와 더불어 개혁에 대한 요구도 점점 강해지고 있다. 모든 경계와 규제의 제거는, 결국 마지막 남은 국가적 독점권력마저도 사라지게 하고, 근본적인 자유화로 인해 안팎의 문을 다 열게 되는 상황으로 이어질 것이다. 물론 우리는 이러한 일련의 급격한 변화 속에서 우리들의 삶이 근본적으로 변화할 것이라고 알고 있지만, 사태가 어느 방향으로 발전하고 있는지에 대해서는 여전히 잘 모르고 있다. 상황이 어떤 모습으로 변해갈 것인가에 대해서 우리는 무기력하며, 미래와 관련해서는 아무런 예견도 할 수 없다. 우리들에게 남아 있는 것이라고는 세계의 탈주술화와 이와 관련된 변화과정을 기회로 보고, 가능한 한 이를 이용하는 가능성뿐이다.

이전 시대와 비교해볼 때 변화는 아주 빠른 속도로 그리고 더욱 근본적인 형태로 나타난다. 현대의 교통, 운송수단들―기차, 자동차, 비행기―이 공간의 한계를 극복한 후, 커뮤니케이션―정보테크놀로지, 전화, TV, 인터넷 등―은 시간의 한계를 극복하고 있다. 우리가 소식이나 사진들을 빛의 속도로 전송, 수신할 수 있는 인터넷에 아직도 몰두하고 있는 반면, 다른 쪽에서는 이미 차세대 기술혁명이 우리들의 생활을 더욱 깊이 그리고 결과적으로 엄청나게 변화시킬 것을 예고하고 있다.

이번에는 공간과 시간의 한계를 극복하는 정도가 아닐 것이다. 그것은 자연으로부터의 분리일 것이다. 인간 유전자의 완전한 해독과 게놈의 특허를 둘러싼 경쟁은 이제 아주 중요한 국면에 접어들었다. 생명공학과 유전공학의 발전과 제도적 성장은 아마도 머지 않은 장래에 더욱 강한 강도로 생물학적으로 인간을 조작하는 것을 가능하게 할 것이다. 실제로 인간의 유전자를 해독하는 것이 성공한다면, 우리는 생명을 조작하고 인간의 육체를 자연적 한계로부터 벗어나게 할 수 있을 것이다. 이 점은 많은 사람들이 두려워하지만, 또 다른 사람들은 유전자적으로 조작 가능한, 오류가 없고 근심 없는 미래를 환영할 것이다. 우리가 불가피한, 근본적인 변화에 찬성하건 반대하건 간에, 진정 중요한 것은 우리가 바로 이러한 요구에 직면해 있으며 또 이 문제를 해결해나가야 한다는 것이다. 우리는 시대의 징후를 인식하고, 기회와 위험을 저울질해보며 변화에 대처해야만 한다.

경제, 국가, 사회는 세계의 탈주술화 과정에 있으며 동시에 그로부터 생겨나는 과제들과 문제에 직면해 있다. 국제적 기업들이 점점 더 크고 강력한 콘체른으로 합쳐지는 경향이 강한 반면 국민국가는 자신의 주권을 잃고 점차 그 영향력을 상실해가고 있는 실정이다. 국가의 구성과 통제에 필요한 방법과 수단들은 점점 더 무딘 칼날보다도 못한 것으로 드러나고 있다. 국가는 급속한 변동에 대응하기에는 그 능력의 한계를 보이며 뚜렷한 대안도 없다. 일부 연합기업들은 이미 소규모 국가들의 재정과는 비교가 안 될 정도의 많은 재정적 수단을 가지고 있다. 여러 측면에서 볼 때 기업이 국가보다 훨씬 더 유리하다. 무엇보다 기업들은 변화에 더 빨리 그리고 더 유연하게 대응할 수 있으며, 따라서 미래에 대한 준비도 더 잘할 수 있다. 물론 국가는 기본적으로 독점적 권력을 통한 입법, 그리고 조세인상, 법집행 등의 능력을 가지고 있지만, 점점 더 강한 압력에 놓이게 된다.

국가는 말 그대로 늪 속에서 허우적거리고 있다. 많은 기업들이 더욱 나은 생산조건과 조세감면 혜택이 보장되는 곳으로 공장과 사무실을 옮기면, 예전에 기업이 있던 장소에서는 실업이 증가하고 조세수입이 감소한다. 그밖에도 많은 국가들은 이러한 변화 속에서 사회협약(복지국가에서의 노동복지분야의 제도들을 의미함—옮긴이)을 취소하라는 압력을 받고 있다. 연금은 줄고, 사회복지비용은 삭감되고, 사회적 안전망은 더욱더 축소되고 있다.

사회에 있어서 이러한 경제적 변화와 국가적 조치들은 적지 않은 결과들을 낳는다. 많은 사람들은 자신들이 거대 기업에 의해 조작당하는 대중임을 알았으며, 국가의 지원이 점점 더 줄어들고 있음을 실감하고 있다. 자신들의 생활은 스스로 꾸려나가야만 하며, 자신들의 영향력을 강화하기 위해 이익단체에 가입해야만 한다. 사람들은 복지국가의 혜택을 더 이상 기대하지 말고 또 노동시장에서의 새로운 조건들과 강한 적응 압력을 받아들이고 새로운 생활방식을 익힐 것을 강요받고 있다. 일단 이수하면 평생 통용되던 교육에 대한 확신, 확실한 일자리에 대한 신뢰, 그리고 안정적인 사회적 지위들은 사라졌다. 우리는 이러한 변화를 승자의 시각에서 바라볼 수 있다. 승자는 확신을 가지고 흔들림 없이 새로운 기회를 자기발전에 이용하며, 예리한 사업구상 또는 금융투기를 통해 단시일 내에 승자의 계단에 서게 된다. 반면 패

자의 시각도 있다. 간과할 수 없는 수많은 사람들은 변화된 조건들이
힘에 부쳐 미친 듯이 질주하는 기차에 제대로 올라타지도 못한다. 물
질적, 사회적 안정을 상실함으로써 그들은 자신들의 생존이 위협받고
있음을 목도하고 있다. 그들은 사회와의 연계를 잃고 사회로부터 배제
될지도 모른다는 두려움을 가지고 있다. 충분한 정보를 이용할 수 있
는 사람들만이 변화에 빠르게 적응할 수 있으며, 민첩하고 또 유연하
다. 반면 행동이 더디고, 유연하지 못하고 충분한 정보를 가지고 있지
않으며, 변화된 조건들에 적응하지 않으려 하거나 또는 변화에 적응하
지 않는 자들은 뒤쳐질 뿐이다.

세계의 탈주술화는 기존의 적응된 구조를 버리고, 새로운 요구들
에 적응하며, 끊임없이 새로운 방향을 지향하고 미래를 위한 결정도
상황에 따라 매우 단기간에 내릴 것을 강요하고 있다. 근본적인 변화
와 그로 인해 우리들의 생활에 나타나는 결과들을 놓고 볼 때 다음과
같은 질문이 제기될 수밖에 없다. "우리는 도대체 어떤 사회에 살고
있는가?"

이 책을 대충 훑어만 보아도 이 질문에는 결코 선험적으로 답변할
수 없음을 알 수 있다. 확실한 답변은 하나도 없다. 사회에 대한 설명
이 다양할 수밖에 없는 이유는 '사회'라는 것이 도대체 무엇인가에 대
한 통일된 이해가 존재하지 않기 때문이다. 그래서 사람들은 서로 다
른 사회상을 그리고, 서로 다른 해석을 제시하거나, 또는 다른 개념들
을 구상하는 것이다. 지금부터 나오는 사회 개념에 들어가기에 앞서,
나는 우선 이 책의 핵심질문과 관련된 2개의 근본적 질문을 언급하고
싶다.

첫째, '사회'라는 것은 무엇인가?

둘째, 책 속에서 '우리'라는 대명사가 쓰인다면, 그 '우리'는 누구를
지칭하는 것인가?

우선 첫번째 질문에 대해 말해보자. '사회'라는 개념은 오늘날 다양
한 의미로 쓰이고 있다. 이 개념의 정의에는 거의 한계가 없다. 나는

모든 해석들을 소개할 수 없기 때문에 여기서는 하나의 접근만을 시도해보고자 한다. 우리는 보통 사회를 하나의 단단한 돌덩어리처럼 생각하고 또 말한다. 하지만 실제로 사회는 복잡하고, 서로 얽혀 있으며, 끊임없는 반복과 변화에 의해 특징지어지는 관계들의 그물망이다. 아주 일반적으로 볼 때 사회란 사회화의 다양한 과정들을 지칭하는 개괄적 개념이다. 일반적으로 이 개념은 국민국가의 영토적 경계와 일치하여 사용되어왔다. 우리는 '독일 사회', '프랑스 사회', '미국 사회' 등을 이야기한다. 따라서 사회는 모든 독립된 정치 단위들과 직접적 관계를 가진다. 이 단위들은 정치적, 군사적 권력도 가지고, 특정한 규범을 제정하여 이의 유지에 힘쓰며, 어떤 사람이 그 사회에 소속될 수 있는지를 결정할 수 있다.

사회에 대한 관념과 사회 자체는 끊임없이 변화해왔다. 오늘날의 사회는 오랜 역사적 과정의 산물이다. 사회에 대한 가장 오래된 관념 중의 하나는 플라톤에서 나온 것이다. 그는 '현실 세상 무대(theatrum mundi)'라는 사상으로 사회를 극장에 비유했다. 플라톤은 그의 『국가론』에서 인간의 삶을 신에 의해 이루어지는 인형극으로 표현한다. 사회는 하나의 극장이고 모든 인간은 연극배우이다. 극장이라고 하는 사회에 대한 상징적 개념은 19세기 발자크의 주요 저작인 『인간희극(Comedie Humaine)』에 다시 나타난다. 발자크는 자신의 소설에서 사회의 각 부문에서 나오는 형상들을 그려냈다. 그는 인간의 충동을 희극으로 서술하고 분석했다. 또 어빙 고프만(Erving Goffman)은 자신의 사회심리학적 연구물 「우리는 모두 연극을 하고 있다」에서 이러한 관념을 받아들이고 있다.

이제 두번째 질문을 다루어보도록 하자. '우리'라고 할 때 도대체 우리는 누구를 의미하는가? '우리'는 '우리 모두'를 지칭하는가? 누가 여기에 속하고 또 누구는 여기에 속하지 않는가? 사회에 대해서 확실한 윤곽을 그리지 못하는 것과 마찬가지로, '우리'라고 하는 것에 대해서도 확실한 상은 없다. '우리'는 누구나 그리고 모두가 될 수 있다.

우리는 우리 자신을 더 이상 확실하게 규정하지 못하고 또 어떤 무엇으로 지칭하기도 쉽지 않다. '우리라는 감정(Wir-Gefühl)'은 '자아의 발현(Ich-Entfaltung)' 가능성, 그리고 정보 테크놀로지와 커뮤니케이션 테크놀로지로 인해 가능해진 새로운 실존조건들 앞에서 색이 바래진다. '우리 독일인', '우리 이탈리아인', '우리 영국인' 같은 개념들은 점점 사라진다. 사회를 담는 '그릇(container)'으로서의 '국민국가'라는 생각, 그리고 이것과 연결된 국민적 정체성은 영토적 경계가 개방되고 상품과 서비스의 교환이 전지구적으로 확대됨에 따라 쓸모없는 것이 된다. 오늘날의 사회는 더 이상 하나의 확고한, 경계가 분명한 영토의 형태로는 파악할 수 없다. 오늘날의 사회는 더 이상 시간적으로 그리고 공간적으로 어떤 틀 안에 넣을 수 없다. 이 책에서 볼 수 있듯이 사회에 대한 이러한 비규정성은 사회에 대한 수많은 해석을 양산한다.

개인들이 기존의 사회적 형태에서 벗어나고 또 그에 상응하여 자유로운 공간들이 확대됨에 따라 특정한 지역이나 인간집단이 개인들의 정체성에 차지하던 중대한 의의는 사라진다. 사회적 결속력과 사회적 참여는 개인들의 자기정체성을 확립하는 데 큰 영향을 미치지 못한다. 알파벳순에 따라 이 책에서 맨 처음 소개되는 아미타이 에치오니는 자유로운 개인의 발전에 반대하며 무언가를 해야 한다고 주장하는 사람은 아니다. 그의 비판 대상은 사회적 결속력과 연대를 파괴하는 시장 자유주의적인 개인주의이다. 이미 막스 베버가 말했듯이, 도덕적 토대가 없이는 사회는 존립할 수 없다. 따라서 에치오니는 도덕의 전반적 타락을 단죄하고 이에 대한 대대적 수정을 요구하고 있다. 그는 사회적 덕목과 가치를 강화시킴으로써 이러한 목적에 도달하기를 희망하고 있다. 개인적 권리가 지나치게 증대하고 있는 현실에 직면하여 에치오니는 개인적 권리와 사회적 의무 간의 균형을 강조한다. 상호간의 신뢰와 책임, 공동의 목표에 대한 의무, 이것들은 그가 말하는 '좋은' 사회의 핵심 내용들로서 그 속에서 이웃사랑(Mitmenschlichkeit)과 이타심(Selbstlosigkeit) 같은 도덕적 기준들이 모든 인간의 사회적 덕성 목록에 속하게 된다. 그는 개인들의 자기 이익추구, 그리고 사회적 무책임성을 강하게 비판한다. 왜냐하면 이것들은 사회의 유지를 파괴하며, 결국에는 사회로부터 단절되고 자기 자신에게만 집착하는 고립된 개인들까지 종속적 존재로 만들어버리기 때문이다. 에치오니는 공동체정신 같은 커뮤니타리즘적 처방이 더 많이 이루어진다면, 권리와 의무가 다시 균형을 이루는 사회가 가능하다고 믿고 있다. 각 개인은 일정 수준 이상의 공동체정신을 가지고 전체의 성공에 기여해야만 한다는 것이다.

사회민주주의의 개혁에 관한 제안(이른바 기든스의 '제3의 길'을 의미함—옮긴이)은, 기든스 역시 근대성의 극단적 단계인 현재에는 개인적 권리와 사회적 의무 간에 균형적인 관계가 중요하다고 생각한다. 기든스에 의하면, 각 개인은 불가피하게 사회로부터 받기만 하는 것이 아니라 줄 자세가 되어 있어야만 한다. 사회주의와 보수주의가 생명을 다했다면, 국가와 경제 간의 역할분담은 새로이 설정되어야만 한다는 것이다. 기든스는 사회계약을 주장하는데, 이 계약에서는 "책임 없이는 어떠한 권리도 없다". 전통적 공동체를 고수하고 집단적으로 형성된 가치를 존중할 것을 주장하는 에치오니와는 반대로 근대화 이론가인 기든스는 새로운 길을 모색한다. 전지구적 격변의 와중에서 그는 경제의 활동영역, 국가의 역할, 그리고 사람들의 권리와 의무를 재정립할 것을 주장한다. "우리는 근본적 변화에 맞춰 대응해야만 한다. 물론 번영을 위해 효율적인 시장을 필요로 한다. 그러나 동시에 잘 작동하는 시민사회와 적극적 국가도 필요로 한다."

기든스는 모든 사회적 인간관계들을 근본적으로 경제 논리화하는 것도 원치 않지만, 현재의 사회보장이 문제가 있다는 것도 배제하지 않는다. "사람들은 보호받지 못한 상태에서 전지구적 시장에 편입되기를 원치 않는다"라고 그는 말한다. 많은 사람들이 세계화를 두려워하기 때문에, 이 근본적인 전지구적 변동의 세계에서는 사회적 불의와 불이익을 줄이고 기회의 평등과 사회적 연대를 보장할 수 있는 길을 찾아야만 한다. 기든스에 의하면, 이 길은 오직 복지국가의 개혁을 통해서만 도달할 수 있는데, 특히 교육과 재교육에 투자가 이루어져야만 한다. 기든스는 국가가 국민의 생활을 요람에서 무덤까지 보장할 필요는 없다고 본다. 사람들은 '스스로 커다란 혁명적 변화들을 헤쳐나갈 수 있는 자신만의 길을 찾고', 위험을 감수하고, 책임을 기꺼이 떠맡을 수 있는 용기를 가져야만 한다. 국가의 과제는 결국 세계화의 지나친 부정적 영향으로부터 국민들을 보호하는 데에만 한정된다. 그러나 기든스에게 중요한 것은 각 개인들은 자신의 생활에 대해 더 많은 책임을 떠맡아야 하고, 모든 개인이 저마다의 자리를 차지하는 사회를 만드는 데 기여해야 한다는 점이다.

악셀 호네트가 비판적으로 지적하듯이, 사회 내의 점증하는 균열경향에 비추어볼 때 이것은 결코 쉬운 과제가 아니다. 기든스와는 반대로 호네트는 사회 내의 인간들의 결속력에 관해서는 오히려 회의적이다. 그는 일부 사회집단들과 개인들을 배제하는 현상이 증가한다는 것을 알고 있다. 그의 관심은 바로 이런 이유에서 사회의 인정영역에 맞춰져 있다. 그에 의하면 각 개인들은 상호간의 인정이라는 토대 위에서 자신들의 정체성을 획득한다. 호네트는 여기서 3개의 인정영역을 구분한다. 감정적, 법적, 사회적 인정이 바로 그것들이다. 이것들을 통해 개인들은 감정적 신뢰, 법적 보장, 그리고 사회적 용인을 얻는다. 사회적 해체를 방지하는 방법은 오로지 이러한 인정영역들에 더 관심을 기울이는 것뿐이다. 따라서 가족의 해체는 감정적 차원을 위험하게 만든다. 증가하는 실업 속에서 더욱 많은 사람들이 사회적 인정에 도달할 가능성을 상실한다. 상당수의 사람들은 동일한 법적 기회를 인정받지 못하기 때문에, 그들은 사회생활에 있어서 다른 사람들과 동등한 입장으로 참여할 수 없는 문제가 생겨난다. 사회 내의 모든 개인들에게 저마다의 자리를 주기 위해서는 일부 사람과 집단을 배제하는 경향과 사회 내의 균열경향을 효과적으로 저지하지 않으면 안 된다. 결국 중요한 것은 참여하는 집단들 또는 개인들이 어떤 안을 제시하는가 하는 것이다.

개인과 사회 간의 관계는 이 책의 근본 주제들 중 하나이다. 생활양식의 주관화가 증가하는 상황에서 스테판 라딜은 자신의 개성을 표현하는 데 신경을 쓰는 개인들을 관찰하는 데 집중하고 있다. 라딜은 더욱 많은 사람들이 경우에 따라서는 독신을 선택한다는 연구결과에 도달했다. 높아진 생활 수준, 넓어진 주거공간, 교육기회의 팽창, 성적 자유화, 그리고 이외의 요인들은 이러한 경향을 강화시켰다. 과거에는 혼자 사는 것이 조롱거리였지만, 오늘날에는 하나의 생활형태로 인정받고 있다. 자기 자신에의 몰입은 사회적 진공상태 속에서 이루어지는 것이 아니라, 인간의 나르시스적인 에너지를 불러일으키고, 자아에의 관심과 자아실현을 추구하도록 만드는 사회적 조건들에 의해 강화된다. 독신이라는 생활형태가 사회의 유지에 어떤 영향을 끼치며 또 독신자들이 늙고 약해졌을 때 누가 이들을 돌볼 것인가 하는 여러 가지 문제들을 라딜은 이른바 '독신자사회'라는 장에서 다루고 있다.

로널드 잉글하트는 30년이 넘도록 독신이라는 생활형태를 가능하게 한, 전통적 구조와 가치들의 붕괴 문제를 가지고 씨름하고 있다. 1971년에 처음으로 정리한 가치변동에 관한 그의 이론은, 포스트모더니즘 경향의 증대 속에서 −그에 의하면 우리는 이 과정에서 고도로 기술화된 사회 속에 살고 있다− 계속 확증되었다. 풍요로운 시대에 자라난 젊은 세대들은 자아발전의 가치와 생활의 질을 강조하는 가치들에 최우선의 의미를 부여한다. 이에 반해 높은 경제성장과 권위주의를 우선적으로 강조하는 가치들은 젊은 세대들에게 그다지 높은 평가를 받지 못한다. 오히려 이러한 가치들은 불확실성의 시대에 자라난 늙은 세대들에게서 발견된다. 전통적, 정치적, 종교적, 사회적, 성적 규범이 변동하는 데는 −잉글하트에 의하면− 두 가지 요인이 큰 영향을 미친다. 첫째, 상대적으로 높은 생활 수준을 누리는 사람들은 기본적인 생존을 위한 욕구충족을 걱정하는 사람들에 비해 기존의 행동양식에서 벗어나기 쉽다. 둘째, 복지국가적 네트워크의 구축으로 국가는 국민들의 생활에 대한 책임을 떠맡았는데, 이로 인해 가족과 교회 같은 다른 제도들의 기능이 엄청나게 축소되었다. 그리하여 전통적 규범에서 벗어나는 새로운 행위양식이 더 많이 생겨났으며, 이것을 기성세대보다는 젊은 세대가 더 빨리 받아들이게 되었다. 잉글하트가 진단한 가치변동은 젊은 세대들이 기성세대를 대체하면서 이루어진다. 이러한 가치변동이 우리 사회에 이미 자리를 잡았다는 사실은, 낡은 스타일의 정치에는 더 이상 관심을 가지지 않지만 다른 방식으로 정치에 적극적으로 참여하는 사람들의 모임이 증가하는 데서 알 수 있다. 더욱더 많은 젊은이들이 특정 정당의 당적을 가지지 않고도 정치에 적극적으로 참여한다. 그들은 현실에 개입하려 하고, 수많은 시민주도운동(Bürgerinitiative) 속에서 이를 행한다.

카린 크노르-세티나는 어느 정도 다른 시각에서 사회를 바라본다. 우리가 1권에서 소개한 헬무트 빌케의 '지식사회' 개념과 비교할 때, 크노르-세티나의 지식사회 개념은 빌케의 그것을 보완하고 확대한 것으로 볼 수 있다. 지식사회에 관한 자신의 입장을 개진하면서 크노르-세티나는 다니엘 벨로 되돌아가는 개념정의의 시도들을 문제시하고 있다. 비록 그러한 개념정의들—이 정의들에 의하면 지식사회는 더 이상 자본과 노동이 아닌 지식이 생산력으로서 더욱 중요해지는 특징을 가지고 있다—이 근본적으로 틀린 것은 아니지만, 그녀가 볼 때는 한쪽 측면만을 다루고 있다는 것이다. 왜냐하면 '여기서 중요하게 취급되는 것은 근본적으로 지식경제의 개념'이기 때문이다. 그녀에 의하면 지식사회는 전문가의 수와 기술적 장치들의 증가를 특징으로 할 뿐만 아니라, 지식생산에 기여하고 지식생산물을 확산시키는 구조들을 특징으로 한 사회이다. 그녀는 변화하는 사회의 의미구조와 내용구조를 더욱더 잘 이해할 수 있는 열쇠는 미생물학, 고에너지물리학, 그리고 금융시장에서 이용되는 지식생산의 방법을 연구하는 데 있다고 주장한다.

지식의 중요한 역할은 정보 네트워크의 구축과 같은 시대에 생겨나는데, 스콧 래시는 이 정보 네트워크를 더욱 자세히 이해하려 한다. 크노르-세티나의 연구와 함께 그의 전지구적 문화산업에 대한 연구는, 전지구적 정보흐름의 확대와 영향력의 증가가 사회의 모든 영역에서 일어나고 있으며 또 사회의 모든 영역을 변화시키고 있다는 사실에 도달했다. "정보구조와 커뮤니케이션 구조는 국민국가적 특징을 가진 조직자본주의의 사회구조들－제조업 노동시장, 교회 및 가족의 네트워크, 복지제도들, 그리고 노동조합－에 침투하며 또 이들을 해체시킨다." 사회구조 대신에 정보구조가 들어서는 것이다. 사람들은 영원히 정보의 충격에 놓일 것이라고 래시는 주장한다. 사람들은 너무나 많은 정보들을 접하게 되는데, 이 모든 정보들은 받아들일 수도 없고, 깊이 생각할 수도 없다. 따라서 사람들에게 별 의미를 주지 못한다. 정보는 언제나 존재했었다. 과거에 정보는 전령(傳令)에 의해 한 지역에서 다른 지역으로 전달되었다. 정보기술의 발전과 더불어 정보의 전달 속도는 훨씬 빨라졌다. 또 정보의 중요성 역시 증대되었다. 오늘날 정보의 구매와 판매는 다른 상품들의 구매와 판매보다도 더 중요해졌다. 정보의 유효기간은 더욱 짧아지고 있다. 어제의 정보는 오늘이면 이미 낡은 것이 되어버린다. 과거에 사람들은 오늘날보다 훨씬 적은 정보를 가지고도, 그것을 근거로 어떤 결정을 내릴 수가 있었다. 그리고 '정보'의 대부분은 소문의 형태를 띠고 돌아다녔다. 그러나 오늘날의 국민 경제적 가치창출은, 디지털화되고 지역적 한계를 벗어난 정보들에 기반하고 있다. 기존 사회구조들의 의미가 감소하고 정보구조와 커뮤니케이션 구조가 이를 부분적으로 대체하는 상황은 정보사회의 본질적 특성을 가져왔다. 그것은 바로 (논리보다는 감성적 인식이 중요해지는－옮긴이) 일상생활을 미학화(Ästhetisierung)하는 것이다.

정보매체를 피해갈 수 있는 사람은 아무도 없다. 여기서는 가볍고, 빠르며 현실적인 정보들이 그나마 생각해볼 수 있는 모든 주제들이 된다. 모든 사람들이 컴퓨터 앞에 앉아 스스로를 계속 교육시킬 수 있는 상황이 곧 올 수 있을지에 대해 카를-울리히 마이어의 생각은 회의적이다. 그러나 그는 동시에 "우리는 이러한 선택을 방해해서는 안 된다"라고 인정하고 있다. 스스로 자기 교육적이고 단기간에 새로운 지식을 습득할 수 있는 능력은 교육사회에서 모든 것을 결정하는 근본능력이다. 하지만 이외에도 사설교육기관과 공식-법적 교육기관 역시 사람들을 더 넓고, 더 근본적으로 교육시키는 데 참여해야만 한다. 그리하여 사람들에게 독자적인 재교육의 기회를 열어주고 노동시장에 더 잘 대비할 수 있게 해주어야만 한다. 기본 교육과 재교육은 결정적 역할을 하게 된다. 이것들은 취직하는 데, 그리고 더 높은 사회적 지위에 오르는 데 필요한 전제조건이다. 로널드 잉글하트도 경험적으로 증명하듯이, 교육은 정치적 참여에 있어서 중요한 전제조건이라고 보았다. 근본적인 지식전략은 오직 광범위하면서도 깊이 있는 전인교육을 통해서만 달성할 수 있다.

레나테 마인츠의 연구는 사회적 역동성과 정치적 조정의 문제와 관련하여 현실성이 있다. 그녀는 사회적 자율규제와 정치적 조정 간의 관계에 관심을 두고 있다. 기술혁신이 과거에는 사회적 집중화와 위계서열화의 동력으로 작용했으나 오늘날에는 그러한 상황이 바뀌었다. 전세계를 포괄하면서, 어느 국가에 의해서도 더 이상 통제되지 않는 과정들은 '기존의 국가적 또는 국가에 의해 보장된 독점들이 해체되는 데' 영향을 미친다. 위계서열화의 원칙 대신에 경제영역은 물론 정치영역에서도 다양한 형태의 수평적 조정이 등장한다. 사회는 엄격하게 그 경계를 구분할 수 있거나 몇 개의 변수들로 규정할 수 있는 것이 아니라는 이유로, 마인츠는 사회 내의 중심적인 추동요인을 강조한다든가 몇 개의 작동원리 또는 구조적 측면만을 중시하는 것, 그리고 1차원적인 해석과 단선적인 설명 틀을 제시하는 것에 대해서 경고하고 있다.

오락산업에 관한 닐 포스트맨의 저서(『우리는 죽도록 즐긴다』를 의미함—옮긴이)에 빗대어 볼 때, 우리는 그의 최근의 테제를 "우리는 죽도록 정보를 얻는다"라는 말로 요약할 수 있을 것이다. 그의 비판은 우리들이 받아들인 정보를 가공할 시간을 전혀 주지 않는, 새로운 정보매체와 커뮤니케이션매체에 집중되어 있다. 포스트맨에 의하면 인터넷에서의 크기를 알 수 없는 엄청난 양의 정보, 그리고 오락성에 맞춰 편집된 텔레비전 프로그램들은 귀중한 시간을 빼앗아갈 뿐만 아니라, 판단력의 형성 가능성을 침해한다. "텔레비전과 새로운 전자매체들로 인해 우리들은 사유의 습관을 빼앗겼다." 친숙한 화면세계로의 여행자는 계속해서 나오는 TV 화면의 사건들에 너무나 깊이 빠져 있어서, 엄청난 양의 정보자료들의 효용성에 대해 더 이상 자문하지 않을 정도이다. 물론 이 자료들은 그에게 정보를 제공하지만, 제대로 인식할 수 있는 근본적 정보들을 전달하지는 않는다. 영상매체가 문자로 된 말들을 밀어냄으로써 많은 사람들은 비판능력과 판단능력을 상실하였다. 포스트맨에 따르면, 우리가 텔레비전을 볼 때, 우리는 "텔레비전이 우선적으로는 사람들을 즐겁게 한다"는 사실을 항상 명심해야 한다는 것이다. 텔레비전은 비판능력을 전혀 키우지 않는다. 텔레비전은 민주적 의사의 형성을 방해하고, 민주주의적 결정과정에 폐해를 준다.

자신의 책 『공적 생활의 몰락과 종말』에서 전자매체가 공공영역에 미치는 부정적 영향에 대해 썼던 리처드 세네트는 바로 이러한 견해를 공유하고 있다. "대중매체는 사회에서 무엇이 일어나는지에 관해 사람들의 지식을 상당히 증대시켜준다. 그러나 동시에 이러한 지식을 정치적 행위로 전환시킬 수 있는 능력을 상당히 억제한다. 텔레비전이 공개적으로 제시하는 것에 대해 사람들은 어떠한 대응도 할 수 없다. 사람들이 할 수 있는 일이라고는 텔레비전을 끄는 것뿐이다." 그의 최근 연구의 중심주제는 노동시장의 새로운 문제들과 그것이 인간들에게 미치는 영향이다. 가속화되는 생산제품의 변화와 불안정한 시장은 사람들에게 유연한 경제라는 새로운 조건에 적응할 것을 요구하고 있다. 모든 개인들은 계속해서 자신의 직장, 심지어는 직업까지 바꾸도록 압력을 받고 있다. 그런데 여기서 개인들은 자신의 인생을 연속적인 인생사로 꾸려나갈 능력을 가지고 있지 않다. 과거에 노동관계는 개인의 정체성을 확립하는 데 기여했지만, 이제 각 개인은 완전히 자기 자신에게 의지해야만 한다. 항상 새로운 결정들을 스스로 내려야 하고 생활을 꾸려나가는 일은 더욱더 개인의 책임영역이 되어간다.

세네트에 따르면, 이것은 일견 전통적 노동관계에서의 지나친 구속력으로부터 해방된 것으로 보인다. 그러나 신자유주의의 유연화 구호는 많은 사람들에게 불안정, 심지어는 우울증을 야기한다. 왜냐하면 사람들은 쉴새 없이 변화하는 요구사항들에 계속해서 맞춰나갈 수 없기 때문이다. 많은 사람들은 노동을 통해 스스로를 더욱 발전시킬 기회를 상실한다. 사회의 소수에게는 혹 이로울 수 있는 것이 나머지 대다수 사람들에게는 해가 된다. 한 직업에서 일직선적인 승진을 하던 것 대신에, 이제 사람들은 승진의 가능성도 없는 상태에서 이 직업에서 저 직업으로 이동하지 않으면 안 된다. 따라서 세네트가 이런 질문을 던지는 것은 당연하다. "만약에 우리가 바로 현재의 순간에만 집착하는 조급한 사회에 살고 있다면, 우리에게 지속적으로 남아 있을 수 있는 가치가 과연 어떤 것인지를 우리가 어떻게 정할 수 있겠는가?"

미디어 세계의 발전에 관한 세네트와 포스트맨의 회의적인 태도와는 달리 지안니 바티모는 기본적으로 낙관적인 시각을 보여준다. 바티모는 전자매체의 발전에 대해 그렇게 불신하지 않는다. 그는 오히려 라디오 채널과 텔레비전 채널의 민영화로 인해 열려진 가능성들을 강조한다. 특히 단지 한 방송국으로부터 정보를 얻는 것이 아니라, 오히려 여러 방송국들로부터 동일한 사건, 동일한 문제에 대해 다양한 정보들과 해석을 얻을 기회가 생긴다는 것이다. 그리하여 언론의 다양성과 견해의 다양성은 전체주의적인 역사서술을 불가능하게 한다. 따라서 미디어영역에서 새롭게 형성되는 권력집중화가 야기시키는 위험성은 물론 완전히 제거될 수는 없지만, 여전히 존재하는 수많은 미디어들을 통해 어느 정도 제거할 수 있다.

세계는 상당한 정도로 탈주술화되었다. 그러나 세계의 탈주술화는 아직 완결되지 않았다. 그리하여 이 책은 변화된 생활관계들을 드러내고, 인식할 수 있게 하고, 또 공론에 부칠 수 있도록 노력하였다. 우리가 오늘날 직면하고 있는 주제들과 문제들, 그리고 도전들은 가능한 한 많은 사람들에게 더 분명히 인식되어야 한다.

이 책의 순서는 주제별이 아니라 이론가들의 이름 알파벳순을 따랐다. 먼저 간단히 각 이론가의 생애와 저작물을 소개한 뒤 그들의 주요 개념을 살펴본다. 이렇게 간략히 서술을 한 이유는 이들의 개념들이 좀더 많은 사람들 사이에서 논의되기를 바라기 때문이다. 이러한 점을 염두에 두면서 개념들을 캐리커처로 그려넣었다. 클라우스 에스퍼뮐러가 이 책의 주제에 적합한 캐리커처들을 그려주었다. 개념설명 뒤에는 12개의 공통질문을 넣어, 독자들로 하여금 각 이론가들의 답변을 비교해볼 수 있도록 하였다. 그 다음 인터뷰 부분에서는 각 이론가들의 주제와 개념들을 가지고 토론을 전개하였다. 각 이론가들이 출판한 저서 중 일부를 소개한 것은 더 깊이 알고자 하는 독자들을 위한 배려이다.

아미타이 에치오니

책임사회

생애   아미타이 에치오니(Amitai Etzioni)는 1929년에 출생했으며 현재 '조지-워싱턴 대학'의 사회학 교수이며, 동시에 '하버드 비즈니스 스쿨'의 교수이다. 그리고 그는 워싱턴 D.C.에 있는 '정치연구센터(Center for Political Research)'의 소장과 '커뮤니타리즘 네트워크'의 대표를 맡고 있으며, 미국 대통령 빌 클린턴의 자문을 역임하였다. 또한 그는 영국과 독일의 정치가들에게도 아주 존경받는 학자이다. 그의 심원한 사색은 쿠르트 비덴코프(독일 기민당의 주요 지도자-옮긴이), 요시카 피셔(독일 녹색당의 핵심 지도자-옮긴이), 그리고 루돌프 사르핑(독일 사민당의 주요 지도자-옮긴이)등 각 정당의 이해를 초월하여 모두에게 받아들여지고 있다.

에치오니는 뉴욕의 '컬럼비아 대학'에서 다년간의 교수활동과 저술활동을 하였고 그후 미국을 떠나 더욱 넓은 공공의 장으로 발을 내디뎠다. 그는 사회의 도덕적 불감증에 대해 걱정한 나머지 —바로 이 때문에 그는 비판자들로부터 '도덕의 전도사'라는 비난을 받고 있다— 1991년에 사회과학자 로버트 벨라, 윌리엄 갤스턴과 함께 워싱턴 D.C.에 모든 정파를 초월한 '커뮤니타리즘 플랫폼'이라는 기구를 창설하였다.

커뮤니타리즘은 도덕철학이며 또 동시에 정치이론이고 사회정책적 프로그램이다. 그는 공동체정신을 다시 부활시키고 공동체를 강화하는 것을 자신의 사명으로 삼았다. "우리는 어떤 사회에 살고 있는가?"라는 질문과 관련하여 에치오니의 실천은 개인의 권리와 사회적 의무 간의 균형을 만들어내는 것을 목적으로 하고 있다. 에치오니에 따르면 바람직한 미래사회는 현실과제 등에 효율적으로 대처하고 또 개인적 자율성과 사회적 책임이 서로 효과적으로 균형과 조화를 이루는 사회이다.

■ **주요 저작들**

- Amitai Etzioni. 1968, *The Active Society: A Theory of Societal and Political Processes*, New York: The Free Press. —『능동적 사회: 사회적, 정치적 과정에 관한 이론』

- _____. 1996, *The New Golden Rule: Community and Morality in a Democratic Society*, New York: Basic Books. —『새로운 황금률: 민주사회에서의 공동체와 도덕성』(영어판)

- _____. 1997, *Die Verantwortungsgesellschaft: Individualismus und Moral in der heutigen Demokratie*, Frankfurt/M.; Campus Verlag. —『책임사회: 오늘날 민주주의에서의 개인주의와 도덕』(독일어판)

개인적 욕구와 사회적 요구 간의 균형잡기

개념   "자기 자신에 대한 개인적 책임과 타인에 대한 사회적 책임." 이 말은 아미타이 에치오니가 자신의 수많은 저작들을 통해 증대하는 사회의 도덕적 불감증에 대해 경고했던 핵심적 주장이다. 그가 구상한 사회에서의 황금률은 개인적 자율성과 사회적 질서 간의 균형 있는 관계인데, 이것은 다음과 같은 커뮤니타리즘적 정언명령으로 요약될 수 있다. "사회가 너의 자율성을 존중하고 또 보호해주기를 원하는 만큼 사회의 도덕적 질서를 존중하고 보호하라."

에치오니가 고안한 '좋은 사회'라는 패러다임은 사회가 개인의 자율성을 보장하는 것과 마찬가지로 개인도 사회질서의 보호를 위해 책임을 다할 것을 강조한다. 사회적 책무와 개인적 자유는 서로 적대적인 것이 아니며, 둘 다 공동체적으로 구성된 사회에서 아주 중요한 요소들이다. 그에 의하면 '커뮤니타리즘적 균형', 또는 다른 식으로 표현해서 '황금 같은 중용'은 질서를 보장하는 힘과 자율성을 촉진하는 힘이 서로 상존하면서 저울 같은 균형을 이룰 때 비로소 생겨난다. 이것이 되지 않을 때, 사회는 균형을 잃게 된다. 지나친 국가적 규제와 마찬가지로 지나친 개인의 자유는 '좋은 사회'와 맞지 않는다. 지나치게 질서만을 강조하고 개인의 자율성은 거의 존중하지 않는 사회는 권위주의적 사회 또는 전체주의적 사회에 가깝다. 반대로 개인들이 서로를 적대시하는 사회에서는 사회적 무질서가 일상생활을 지배할 것이다. 이러한 양극단은 결코 우리의 목표가 될 수 없고, 오직 우리를 막다른 골목으로 몰아넣을 뿐이다.

따라서 에치오니는 모든 사회, 특히 개인주의적인 성향이 강한 사회가 존립하기 위해서는 보편적으로 인정된 가치에 대한 최소한의 기준이 필요하다고 끊임없이 역설하고 있다. 서로가 공유하고, 서로를 결속시켜주는 일련의 가치들이 없을 경우 사회는 쉽게 불안정해진다. 그러한 가치들은, 예를 들자면 인간 생명의 보호, 제대로 된 어린이 양육, 또는 개인들이 사회적 생활, 즉 경제와 정치에 참여할 수 있는 기회 등이다. 이러한 가치들이 결여되면 극단적인 경우 평화로운 공동생활은 파괴되고, 결국 개인 또는 집단간의 폭력행위가 증가한다.

　사회가 이렇게 파멸적으로 나아가는 것을 저지하기 위해서는 ―에 치오니에 의하면― 개인들의 책임영역이 확대되어야만 한다. 개인들은 최소한 가족, 친구집단, 이웃 같은 가까운 사이에 대한 책임만이라도 가져야 하며, 이러한 책임을 국가적 또는 사회적 제도들에 떠넘겨서는 안 된다. 왜냐하면 이런 식의 책임전가는 공동체의 토대를 약화시키기 때문이다. 공동체가 개인들을 위해 떠맡는 모든 일들 중에서 각 개인 들이 해결할 수 있는 일은 스스로 하여 공동체의 부담을 줄여주어야만 한다.

　하지만 질서를 보장하는 공동체로의 지향은, 사회적 책임이 마치 강요된 의무로서 위에서 부과되는 식이어서는 곤란하다. 개인의 자율 성을 촉진하는 세력들에게 충분한 공간이 마련되어야 하고 개인들의 능력, 생활환경, 욕구가 고려되어야만 한다. 이것은 특히 '자아 표현, 혁신, 창의성, 그리고 주체적 결정에 대한 욕구 및 다른 집단과의 차별 성을 표현하고자 하는, 일부 집단들의 정당한 욕구'에 대해서도 적용 된다.

　좋은 사회에서는 그 사회 성원들의 생활설계가 서로 다르며 각 개 인들이 어떤 생활을 할지 스스로 결정한다. 하지만 상대적으로 높은 수준의 자율성은 동시에 의무를 수반하며 그리고 완전히 제멋대로 하 지는 않는다는 특징을 지니고 있다. 주체적 결정이라는 말 속에는 동 시에 자기 규제라는 의미도 들어 있다. 에치오니는 개인적 발현은 책 임성 있는 행위와 연결되어 있어야 한다고 강조한다.

　에치오니에 의하면 공동체적 틀이 잡힌 사회는 질서를 더 많이 강 조하고 개인의 자유를 덜 강조하는 것이 결코 아니다. 중요한 것은 개 인적 권리와 사회적 의무 사이의 균형을 창출해내는 것이다.

| 생애 | 개념 | 공통질문 | 인터뷰 |

공통질문

1. 당신은 스스로를 사회이론가나 사회비평가 또는 사회설계가로 생각합니까? 아니면 그저 동시대인으로 생각합니까?

저는 사회의 도덕적 질서유지와 재편에 기여하는 대립구도, 과정, 그리고 구조들을 관찰하고 연구하는 사회이론가입니다. 또 근시안적인 이윤추구에만 집착하는 자본주의를 비판하는 사회비평가이자 우리 사회의 정신적, 도덕적 토대를 개선하는 데 일정한 역할을 하고 있는 사회설계가이기도 합니다. 그리고 제 자신을 사회의 한 구성원으로, 즉 사회와 떨어져 살 수 없다는 의미에서만 저는 남과 어울려 사는 동시대인의 특징을 가질 뿐입니다.

2. 우리가 살고 있는 사회는 도대체 어떤 사회입니까?

우리는 과도기 사회에 살고 있는데 이 사회는 급격한 구조변동에 직면하여 방향성의 위기에 빠져 있는 사회입니다. 도처에서 도덕적 가치들이 결여되어 있으며 수많은 사람들은 이러한 커다란 변동 속에서 불안해 하고 있습니다. 비록 우리는 각각의 사회적 질서를 유지하기 위해 사용하는 수단들이 서로 다른 국가에 살고는 있지만 우리 모두는 다음과 같은 문제, 즉 어떻게 하면 통제할 수 없는 시장의 힘과 우리가 도덕적으로 좋은 사회라고 생각하는 것 간의 균형이 이루어질 수 있는지 하는 문제에 봉착해 있습니다. 우리가 개개 사회들을 비교하면 그들간에는 서로 대립되는 것이 병존한다는 사실이 눈에 띕니다. 여러 사회들은 개인주의만을 강조하거나 공동체만을 강조하는 특징이 있습니다. 일본에서는 공동체가 아주 강하게 드러납니다. 미국에서는 개인

주의가 아주 강합니다. 독일에서는 개인과 공동체 간의 관계가 어느
정도 균형을 이루고 있습니다. 그러나 독일에서도 개인주의와 공동체
간의 진정한 균형은 존재하지 않습니다.

3. 현 사회의 긍정적인 면과 부정적인 면에는 어떤 것이 있습니까?

  서구 법치국가적 민주주의의 긍정적인 면은 경제적 번영, 시민들의
정치 참여, 그리고 그들이 이룩한 사회적 성과물들입니다. 하지만 항상
더 많은 자유가 확장된다는 것은 일정한 한계를 넘어설 경우에는 부정
적인 것으로 나타나지, 긍정적인 것으로 나타나는 것은 아닙니다. 많은
사회에서 부정적인 면은 사회적 연대가 점점 더 파편화되는 데 있습니
다. 저는 도덕적 불감증이 증가하는 원인은 민주적으로 정립된 사회가
경제적 경쟁에 종속된 데에 있다고 봅니다. 이러한 부정적 측면은 사회
적 유대감과 도덕적 기본 가치들을 흔들고 있습니다. 특히 미국의 약점
하나를 들자면 미국은 다른 민주주의국가들과 비교해서 공동체 지향적
인 제도들이 적다는 점입니다. 그런데 이러한 제도들은 공동체들의 공
동체로서 사회를 유지할 수 있는 것입니다.

4. 사회에서 당신의 역할은 무엇입니까?

  사회학자로서 저는 경험적 자료들을 토대로 사회관계들을 분석하
고 해석하며 도덕적 문제들과 관련된, 정치적으로 해결해야 할 과제들
을 정리하려 노력합니다. 저에게 중요한 것은 사회의 도덕적 인프라를
강화하는 것입니다. 개인과 사회 간의 균형은 다시 이룩되어야 합니
다. 저는 저의 노력의 결과들을 소개하고 그 개선방안을 알리고 있습
니다.

생애   개념   공통질문   인터뷰

5. 사회소설 가운데 어떤 것을 좋아합니까?

저를 감동시켰던 소설은 극소수입니다. 그 중 하나가 존 스타인 벡 (John Steinbeck)의 『분노의 포도』입니다. 그밖에 소설은 아니지만 좋아 하는 여성 화가가 한 명 있는데, 그녀의 그림들은 저를 오늘날까지도 깊이 감동하게 만듭니다. 그 이름은 캐테 콜비츠(Käthe Kollwitz)입니다. 그녀는 전쟁의 참혹함을 엄청난 감수성과 표현력으로 재현했습니다. 그리하여 그녀는 제가 나치주의자들의 잔혹한 행위를 결코 잊지 않도 록 도와주었습니다. 좋아하는 독서분야는 주로 경제·정치·사회적 문 제들 또는 공공적 사건들을 주제로 한 것들입니다.

6. 당신이 즐기는 게임에는 어떤 것이 있습니까?

나는 가족들과 함께하는 '쌍둥이 장기'를 매우 즐깁니다. 그런데 장 기는 잘 아시다시피 단 두 명만이 할 수 있는 데 반해, 우리 식구들이 모이면 항상 4명 이상은 되기 때문에, 우리는 게임 규칙을 바꾸었습니 다. 우리는 네 명이 두 개의 장기판, 그리고 96개의 장기 알을 가지고 게임을 합니다. 필요에 맞게 규칙을 수정한 셈이죠.

7. 어떤 모임을 좋아합니까?

막스 베버는 열정, 책임감, 안목을 정치가들이 갖추어야 할 세 가지 자질로 보았습니다. 저는 이기적이지 않고 사회적 참여와 강한 가치의 식을 가진 사람들, 즉 정치적, 사회적, 도덕적 주제들에 대해 일정한 지적 수준으로 이야기를 나눌 수 있으며 약간의 유머도 갖춘 사람들과 함께 어울리는 것을 매우 좋아합니다. 이들은 가치타락에 동의하지 않고, 공동체적 가치가 경시될 경우 스스로 개입하는 사람들입니다. 또한 이들은 공동체적 연대의 강화가 필요할 때 그 책무를 피하지 않는 사람들이며, 개인들의 이해가 공동선을 위한 이해보다 우선하지 않는 그런 사람들입니다.

8. 당신이 소속되어 있다고 느끼는 사회집단은 어떤 것입니까?

이 질문에 대해서는 잠깐 제 인생 역정에 대해 먼저 말씀드리면서 답변하겠습니다. 저는 쾰른에서 태어났고 예루살렘 근처의 한 키부츠에서 자랐으며, 버클리와 뉴욕에서 공부했습니다. 따라서 저는 어느 정도 앞에 말씀드린 사회들을 떠돌아다닌 방랑자입니다. 저는 제가 두 개의 사회집단에 속한다고 믿습니다. 우선 분명히 높은 소득을 가짐으로써 일정한 특권을 누리는 인간집단에 속합니다. 그리고 '공공적 지성인' 집단에도 속합니다.

9. 당신이 사회적으로 중요하다고 평가하는 사람은 누구입니까?

유대교의 전통에는 아주 재미있는 구절이 있습니다. 그것은 "좋은 일을 행한 36명의 사람들이 있었는데 그 사람들의 이름은 알려지지 않았다"입니다. 저는 어떤 특정한 사람들을 강조할 수가 없습니다. 모든 사람들이 중요합니다. 만약에 우리 모두가 도덕적 기본 확신에 대한 공통의 토대를 가지고 그 가치들을 따른다면, 우리들 중 일부만이 뛰어나게 행동할 때보다, 우리 모두에게 더 큰 도움이 될 것입니다.

10. 당신이 생각하는 이상적 사회는 어떤 사회입니까?

이상적 사회는 다음 세 가지를 갖춘 사회입니다. 첫째, 스스로 목표를 설정하고, 둘째, 그에 필요한 자원들을 동원하고, 셋째, 그 시민들을 이 과제에 동참하게끔 합니다. 마지막 일은 공동체의 공동성을 통해 이루어집니다. 이상적 사회는 자율성, 자유, 그리고 도덕 간의 면밀한 균형 위에 서 있는 사회입니다.

11. 당신은 사회를 변화시키고 싶습니까?

나는 사회를 변화시키고자 하는 강한 열망을 내 스스로 느낍니다. 나는 국가적 차원에서의 조치들이 아니라, 도덕적 확신에 그 기대를 겁니다. 사회의 도덕적 기초를 강화시키는 데 기여하는 국가시민적 덕성을 옹호합니다. 나의 목표는 결속력 있는 규범들과 가치, 그리고 공동체적 결속력의 활성화입니다. 요약하자면 나는 도덕화를 원하지 않습니다. 나는 동전의 양면을 주목해야 한다는 것을 환기시키고 싶습니다. 타인의 희생을 전제로 하지 않는 개인적 자유, 그리고 개인의 자아발현 가능성을 차단하지 않는 사회적 이익이 바로 그것입니다. 우리 모두가 매우 이기적으로 행동하고 항상 남보다 개인적으로 앞서려고 애쓰기 때문에, 우리는 사회적 책임에 더 많은 비중을 두어야 합니다. 그러면 균형이 이루어질 것입니다.

12. 미래사회는 어떤 모습이 될 것 같습니까?

이에 대해서는 어느 누구도 자신 있게 말할 수 없습니다. 앞으로의 세대들이 살 가치가 있는 미래를 향유할 수 있도록, 과연 우리가 일정한 희생을 기꺼이 감수할 수 있는지는 결국 기다려 보아야 합니다. 이 문제와 관련해서 미국은 아주 분명한 예입니다. 그 사회에서는 고삐 풀린 자본주의와 지나친 개인주의가 사회의 도덕적 토대를 파괴하고 있습니다. 서유럽 국가들은 비록 일시적으로 망설이기는 하지만, 이러한 미국식의 발전을 따라가려 준비하고 있습니다. 하지만 만약에 우리가 공동체성을 강화하고 개인적 자율성과 사회적 책임 간에 균형을 만들어내는 데 성공한다면, 우리는 '좋은 사회'라는 목표에 상당히 가까이 갈 수 있을 것입니다.

인터뷰

모든 공공생활에서 가시화되고 있는 도덕의 추락을 생각해볼 때, 사회의 도덕적 기본 골격과 관련된 문제들은 그 중요성이 점점 더해지고 있습니다. 당신의 저작들에서 당신은 이익계산을 인생의 중심에 놓는 고삐 풀린 개인주의는 규제해야 하며 또 개인들을 공동체 촉진적인 사회관계들 속으로 연결시켜야 한다고 주장했습니다. 이렇게 되면 개인들의 자아발현이 제한되지 않을까요?

내 이야기는 개인들 행위의 자유 또는 결정의 자유를 말살하자는 것이 아닙니다. 내가 개인주의라는 도그마(dogma)로부터의 선회, 그리고 공동선을 강조할 때, 그것은 각자의 개인성을 표현할 가능성을 없애려는 의도가 아닙니다. 나는 시장법칙을 무조건적으로 지향하는 것, 아무런 규제도 없는 성공추구, 남을 이겨야만 내가 산다는 지나친 경쟁의식에 반대합니다. 내가 주장하는 것은 완고한 개인주의에 반대하자는 것입니다. 이 개인주의는 국가적으로 규정된 교류형식들과 행동양식에 대한 어떠한 사고도 일절 거부하고 또 공동체의 도덕적 기본원칙들을 부정하거나 비판합니다. 이러한 비판은 근거 없는 것입니다. 그리고 내 견해로는 이 비판은 개인에게 근본적으로 하등의 자유도 허용하지 않는 국가적 결정과 공동체적으로 얻어진 확신들―즉 결국 모든 개인들 스스로 인정하지 않을 수 없는 확신들―에 근거하고 있는 결정을 혼동하고 있습니다. 나는 개인적 자유와 사회적 의무 간의 균형을 강조합니다. 그리고 여기서의 사회적 의무는 위에서 아래로 전달하는 방식이 아닌, 그 필요성에 대해 많은 사람들이 공감하고 또 노력하는 것을 의미합니다. 내가 중요하게 생각하는 것은 자율성과 질서 간의 공생적 관계입니다.

생애   개념   공통질문   인터뷰

그 관계라는 것은 무엇을 의미합니까?

그것이 의미하는 것은 개인성과 연대성이 서로 대립되어서는 안 된
다는 것입니다. 개인적 권리들에는 항상 사회적 의무가 포함됩니다.
공동체적 유대와 보편적으로 인정된 규범, 가치가 없다면 개인의 자유
권은 무책임한 행위로 이어집니다. 연대적 공동체, 그리고 민주적 법
치국가를 유지하기 위해서는 시민들에게 이러한 연관성을 이해시켜주
어야 합니다. 동시에 사람들의 도덕의식이 강화되어야 합니다. 사람들
은 서로 걱정해주고 상호 이해할 줄 알아야만 합니다. 그리고 여기서
개인의 자아발현은 결코 억제되는 것이 아닙니다. 나는 이렇게 하면
오로지 이윤추구와 사욕만을 지향하는 사회에서는 전혀 발견할 수 없
는, 인간 생활의 아주 새로운 전망이 나타날 것이라고 확신합니다.

당신의 동료들 중 일부가 제안한 국가적 조치들은 개인의 자유를 제한하지는
않을까요? 예를 들어 철학자 찰스 테일러는 캐나다 퀘벡 주에서는 부모들이
그 자식들을 프랑스어 학교에 보내도록 법으로 강제해야 한다고 주장했습니
다. 왜냐하면 문화 유지에 관한 권리가 부모들이 자식들의 학교를 선택할 권
리보다 우선한다는 것이지요.

이러한 요구들에 대해 '커뮤니타리즘 네트워크' 내부에서도 격렬한
논란을 하고 있습니다. 저는 사회 내의 자유를 제한하는 국가적으로
부과된 조치들에 대해서는 반대합니다. 중요한 것은 법과 금지조항을
통해 덕성을 강요하는 것이 아닙니다. 저는 오로지 어떠한 비판에도
견딜 수 있는 논의를 통해서만 도덕적 가치와 공동의 목적을 얻을 수
있다고 생각합니다. 여기서의 황금률은 다음과 같습니다. "사회가 너
의 개인적 자유를 존중하고 보호해주기를 원하는 만큼 너도 사회의 질
서를 존중하고 보호하라."
만약에 사람들이 공동의 규범과 가치를 공유하는 공동체 속에 함께

산다면 경제적 이득 또한 가져다줄 수 있습니다. 이웃이나 친구들이 노인들을 부양할 수 있다면, 국가는 양로원에서 노인들을 부양할 때 들어가는 비용보다도 훨씬 적은 부담을 지게 됩니다.

당신은 도덕적 불감증에 관한 논의에서는 항상 개인주의자들의 지나친 이기적 사고와 그들의 사회적 무능력이 문제라고 지적하였습니다. 각 개개인이 자기 자신만을 중요시하는 그런 사회에 우리가 살고 있는 것이 사실입니까? 우리는 정말로 도덕이 없는 사회에 살고 있습니까?

우리는 지난 몇십 년간 도덕적, 사회적으로 결속력 있는 가치들이 매우 퇴조한 사실을 간과할 수가 없습니다. 1950년대만 하더라도 분명한 가치들과 강한 책임의식들이 있었습니다. 그러나 1960년대, 그리고 특히 1970, 1980년대를 거치면서 공동성에 대한 지향은 급속하게 감소했습니다. 사람들은 자기 자신에게만 관심을 집중했고, 개인적 이익추구가 사회질서의 토대가 되어가는 것을 바라보았습니다. 특히 자유시장경제의 성과기준만을 지향하고, 점점 더 치열해지는 경쟁에 놓인 사회들에서 도덕은 몰락했습니다. 이런 사회들에서 도덕적 가치의 상실은 높은 범죄율 및 알코올 남용, 약물남용으로 나타납니다. 미국에서 1990년에 범죄율은 1960년보다 6배나 증가했고 동일 기간 폭력범죄 건수는 4.5배, 그리고 살인범죄율은 2배나 증가했습니다.

도덕불감증은 다음과 같은 사건들의 발생건수가 증가하는 데서도 잘 확인할 수 있습니다. 즉 탈세를 한다거나, 보험사기를 저지르거나, 부정부패에 연루되거나 또는 궁핍한 상태에 처한 것도 아닌데 양심의 가책도 없이 복지비를 받아내는 일들 말입니다.

사회학자 다니엘 패트릭 모이니한(Daniel Patrick Moynihan)은 1993년에 발표한 한 논문에서 일탈적 행위들에 대한 사람들의 판단이 변했다고 지적했습니다. 즉 사람들이 비사회적 행동양식들에 대해 직접적인 거부보다는 더욱더 관용적인 태도를 보인다는 것입니다. 범죄율이 급속하게 증가하면서 일부 범죄행위들은 더 이상 비난받을 일로 간주되지 않고, 오히려 일종의 영웅적 일탈로 인정된다는 것입니다.

만약 한 사회가 개인들의 자유를 사회의 요구와 연결시키지 못하면, 이러한 범행들에 관한 잘못된 판단은 더욱 많이 눈에 뜨일 것입니다. 아무런 구속도 없는 자율성이 마치 최고인 것처럼 이데올로기화되면 비사회적 행위들은 늘어날 것이고, 결국 사회는 붕괴되고 말 것입니다.

가치의 몰락은 하루아침에 나타난 것은 아닙니다. 어떤 요인들이 당신이 말하는 도덕불감증을 야기하게 되었습니까?.

책임감이 약화되고, 도덕불감증이 강화된 데에는 여러 원인들이 있습니다. 사회적 관계들의 변화 배경을 이해하기 위해서는 우선 몇 가지 요인들을 반드시 알아야 합니다. 저는 특히 물질적 복지 수준의 향상, 교육의 팽창, 그리고 여성의 해방을 말하고 싶습니다. 이러한 발전들은 1960년대 초 이래 사람들로 하여금 많은 도덕적 전통들, 사회적 가치들 그리고 제도들에 대해 처음으로 문제를 제기하게 만들었으며, 또 종종 좋은 의도에서 그렇게 했습니다. 예를 들어 당시에는 종교적 근거에서 나온 피임수단의 사용금지 같은 도덕, 즉 성적 접촉은 결혼한, 동성이 아닌 이성 파트너에 국한되어야 하며, 이것을 계속 규제해야 된다는 엄격한 도덕적 관념이 존재했었습니다.

무엇이 이러한 도덕관념에 저항하게 만들었습니까?

전통적인 성 역할은 점점 거부되었습니다. 여성들은 가정주부의 역

| 생애 | 개념 | 공통질문 | 인터뷰 |

할에서 벗어나서 그 당시까지 주로 남성들만의 활동이었던 취업현장에 나아갈 수 있었습니다. 오늘날 여성들에게는 −군대, 가톨릭 교회 같은 약간의 예외를 빼고는− 법적으로 남성과 동일한 가능성이 열려 있습니다. 여성들은 모든 직업과 지위를 얻는 데 있어 남성과 동등해야 하며, 동일한 노동에 동일한 임금을 받아야 하고, 동일한 신용기회와 주거기회, 그리고 기타 더 많은 것들을 동등하게 누리게 되었습니다.

전반적으로 볼 때, 개인의 자아 발현, 정체성 발견, 그리고 출세 등이 점점 중요해진 반면 공동체와 연관된 가치들은 뒤로 밀려났습니다. 우리는 지금 사회에 대한 대부분의 의무를 외면하는 시점에 있습니다. 사람들이 누리고 있는 새로 획득한 자유들 역시 일정한 의무와 책임이 연결되어 있다는 사실은 간과되고 있습니다. 우리는 자신의 권리를 찾으려 너무나 애쓰면서도 그에 따른 의무는 거의 행하려 하지 않는 사람들에게 둘러싸여 있습니다. 게다가 많은 사람들은 공동선 지향적인 가치들을 분명히 하고 이를 위해 노력할 능력을 상실하였습니다.

당신이 말하는 이러한 경향은 어디에서 발견할 수 있습니까?

대학 신입생들을 대상으로 실시한 여론조사에서 인생목표 항목 중 '경제적으로 여유 있는 것'이 '자녀를 잘 양육하는 것'보다 높게 나타났습니다. 이러한 가치관은 가족의 의미 상실과 높은 이혼율에 영향을 줍니다. 미국의 경우 결혼한 부부와 최소 한 자녀를 둔 가구의 비율은 1960년 42%에서 1990년에는 26%로 내려갔습니다. 동일한 시기에 이혼율은 두 배나 증가했습니다. 문제는 전통적 가족이 그 의미를 상실했다는 것이 아니라, 기존의 가족 개념 대신에 어떤 새로운 가족 개념이 나타나지 않고 있다는 것입니다. 가족이 해체되고 이로 인해 자녀들은 도덕적으로 혼란을 겪습니다. 따라서 지금 생겨난 이 공백은 다시 바람직한 가치들로 채워져야만 합니다.

채워져야 할 가치들은 어떠한 것들입니까? 사람들이 서로 공유하는 가치들이
아직도 필요한가요?

　　모든 사회는 공동의 가치에 대한 기준을 필요로 합니다. 규칙 없이
는 게임을 할 수 없듯이, 행위규범에 대한 일정한 합의 없이는 어떤
사회도 존립할 수 없습니다. 하등의 도덕적 관념도 가지고 있지 않는
사회는 시간이 흐르면서 몰락할 것이 분명합니다. 따라서 우리들의 도
덕적 토대를 전반적으로 강화시키는 것이 매우 중요합니다. 도덕적 질
서는 가치들의 핵심 내용에 기초하는데, 이 핵심 내용은 사회의 성원
들이 서로 공유하며, 또 여러 사회제도들에 구현된 것입니다. 하지만
우리는 도덕적 질서를 항상 반복해서 검토하고, 또 새로 구성해야만
합니다.

　　모든 사회들은, 만약에 그 존속을 위협받고 싶지 않다면, 보편적으
로 인정된 최소 기준의 가치들을 필요로 하고, 또 이 주제를 종교적
광신도나 포퓰리스트(populist)들이 선점하기 전에 이에 대해 진지하게
토론해야 합니다. 어떠한 사회도 인간의 육체적·정신적 안녕과 관계되
는 가치들의 핵심적 내용 없이는 존재할 수 없습니다. 사회적 책임은
예전과 마찬가지로 핵심 가치들 중 하나인데 이것은 더욱더 중요하게
취급되어야만 합니다. 이외에도 민주적 정치제도들 ―하버마스의 개념
을 빌리자면―, 헌법애국주의(Verfassungspatriotismus), 기본권과 사회적
집단 간의 상호 존중 등은 사회를 유지·존속시키고, 소수를 보호하며,
개인의 권리를 확고히 하는 데 있어서 반드시 필요한 것들입니다. 그
러나 이러한 가치들은 그것들이 굳건한 토대 위에 서 있을 때에만 준
수될 수 있습니다.

이것을 좀더 자세하게 설명해주실 수 있습니까?

그 안에서 일정한 결속력 있는 가치들이 서로 공유·학습되고, 또 내면화될 수 있는 가족, 학교, 결사단체 같은 제도들은 꼭 있어야 하고 또 −이것이 매우 중요한데− 온전히 보전되어야만 합니다. 만약에 가족 내의 기본적 가치들이 학습되지 않으면 그것은 다른 연쇄적 결과를 가져옵니다. 예를 들어 부모 둘 다 직업적 출세에만 온 관심을 기울이고 아이들을 보살피는 일은 소홀히 한다면, 이것은 자녀들의 학교 생활에 영향을 미치게 되고, 결국 학교에서 문제가 생기면 이에 대한 부모들의 과제와 의무가 뒤따라야만 합니다. 따라서 오늘날 학교는 교육학적으로 볼 때, 황폐화 직전에 있습니다. 교사들은 부모들이 더 이상 풀려고 노력하지 않는 문제들을 해결하는 데 온 힘을 써야만 합니다. 그들은 수업시간의 대부분을 부모들이 신경 쓰지 않는 아이들에게 공동체 생활의 중요한 가치들을 알려주는 데 써버립니다. 이렇다보니 교사들이 학생들의 지식과 능력을 연결시키는 문제에 신경 쓸 시간이 거의 없습니다.

그렇다면 우리는 무엇을 해야 합니까? 당신은 '책임사회'를 주장합니다. 하지만 당신의 저서 『책임사회』에서 보면 거기에 이르는 길은 좀 막연한 듯이 보입니다. 어떻게 더욱 많은 책임을 실현시킬 수 있습니까?

우리는 보조성의 원칙(subsidiary principle)으로 돌아가야 합니다. 즉 더 상급단계의 국가 또는 사회제도들은 반드시 낮은 단계의 제도들로서 더 이상 해결이 힘들 때에만 도입되어야 합니다. 어떠한 사회적 과제도, 현존하는 과제를 해결하는 데 필요한 것보다 더 큰 제도에 맡겨져서는 안 됩니다. 가족에 의해 해결될 수 있는 것은 학교에 전가되어서는 안 됩니다. 지역 차원에서 행할 수 있는 것을 국가 또는 연방정부가 나서면 절대 안 됩니다. 현 단계에서 해결할 수 있는 과제들을 더 높은 단계의 제도로 미루는 것은 공동체의 토대를 약화시킵니다.
우리는 문제를 해결하기 위해서 시민들의 공동체정신을 일깨우고
공동체에 참여할 기회를 확대해주어야만 합니다. 우리는 공동체정신
을 가족 내에서 장려하고, 학교에서는 교육시키고 공동체 내에서 강화
시켜야만 합니다.

가족 내에서 구체적으로 어떤 일들이 행해져야 될까요?

부모들은 자녀교육에 더욱 많은 시간을 투자해야 합니다. 그러기
위해서 그들은 수입과 출세에 있어 어느 정도의 불이익을 감수해야 합
니다. 아이를 낳는 사람은 그 아이들을 도덕적으로 교육시킬 사회적
의무를 가지는 것입니다. 정치와 기업측에서는 부모들이 좀더 쉽게 생
계비를 벌고 동시에 자녀들을 부양할 수 있도록 도와주어야만 합니다.
이렇게 되면 학교는 시간의 대부분을 인격형성이나 가치전달에 쓰는
대신에 학생들의 지식과 능력을 연결시켜주는 일에 집중할 수 있을 겁
니다. 하지만 학교에서도 하나의 사회적 장(場, Umfeld)을 만들어 그 안
에서 아이들이 무엇이 좋고 나쁜 것인지를 반드시 배우도록 해야 합니
다. 도덕적 가치들은 장려해야만 합니다. 인간적 친밀성, 그리고 북돋
아주고 용기를 주는 긍정적 말들을 아이들이 학교에서 경험하도록 하
는 것이 무엇보다 중요합니다.

당신은 왜 가족과 같은, 가치를 상실해가고 있는 전통적 제도를 고집합니까?

자녀 양육과 관련해서 볼 때, 가족이라는 사회적 장은 반드시 필요하
며 또 그 어떤 다른 제도로 대체될 수 없습니다. 전통적 가족을 대신할
대안을 찾는 사람들은 유아원, 유치원, 그리고 학교에서의 양육과 도덕

적 교육이 부모에 의해 행해지는 것보다 못하다는 사실을 알아야만 합니다. 부모에 의한 감성적 가치평가는 아이의 기본 신뢰감을 확고히 만들어주며 또 그 아이가 모든 사회적 가치들을 내면화하는 데에 있어서 토대가 됩니다. 정치는 이러한 사실을 고려해야만 하며 최대한 가족 내의 양육을 장려해야 합니다. 정치는 부모들이 부모의 역할을 제대로 할 수 있는 위치에 설 수 있도록 사회·경제적 조건들을 만들어주어야 합니다. 여기에는 자녀 양육 보조비 지급, 3년간의 양육휴가와 일자리 보장, 파트타임 노동자를 위한 추가비례임금, 재택 근무, 그리고 유연화된 노동시간제 등이 속합니다.

사회의 공공영역 확대를 위해 어떤 제안을 하시겠습니까?

사회는 성격형성에 필수적인, 안정된 가족, 그리고 사회적으로 결속된 학교 이외에도 다른 공동체들이 있어야만 합니다. 이 공동체들은 - 운동시설 장소에서 공공주차장, 그리고 시장에서 강변 산책길에 이르는- 공공적으로 접근 가능한 화합 장소에서 형성되고 또 강화됩니다. 따라서 사람들이 만나고 공동체 속에서 서로 어울릴 수 있는 충분한 공간이 존재하는가를 잘 보아야만 합니다. 만약에 공동체의 사회적 그물망이 온전하고 도덕적 목소리들이 분명하게 주장을 펼칠 수 있으면, 사회는 사회적 질서가 존재하는 쪽으로 크게 다가가게 될 것입니다. 왜냐하면 사회적 질서 유지는 도덕적 의무에서 비롯되기 때문입니다.

사회학자 퇴니스(Ferdinand Tönnies)는 1887년에 발간한 저서에서 사회통합의 두 유형으로 '공동사회(Gemeinschaft)'와 '이익사회(Gesellschaft)'를 나누었습니다. '이익사회'에서 그는 더 이상 전통적 사회적 관계에 얽매이지 않고 누구와 교제를 할지를 자유로이 결정하는 인간집단들을 지칭했습니다. 퇴니스는 공동사회의 끊임없는 몰락을 아쉬워하며 바라보았지만, 단지 사

회 낭만주의자만이 공동사회에 계속 집착한다고 생각했습니다. 당신은 사회낭
만주의자입니까? 아니면 당신은 어떻게 이해하고 있습니까?

우선 오해를 피하기 위해 할 말이 있습니다. 제가 공동사회에 대해
말할 때는 생물학적으로 확립된 '민족공동체'를 의미하는 것이 아닙니
다. 이것은 제3제국의 민족사회주의자들(나치주의자들을 의미함-옮긴이)
에 의해 선전되었었지요. 잘못된 결사체 개념-그들에게 있어서는 공동사
회가 마치 사상을 단속하는 경찰과 동일시되는 그러한 개념-을 피하기 위해
저는 공동사회(Gemeinschaft)보다는 차라리 공동체(Gemeinwesen)라는 표
현을 쓰고 싶습니다.

이 정의에 따르면, 공동체는 다음과 같은 두 가지 특성을 가지고 있
습니다. 하나는 집단의 개인들이 서로 알고 상대방을 이해한다는 특성
이 있습니다. 또 다른 하나는 공동의 규범과 가치에 대해 의무감을 가
진다는 것입니다. 제 생각에 공동체는 서로 알고 있는 사람들의 사회
적 그물망입니다. 하지만 동시에 공동체는 도덕적 판단주체입니다. 공
동체는 사람들을 공동의 가치와 노력할 가치가 있는 목표에 연결시키
며, 사람들이 자신들 각자 스스로를 보살피면서도 다른 사람들을 외면
하지 않도록 합니다. 제 생각에 공동체는 도덕적 지향의 가장 중요한
원천입니다. 우리는 동시에 여러 공동체에 속합니다. 여러 공동체에
속하기 때문에 개인들은 도덕적으로 퇴보하지 않을 뿐만 아니라 도덕
을 무시하지도 않는 것입니다.

『공동체의 발견』이라는 저서에서 당신은 "공동체가 더 기능적이면 기능적일
수록 그만큼 통제의 필요성은 감소한다"라고 썼습니다. 이 연관성을 설명해줄
수 있습니까?

자유로운 개인들은 국가의 과도한 개입으로부터 자신들을 보호해
줄 공동체를 필요로 합니다. 무책임한 개인주의가 계속 확산된다면,

언젠가 국가가 개입할 것입니다. 이 단계가 되기 전에 우리는 먼저 조치를 취해야 합니다. 저는 공동체를 공고화함으로써 이를 달성할 수 있다고 생각합니다. 제 생각에는 공동체, 그리고 공동체의 도덕적 목소리들을 강화하는 것이 국가의 역할—특히 경찰적 통제 기능—을 제한하는 최선의 방법인 것 같습니다. 공동체를 강화하고자 하는 사람은 스스로를 포괄적인 전체의 일부로서 파악하는 것에 신경을 써야만 합니다. 만약에 우리가 일정한 가치추구와 규칙의 준수를 서로에게 훈계하고 또 격려한다면, 훨씬 적은 수의 경찰을 필요로 할 것입니다. 만약에 우리들 중의 대부분이 성실하게 세금을 납부한다면, 세무 감시자는 더욱 줄어들 것입니다. 물론 위법을 저지르는 사람들은 항상 있었습니다. 우리가 피해야 할 것은 국가를 사회 질서의 책임자로 간주하는 일입니다. 사람들이 추구할 만한 가치들을 자발적으로 존중하면, 사회 질서는 더 인간적이고, 적은 비용으로 유지될 것입니다. 이러한 가치들에는 사회의 재정적 부담에 대한 적절한 분담은 물론 교통법규의 준수도 속합니다. 국가의 통제가 가지는 위험에 대처하기 위해서 우리는 개인적 권리와 사회적 의무 간의 균형잡힌 관계를 필요로 합니다.

현재의 전반적인 불균형 상황에서 우리는 무엇을 해야 합니까? 어떤 교정방법을 취해야 합니까?

우리는 사회적 유대를 만들기 위해 대도시와 도시외곽지역에서 동시에 도덕성을 강화시켜야 합니다. 또 우리는 공동체정신을 장려해야만 합니다. 하지만 다양한 의견과 견해를 억압하는 아주 협소한 연결망은 절대 만들어서는 안 됩니다. 만들 수 있는 연결망의 스펙트럼은 넓습니다. 운동동호회에서부터 학교합창단에 이르기까지, 그리고 문학동아리에서부터 자선행사의 조직위원회까지 그 폭은 넓습니다.

여러 공동체들의 공동체로서의 사회는 각 지역공동체가 자신들의 복지에 우선적으로 스스로 책임을 져야 한다는 사고를 강화시켜야 합니다. 사회를 위협하는 것은 도덕적 무정부성이지 각 공동체가 지나치게 강조되어서 그런 것이 결코 아닙니다.

프랑스의 사회철학자 알렉시 드 토크빌(Alexis de Tocqueville)은 150년 전에 출간된 자신의 주저 『미국의 민주주의』에서 이렇게 말했습니다. "한 사회가 유지되고 또 무엇보다 그 사회가 번영하는 데 있어서 근본적으로 중요한 의미를 지니는 것은, 모든 시민들의 의견이 항상 몇 가지의 중심적 이념으로 구성되어야만 한다는 것이다." 그러면 현재의 우리 사회는 어떤 중심적 이념들을 상실한 것입니까? 아니면 당신은 사회가 유지되기 위해 반드시 필요한 가치는 무엇이라고 생각하십니까?

그것은 전적으로 우리가 어떤 사회를 고찰하느냐에 따라 달라집니다. 일본이나 싱가포르 같이 강제적 규칙이 지나치게 많은 사회들이 있는가 하면, 또 미국 같이 개인이 너무 강조되는 사회도 있습니다. 따라서 일본에서는 개인들이 스스로를 발현할 수 있는 공간을 만들어주는 가치들이 결여되어 있습니다. 반대로 미국에서는 전 사회의 이익을 고려하는 가치들이 결여되어 있습니다.

만약에 한 사회가 개인에게 항상 더 많은 권리를 약속하거나 또는 반대로 항상 더 많은 사회적 책임을 부과한다면, 일정 시점에 이르러 이 두 요소들은 서로를 강화시키기보다는 서로를 약화시키게 됩니다. 이것에 관한 예를 들자면 다음과 같습니다. 각 개인의 권리가 지나치게 클 경우 개인들은 갈등이 생기면 이를 협상, 합의 또는 간접적 대화로서 해결하려는 노력을 점점 안하게 되고, 그 대신 모든 사소한 일들까지 법정에 끌고갑니다. 갈등을 이런 식으로 조정하는 형태는 특히 미국에서 아주 강하게 나타나고 있습니다.

일찍이 알레이스다이르 매킨타이어(Alaisdair MacIntyre)가 정리했던, 이러한 '자기와 관련된 문제를 병적으로 외부로 전가하기'는 어떻게 막을 수 있습니까?

미국에서 우리는 개인적, 사회적 책임감을 새롭게 전개시켜야 합니다. 또 우리는 권리와 더불어 동시에 의무도 가진다는 것, 그리고 우리의 개인적 안녕은 공동체의 안녕과 불가분의 관계에 있다는 것 등에 대한 의식을 일깨워야 합니다. 우리가 개인적 권리들을 절대화시키고 공동체의 이익을 간과한다는 것은 절대로 지속 가능한 일이 아닙니다. 강력한 개인적 권리와 자유를 옹호하고자 하는 사람은 동시에 공동체의 기본적 욕구들에 대해서도 배려해야만 합니다. 이것은 사람들이 솔직하게 세금을 낸다든지, 또 이웃끼리 서로 도우며 범죄를 막는다든지, 서로 상대방의 아이들에 관심을 가진다든지 또는 늙고 병든 사람들을 돌봐주는 등 바로 사람들이 자신의 사회적 책임을 행해야 한다는 것을 의미합니다. 이러한 과제들을 개인 단독으로 수행할 수 있는 사회는 없습니다.

사회 질서 유지에 필수 불가결한 것은 그 구성원의 다수가 일련의 기본 가치들에 대해 책임감을 느끼고 이에 부응하는 행동을 하는 것입니다. 구성원들이 그 가치에 부응할 필요성을 느끼는 것이 아니라 그 가치들에 대해 스스로 확신하는 것입니다. 우리는 다음 한 가지는 항상 분명히 해두어야만 합니다. 만약에 개인이 타인에 대한 책임감을 가지지 않고 자신의 행복에 관한 결정을 자기 마음대로 한다면, 사회는 사회적 측면은 물론 도덕적 측면에서도 황폐화될 것입니다.

≪프랑크푸르터 룬트샤우(Frankfurter Rundschau)≫지와의 인터뷰에서 당신은 독일의 복지국가가 몰락할 것이라고 예언했습니다.

복지국가는 과거에 많은 문제들을 해결했습니다. 그러나 독일에서 복지국가는 서서히 붕괴하고 있습니다. 오늘날 큰 문제는 광범위한 복지국가의 집행을 충당해야 하는 재정문제입니다. 아직도 전국적 차원의 의료보험 같은 사회적 안전망이 존재하지 않는 미국에서는 국가예산의 15~18% 정도만 사회비용으로 지출됩니다. 미국과 독일은 이 점에서 상당히 차이가 있습니다. 그러나 한 가지 분명한 사실이 있는데 그것은 어느 정도 세계화와 직접적으로 관련이 있습니다. 그 사실은 복지국가를 유지하기에는 너무 많은 비용이 들기 때문에 불가피하게 단계적으로 감축한다는 것입니다.

그러면 무엇을 해야 합니까?

우리는 복지국가가 몰락하는 것을 그저 아무런 대책 없이 바라보고만 있어서는 안 됩니다. 오늘 안경 맞출 때의 안경테 가격에 대한 보험지급이 없어지면, 내일은 틀니 치료비에 대한 보험지급이 사라질 것입니다. 미국의 취업인구 중 1/4이 넘는 사람들이 열악한 노동조건하에서 일하고 있으며 ―즉 오전, 오후 노동, 파트타임 또는 계약직 노동― 하등의 복지혜택을 받지 못하거나 또는 아주 최소한의 복지혜택을 받고 있습니다. 이러한 상황은 절대 우리의 목표가 될 수 없습니다. 설령 우리가 복지국가에 대해 이제 신중하게 생각하고, 새로이 구조를 짜고 또 일부 비용삭감을 취하는 것을 더 이상 회피할 수 없다고 해도, 미국 모델은 그 대안이 될 수 없습니다. 설령 우리의 허리띠를 더욱 졸라매야 한다 치더라도, 건강과 공동선이라는 비용을 치르면서까지 그렇게 해서는 안 됩니다.

우리는 시장이 가지는 긍정적 효과를 억제하지 않으면서 동시에 시장을 규제해야 합니다. 우리는 어떤 사회적 성과물들만큼은 건드려서는 안 되는지, 어떤 것들은 줄이고 또 희생시켜도 되는지에 대해 서로 합의를 보아야만 합니다. 우리들은 서로를 도우며 또 받쳐줄 수 있는 네트워크를 설치하는 일을 오늘부터 시작해야 합니다. 우리는 모든 문제들을 국가에 전가시킬 수는 없다는 것을 인식해야만 합니다. 우리 또한 사회적 책임감을 가지고 있습니다. 이러한 책임감은 우리가 우리의 아이들을 스스로 양육하는 것, 우리의 부모가 도움을 요할 때 그들을 돌보는 것, 그리고 이웃들이 우리의 도움을 필요로 할 때 그들을 돕는 것 등으로 표현될 수 있습니다. 하지만 책임은 일단 우리들에게 있습니다. 우리는 우리들 서로에 대해 책임의식을 가지고 행동해야만 합니다. 예를 들어 흡연자들은 흡연이 자신의 건강을 해칠 뿐만 아니라 타인의 건강도 해친다는 것을 인식해야만 합니다. 물론 흡연자들은 다음과 같이 답변할 수도 있습니다. "좋아, 그러면 나는 다른 사람이 없을 때에만 담배를 피우겠어." 그러나 여기서 흡연자들은 흡연이 자신들 스스로를 병들게 할 수도 있다는 사실을 잊고 있습니다. 흡연자들이 환자가 되면 그들은 의료보험과 다른 모든 보험료 납부자에게 짐이 되고, 다른 모든 납부자들은 더 많은 의료비용을 떠맡을 수밖에 없습니다. 또 다른 예로 도로에서의 난폭 운전을 들 수 있습니다. 무리하게 앞차를 추월하는 것은 자기 자신의 생명을 위협할 뿐만 아니라 다른 운전자의 생명까지도 위협하는 것입니다.

커뮤니타리즘을 통해서 장기적으로 사회의 도덕적 분위기가 강화될까요?

저는 이에 대해 어떤 만족할 만한 답변도 드릴 수 없습니다. 왜냐하면 저는 극단으로 치달은 개인주의에 병들어 있는 이 사회에 대해 어떤 만병통치약도 처방할 수 없기 때문입니다. 개인의 자유를 계속 무리하게 확대하려는 노력의 결과로 일부 사회에는 그 균형을 잃었으며, 그리고 지나친 자유로 야기된 비사회적 결과들 때문에 사회에 지워진 부담들을 힘겨워하고 있습니다.

커뮤니타리즘 지지자들은 사람들이 도덕적 책임으로 간주하는 그러한 의무영역을 확대시키면서 개인적 선호와 사회적 책임 간의 긴장 완화를 요구합니다. 여기서 의도하는 것은 위로부터 강제로 부과된 의무가 아니라, 사람들이 자신들의 확신에서 우러나와 준수하게 되는 그러한 일련의 책임들입니다.

커뮤니타리즘의 활동은 고삐 풀린 개인주의로 접어든 나라들에서, 개인적 이익만을 추구하는 것은 인간들이 맺고 있는 사회적 연관성의 그물망을 파괴한다는 사실을 보여줄 수 있습니다. 우리는 중요한 가치들에 대한 이해과정에 다름 아닌, 도덕적 대화를 촉구함으로써 이러한 일을 합니다. 개혁은 하루아침에 이루어지지 않습니다. 개혁은 복잡하고 또 장기적인 과정입니다. 너무 쉽게 해결책을 약속하는 정치가들을 경계해야 합니다. 많은 개혁들이 국민들의 지지를 얻지 못해서 실패합니다. 그러므로 개혁에 관해 대화를 하고, 우선 사회의 도덕적 분위기에 대한 논의를 시작하는 것이 중요합니다. 우리는 단지 강한 의도, 좋은 구상, 현명한 개혁안 이상의 것이 필요합니다. 우리는 커다란 저항을 극복하고, 정치제도를 근본적으로 변화시킬 충분한 힘을 갖춘, 새로운 정치세력을 필요로 합니다.

이러한 필요한 정치세력은 사회운동에서 나올 수 있습니다. 시민권 운동과 여성운동은 사회운동이 사회에 근본적으로 영향을 주고 또 변화시킬 수 있다는 것을 보여주었습니다. 이러한 운동이 없이는, 정치가 다시 공동선의 의무를 지도록 하는 데 필요한 개혁들은 가능하지 않습니다. 강한 도덕적 목소리들이 없다면, 국가는 과잉부담을 안게 되고, 시장은 고삐가 풀려버릴 것입니다. 가치의식이 없다면 인간은 아무 생각 없이 행동할 것입니다.

커뮤니타리즘적 네트워크는 종종, 그리고 즐겨 신사회운동에 비유되곤 합니다. 환경문제가 테마로 떠오르기 전에는, 어느 누구도 환경에 대해 신경 쓰지 않았습니다. 우리는 사회의 도덕적 황폐화를 문제 삼으며, 공동체를 강화시켜 일부 잃어버린 가치들을 다시 불러일으키고자 합니다.

생애   개념   공통질문   인터뷰

전 미국 대통령이었던 존 에프 케네디의 전설적 연설이 있습니다. "국가가 당신을 위해 무엇을 할 수 있는지를 묻지 말고 당신이 국가를 위해 무엇을 할 수 있는지 물어보라." 우리는 개인의 자율성은 물론 사회 질서를 유지하기 위해서도 아주 강한 개인적, 사회적 책임감을 가져야 합니다. 우리는 가치관, 관습, 정치 전략에 있어서 변화를 이끌어내야 합니다. 이러한 변화는 생태운동이 자연영역에서 노력하는 것 —즉 우리의 미래를 보장하고 확실하게 하는 것—을 우리가 사회적 영역에서도 할 수 있도록 만들 것입니다.

앤소니 기든스

근대사회

| 생애 | 개념 | 공통질문 | 인터뷰 |

생애   앤소니 기든스(Anthony Giddens)는 1938년에 태어났으며, '런던 정치경제 대학(London School of Economics and Political Science)'의 학장 겸 사회학 교수로 일하고 있다. 그는 폴리티(Polity) 출판사의 공동 창설자이며 영국 수상 토니 블레어, 그리고 전 미국 대통령 빌 클린턴의 자문역할을 하는 사람 중의 하나이다. 또 독일이나 스페인 등 일부 다른 나라들에서도 그의 정치적 구상은 그 나라 사회민주주의 정권의 정책에 영향을 미치고 있다. 그가 학문적으로 집중하는 주요 연구주제는 현대성이라는 현상, 그리고 세계화가 사회에 미치는 영향이다.

"누구나 알 수 있듯이 우리는 과거와는 분명히 구분되는 시대에 살고 있습니다"라고 기든스는 말한다. 그는 스스로 어떤 사상적 전통에도 얽매이지 않는다고 말하면서도 포스트모던 논쟁에는 거리를 둠으로써 자신을 포스트모던 학파로 분류하려는 모든 비판자들이 잘못 생각하고 있음을 보여주고 있다. 그의 연구주제는 세계화의 밝은 면과 어두운 면이다. 그에 따르면 세계화의 긍정적 현상의 이면에는 부정적 결과들이 존재하고 있으며, 이 부정적 결과들에 우리는 반드시 대처해야만 한다는 것이다. 따라서 그 어느 누구보다도 기든스는 앞으로의 방향과 목표에 있어서 정치, 그 중에서도 특히 사회민주주의에 의미를 두는 일에 노력하고 있다. 왕성한 연구활동을 하는 이 학자는 자신의 저술들에서 세계화가 어떤 결과들을 야기하며 또 기존의 사고전략과 행위전략을 넘어서는 새로운 사회적 정치가 실현될 수 있는지를 보여주려 한다. 현실적 영향력이 있는 이 사회학자는 행정업무를 처리하거나 또는 국제 무대에서 강연을 할 때가 아니면 학문을 하는 동료들과 함께 담배연기 자욱한 런던의 어느 술집에 앉아 부드러운 흑맥주를 곁들이며 장시간 토론을 하곤 한다.

■ **주요 저작들**

- Anthony Giddens. 1990, *The Consequences of Modernity*, Cambridge: Cambridge University Press. ― 『근대성의 결과들』
- _____. 1997, 『좌파와 우파를 넘어서』(김현옥 역), 한울.
- _____. 1998, 『제3의 길』(한상진·박찬욱 역), 생각의 나무.
- _____. 1999, 『앤소니 기든스와 현대사회이론』(김용규 외 역), 일신사.
- _____. 2000, 『기로에 선 자본주의』(박찬욱 외 역), 생각의 나무.
- _____. 2000, 『질주하는 세계』(박찬욱 역), 생각의 나무.

자간나트(Jagannath)의 마차: 근대 가속화과정의 상징적 모습

개념   "우리는 근대(Moderne)를 벗어나지 못했습니다. 오히려 근대의 급격한 변화를 겪으며 살고 있습니다"라고 기든스는 1990년에 출판된 자신의 저서 『근대성의 결과들』에서 말했다. 그의 견해에 의하면 우리는 여전히 근대의 제도들로 특징지어진 사회에 살고 있다. 근대사회를 구성하는 특징으로는 산업-자본주의적 경제 외에 민주적 기본 질서, 그리고 과학적, 테크놀로지적 발전 수준을 들 수 있다.

현재의 사회가 이전의 사회들과 다른 점은 사회변동의 속도가 더욱 빨라지고, 또 변동의 폭이 더욱 크다는 데 있다. 그 결과 근대의 제도들은 전세계로 확대되고 또 관철되었다. 기든스에 의하면 현재의 역동성은 다음과 같은 세 가지의 근본적 변화에서 기인한다. 첫째, '시·공간적 영역의 확대'로 인해 사회적 상호작용이 더 이상 공동의 공간적, 시간적 조건들에 불가피하게 얽매이지 않는다는 것이다. 둘째, 첫번째 사실과 밀접한 관계를 가지는 것으로서, 특정한 사회적 활동들을 과거의 일정지역에 국한된 관계에서 벗어나게 하고 또 더 큰 공간적 거리에서도 가능하게 만든 사회적 메커니즘의 발전이다. 사람들의 일상생활은 자신의 지역적 '얽매임(Einbettung)'의 한계를 벗어나고, 또 매우 먼 거리에서 일어나는 일에 영향을 받는다는 특징을 지닌다. 또 역으로 각 개인의 행동은 사회를 엄청난 규모로 변화시키는 데에 영향을 미친다. 셋째, 전근대적 사회들의 유지를 보장했던 비성찰적 전통들은 사라지고, '지식의 성찰적 전유'가 그 자리를 대체한다. 개인들은 그들의 사회적 관계들을 항상 다시 새로이 정돈하고, 자신의 생활을 계속 변화하는 상황들에 맞추도록 요구받고 있다. 정보, 소비재, 그리고 서비스 제공의 양이 계속 늘어나면서 이제 인간들은 증가하는 지식을 실험적 방식으로 일상생활에 적용할 수밖에 없다. 그들은 자신들이 무엇을 해야 하며 왜 그것을 해야 하는지를 스스로 결정을 내리지 않으면 안 된다.

근대성이라는 조건하에서 생활은 더 이상 자연과 전통적 특성에 의해 규정되지 않는다. 자연적 생활세계는 항상 변화하고 있으며, 그 본질을 빼앗기고 결국 인간의 의지에 복속된다. 전통에 기초하고 또 지역성에 얽매인 개인 행위들은 그 의미를 상실한다. 그 대신에 어떤 특정 지역에 국한되지 않고 오히려 보편적으로 적용 가능한 지식을 특징으로 하는 전문가시스템이 등장하게 된다.

기든스에 의하면 우리는 "그 전체를 이해하지도 못하고 또 우리가 더욱더 통제할 수 없는 사건들로 이루어진 세계의 포로들"이다. 우리는 더 이상 자연환경으로, 그리고 전통적 행위양식으로 되돌아갈 수 없다. 왜냐하면 우리는 이러한 것들을 근대라는 기준에 맞추어 다시 되돌릴 수 없도록 변형시켜놓았기 때문이다. 우리는 우리로 인해 '만들어진 불안정성'에 아무런 방어장치 없이 노출되어 있다. 결국 우리는 각자 자신만을 위한 삶의 의미와 안정성을 찾아야 하는 상황에 이르렀다.

물론 우리가 아직도 신뢰할 수 있는 것들이 있다. 큰 건물에 들어서는 순간 그 건물이 무너질 가능성, 그리고 타고 가던 비행기가 추락할 가능성은 비교적 적다. 현대사회의 복잡한 행위그물망과 관계그물망에 대한 신뢰는 특히 우리들의 일상생활이 제대로 유지되는 데 필수불가결한 것이다. 현대의 이러한 불확실성 속에서 제대로 살기 위해서 우리는 전문가시스템을 ─의식하든 의식하지 않든 간에 상관없이─ 신뢰할 수밖에 없다. 하지만 우리가 일상생활에 엄청난 많은 전문지식을 적용한다 하더라도 우리는 결국 생활에서의 위험으로부터 결코 완전히 안전할 수는 없다. 역설적이게도 우리는 "사물을 지배하기 시작하면서 사물에 대한 통제력을 상실하였다"고 기든스는 판단한다. 세계화된 현대는 "긍정적·부정적 내용들을 동반하는 변증법적 과정"이다.

이전보다 더욱 광범위하고 또 근본적으로 영향을 미치는 포스트모던 시대의 급속한 세계화과정을 설명하기 위해 기든스는 인도 신화를 예로 든다. '자간나트(Jagannath)의 마차', 이 마차는 엄청난 추진력을 가지고 있으며, 달릴 때 길 위에 부딪치는 모든 것들을 파괴한다. 마차에 치이지 않기 위해 "우리는 이 마차의 목적지가 어디인지도 알지 못한 채 마차에 올라타고 함께 달려가야만 한다." 현대의 제도들이 계속 존재하는 한, 인간들은 이 제도들의 불확실성과 정체불명성에 대해 어쩔 수 없이 타협해야 한다. 따라서 기든스에 의하면 사회적 생활을 완전히 통제한다는 것은 불가능하다. 인간들이 저지르는 '계획의 오류', '편리함을 추구한 결과의 오류'는 피할 수 없다. 그러므로 전 인류의 이익을 위한 최상의 목표는 근대로부터 야기되는 위험들을 최소화하는 것이다. 급격하게 변화하는 세계에서 더욱 커져가는 사회변동만이 중요한 것은 아니다. 우리는 이러한 변동으로 인한 부정적 결과들에 대처해야만 한다. 자간나트 마차의 종착지가 어디인지는 미리 알 수 없다. "우리는 다만 누군가가 마차를 조종해주기를 바랄 수 있을 뿐이다."

공통질문

1. 당신은 스스로를 사회이론가나 사회비평가 또는 사회설계가로 생각합니까? 아니면 그저 동시대인으로 생각합니까?

　저는 우선 스스로를 사회비평가로 생각합니다. 사회학자로서 저는 세상의 일들에 대해 기본적으로 촉발되는 관심이 있습니다. 특히 지금 우리가 사는 세계는 엄청난 기술변화가 일어나는 세계이고 또 지금 시대는 우리가 이러한 변화에 어떻게 대응할 수 있는가 하는 질문을 던질 수밖에 없는 시대입니다. 많은 사람들은 이러한 변화들의 광범위한 영향에 대해 불안해하고 있습니다. 따라서 우리가 학문적 분석을 통한 결과들을 도출하고자 한다면 실존적 문제 제기들과는 거리를 둘 필요가 있음을 유념해야만 합니다.

2. 우리가 살고 있는 사회는 도대체 어떤 사회입니까?

　제 생각에 우리는 여전히 근대의 제도들이 지배적인 사회에 살고 있습니다. 그것은 다름 아닌 다음 두세 개의 강력한 제도들이 아닌가 합니다. 산업-자본주의적 시장의 존재와 과학, 기술, 그리고 민주주의의 영향력은 제가 보기에 예나 지금이나 세계 내의 변화를 추동하는 결정적인 힘들입니다. 물론 이것들은 더욱 확대되고 있으며, 이전보다 훨씬 더 강하게 인간들의 삶에 영향을 미치고 있습니다. 제 생각에 자연 및 산업생산에서의 변화의 원인은 의사소통의 빠른 변동 속도와 그 변동의 폭에 있습니다. 하지만 의사소통 메커니즘은 예전과 마찬가지로 근대(Moderne)의 현상입니다. 따라서 저는 포스트모더니즘이라는 개념에 너무 많은 시간을 허비하고 싶지 않습니다.

3. 현 사회의 긍정적인 면과 부정적인 면에는 어떤 것이 있습니까?

긍정적인 면으로는 사회생활의 여러 영역에 미치는 민주주의의 영향력과 민주주의적 기본 원칙들의 세계적인 확산을 들고 싶습니다. 여기서 말하는 민주주의는 자유주의적 제도만을 뜻하지는 않습니다. 그것은 정치영역뿐만 아니라 다른 생활영역에서의 개인의 자유와 자아발현의 가능성을 동시에 의미합니다. 사회의 중요한 변화 중의 하나는 여성과 남성이 동일한 권리를 가지게끔 한 성 혁명이었습니다. 기존의 억압적 제도로부터의 해방은 선진사회들에서 어느 정도는 성공적으로 실현되었습니다. 그것은 한편으로 더 큰 규모로 인간관계의 기초들을 변화시켰으며, 다른 한편으로는 하나의 중요한 민주주의적 조치였습니다.

두번째로는 더욱 확대된, 보편적 복지를 들 수 있는데 이것은 이제 하나의 전진하는 역동적 힘이 되었습니다. 물론 예외가 있다는 단서가 붙긴 합니다. 세계인구의 상당부분은 복지혜택을 누릴 기회를 거의 가지지 못하고 있습니다. 그럼에도 불구하고 분명 가시적인 발전은 있었습니다. 우리는 오늘날 정보기술혁명이 좀더 높은 복지 수준을 가능하게 할 것이라는 사실에서 출발합니다. 물론 이를 통해 주로 서구의 사회들이 이익을 볼 것입니다. 하지만 이러한 발전은 일정 정도 전세계에서 일어날 것입니다.

또 노동세계에서도 일부 해방적 의미를 지닌, 의미 있고 흥미로운 과정들을 발견할 수 있습니다. 특히 과거의 노동은 대부분의 사람들에게 무거운 짐이었으며, 자아실현이라기보다는 규율에 복종해야 하는 문제였다면, 오늘날의 노동은 좀더 유연한 생활방식에 적응하고 있기 때문입니다. 이것은 저에게는 하나의 좋은, 그리고 진보적인 것으로 보입니다.

이 사회의 문제들은 잘 알려져 있습니다. 그것은 과학과 테크닉의 어두운 측면들입니다. 우리가 미처 대비하지 못한 새로운 상황들이 생겨납니다. 과학적 진보의 모든 형태들은 동시에 전세계에 위험과 위기를 의미합니다. 또 다른 중요한 점은 민주주의의 진보는 반드시 사회적 연대와 결합되어야만 한다는 것입니다. 어떤 식으로 사회적 연대를 이루어내야 할지는 어느 누구도 정확히 알지 못합니다. 하지만 우리에게는 자유를 인정하면서도 동시에 연대를 추구하는 그런 사회가 필요합니다. 즉 그 안에서 이 두 가지 요소들이 효과적으로 연결되어 있는 그런 사회 말입니다. 마지막으로 우리는 사회적 배제와 사회적 평등의 문제에 대해 노력을 해야 합니다. 이 문제들은 산업화된 나라들에서 그리고 다른 많은 나라들에서도 나타납니다. 그런데 이 문제를 통제하거나 또는 해결하는 데에는 앞에서와 마찬가지로 어느 누구도 완벽한 공식을 가지고 있지 못합니다. 근대사회에서의 변화들은 인류역사에서 아주 독특한 것입니다. 우리는 어떤 선례도 가지고 있지 않습니다.

4. 사회에서 당신의 역할은 무엇입니까?

저는 분명히 런던정치경제 대학의 학장을 맡고 있고, 또 아주 활동적인 저술가입니다. 이외에도 저는 세계 도처에서 일어나고 있는 변화에 관한 논의를 위해 아이디어를 개발함으로써 공적인 지성인의 역할을 하고, 또 어느 정도는 세상에 영향을 끼치기 위해 노력하고 있습니다. 마지막으로 저는 사업가이기도 합니다. 예전에 저는 출판사를 운영했습니다. 물론 출판사업이 여전히 흥미롭기는 하지만 오늘날에는 여기에 신경 쓸 겨를이 없습니다. 공적인 역할이라는 의미에서 볼 때, 앞에 언급한 것들이 바로 저의 사회적 역할이 아닌가 합니다.

생애   개념   공통질문   인터뷰

5. 사회소설 가운데 어떤 것을 좋아합니까?

저를 감동시킨 소설은 감성적인 사회생활에 관한 것들이고, 사회문제성 소설은 별로 없습니다. 저는 최근의 영국 소설가들에게 상당히 영향을 받았는데, 그들의 소설은 미개종족들의 변화하는 생활과 감정적 관계, 성관계에 대해 다루고 있습니다. 이 소설가들은 대부분의 사회학자들보다 훨씬 더 기발한 예리함을 가지고 객관적 사실들을 잘 묘사하고 있습니다.

6. 당신이 즐겨하는 게임에는 어떤 것이 있습니까?

저는 인터뷰를 즐깁니다. 저는 결과가 불확정적인 게임을 좋아합니다. 예를 들어 저보다 실력이 월등히 높거나 또는 매우 낮은 사람과 테니스를 친다면, 저는 곧바로 흥미를 잃어버립니다. 그래서 저는 대학시절부터 알고 지내는 마틴 앨브로(Martin Albrow)와 장기 두거나 울리히 벡(Ulrich Beck)과 런던의 술집에서 논쟁하기를 즐깁니다.

7. 어떤 모임을 좋아합니까?

제 친구들의 대부분은 저와 비슷한 직종에서 일하는 사람들입니다. 저는 그들과 함께 지적인 주제들에 관해 대화를 할 수 있습니다. 이 친구들은 저에게 정말로 중요합니다. 또 오래 전부터 친했던 친구들이 몇 명 있습니다. 우리들은 공동의 인생경로를 겪었습니다. 이 친구들도 역시 매우 중요합니다. 사람들은 상황에 따라서는 의지하고 싶은 사람이 있기 마련이지요. 이외에도 저는 런던에 또 몇 명의 친구들이 있습니다. 바쁜 일과에서 벗어나 시간을 가지게 되면, 즐겨 만나는 사

람들과 어울리는 것이 사실 아주 편합니다. 그리고 제 두 딸들도 언급해야 되겠군요. 저는 그 아이들을 아주 좋아하고 또 자주 만나는 편입니다.

8. 당신이 소속되어 있다고 느끼는 사회집단은 어떤 것입니까?

이 질문에 대해서는 저의 인생사가 답변을 해줍니다. 저의 부친은 런던의 지하철에서 근무하셨습니다. 한평생 그 일을 하셨지요. 저는 런던 북쪽의 노동자 거주지역인 에드먼턴(Edmonton) 출신이고 상대적으로 단조로운 생활 속에서 자랐습니다. 저는 영국의 교육제도를 통해 사회이동을 했던 세대 중의 한 명이었고, 따라서 지금은 어디에도 구속받지 않고 '자유로이 떠다니는' 지식인〔지식사회학자로 유명한 카를 만하임(Karl Mannheim)의 말로서, 지식인은 특정 이데올로기에 치우치지 않는 존재라는 의미임-옮긴이〕입니다.

9. 당신이 사회적으로 중요하다고 평가하는 사람은 누구입니까?

가장 중요한 사람들은 일상생활에서 접하는 사람들입니다. 왜냐하면 우리 사회는 커다란 변화를 겪고 있기 때문입니다. 이러한 변화들을 일상생활 속에서 성공적으로 통합해내는 그러한 사람들이 바로 위대함을 보여주고 있습니다. 많은 사람들은 변화 속에서 잘 지내고 있습니다. 이러한 이유에서 저는 어떤 개인들이 중요하다고 언급하지 않겠습니다. 저는 대중을 택하겠습니다.

공식적으로 관찰하기는 어렵지만, 평범한 사람들이 앞서서 만들어내는 중요한 변화들이 많이 있습니다. 그것은 정치지도자들, 경제계의 대표들 또는 어떤 다른 사람들의 작품이 아닙니다. 오히려 결정적인 것은 바로 이 평범한 사람들의 영향력이고, 그것은 보편적이고 민주적인 사회의 중요한 부분입니다.

하지만 사회생활이 변화하고 있다는 사실은 중요합니다. 우리들은 더 이상 전통적 관습이라는 토대 위에서 우리들의 삶을 영위해나갈 수 없습니다. 사람들의 생활은 오늘날 훨씬 더 자유롭고 개방적이며 또 개인의 독자적인 결정에 좌우됩니다. 물론 해방에 따른 문제가 있습니다. 하지만 누구라도 이 문제와 씨름하지 않으면 안 됩니다.

10. 당신이 생각하는 이상적 사회는 어떤 사회입니까?

이상이 없으면 어떤 정치도 할 수 없습니다. 하지만 그 이상이 현실화될 가능성이 없다면, 그 이상은 내용이 없는 공허한 상태로 머무를 것입니다. 따라서 우리는 다음 두 가지 문제에 대해 대답해야만 합니다. 즉 우리는 어떤 사회에서 살고 싶은가? 그리고 어떤 구체적인 수단들을 통해 우리는 이 이상을 실현할 수 있는가? 하는 문제입니다.

전통적 사회주의에서 도출된, 몇 가지 아주 중요한 이상들이 있습니다. 특히 평등과 관련된 이상으로서, 그것은 가능한 한 모든 것을 포괄하는 사회를 이룩하려고 합니다. 모든 것을 포괄하는 사회, 그것은 하나의 이상입니다. 하지만 이상적인 사회 형태는 물론 아닙니다. 두 번째 이상은 개인들의 자아발전을 인정하는 일과 관련이 있는데, 이것은 우리 시대의 중요한 주제 중의 하나입니다. 제 생각에 세번째로 바람직한 이상은 '세계시민'입니다. 우리에게는 그 안에서 사람들이 서로 접촉하고, 또 처음에는 비록 서로가 낯설지라도 서로 잘 지낼 준비가 되어 있는 그런 사회가 필요합니다.

전세계적으로 연결된 커뮤니케이션을 통해 완전히 다른 온갖 이념들을 끊임없이 접하는 사회에서 하나의 이상적 사회에 대한 정의를 내리기란 더욱 어렵습니다. 지금 시대에는 개별적으로 빠져나갈 길이 없습니다. 사람들은 쉽게 어디 다른 곳으로 혼자 나아갈 수가 없습니다. 우리 모두는 하나의 동일한 세계에 살고 있기 때문에, 코스모폴리탄적 가치들은 이 사회에 매우 근본적인 것입니다. 이상적 사회에 대한 정 의들은 —우리 모두가 알고 있듯이— 순수한 유토피아일 것입니다. 이상 적 사회라는 이념은 그 자체가 모순입니다.

11. 당신은 사회를 변화시키고 싶습니까?

여기에 대해서는 두 가지를 말씀드리고 싶습니다. 우선 현재의 사 회는 예전의 그 어떤 사회보다도 강하게, 그리고 근본적으로 변화하고 있다는 사실을 명심해야 합니다. 따라서 "사회를 변화시키고 싶어하는 가"와 같은 질문은 적절하지 못합니다. 왜냐하면 사회는 스스로 변화 하고 있기 때문입니다. 중요한 것은 사람들이 어떻게 이러한 변화들에 대응할 것인가? 그리고 이러한 변화에도 불구하고 어떻게 일정한 정 도의 연속성과 안정성을 유지할 수 있을 것인가 하는 질문입니다.

테크놀로지적 변화들이나 과학적 혁신들을 한번 생각해보십시오. 만약에 우리가 인간의 유전자 비밀을 풀어내고 모든 개인들의 유전적 특징들을 알 수 있게 된다면, 우리는 무슨 일을 하게 될까요? 따라서 어떻게 변화를 촉진시킬 수 있는가 하는 문제가 아니라, 어떻게 그러 한 급격한 영향들에 사람들이 대처해나가야만 하는가 하는 문제가 제 기됩니다.

물론 사람들은 그들 각자가 변화시키고 싶어하는 것이 있을 것이며 결국 야만성으로 가득 찬 세계를 단순히 받아들이려고만 하지는 않을 것입니다. 그러나 이것은 더 이상 예전처럼 그렇게 간단하지 않습니 다. 복합적인 시각을 가지도록 노력해야 합니다. 사람들은 스스로에게 "일련의 변화들에 맞서서 나는 어떻게 대처할 것인가"라는 질문을 항 상 반복해서 던져야만 합니다.

12. 미래사회는 어떤 모습이 될 것 같습니까?

이것은 '미래'를 얼마나 길게 잡느냐에 따라 다릅니다. "내일은 오늘이다"라고 말하는 것은 비록 일단의 진리를 잘 표현하고 있지만, 사실 상투적인 말입니다. 우리가 완전히 이해하지 못하고, 미래로 연결되는 사건들이 현재 많이 일어납니다. 그 좋은 예가 1960년대의 공상과학입니다. 스탠리 큐브릭(Stanley Kubrick) 감독이 1967년에 만든 영화 <2001년 스페이스 오디세이>는 앞으로 있을 수 있는 미래에 대한 하나의 모델을 제시했습니다. 그러나 실제로 그후의 미래는 아주 다르게 발전했습니다. 그 미래는 당시의 공상과학이 예견했던 것보다 더욱 빗나갔고 또 기괴한 방향으로 나아갔습니다. 더구나 미래의 컴퓨터에 대한 당시의 상상은 2001년까지 발전한 실제의 컴퓨터와 전혀 달랐습니다. <2001년 스페이스 오디세이>에 나오는 우주선의 주컴퓨터는 엄청나게 큰 기계장치입니다. 하지만 오늘날에는 아주 작은 마이크로칩들이 엄청난 정보처리능력을 가지고 있습니다. 이런 점에서 볼 때, 세계는 당시의 상상력을 초월하여 변화하고 있습니다. 우리들이 지금 생각하는 미래는 공허한 개념이 될 것이고, 우리는 진짜 미래에 대해 공포 시나리오적인 상상을 제외하고는 어떤 구체적인 상상도 할 수가 없습니다. 미래를 예견하거나 통제하는 것은 우리들의 힘 밖에 있습니다. 오히려 그 반대로 우리는 하나의 미래를 가지고 있지 않습니다. 단지 여러 가능한 미래들을 가지고 있을 뿐입니다.

인터뷰

런던의 거리를 산책하다 보면, 코스모폴리탄적 분위기를 느낄 수 있습니다. 서로 매우 다른 사람들을 만나게 되지요. 어떤 사람들은 얼굴에 근심이 가득하고, 또 다른 사람들은 자동차 배기가스를 피하려 얼굴에 마스크를 쓰고 있습니다. 또 흥분하거나, 신경질적으로 이리저리 방황하는 사람들을 보면, 그들의 얼굴에서 변화에 대한 스트레스를 읽을 수 있습니다. 이러한 현상들이 증대하는 불안감을 가시적으로 보여주는 것은 아닐까요? 경제성장률을 약간 올리기 위해서 사회는 어떤 희생도 기꺼이 치러야만 합니까?

근대성의 문제는 그것이 매우 긍정적인 발전을 가져왔지만, 다른 한편으로 극도로 부정적인 발전도 가져왔다는 데 있습니다. 긍정적인 면은 의심할 나위 없이 많은 사람들이 ―역사적으로 볼 때― 과거보다 자유롭고, 주체적으로 결정하며, 좀더 풍요롭게 산다는 사실입니다. 반대로 바람직하지 않은 부정적 결과들은 급속도로 발전하는 테크놀로지적 변화들에 수반되는 위기들과 위험들인데, 이것들은 사람들의 생활에 직접적으로 영향을 미칩니다.

당신이 방금 묘사한 런던 거리의 상황은, 제 눈으로 볼 때 무언가 매우 결정적인 사실을 좀더 명확하게 떠올려줍니다. 우리가 살고 있는 도시의 익숙한 거리들을 지나다 보면 아마도 이전에 한번도 본적이 없는 수천 명의 사람들을 하루에 만날 것입니다. 우리는 앞에서 마주 오는 행인들에게 탐색하는 듯한 시선을 던지고 가게, 식당, 카페, 공원 또는 다른 공공장소에서 다른 사람들과 대화를 합니다. 우리는 끊임없이 이전에 만난 적이 없는 다른 사람들과 개인적 접촉을 합니다. 마찬가지로 우리는 그전에 한번도 개인적으로 만난 적은 없지만 그들의 행동이 우리들의 삶에 직접 영향을 주는 그런 사람들과도 접촉합니다. 이런 일은 보험회사, 은행 또는 공공관청에 전화하는 일로도 일어납니다. 우리는 낯선 사람에게 자문을 구하며 그들을 신뢰합니다. 은행, 보험회사, 그리고 정부기관 등은 서로 모르는 사람들간의 상호작용에 계산 가능하고 또 신뢰할 만한 규칙이 있다는 점을 전제로 하고 있습니다. 즉 은행, 보험회사, 그리고 정부기관은 우리들이 규칙을 신뢰하고 있다는 사실에 의존하고 있습니다. 불신이 증가하면 이런 것들의 붕괴를 가져올 수 있습니다.

근대사회는 사람들이 모든 타인들을 적으로 생각하지 않을 때에야 제대로 기능할 수 있습니다. 근대 이전의 사회환경에서 사람들은 개인적으로 이미 알고 있는 사람들만을 신뢰했었습니다. 근대사회에서 우리는 전혀 모르는 사람들도 신뢰합니다.

이러한 신뢰는 사람들이 일반적으로는 더 이상 통제할 수 없는 영역에까지 확대되고 있습니다. 예를 들어 저는 사람들의 대다수가 생태적 재앙이나 핵전쟁에 대해 진지하게 걱정하고 있지 않다고 생각합니다. 그럼에도 이 문제를 가지고 계속해서 서로 논쟁을 하면, 이것은 장기적으로 만성적인 불안을 야기할 것입니다. 그래서 사람들은 차라리 세계가 자체의 문제들을 이미 통제하고 있다고 가정해버립니다. 따라서 불안을 억누르는 것은 무의식의 차원에서 세계화된 근대를 사는 데 본질적인 전제조건이 됩니다.

세계화라는 구호가 있습니다. 1990년에 나온 당신의 저서『근대성의 결과들』에서 당신이 이 용어를 사용했을 때만 해도 이에 대한 학문적, 그리고 공론적 논의들은 거의 없었습니다. 하지만 오늘날에는 세계화에 대해 일련의 비관적인 해석들이 있고 또 이 용어를 불충분하게 설명하고 그 의미를 오히려 은폐하는 모호한 개념규정들이 많이 있습니다. 정확히 말해 세계화는 무엇이며 그것이 현대사회에 어떤 영향을 미치고 있습니까?

현대사회는 그 본질에 있어서 세계화를 지향합니다. 하지만 많은 정의들과는 달리 세계화는 경제적 현상일 뿐만 아니라, 전세계적으로 여러 다른 영역들과도 관련이 있습니다. 전자 대중매체의 확산, 인공

위성 테크놀로지와 컴퓨터 테크놀로지의 결합, 대중교통의 도래, 국제
적 의존성의 증가, 전지구적 시장의 형성 등은 전세계적으로 변화과정
을 야기했는데, 이러한 과정들은 금융거래의 양뿐만 아니라 바로 우리
들의 생활세계의 급격한 변동 속에서도 잘 반영되어 나타납니다. 세계
화는 그 결과를 아직 전혀 모르는, 부분적으로 완전히 모순적인 과정
들의 복합적인 공동작용으로 이해해야만 할 것입니다.

모순적인 과정들에 대해 언급하셨는데, 당신은 유럽에서, 예를 들어 발칸 반
도에서 다시 힘을 얻는, 시대착오적인 요구를 하는 민족주의도 여기에 포함된
다고 생각하십니까?

　세계화의 모순적 결과들 중의 하나는 실제로 근본주의와 민족주의
의 부활, 잃어버린 지역적 전통들에의 회귀, 그리고 독자적인 문화적
정체성의 강조입니다. 세계화는 물론 하나의 세계사회라는 관념을 내
포하고 있지만, 끊임없이 변화하는 세계에서 그 결과는 다르게 나타납
니다.

경제학자 오마에 겐이치(大前硏)는 『새로운 세계시장: 국민국가의 종말과 지
역적 경제영역의 도래』라는 자신의 저서에서 국민국가를 '허구'라고 묘사했습
니다. 그가 볼 때 국민국가적 정책에는 아주 주변적인 의미만이 남아 있습니
다. 당신은 점점 세계화되는 세계에서 국민국가가 어떤 의미를 지닌다고 보십
니까?

　국민국가가 스스로 결정할 수 있는 몇 가지 행위공간들은 초국적
기업들의 전세계적 활동과 비정부기구들의 명성 증대로 인해 축소될
것입니다. 기존의 특징을 가진 국민국가는 이로 인해 그 중요성이 감
소할 것입니다. 하지만 앞으로도 계속 존재할 것입니다. 국민국가의

정책은 그 영향력이 점점 축소됨에도 불구하고 나름대로 특수한 과제를 가지고 있습니다. 세계화의 결과 중의 하나는 국민국가가 그 실체와 주권을 상당부분 포기하게 된다는 것입니다. 국민국가의 재정적 자원들과 정치적 집행권력은 국민들이 자신들을 국가와 더 이상 동일시하지 않는 만큼 사라질 것입니다. 역으로 이러한 변화는 사람들에게 국민국가적 틀 내의 전통적 구속에서 벗어나 더 많은 자율성을 누릴 수 있는 가능성을 열어줄 것입니다.

이 점을 좀더 구체적으로 말씀해주실 수 있습니까? 세계적으로 일어나고 있는 변화들이 사회적, 개인적 생활조건들에 미치는 영향에는 어떤 것이 있습니까?

  사람들의 일상생활은 점점 더 지역적 구속성에서 벗어나 더 이상 직접적으로 접하는 주변지역이 아닌, 멀리 떨어진 지역에서 일어나는 일들에 영향을 받게 됩니다. 세계는 케이블과 인공위성을 통해 즉각적이며 전세계적인 정보를 전달함으로써 사람들의 일상생활에 직접적이고 더욱 깊숙이 파고들어 그들의 삶을 재편합니다. 직접적으로 접하는 주변환경은 변화하며 지역적 정체성은 그 의미를 잃게 됩니다. 그 대신에 전세계에 있는 다른 사람들과의 사회적 교류의 지평이 넓어지게 됩니다.
  공동생활이라는 것은 예전에 극복하기 힘들었던 공간적 거리를 넘어섬으로써 새로운 차원에 진입하는 것입니다. 개인은 외부세계의 새로운 영향들에 대응하고 그들의 생활양식은 의식적으로 전지구적 경향을 추구합니다. 이것은 동일한 의상, 특정한 음악 장르 또는 영화에 대한 선호 및 어떤 종교적 생활방식에 대한 찬성 또는 반대들을 관찰하면 잘 알 수 있습니다. 역으로 각 개인의 일상행위들은 거대한 폭의 변화를 야기하는 데 기여합니다. 예를 들어 특정한 의류구매 행위나 개인들의 식생활 습관들은 지구의 다른 끝에 사는 인간들의 생활양식에 영향을 주거나 또는 생태학적 파괴과정을 더욱 가속화시키고 이것이 다시 전 인류에 결정적 영향을 미치는 결과를 가져올 수 있습니다. 이 일상생활에서의 결정들과 전지구적 결과들 간의 특이하고 또 밀접한 연관성은 그것의 또 다른 면, 즉 개인에게 미치는 전지구적 흐름의 영향과 함께 아주 현실적인 주요 테마입니다.

울리히 벡, 스콧 래시와 함께 공동으로 집필한 책『성찰적 근대화』에서 당신은 전통적 행위연관성의 점진적 해체를 이야기했습니다. 탈전통적인 사회가 형성되고 있다는 징후는 어디서 읽을 수 있습니까?

　행위의 맥락이 지역성에서 전지구적 차원으로 이동하면서 탈전통화과정이 점점 증대하며 이것들은 일상생활을 크게 변화시킵니다. 전근대적 사회에서는 전통에 의해 비교적 분명하게 정리될 수 있는 행위의 범주가 주어져 있었습니다. 이에 반해 우리는 전통의 종말, 그리고 자연의 종말 이후에 세계화 시대의 문턱에 서 있는 첫번째 세대에 속합니다. 즉 기존의 전통들은 더 이상 안정적이지 않고, 자연에 의해 완전히 지배되는 주변환경은 더 이상 존재하지 않습니다. '전통의 종말'이라고 해서 저는 전통적 행위 모델들이 완전히 사라진다고 생각하진 않습니다. 왜냐하면 제가 이미 말했듯이 어떤 과정들은 전통적 행위 모델들을 존속시키거나 또는 부활시키기 때문입니다. '전통의 종말'은 오히려 특정한 관습들이 비록 계속 존재하지만 단지 부차적인 역할을 하고, 전혀 중심적·지배적인 위치를 가지지 못하고 아무런 도덕적, 정서적 영향력을 행사하지 못한다는 상황을 표현하는 것입니다.

　성찰적 근대화의 맥락에서는 지역적인 관습이나 풍습들은 근본적으로 재검토되고, 결국 전지구적 담론 속에서 평가된 다음에야 다시 적용될 것입니다. 각 개인들은 그가 전통 속에 있을 것인지, 그리고 어떤 전통 속에 있을 것인지를 스스로 결정할 수 있게 됩니다. 일반적으로 볼 때 현존하는 전통들은 스스로를 담론적으로 정당화시킬 능력이 있고, 다른 생활양식들과 열린 대화를 할 수 있을 때에만 살아남을 것입니다. 탈전통화된 사회와 더불어 완전히 새로운 사회적 행위와 사회적 경험의 세계가 시작됩니다.

전통은 점점 더 사라지고 더욱더 성찰적으로 구조화되는 사회에 살고 있는 인간들에게 있어서 이것은 무엇을 의미합니까?

　전통이 점점 사라지는 사회에서 엄청난 정보들과 소비재, 그리고 서비스에 직면한 개인들은 자신의 고유한 생활상황에 중요한 모든 가능한 정보들을 여과한 다음, 이것들을 자신의 생활에 적용시킬 수밖에 없습니다. 성찰적으로 구조화된 사회에서 전통들은 더 이상 전해져 내려온 시각에 의해 판단되지 않고, 오히려 신중한 검토의 대상이 됩니다. 사람들은 무엇이 유지할 만한 가치가 있는지 또 무엇이 그렇지 못한지를 결정합니다.

　이러한 결정은 자신의 고유한 행위조건들에 대한 끊임없는 성찰을 토대로 이루어집니다. 예를 들어 결혼을 하고자 하는 사람은 지난 몇십 년간 남자와 여자의 관계가 근본적으로 바뀌었다는 것을 고려해야만 합니다. 가족생활을 구성하는 데 있어, 상대적으로 확실한 표식을 의미했던 전통이 종말하면서 마찬가지로 성 역할도 변화했습니다. 오래 전에 이미 확립된 가정주부와 어머니의 역할에서 벗어나 취업과정에 동참하는 것으로 특징지어지는 여성의 해방은 무엇보다 전통적 가족구조의 종말을 초래했습니다. 다양하고 새로운 가족형태는 바로 그 결과입니다. 또 엄청난 의학적 성과들이 새로운 변화들을 가져다주었습니다. 이제 여성들은 인공수정으로, 즉 성관계를 갖지 않고도, 아이를 가지고 싶다는 소망을 이룰 수 있게 되었습니다.

하지만 중요한 것은 성찰성이 증대한 사회에서는 더욱더 높은 수준의 행위의 자립성과 더 많은 책임이 요구된다는 사실입니다.

이러한 책임은 어떤 영역들까지 확대됩니까?

일상생활의 모든 영역과 관련이 됩니다. 예를 들어 의식적인 식생활을 할 것인가 아닌가 하는 결정입니다. "내가 계속 쇠고기를 먹을 수 있는가 아닌가? 내가 구입하는 식품들에는 독성물질들이 들어 있는가 또는 병균에 감염되었는가? 골고루 영양이 들어 있는 균형 있는 식사를 하기 위해서 나는 어떤 식품들을 구입해야 하는가?" 또 건강에 관해 다음과 같이 다른 질문들을 제기할 수 있습니다. "어떻게 하면 내 몸매를 날씬하게 유지할 수 있는가? 어떻게 내 체중을 유지할 수 있나?" 예전에는 단순히 전통 또는 자연적으로 주어진 사실들에 의해 확정되었지만 오늘날에는 우리가 독자적인 결정을 내려야만 하는 일련의 것들이 있습니다. 각자의 생활조건을 제대로 갖추기 위해서 광범위한 정보를 얻는 것은 필수적입니다. 이러한 일은 공공부조를 받는 집단 또는 사회적 행위의 여러 측면들을 논의할 수 있는 다른 사회적 집단들에서도 일어날 수 있습니다. 전반적으로 볼 때 새로이 재편된 조건들하에서는 자기 자신에 대해 더 능동적인 기본 자세가 필요합니다.

당신은 방금 언급하신 생활운영 방식을 당신의 여러 저서에서 '생활주도의 정치'라는 말로 요약하였는데, 이 테제는 혹시 100년 이상 성장해온 복지국가를 개혁해야 한다는 요구에 따른 것입니까?

복지국가가 종종 문제의 해결일 뿐만 아니라 문제의 원인이 되기도 했다는 사실을 쉽게 부인할 수는 없습니다. 제 생각에 이것은 기존의

특징을 가진 복지국가가 개인들의 수동적 기본 자세를 촉진시켰다는
사실에 기인합니다. 복지국가는 두 가지 목표를 추구합니다. 하나는
더욱더 평등한 사회를 만드는 것, 그리고 다른 하나는 어떤 이유에서
든지 더 이상 자신을 스스로 돌볼 수 없는 사람이 있는 곳에는 국가가
지원을 통해 개입하는 것입니다. 따라서 복지국가 국민들의 삶을 흔히
들 '요람에서 무덤까지' 보장받고 있다는 표현을 합니다. 하지만 가장
좋은 의도를 가지고 이루어지는 사회적 조치들도 사람들을 비자립적
으로 만들고 복지혜택에 의존하게 만드는 역할을 하고 있습니다. 그
결과는 무기력과 낙담입니다. 이것들은 극복되어야만 합니다.

많은 능동적인 기본 자세들이 장려되어야 합니다. 복지국가를 근본
적으로 다시 생각하고 개혁할 필요가 있습니다. 계급간의 평등화를 지
향하는 복지국가는 특정한 사회적 조건하에서 생겨났습니다. 하지만
이러한 조건들은 그동안 상당히 변하였습니다. 복지국가가 빈곤과의
전쟁은 물론 소득과 자산의 보편적인 재분배에도 별로 효과적이지 못
했다는 것은 의심할 여지가 없습니다. 이 사실은 최근에 얼마나 많은
인구집단들이 사회적 안전망으로부터 벗어나게 되었는가를 보는 것만
으로도 쉽게 증명할 수 있습니다.

이외에도 복지국가는 암묵적으로 전통적인 성 역할 모델과 연결되
어 있습니다. 임금노동자층은 남자들로만 구성되어 있다고 전제되어
있었기 때문에 일단 돈벌이하는 남성 가장이 없는 가족들에게 돌아가
야 할 사회복지적 혜택들은 2차적 고려의 대상이었습니다. 수많은 변화
들이 있음에도 불구하고 복지국가의 관료제도는 여전히 유연하지 못한
채 남아 있었으며 또 더욱더 비인격적으로 변화했습니다.

긍정적 복지 모델들은 복지국가를 재편하는 데에 모범적 이상이 될
수 있습니다. 그 모델들은 특히 생활 정치적 조치를 취하는 데 강세를
두면서 자율성과 개인적, 집단적 책임을 서로 연결하는 것을 목표로
하고 있습니다. 점점 더 전지구화되고 성찰적인 사회질서에서 자유주
의적 민주주의가 더 이상 효과적이지 않다는 것은 민주화가 더욱더 근

본적인 형태를 취해야만 한다는 사실을 의미합니다. 생활 주도의 창의적 정치는 오늘날의 사회적 배제와 절대적, 상대적 빈곤에 효과적으로 대처하는 가장 중요한 수단입니다.

이 창의적 정치란 어떤 모습을 띠고 나타납니까? 또 당신의 책 『좌파와 우파를 넘어서』에서 중요하게 다루어지고 있는 것은 무엇입니까?

간단히 말해 정치적 지형변화, 고전적-형식적 범주들의 의미소멸이 중요합니다. 우리는 정치적 핵심문제들에 있어서 이미 좌파와 우파의 구분을 넘어서 있습니다. 정치의 주도능력은 소진되었고 정치적 이데올로기들은 내용이 공허해졌습니다. 이러한 기존의 수단들을 가지고서는 세계화와 그 결과로 나타난, 인간들의 생존과 관련된 새로운 과제들에 효과적으로 대처할 수 없습니다. 사회적 관계들은 오늘날 아주 광범위하게 의식적으로 조직화되어 있으며 자연은 인간의 척도에 따라 변형되었습니다. 하지만 바로 이러한 상황은, 적어도 일부 지역에서는, 더욱 크고 광범위한 불안을 야기했습니다. 따라서 좌파-우파라는 도식, 사회주의 정당들과 보수주의 정당들에만 해당되는 이러한 부분적인 이념들은 더 이상 타당성이 없습니다. 기존에 작동하던 정치적 메커니즘에 대한 광범위한 혐오와 마찬가지로 정치개혁과 부패척결 요구는 증가하는 사회적 성찰성의 표현입니다. 이것은 고전적 정당정치와 그 정당들의 권력유지 관행을 거부하는 데서 잘 나타나고 있습니다.

그러면 좌파정치, 우파정치라는 일반적으로 고정된 유형에 맞서 개인의 생활 주도와 사회적 참여를 대립시키는 것입니까?

전세계적인 결과를 낳고 있는 변화들과 광범위한 위험은 생활주도의 정치를 요구하고 있습니다. 이 정치는 어떤 생활방식이 각 개인 및 사회에 적절한지를 규정하려는 것입니다. 그러므로 전지구적 문제들과 쟁점영역들에 대해 유연하고 또 실제로 능력 있게 대처해나가기 위해서는, 개인적·집단적으로 상호간의 대화에 기초한 능동적 신뢰관계의 건설을 촉진하는 새로운 생활양식이 정립되어야만 합니다. 인류역사에 있어서 최초로, 보편 타당한 이념이 관철될 기회가 생긴 것입니다. 인류 모두에게 공통적인 이해가 걸려 있으며, 또 모든 인류는 동일한 위험에 노출되어 있습니다. 그리고 이러한 문제들은 기존의 이념을 가지고는 더 이상 해결될 수 없습니다. 생활주도의 정치에서는 우리가 우리 모두를 위해 내리지 않으면 안 되는 근본적인 결정들이 중요합니다. 예를 들어 "우리는 어떻게 심각해지는 지구 온난화에 대처할 것인가? 핵에너지의 위험에 직면하여 우리는 무슨 일을 해야만 하는가? 어떻게 우리는 변화된 노동시장에 대응해야 하는가? 어떻게 우리는 테크놀로지적 변화에 대처해야 하는가?" 등의 문제 말입니다.

바로 그 답변을 제가 당신께 듣고 싶었던 것입니다. 당신은 사회민주주의의 혁신을 제안합니다. 그러나 당신의 동료이며 당신보다 이미 앞서서 런던 정치경제대학 학장을 역임한 랄프 다렌도르프(Ralf Dahrendorf)는 1980년대 초에 사회민주주의적 세기의 종말을 이야기했습니다. 사회민주주의적 정당들의 선거 승리 이후에 이러한 예언은 빗나간 듯이 보입니다. 하지만 과연 사회민주주의가 장기적으로 살아남을 수 있는가 하는 질문은 여전히 남습니다. 독일의 수상 게르하르트 슈뢰더(Gerhard Schröder)에게는 당신이 고른 상표 '제3의 길'이 그다지 충분한 감동을 주지 못했습니다. 당신이 말하는 미래지향적인 사회민주주의적 강령의 내용들은 무엇입니까?

제3의 길의 정치, 즉 좌파와 우파라는 기존의 행위양식을 넘어서는 정치의 최종 목표는 사람들이 이 시대의 대대적인 변화 속에서 자신들이 독자적으로 나아갈 길을 찾도록 도와주는 데 있습니다. 여기서 최

상위의 원칙은 개인적 삶의 고양을 보장하고 인간들의 창의성을 장려
하는 것입니다. 즉 자신의 독자적인 결정과 생각에 따른 생활을 꾸릴
수 있는 가능성을 확대시켜주는 것입니다. 하지만 다른 사람에 대한
의무는 여전히 남게 됩니다. 특히 사회적으로 정의로운 부의 재분배
그리고 약자와 곤궁에 처한 자를 보호하는 일은 주목해야 합니다. 이
것은 사회민주주의의 중요한 목표 중의 하나입니다. 물론 모든 종류의
자조(自助)를 방해하는 오류를 저질러서는 안 됩니다. 우리는 빈민집단
들에게 스스로 생활을 능동적으로 개선할 수 있는 수단을 제공해야만
합니다.

전반적으로 볼 때 중요한 것은 행위의 자율성의 증대입니다. 전통
과 관습이 영향력을 상실한 지금, 좀더 자유롭고 민주적인 결정과정으
로 나아가면서 인간들간의 연대성을 강화하고 환경 친화적 의식을 촉
진할 가능성을 찾아야만 합니다.

왜 당신은 '제3의 길'이라는 개념을 선택했습니까? 과거에는 '제3의 길' 하면
일반적으로 반민주주의적 이념과 관련이 있었습니다. 또 '제3의 길'에서 문제
가 되는 것은 그것이 어떤 목표도 정의 내리지 않으며 나아가 모든 대안들을
배제한다는 점입니다. '제3의 길' 이념을 구체적으로 설명해줄 수 있습니까?

저는 이 개념을 완전히 고수하고 싶은 생각은 전혀 없습니다. 제가
보기에 중요한 것은 시장경제적 사회주의가 아니라 오히려 사회민주
주의의 과감한 개혁과 근본적인 혁신, 그리고 민주주의의 심화와 확대
입니다. 민주주의는 현재 위기입니다. 왜냐하면 현재의 민주주의는 충
분히 민주주의적이지 못하기 때문입니다. 많은 여론조사 결과들을 보
면 미국과 11개 유럽 국가들의 국민 90%가 민주주의적 정부시스템이
존재한다고 인정합니다. 그러나 마찬가지로 민주주의를 계속 발전시
킬 방법들을 찾아야 한다는 의견에도 동의하고 있습니다. 정치에 대한

신뢰는 사라지고, 대신에 더욱더 많은 시민 주도단체들이 만들어지고 있습니다. 그러므로 민주주의를 더욱 민주주의적으로 만들고 국가의 정당성을 새로운 토대 위에 —즉 모든 국민들의 참여하에— 세우는 일이 중요합니다. 우리의 목표는 강력한 국가기구에도 또 통제 불가능한 시장세력들에도 복속되지 않고, 개인적 이해와 사회적 이해를 균형적 관계 속에 조화시키는 정치적 질서입니다.

지금 말씀은 아미타이 에치오니(Amitai Etzioni)와 그의 동료들이 주장한 커뮤니타리즘 개념을 연상시킵니다. 우리는 혹시 전통적 사회에서 잠재적 기능을 수행했던 기우제라도 도입해야만 하지 않을까요? 기우제는 로버트 K. 머튼(Merton)이 이미 정리했듯이 '서로 흩어져 사는 집단의 구성원들에게 공동체적 행위를 위해 모일 수 있는 기회를 만들어줌'으로써 집단의 정체성을 강화시키는 역할을 했습니다. 이런 것이 아니라면 어떻게 새로운 형태의 연대가 사회에서 형성될 수 있겠습니까?

커뮤니타리즘 개념은 너무나 협소합니다. 왜냐하면 이 개념은 공동체의 부활을 촉진하는 데에 한정되기 때문입니다. 그러나 공동체는 에밀 뒤르켐과 페르디난드 퇴니스가 이미 1900년경에 주장했듯이 직업단체들, 즉 경제적 분업으로 구조화된 비인격적 결사체들에 의해 밀려났습니다. 전통으로 되돌아가서 현재 직면한 사회적 문제들을 해결할 수는 없습니다. 사회적 연대관계를 만들어내고 또 유지하는 열쇠는 민주화과정을 활성화시키고 심화시키는 데 있습니다.

우리는 전통과 자연의 이중적 몰락에 직면하여 우리가 어떻게 대처해야 할지를 진지하게 논의하지 않으면 안 됩니다. 이제 전통과 자연은 우리들이 어떻게 결정하느냐에 따라 달라지는 대상이 되어버렸습니다. 우리가 행하는 모든 것들은 우리의 독자적인 결정에서 나오며, 따라서 이 결정은 다시 다른 인간들과의 상호작용으로 이루어져야 합니다. 이런 방식으로 할 때 새로운 연대관계가 형성됩니다. 민주주의

| 생애 | 개념 | 공통질문 | 인터뷰 |

는 한편으로 이해를 대변하는 수단이고, 다른 한편으로는 공공적 포럼을 창출하는 절차입니다. 이 공공적 포럼에서는 확고한 권력관계라는 토대 위에서가 아니라 대화 속에서 문제들이 해결될 수 있습니다. 서로 다른 견해간의 교환이 있어야 하고 또 계속 유지되어야만 합니다. 그래야만 우리는 자의성과 권력남용으로부터 우리 자신을 지킬 수 있습니다.

제가 여기서 '대화적 민주화'라고 명명하고 싶은 이 민주화는 상당한 정도, 아니 어쩌면 결정적으로, 사회적 연대를 새로이 편성하는 데 영향을 줄 수 있고 동시에 정치적 조치들과 활동들을 더욱더 중요하게 만들 수 있습니다. 예를 들어 생태적 문제들을 부인할 정부는 전세계에 하나도 없습니다. 근본적으로 이 문제는 오늘날 집단적 행위자들이 관여하고 있는 전세계적 대화의 중심에 놓여 있습니다. 물론 대화를 통해서 모든 차이와 갈등이 극복되지는 않습니다. 하지만 성찰적 사회질서라는 틀 내에서 더불어 사는 삶에 결정적 중요성을 가지는 능동적 신뢰, 그리고 기회관리(Chancenmanagement)를 만들어낼 수 있습니다.

「목표는 제3의 길이다」라는 제목의 신문 기고문에서 당신의 친구이자 동료인 울리히 벡은 "서로 분리되었던 개별 국민국가 세기로 되돌아갈 수는 없다. 또 제2차세계대전 후의 전원풍의 평화로웠던 복지국가 시절로도 되돌아갈 수 없다"라고 썼습니다. 당신이 보기에 근대사회의 근대화과정은 어떻게 될 것 같습니까?

전지구적, 세계주의적 질서의 형성과 더불어 기존의 확고했던 행위 양식들은 해체될 수밖에 없었고 따라서 새로이 문제에 접근해야 합니다. 사회의 근대화가 어떻게 이루어졌는지를 민주적인 과정하에서 논의해야만 합니다. 여기서 좀더 분명하게 토론을 하는 것은 사회적, 경제적 행위를 하기 위한 중요한 전제조건입니다.

제가 특히 중요하다고 생각하는 것은 사회적 행위의 장에 모든 사

람들을 참여시키는 일입니다. 이를 위해서는 국가시민권과 정체성을
새로이 규정하고, 문화적 차이를 적절하게 고려해야 합니다. 문화적
정체성 역시 다른 정체성들과의 교류 속에서 형성되어야만 합니다. 나
아가 복지국가의 제도들은 시대의 요구에 부응할 수 있도록 기본부터
철저히 개혁해야만 합니다. 개혁된 복지국가는 한 걸음 더 나아가서
사회 정의를 촉진해야 할 과제를 안고 있습니다. 그러나 이 복지국가
는 사람들의 재능과 능력, 그리고 아이디어들을 보장하고 또 장려해야
만 합니다. 신자유주의자들은 최소한의 사회적 안전망을 주장하는 반
면, 대부분의 사회민주주의자들은 높은 복지비 지출을 고수하려 합니
다. 저는 양자의 중간 길을 선호합니다. '제3의 길'의 정치는 개인과
사회 간의 새로운 관계를 만들려 하고 권리와 의무를 새로이 규정하려
는 것입니다. 개인은 사회와 마찬가지로 계속해서 의무를 수행해야만
합니다. "의무가 없이는 권리도 없다"가 공식입니다.

정부의 중요한 과제 중의 하나는 과학적, 테크놀로지적 변화와 그
로 인해 생겨나는 도덕적 문제들을 해결할 수 있는 법률들을 만들어내
고 또 관철시키는 것입니다. 국가는 이 점에서 규제를 통해 개입해야
만 합니다.

노동시장 문제와 관련하여 어떤 제안을 하시겠습니까?

진실은 노동시장이 앞으로 어떻게 변화할지 아무도 모른다는 것입
니다. 전지구적 자본주의가 충분한 일자리를 창출할 것인지 아닌지를
어느 누구도 예견할 수 없기 때문에 마치 전지구적 자본주의가 충분한
일자리를 창출할 수 있을 것으로 간주하고 행동하는 것은 어리석은 짓
입니다. 우리는 모든 사람을 위해 충분한 일자리가 보장되지 않는 사
회를 예상하고 대비해야 합니다. 일정 연령이 되면 사람들을 강제로
은퇴시키는 실수를 저질러서는 안 됩니다. 우리가 퇴직연령을 계속 낮

출 경우에는 일하는 것이 금지된 노인들의 게토(Ghetto: 중세 이후 유럽 각 지역에서 유대인을 강제격리하기 위해 설정한 유대인 거주지역－옮긴이)만이 형성될 뿐입니다. 자신이 몇 살까지 일할 것인지에 대해서 각 개인들이 자유로이 선택할 수 있어야 합니다. 노동시장의 문제는 퇴직연령을 낮춘다고 해서 해결되는 것이 아닙니다.

우리에게는 더 나은 양육, 교육시스템이 필요합니다. 우리에게는 인적 자본에 투자하는 복지국가가 필요합니다. 인간은 무언가 스스로 만들어낼 수 있는 능력을 교육을 통해 갖추어야만 합니다. 특히 지식과 정보에 토대를 둔 사회에서 교육은 엄청나게 중요합니다. 교육분야에 집중적인 관심을 기울이지 않는다면 그것은 무책임한 일입니다.

하버마스식으로 본다면 근대는 하나의 '미완의 프로젝트'로 간주할 수도 있습니다. 우리는 니클라스 루만이 주장하듯이 정말로 '출구를 못 찾은 채 우리 자신을 책망하고' 있는 것입니까?

근대라는 것은 전세계적인 실험이 되어버렸습니다. 그런데 이 실험은 격리된 실험실 조건하에서 이루어지는 것이 아닙니다. 왜냐하면 우리는 실험 결과를 어떤 확실한 척도를 가지고 예견할 수 없기 때문입니다. 오히려 우리는 이미 위험한 모험의 한 가운데에 들어가 있는데, 그 모험은 각 개인들이 원하건 원치 않건 상관없이 모두가 참여해야만 합니다.

지금 세계에서 일어나는 일은 자본주의의 일반화입니다. 자본주의는 커다란 불평등을 야기합니다. 그것은 사회를 질곡에 빠뜨리며, 일상생활을 변화시키고, 공공영역을 파괴하는 경향이 있습니다. 전지구적 자본주의의 모든 장점들은 불가피하게 이처럼 엄청난 문제들과 맞물려 있습니다. 우리들은 각각의 경우에 대비해야 하며, 이전 세대가 발견하지 못했던 해결책을 발견하도록 노력해야만 합니다. 물론 오늘날은 과거와 다른 전제조건들이 대부분입니다. 우리는 너무나 전지구적인 맥락 속에서 살고 있습니다.

중요한 것은 경제와 사회, 국가간의 새로운 역할 분배입니다. 우리는 국가의 권한을 새롭게 규정해야 하는데, 여기에는 국가 권력을 국제기구로 이양하는 문제도 포함되어 있습니다. 복지국가는 새로이 정립되어야 하고, 다른 방식으로 전지구적 경제와 관계를 맺어야만 합니다. 그리고 유동하는 자본의 흐름 또한 규제되고 조정되어야만 합니다. 점점 증가하는 불평등을 극복해야 하고, 예를 들어 남성과 여성의 관계 변화 같은 이미 시작된 발전들은 완결되어야만 합니다.

제 생각에 적어도 서구 문화권에서는 염세주의 시대가 긍정적 사고방식에 의해 밀려나고 있습니다. 염세주의의 시대는 20세기의 수많은 부정적 영향들로 두드러졌었는데, 아마 여기에는 신자유주의, 포스트모더니즘, 그리고 밀레니엄 종말론의 영향도 포함될 것입니다. 이 모든 것들은 분명히 바뀔 것입니다.

악셀 호네트

균열사회

생애 악셀 호네트(Axel Honneth)는 1949년에 출생하였으며 현재 프랑
크푸르트 암마인에 있는 요한 볼프강 괴테 대학교의 사회철학
교수이다. 요즈음 그는 낸시 프레이저(Nancy Frazer)와 더불어 비판적 사회이론의
범주를 둘러싼 이론적인 논쟁을 주도하고 있다. 이러한 작업 외에도 그는 사회
철학, 도덕철학의 문제, 철학적 인간학의 문제들에 몰두하고 있다.

악셀 호네트의 목표는 사회적 삶의 다양한 영역들을 고려하는, 규범적 내용
이 풍부한 사회이론을 구성하는 것이다. 한때 '프랑크푸르트 학파의 유언집행
인'으로 불리기도 했던 이 사회철학자는 1996년에 위르겐 하버마스의 후임으
로 프랑크푸르트 대학에 왔다. 그후 그는 비판 사회이론을 갱신하는 작업의 핵
심에 규범적 시각을 강조하고 있다.

호네트는 사회철학의 과제를 "정치적 성격의 도구적 주장에 영향을 받지 않
고, 우리들의 사회적 삶의 형태에서 존재하는 혼란 또는 병리들을 우리에게 적
시해주는 분석들을 준비하는 것"으로 보고 있다. 사회의 상황에 대한 자신의
사상적 탐색을 그는 해석적 제안(Deutungsangebot)으로 간주한다. "내가 제안
한 말이 최종적인 것은 아니다. 왜냐하면 마지막에는 결국 내가 논의한 문제의
주체들이 결정을 내려야만 하기 때문이다."

인정을 얻기 위한 투쟁은 호네트에게 있어 사회적 과정들의 기본 양식이다.
독자들은 언제든지 호네트의 확신에 찬 설명을 보면서 그의 이론적 개념을 검
토하고 또 그것을 스스로의 경험적 토대에 비추어 정정할 수 있다.

■ **주요 저작들**

- Axel Honneth. 1985, *Kritik der Macht: Reflexionsstufen einer Kritischen Gesellschaftstheorie*, Frankfurt/M.: Suhrkamp Verlag. — 『권력 비판 -비판적 사회이론의 성찰단계들』
- _____. 1992, *Kampf um Anerkennung: Zur moralischen Grammatik Sozialer Konflikte*, Frankfurt/M.: Suhrkamp Verlag. —『인정(을 얻기 위한) 투쟁: 사회적 갈등의 도덕적 문법에 대하여』
- _____. 1994, *Desintegration: Bruchstücke einer Soziologischen Zeitdiagnose*, Frankfurt/M.: Fischer Verlag. — 『탈통합: 사회학적 시대진단의 단상들』
- _____. 1996, 『인정투쟁』(문성훈 역), 이론과 실천.

인정을 얻기 위한 투쟁

개념   호네트는 사회 발전의 동력을 법적, 사회적 지위를 둘러싼 개인들간의 투쟁에 있다고 보는데, 여기서 지위의 습득은 개인 상호간의 인정을 통해서 얻어진다. 호네트는 철학자 게오르그 빌헬름 헤겔(G. W. Hegel)과 사회심리학자 조지 허버트 미드(G. H. Mead)의 이론을 토대로 자신의 분석을 발전시켰다. 그는 인정에 관한 헤겔의 이론을 개념적으로 보완하여, 그 내용을 『인정을 얻기 위한 투쟁』이라는 책에 요약하였다.

1992년에 출판된 이 책의 기본 전제는 사회가 그 구성원들간의 상호 인정과정을 통해 구성된다는 것이다. 사회에 대한 자기이해는 인정의 상호 보장이 제도화되는 나름대로의 방식을 통해 생겨난다. 타인들이 자신을 보장해주지 않는다면 개인은 자신의 확고한 정체성을 가질 수 없다. 오로지 상호간의 인정이라는 정언명령(Imperative)을 통해서만 개인은 '안정된 자아 존중감'을 획득하며 또 성찰적으로 자신의 고유한 능력과 권리들을 확신할 수 있다. 따라서 주체의 정체성 형성과 사회의 통합력은 바로 주체 상호간의 인정이라는 경험과 맞물려 있다.

호네트는 인간들의 사회구성 과정을 세 가지 기본적인 인정영역으로 나누고 있다. 감정적 차원, 법적 차원, 그리고 사회적 차원이다.

호네트에 따르면 인정의 가장 기본적인 형태는 상호간의 애정, 이끌림, 배려의 원칙이다. 엄마와 아이 간의 애정관계, 서로 감정적으로 이끌리는 남녀의 관계에서 경험할 수 있는 인정은 '자신 또는 상대방의 개인적 욕구를 고려하면서 상대방이 잘되기를 바라는 애정 어린 배려에서 나오는' 것이다.

인정의 두번째 단계는 각 사회성원들의 법적 인정인데, 이것은 모든 다른 사람에 대한 법적 동등성의 원칙에 근거하고 있다. 각 개인들은 스스로 "모든 다른 사회성원과 마찬가지로 동일한 권리를 가진 법적 인격으로서 존중받는다는 것을 알 수 있다."

세번째 인정영역은 업적의 원칙에 의해 구성된다. 분업적으로 조직화된 사회단체들의 조직 속에서 개인적으로 달성한 업적들을 통해 주체들은 사회적 가치평가를 경험하는데, 이 평가는 그들로 하여금 '그들의 구체적인 특성과 능력을 실증적으로 확인하도록' 한다.

호네트가 설명하듯이 사회적 생활을 친밀한 관계, 법적 관계, 사회적 관계의 세 가지로 정확히 나누는 것은, 사회적 현실 속에서는 쉽지 않다. 왜냐하면 이것들은 서로 얽혀 있기 때문이다. 따라서 이 세 가지는 함께 모여 사는 사회의 특징적인 구조원리가 되는 것이다.

호네트는 이 세 가지 인정형태들이 모두 함께 있어야만, '인간적 주체들이 자기 자신에 대해 긍정적인 자세를 갖출 수 있는' 사회적 조건들이 보장될 수 있다고 분명히 주장하고 있다. 즉 개인들이 모든 인정 차원에서의 경험을 통해 자아신뢰, 자아존중, 자아평가에 도달할 수 있을 때에만, 개인은 자율적이며 개인화된, 그리고 동등하면서도 개성을 가진 인간으로 스스로를 파악하게 된다. 사랑, 법, 사회적 가치평가 이 세 가지의 인정형태들은 상호 주관적인 보호기제를 형성하게 되는데, 이것은 '개인들이 강요받지 않고 자신의 삶의 목표를 구체화시키고 실현하는 과정에서 그 토대가 되는' 외부적, 내부적 자유의 조건들을 보장한다.

물론 인정이 유보된다면 어떤 영향들이 각 개별 주체들에게 나타날 것인지에 관한 질문이 제기된다. 상호 주관적인 인정이 어떤 일정 단계에서 제대로 이루어지지 않거나 거절된다면, 인정을 얻기 위한 투쟁에 들어가고자 하는 동기가 과연 얼마나 될까?

호네트에 따르면, 모든 형태의 인정은 상대방에 대한 경멸이라는 형태와 대립을 이룬다. 주체들이 자신의 인격이 당연히 인정받을 권리가 있다고 믿고 있는데 인격이 무시된다면, 그들은 사회적 불의를 경험하게 된다. 호네트는 바로 이러한 불의에 대한 경험이 사회 변동을 야기하는 고유한 원동력이라고 보고 있다. 인정에 대한 유보는 역사적 관점에서 볼 때 항상 사회적 갈등으로 나타났다. 하지만 이러한 과정은 사회에 대해 기대했다가 실망한 개인이 자신과 동일한 실망을 경험하고 고통을 나눌 수 있는 동지들을 발견할 때에만 현실력을 얻는다.

법적 또는 사회적 인정에 대한 유보가 같은 생각을 가진 집단 내에서
공유될 때, 연대적 결사체로서 사회에 영향력을 행사하는 사회운동의
생성이 가능하다.

　호네트는 인정을 둘러싼 투쟁을 우리 사회의 구조적 특징으로 보았
다. 가치관과 생활양식을 인정받기 위한 정당한 요구는, 예를 들어 여
성, 민족적 또는 성적 약자들에서 잘 나타나듯이, 미래사회에서도 사
회적 발전과정을 규정할 것이다. 인정관계의 점진적인 확대는 더 많은
사람들에게 더욱 넓어진 행위 공간을 만들어준다는 목표를 추구하는
것이다.

공통질문

1. 당신은 스스로를 사회이론가나 사회비평가 또는 사회설계가로 생각합니
   까? 아니면 그저 동시대인으로 생각합니까?

　　사회이론가와 사회비평가의 중간 어딘가에 있겠죠. 저는 제 자신이
모든 사회이론의 원리들을 발전시킬 수 있는 위치에 있다고 생각하지
않습니다. 이러한 작업을 하려면 엄청난 양의 사회학적 기본 연구를
해야만 합니다. 게다가 고전이론가부터 위르겐 하버마스에 이르는, 위
대한 학자들이 우리 앞에 있습니다. 저는 오늘날 하나의 독자적인 사
회이론이 즉석에서 쉽게 만들어질 수 있다고 생각하지 않습니다. 사회
이론의 개념들은 모두 항상 근본 개념적 문제들에 관한 설명과 밀접한
관계가 있습니다.

　　그렇게 본다면 저는 사회비평가에 가깝다고 할 수도 있습니다. 저는
철학의 특정한 규범적 잠재력을 이용하는데, 이것은 철학을 사회이론
적 근본 가정과 접목시켜서, 여기로부터 현재 우리 사회에 대한 근거
있는 비판적 가정이 나오도록 하기 위해서입니다. 그런 점에서 저는 사
회이론가와 사회비평가 사이의 그 어딘가에 서 있을 것입니다.

　　사회설계가는 저에게 맞지 않는 것 같습니다. 저는 이런 종류의 야
망도 그리고 실제로 설계가처럼 생각하는 데 필요한 제도적 상상력도
가지고 있지 않습니다.

　　루르(Ruhr) 공업지역에서 태어난 사람으로서 저는 라인 지방의 사교
적인 특성과 베스트팔렌(Westfalen) 지방의 완고하고 반항적인 특성을
동시에 지니고 있습니다.

2. 우리가 살고 있는 사회는 도대체 어떤 사회입니까?

우리는 여전히 자본주의적인 사회에 살고 있습니다. 저는 원래 19세기의 위대한 사회이론가들에 의해 이루어진 자본주의라는 핵심 규정을 우리 사회에도 계속해서 적용하는 것이 의미가 있다고 믿습니다. 오늘날에는 현 자본주의의 특수한 형태를 규명하는 것이 특히 중요합니다. 이 특수한 형태는 몇 가지 중요한 과정들로 특징지어지는데, 이러한 과정들을 묘사하는 개념은 비록 불명확하지만 이미 존재합니다. 이러한 개념들 중의 하나가 '세계화'입니다. 이것은 원래 경제적 영역은 물론, 사회적, 문화적 영역에서도 일어나는 전반적인 여러 과정들을 뜻합니다. 성급한 감이 있긴 하지만 이 과정들은 '탈통합(disintegration)'으로 특징지어집니다. 우리가 정확히 파악할 수 없는 급격한 단절과 사회구조적 변화들이 일반적으로 매우 중요합니다. 하나하나 놓고 볼 때, 제 생각에 서구 자본주의 사회의 상태는, 규범적 관심을 가지는 사회이론적 입장에서 해석한다면, 이 사회의 인정문화와 관련이 있는 일련의 변혁과정으로 특징지을 수 있을 것 같습니다.

3. 현 사회의 긍정적인 면과 부정적인 면에는 어떤 것이 있습니까?

이 사회의 긍정적인 면은 의심할 나위 없이 상대적으로 견고한 민주주의적 법제라는 토대에 있습니다. 이것은 비록 충분히 발전되지는 못했지만 어느 정도는 잘 기능하고 있습니다. 특히 한 가지 긍정적인 면은 그동안 확대, 용인되어온 높은 수준의 시민권인데, 이것은—비록 정치적 주기변동에 의해 항상 다시 위협받기는 하지만— 일정한 안정성을 보이고 있습니다. 이외에 명백한 정치적 관용을 들 수 있겠습니다.

한편 상당수의 사회구성원에게 사회에서 만족할 만한 삶을 영위할 수 있는 안정된 토대를 제공하지 못하고 있는 우리 사회의 무능력은 분명 하나의 부정적 측면입니다. 우리 사회는 많은 사람들이 일을 통해 참여할 기회를 막고 있습니다. 또 국가시민적 권리들도, 일부 외국인집단에게는 허용되지 않고 있습니다. 하지만 무엇보다 명백한 약점은 조야(粗野)한 형태의 '경제적 폭력'으로 인한 우리 사회의 무능력, 즉 전지구적으로 연결된 자본기업들의 억압에 저항하지 못하는 무능력입니다.

4. 사회에서 당신의 역할은 무엇입니까?

우선 대학교수로서의 역할을 들 수 있습니다. 즉 저는 이 사회의 아주 특정한 영역에서 학생들의 교육을 위해 일하고 있습니다. 이 학생들은 무언가 철학을 가지고 시작해보려는 목적이 있습니다. 한편 자신의 특수한 역할을 수행하는 철학자뿐만 아니라 모든 대학교수는 특수한 책무를 가지고 있는데, 이 책무는 사회의 문화적 재생산을 책임지는 지위와 관계가 있습니다. 이는 사회의 발전과정에 대해 눈을 크게 뜨고 지켜보아야 한다는 것뿐만 아니라, 국가시민으로서 -즉 반드시 교수로서만이 아니라- 자신이 느끼고 생각한 것을 분명히 드러내고 또 비판적으로 발언해야만 한다는 것을 의미합니다. 그런 점에서 저는 대학교수와 -적어도 노력차원에서라도- 지성인의 고전적 결합을 대변하고 싶습니다.

5. 사회소설 가운데 어떤 것을 좋아합니까?

이 질문에는 개인 전기식으로 답변하겠습니다. 아주 어렸을 적부터 저는 이미 고전적 사회소설로 간주될 수 있는 소설들에 심취했었습니다. 예를 들어 오노레 드 발자크, 레오 톨스토이, 에밀 졸라 등 주로 프랑스와 러시아의 사실주의 작가들의 작품입니다. 독문학을 공부하면서 저는 또 베르톨트 브레히트에 특히 관심을 가졌습니다. 그는 소설보다는 희곡을 더 많이 썼습니다. 하지만 저는 사회진단가로서의 그에게 아주 큰 관심을 가지게 되었습니다. 그 이후에 사실주의적 주제들을 다루는 소설과는 부분적으로 아주 다른 스타일을 지향하는 소설들을 추가적으로 접하고 심취하였는데, '사회적 경멸'과 같은 주제들을 다룬 것이었습니다. 구체적인 예를 들자면 아우구스트 스트린드베리(August Strindberg) 같은 작가는 저에게 아주 큰 감동을 주었습니다. 클로드 시몽(Claude Simon) 같은 최근의 프랑스 작가들도 저는 아주 훌륭하게 생각합니다. 그는 결코 사실주의적 작가는 아닙니다. 또 감명 깊었던 소설은 특히 사회 파노라마적 성격을 띤 마르셀 프루스트(Marcel Proust)의 『잃어버린 시간을 찾아서』입니다. 프루스트는 문화적 경멸, 사회적 배제, 그리고 위계서열화의 잠재적 형태에 대해 믿기 어려울 정도로 놀라운 감수성을 가지고 있습니다. 간단히 말씀드려서 사회진단적인 잠재력을 가지고 있었던 소설들을 사실주의 전통에만 국한시켜 생각해서는 안 됩니다. 그런 특성은 현대 소설의 다양한 흐름들 속에 두루 존재합니다.

6. 당신이 즐기는 게임에는 어떤 것이 있습니까?

이 질문은 의식적으로 혹은 도발적으로 넓게 잡은 질문이라고 생각되는군요(사교놀이를 뜻하는 독일어 'Gesellschaftsspiel'은 사회, 사교를 뜻하는 'Gesellschaft'와 놀이, 경기를 뜻하는 'Spiel'이 합쳐진 말이다. 따라서 그 말의 조합에 따라 여러 가지 다른 뉘앙스를 전달해줄 수 있다─옮긴이). 그렇다면 축구도 사교놀이라고 말할 수도 있을 겁니다. 저는 항상 축구를 즐겨 했습니다. 대학시절에는 이외에도 한동안 모노폴리 게임(누가 많은 재산을 모으느냐에 따라 승패가 결정되는 게임. 끝까지 파산하지 않고 남는 사

람이 승자임−옮긴이)을 아주 좋아했었습니다. 모노폴리 게임이 매력적
인 이유는 이렇습니다. 이 게임은 만약에 한 사람이 충분한 재산을 가
지고 있다 하더라도, 게임 규칙을 우리가 전에 항상 했듯이 누진세를
적용하는 쪽으로 변경할 경우에는, 이 재산으로 할 수 있는 것이 얼마
나 적은지를 알기 쉽게 보여줍니다. 이 게임은 경제를 알기 쉽게 큰 틀
에서 보여주는 거의 교육적인 성격을 가지고 있습니다.

7. 어떤 모임을 좋아합니까?

이 질문에 대해서는 일단 좋아하지 않는 모임부터 답하겠습니다.
저는 주로 전문가들의 모임, 즉 학술회의 모임 같은 것을 아주 불편해
합니다. 이러한 회의에서 사람들은 각 전문영역의 대표들을 만나고,
주로 회의석상에 앉아 각 개인이 이룩한 고유한 업적들의 수준과 깊이
를 논의합니다. 그럴 때면 제 맘이 정말 편치 못합니다. 이런 경우를
제외하면 저는 어렵지 않게 다른 여러 모임에서 잘 어울립니다. 특히
다양한 시각들과 경험들을 함께 이야기하고 상호간에 도움이 되는 분
위기가 지배적일 때는 더욱 그렇습니다.

8. 당신이 소속되어 있다고 느끼는 사회집단은 어떤 것입니까?

사회학적으로 볼 때, 저는 문화자본을 갖추고 경제적으로 여유가
있는 중간계층에 속합니다. 즉 예전에 교양시민층이라고 불리었던 계
층 말입니다. 이외에도 저는 사회 환경적 측면에서는 우리 사회의 중
도좌파적 문화에 기반을 두고 있다고 생각합니다.

9. 당신이 사회적으로 중요하다고 평가하는 사람은 누구입니까?

저에게 깊은 감동을 준 정치가들이 있습니다. 그들은 용기를 가지고 있었으며, 정치가 발전한다는 것을 거의 그들의 용모를 통해 대변하는 특별한 재능을 가졌습니다. 빌리 브란트에서 넬슨 만델라에 이르는 정치가들이 바로 그들입니다. 그리고 자아도취적 성향에도 불구하고 사회적 경험들을 부각시키는 능력을 가진 예술계의 인물들이 있는데 이들에게도 마찬가지로 저는 경의를 표하지 않을 수 없습니다. 베르톨트 브레히트에서 밥 딜런에 이르는 사람들이 바로 그들입니다. 저는 쉽게 감동하는 편이기 때문에, 따라서 제가 중요하게 생각하는 인물들은 매우 많습니다.

이들 모두에게 공통적인 것은 예술적 영역에서의 특별한 표현능력입니다. 즉 사회적 경험들을 아주 첨예하게 드러내어, 우리 사회의 많은 구성원들이 경험하고 또 생각해볼 수 있도록 가공하는 능력입니다.

정치가들 중에서 저는 정치적 상황을 자신의 전인격 속에 대변하고 또 정치의 발전경향을 설득력 있게 제시해줄 수 있는, 사리분별력이 있으면서도 엄청나게 용의주도한 정치가들을 높이 평가합니다. 예를 들어 넬슨 만델라가 그런 사람입니다. 해방에 대한 그의 의지는 매우 감동적인 그의 개인적 용기와 더불어, 그를 전체 남아프리카 사회를 통합하는 인물로 만드는 데 기여했습니다. 빌리 브란트 역시 특정한 상황에서 거의 의도하지 않고도 올바른 방향을 대변하는 능력을 가졌습니다. 그는 말을 거의 하지 않고도 정반대의, 과거에 대한 도덕적 책임의 정치적 표상을 대표하는 데 성공했습니다.

10. 당신이 생각하는 이상적 사회는 어떤 사회입니까?

이에 대해서 저는 ─제가 제대로 기억하고 있다면─ 애덤 스미스가 적

용했던 공식을 빌려 말씀드리고 싶습니다. 이상적 사회는 각 사회구성
원들이 어떠한 수치심 없이도 공적으로 등장할 수 있을 정도로 충분히
자아존중, 자유, 독립성을 누리는 그런 사회일 것입니다. 만약에 우리
모두가 서로를 동등하게 바라볼 수 있고, 어느 누구도 사회적 수치심을
가지지 않고 자신이 옳다고 믿는 바를 자유로이 표현할 수 있다면, 그
런 사회는 이미 이상적 사회일 것입니다. 그런 사회는 오늘 우리가 알
고 있는 사회적 위계에 대한 기준 없이도 유지될 것입니다. 이런 사회
에서는 모든 각 개인들이 자아신뢰와 자아존중감을 발전시킬 수 있도
록 훌륭한 사회화 조건들이 어느 정도 마련되어 있을 것입니다.

11. 당신은 사회를 변화시키고 싶습니까?

네, 그렇습니다. 어떤 면에서는 이러한 소망이 저로 하여금 공부를
계속하도록 하는 자극제가 되었습니다. 저는 처음에 사회학 공부를 하
였는데, 그 당시 아마도 어느 정도의 사회변혁 의지가 있었고 이것이
강한 동기를 유발시킨 힘이었습니다. 하지만 그 사이에 저는 사회 변
혁에 이르는 조심스런 단계들을 제대로 보여주기 위해서는 변혁만을
생각하기 전에 우선 사회에 대한 치밀한 분석이 필요하다는 것을 깨달
았습니다.

12. 미래사회는 어떤 모습이 될 것 같습니까?

미래사회는 어떤 경우든 제가 바라는 사회는 아닙니다. 가장 암울
한 전망은 선진 서방 자본주의의 중심영역들에서 사회적 균열이 심한
사회일 것입니다. 그 사회는 문화적 보상과 억압이라는 수단을 통해
소외된 사회집단들을 −어느 정도는− 효과적으로 통합시키기는 하지만,

생애   개념   공통질문   인터뷰

전 인구의 삼분의 일 또는 절반을 소외시킨 상태에서 사회를 유지하려고 하는 그런 사회입니다. 잘살지만 사회적 균열이 심한 나라들의 핵심부는 주변부에 의해 둘러싸여 있습니다. 이 주변부는 민족적 갈등으로 특징지어지고 기아와 착취라는 야만적인 특징을 지닐 것입니다. 이 것은 이미 말했듯이 가장 극단적인 전망입니다. 물론 이에 반대하는 경향들도 충분히 있습니다.

인터뷰

당신은 사회철학의 핵심적 과제가 잘못된 사회 발전을 진단하는 것이라고 썼습니다. 현재 어떤 잘못된 사회발전들이 있습니까? 어떤 균열경향들이 어떤 집단들 사이에 있습니까?

이와 관련해서 분명히 구분해야 될 점이 있습니다. 즉 현재를 감안할 때 우리가 어떤 사회에 대해 말하고 있는가 하는 것입니다. 선진사회들, 그리고 국민총생산(GNP) 기준으로 이야기하면 잘사는 사회들─이 사회들은 기본적으로 서구 자본주의 사회들을 의미하는데 여기에는 미국, 영국, 프랑스, 독일, 일본 등이 포함됩니다─이 있는가 하면 주변부 사회들이 있습니다. 먼저 잘사는 사회에 대해 말하자면, 핵심적 과제와 핵심적 위험은 분명히 노동시장의 발전 문제와 깊은 관련이 있습니다. 세계화와 테크놀로지화의 경향은 숙련 사회집단들이나 비숙련 사회집단들을 더욱더 노동시장에서 배제하고 있습니다. 이 집단들에게는 적절한 재생산을 할 수 있는 경제적 기회도 주어지지 않습니다. 또 그들은 스스로를 민주사회의 참여자, 구성원으로 느낄 수 있는 사회적 조건들을 발전시킬 수도 없습니다. 이것이 균열경향으로서 현재 서방 사회들에서는 분명히 커다란 문제로 발전할 것입니다. 이것은 '증가하는 배제'라는 말로 요약될 수 있습니다.

한편 주변부 사회들, 즉 자본주의와 법치국가적 민주주의 일반이 제대로 발전하는 데 전제가 되는 제도들의 연결망이 아직까지 구축되지 못한 사회들에서는 아주 완전히 다른 문제들이 있습니다. 그것들은 예전의 유고슬라비아 지역뿐만 아니라, 예를 들어 인도네시아에도 있는 문제들, 즉 10년 전까지만 해도 전혀 예측하지 못했던 민족적 갈등들에서부터 아프리카 사회에서의 엄청난 궁핍화 경향과 종족분쟁까지 매우 많습니다. 또 오랜 세월 국가사회주의가 독재적으로 지배했던 국가들에서 시도하고 있는 문제 해결방식도 문제가 없지는 않습니다. 이러한 사실들을 종합하면 우리는 오늘날 더 이상 통제가 불가능할지도 모르는 수많은 민족적, 정치적, 경제적 균열경향 속에 살고 있습니다.

당신은 자본주의 사회의 핵심문제는 노동시장에 있다고 말했습니다. 카를 마르크스는 노동을 인간들이 서로를 인정하는 중심적인 매체로 보면서도 동시에 인간들간의 경멸의 장(場)으로 파악했습니다. 더욱더 많은 사람들이 노동시장에서 배제되고, 따라서 그들의 능력을 사회적으로 평가받을 기회를 상실하는 문제가 발생합니다. 이것은 어떻게 해결할 수 있습니까?

노동시장에 대한 복지국가적 규제라는 방법을 쓰든, 아니면 노동시장을 완전히 재편하는 방법을 통해서든 이 사회가 사회성원 대다수뿐만 아니라 원칙적으로는 모든 사회성원에게 사회적 기여와 활동을 통해 참여할 기회를 주지 못한다면, 제가 보기에는 이러한 사회의 무능력이 사회적 배제의 주원인입니다. 왜냐하면 노동시장은 노동력 축적의 경제적 메커니즘일 뿐만 아니라 우리 사회에서 사회적 지위와 사회적 정체성을 보장하는 본질적 메커니즘이기도 하기 때문입니다. 사회적으로 인정받는 활동을 할 기회를 전혀 갖지 못하는 사람들은 안전한 생존을 위한 경제적 전제조건들을 상실-물론 복지국가적 조치들에 의해 이것들이 저지될 수 있지만-할 뿐만 아니라, 사회적 정체성을 상실하게 됩니다. 이 사회적 정체성은 -제가 애덤 스미스를 빌어 이미 앞에서 이야기했듯이- 수치심 없이 사회적 현실에 참여하는 데 필요한 것입니다.

어떻게 하면 이러한 행위공간들이, 당신이 말하는 '신자유주의적이며 고삐 풀린 자본주의'의 흐름 속에서 확보될 수 있겠습니까?

두 가지 차원으로 나누어 답변하겠습니다. 사회이론가의 입장에서는 현재 우리 사회의 정당성체계에 대한 규범적 함의를 다시 현실화시킴으로써 —즉 새롭고 분명하게 드러냄으로써— 미약하나마 어느 정도의 압력을 행사할 기회가 있습니다. 여기에는 다음과 같은 약속이 있어야 합니다. 즉 사회적 권리를 확보하여 모든 사회구성원들에게 최소한의 복지를 보장할 뿐만 아니라 그들 개개인에게 사회적 협업에 참여할 기회, 간단히 말해 일자리를 보장해주어야 합니다. 기존의 산업주의적으로 파악했던 협소한 노동개념을 대폭 확대하여, 이제까지 제대로 인정받지 못했던 많은 활동들을 노동으로 간주하고 그에 상응하는 사회적 가치평가를 해주는 것이 오늘날 근본적으로 중요합니다.

한편 당사자들의 입장에서는 배제된 경험을 집단적으로 분명히 인식하고, 또 사회적으로 유용한 활동을 못하게 됨으로써, 동시에 사회적 참여와 가치평가의 기회를 얼마나 잃었는지를 공적으로 표현할 기회가 있습니다. 실업자운동에서 나타나는 최초의, 그러나 아직 초보 수준의 주권 찾기 시도들은 —프랑스나 벨기에의 경우에서 볼 수 있듯이— 바로 이러한 방향을 제시하고 있습니다. 왜냐하면 그것들은 최소한의 경제적 생활보장뿐만 아니라, 사회적인 인정을 추구하고 있기 때문입니다.

당신은 「재분배냐 인정이냐」라는 논문에서 두 가지 차원의 균열경향들에 맞서는 두 가지 개념을 말했습니다. 즉 하나는 사회적·법적 영역에서의 인정이고, 다른 하나는 물질적 영역에서의 재분배입니다. 그렇다면 사회적 삶은 예나 지금이나 이 두 가지 차원에서 이루어집니까? 이 두 가지는 서로 나란히 있는 것입니까? 아니면 둘 중의 어느 하나가 더 중요한 것입니까?

저는 인정문제와 재분배문제를 대립시키는 것은 적절하지 못하다고 확신합니다. 그리고 저는 바로 이것을 「재분배냐 인정이냐」라는 논문에서 보여주려고 노력했습니다. 왜 제가 양자를 대립시키는 것은 문제가 있다고 보는가를 설명 드리기 전에, 먼저 제가 현대사회의 도덕적 인프라를 어떻게 생각하고 있는지를 말씀드리겠습니다.

이에 대한 저의 생각은 근대사회에 대한 헤겔적 해석의 전통을 매우 강하게 따르고 있습니다. 우리들의 현대사회는 그 도덕적 안정성과 관련하여 볼 때, 제가 인정영역이라고 부른 것에 의해 특징지어 집니다. 좀더 정확히 말하자면 세 가지 인정영역들이 있는데, 이것들은 각각의 원칙들의 적용 속에서 주체들이 본질적인 측면에서 상호간 인정할 수 있도록 배려하는 영역들입니다. 첫번째 원칙은 —여기서 저는 니클라스 루만의 분석을 따르고 있습니다— '사랑'이라는 이름을 가지고 있습니다. 여기서 중요한 것은 일종의 규범적 관념입니다. 친밀한 관계 속에서 우리는 서로를 정서적으로 인정하게 되는데, 이 친밀한 관계는 각자의 개인적 욕구와 맞아떨어지는 것입니다. 이와 관련된 모든 사회적 실천들, 그리고 우리가 사적 관계, 가족관계, 친구관계 속에서 이루어지는 무언가는 사랑이라는 관념과 관련되어 있다는 특징이 있습니다.

두번째 인정원칙도 저는 중요하게 생각하는데 헤겔은 이에 대해 과소평가하는 경향을 보였습니다. 근대법에는 모든 사회구성원들이 동등한 권리를 가진 주체로 인정되어야 한다는 것이 명문화되어 있습니다. 이것은 우리들의 현대 자본주의 사회의 본질적인 전제조건입니다.

세번째 인정원칙은 그 존립근거를 현대사회가 노동사회라는 사실에 두고 있습니다. 즉 이 사회는 그 안에서 취업노동이 사회적 정체성의 핵심 토대를 이루는 그런 사회입니다. 우리는 이 원칙을 아마 능력이라는 개념으로 바꾸어 쓸 수도 있을 겁니다. 우리는 우리가 우리들의 활동을 통해 사회적 재생산에 기여할 때, 서로를 국가시민으로서 인정합니다.

제 생각에 우리 사회는 이 세 가지 인정영역들로 특징지어집니다. 그것들은 상호작용의 형태들로서, 구조적으로 우리 사회에 자리잡고 있으며, 규범적 타당성을 가진 각각의 원칙들을 따라 작동합니다. 흥미로운 것은 이제 이러한 인정원칙들과 사회성의 영역들에서 역동성이 어떻게 형성되는가? 그리고 무엇보다도 그것들이 오늘날 어떻게 변하는가를 추적하는 것입니다.

우리는 오늘날 이 사회의 인정문화에서 일어나는 엄청난 변화, 또는 다른 식으로 말한다면, '도덕적 인프라' 내의 급격한 변화와 밀접한 관계를 맺고 있습니다. 이 변화는 사적 영역의 모든 분야에서 일어나는데, 이 사적 영역에서 가속화된 탈전통화는 개인의 자유를 -특히 여성들에게 있어서- 가능하게 했습니다. 이것은 '사랑'이라는 인정원칙이 작동하도록 배려했던 고전적인 제도들의 변화를 야기했습니다. 오늘날 가족에서 보는 변화들은 이제 핵가족의 탈전통화로 나아가고 있습니다. 그리고 미래에 정서적 인정의 필요한 기준이 어떻게 보장될 수 있을지는 아직 전혀 예측할 수가 없습니다.

발전이 어느 방향으로 진행될지는 확실하지 않습니다. 사람들이 탈가족적(postfamiliale) 가족이라고 부르는 최근 가족구조의 발전경향은 실제로 사람들이 사적 영역에서 고도로 자율적으로 자아실현을 하는 방향으로 이어질 수 있습니다. 특히 이를 통해 여성들은 더 높은 수준의 독자적 결정권을 획득할 수 있습니다. 그러나 이것은 다른 한편으로 우리의 정서적 안정을 보장했던 제도들의 핵심이 해체되는 결과를 가져올 수도 있습니다. 경험적으로 볼 때 핵가족의 해체가 어떤 정서적, 심리적 결과들을 야기할지는 완전히 미지수입니다. 어디로 귀착될지 모르는 역사적 과정인 것입니다.

사회 내의 법적 관계를 포함하고 있는 두번째 인정영역 분야에서 우리 사회는 커다란 결점을 가지고 있습니다. 일단 국가시민권이라는 논란이 분분한 주제를 생각해보십시오. 여기서는 동등한 권리와 자유를 누리는 자로서의 법적 인정이 거부된 개인과 집단들에 대한 문제가 중요합니다. 당신이 이전에 말했듯이 이들에게도 법적 인정이 되어야만, '완전한 자율성 속에 공동의 의사결정에 참여할 수 있는' 기회가 주어질 것입니다.

우선 저는 서방 사회에서 제2차세계대전 이후에 현대법의 인정영역에서 상당한 진보가 있었다는 사실을 말씀드리지 않을 수 없습니다.
이는 특히 이제까지 소외되었던 집단들, 즉 여성집단 같은 것이 해당
됩니다. 또 이는 문화적 소수자들에게도 마찬가지로 해당됩니다. 제
기억이 맞는다면, 우리 사회는 어떤 개인적 또는 집단적 권리들을 통
해 사회 내 소수자들의 문화적 독자성이 보장될 수 있는지에 대해 처
음으로 논의를 시작했습니다. 물론 이러한 논의는 특히 미국이나 캐나
다에서 보듯이 오로지 법적 논의의 차원에서만 이루어지지만, 법적 인
정영역에 있어서의 상호평등 조건이 엄청나게 확대되는 것을 의미합
니다.

  독일에서 법적 논쟁이 일어난 원인은 문화적 유산 때문인데, 이것
은 유럽적 기준에서 보면 하나의 독특한 경우입니다. 왜냐하면 서유럽
의 아주 일부 국가들만이 국가시민적 권리들을 민족적 귀속성에 따라
부여하는 원칙을 가지고 있기 때문입니다. 이러한 정치적으로 불행한
유산을 우리는 버려야 합니다. 국가시민권의 변화에 대한, 정치적으로
매우 쉽게 동원되는 저항은 아마 그 원인이 외국인에 대한 혐오에 있
을 것입니다. 이는 사회심리학적으로 분석할 필요가 있습니다. 이러한
혐오는 만약에 우리가 다른 민족적, 문화적 집단들에게 너무나 많이
독일의 국가시민권을 허용한다면, '우리 독일인들'은 우리들의 고유한
문화적 전통, 실천, 유산을 잃어버릴 것이라는 걱정에까지 이르게 됩
니다. 하지만 누구라도 미국을 잠깐만 살펴보면 이러한 두려움은 전혀
근거가 없다는 것을 확신할 수 있습니다. 문화적 유산은 우리가 다른
사람들에게 시민권을 유보하고, 그 어떤 제재와 배제를 통해 시민권을
지킨다고 해서 살아남을 수 있는 것이 아닙니다. 문화적 유산은 시민
권이 적극 확대되고 또 적용될 때에만 제대로 살아남을 수 있습니다.

이 주제들은 주로 민족, 문화, 국민 차원에서 다루어졌습니다. 하지만 개인의
차원에서 논의해볼 수는 없을까요? 무엇보다도 개인의 입장에서 자신의 존엄

| 생애 | 개념 | 공통질문 | 인터뷰 |

성과 통합에 대한 요구가 중요하지 않습니까?

저는 독일헌법에는 존엄성에 대한 규정이 아주 불분명하고 여러 면으로 해석할 여지가 있다고 생각합니다. 제가 보기엔 이것을 국가시민권 개혁에 이용하는 것은 매우 어려워 보입니다. 물론 다른 발전경향들, 예를 들어 포르노그라피의 확대 등에 대해 좀더 성찰적으로 또는 정확하게 판단하기 위해 존엄성에 관한 조항이나 규정문을 이용할 법적 가능성은 분명히 존재합니다. 하지만 이른바 비독일인에게까지 시민권을 확대하는 문제와 관련해서는 존엄성 규정에 매달리는 것은 올바른 길이 아니라고 생각합니다.

존엄성을 손상당했거나 권리가 유보된 개인들이, 그들을 자유로운 사회의 구성원으로서 허용하는 사회적 인정을 획득하기 위해서, 당신은 어떤 방안을 제시하시겠습니까? 아니면 그 개인들이 자신들의 법적 인정을 위해 투쟁할 수밖에 없습니까?

물론입니다. 법적 개혁들은, 그것이 개인적 권리들의 확대이건 또는 이미 존재하는 권리들의 사회적 일반화이건 간에 항상 법적 인정을 위한 투쟁이라는 방법을 통해서만 관철될 수 있습니다. 노동운동을 생각해보세요. 이 운동은 사회·정치적 권리의 확보를 위해 투쟁했습니다. 여성운동은 어떤가요? 처음에는 동등한 법적 지위를 위해 투쟁했고, 오늘날에는 남녀간의 문화 특수적 차이들을 고려해달라고 투쟁하고 있습니다. 또 미국의 시민운동도 생각해보십시오. 이 모든 투쟁들에는 노력이 필요하고, 종종 개인적 용기와 직접적인 참여가 요구됩니다. 하지만 이 투쟁들은 또한 과소평가할 수 없는 문화적 또는 사회심리적 효과를 낳습니다. 즉 실제적인 투쟁 과정 속에서 당사자들 스스로 이미 높은 수준의 자아존중을 획득합니다. 왜냐하면 그들은 일정 정도 간접적으로 자신들의 도덕적 고결함을 확보하기 때문입니다.

| 생애 | 개념 | 공통질문 | 인터뷰 |

모든 사람의 법적 평등은 분명 사회 내에서 근본적으로 추구되어야 합니다. 이와 마찬가지로 사회적 가치평가와 물질적 생활보장도 노력해야 할 과제입니다. 이러한 목표들은 어떻게 그리고 어느 수준까지 달성될 수 있습니까?

우선 법적 평등에 관한 질문부터 답변하겠습니다. 저는 법적 평등을 충분히 보장하는, 바람직한 미래의 법질서는 어떤 것인가라는 식으로 질문을 제기하는 것은 잘못이라고 생각합니다. 이 경우에는 법적 평등에 대한 상당히 급진적인 표상만이 나옵니다. 우리는 역사적 과정들을 기다려보아야 다음과 같은 사실을 볼 수 있을 뿐입니다. 즉 기존의 법적 평등에 의해 아직 혜택을 얻지 못하는 사회 집단들과 사회운동들에 의해 어떤 시각들이 분명해지는가를 말입니다.

아주 전형적인 예가 바로 지난 30년간의 페미니즘 운동입니다. 여기서는 오늘날 법적 평등과 관련하여 유의미한 것들이 드러났으며 또 이전에 법적으로 전혀 받아들여질 수 없었던 내용들이 부분적으로 제시되었습니다. 그러므로 완벽한 법적 평등의 이상을 미리 설계한다는 것은 불가능합니다. 왜냐하면 우리들의 법적 제도를 꾸준히 개선하는 데 필요한 시각들 중, 어떤 것이 과연 미래에 당사자들에게 적합한지를 확신할 수 없기 때문입니다.

마찬가지로 저에게 중요한 또 다른 영역—사회적 가치평가의 영역과 이와 관련된 사회적 분배의 영역—에서 핵심적 문제는, 능력으로 간주되고 또 사회적 기여로 받아들여지는 것에 관한 문제입니다. 이것들은 오늘날 일련의 발전들에 의해서 매우 의심스럽게 되었습니다. 우리는 일정한 사회적 기여를 사회적 가치평가의 토대로, 지위의 인정과 경제적 분배의 기준으로 사용하고 있는, 산업자본주의적 가치들로 특징지어진 사회에서 계속 살고 있는 데 반해, 다른 어떤 활동들과 기여들은 이러한 산업자본주의적 가치기준에서 완전히 제외되고 따라서 하등의 사회적 가치평가도 얻지 못하고 있습니다.

저는 미래에는 우리들의 가치평가체계와 가치도식, 그리고 가치확신 또한 근본적으로 재검토될 필요가 있다고 확신합니다. 그러면 우리 사회에서 무엇이 사회적 기여로서 중요시되며, 그에 상응하여 역시 분배의 토대로서 무엇을 기준으로 할 것인가가 새로이 정립될 것입니다. 아마도 이러한 재검토는 선진 자본주의 사회에서 사회적 가치평가의 재정립은 물론 사회적 분배의 새로운 형태를 취하기 위해 그들이 원래 가지고 있던 노동개념에 대해 근본적인 문제제기를 해야만 하는 상황으로 이어질 것입니다.

많은 상징적, 문화적 토론들은 무엇이 미래에 노동으로, 그리고 무엇이 복지업무로 간주되어야 하는가 하는 문제에 집중될 것입니다. 만약에 얼마 안 되는, 공식적으로 조직화되어 있으며, 지속적으로 자리가 보장된 일자리를 얻을 기회가 점점 더 소수의 시민들에게만 주어진다면, 필연적으로 다음과 같은 문제가 제기될 것입니다. 즉 노동시장을 통해서는 조정이 되지 않지만, 사회 내에서 반드시 수행되어야 하는 활동들을 우리가 어떻게 설명하고, 인정하고, 가치평가하며 나아가 분배의 기준으로 만들 수 있는가 하는 문제 말입니다.

낸시 프레이져(Nancy Frazer)는 당신이 분배문제를 너무나 과소평가한다고 비판하였습니다. 그런데 인구의 많은 부분에서 빈곤이 점점 증가하고 있습니다. 분배를 둘러싼 갈등은 어떤 인정차원들에서 전개됩니까?

분배갈등은 그 규범적인 함의의 측면에서 살펴보면 두 개의 상이한 인정영역에서 전개될 수 있는데, 각각의 영역에 따라 어떤 원칙이 분배 요구의 근거로 제시되는가가 다릅니다. 먼저 물질적 자원을 둘러싼 기존의 분배가 자유주의적, 정치적 권리를 효과적으로 요구하지 못하게 한다는 점에 대해 집단적 타당성을 인정받기 위해 법적 동등함이라는 이념을 동원하는 경우입니다. 이러한 방식으로 대부분의 자유자본주의적 사회에서는 사회적 권리들이 생겨났는데, 이것들은 모든 사회구성원들에게 최소한의 경제적 기본 생활을 보장합니다.

　재분배 요구를 제기하는 또 다른 방식은 우리 자본주의 사회에 깊이 뿌리박힌 능력 이념을 작동시키는 것입니다. 이 이념은 각 개인에게 각자의 사회적 기여 또는 노동성과에 따라 공정하게 물질적 보상을 해준다는 규범적 약속을 포함하고 있습니다. 이 두번째 원칙을 집단적으로 요구할 경우에는, 당연히 이 능력원칙에 대한 지배적인 해석이 과연 어느 정도 특수한, 선택적 가치이념에 의해 관철되고 있는가가 분명하게 드러나게 됩니다. 이는 오랜 세월 동안 여성들이 수행한 가사노동은 가부장제적 가치지향으로 인해 전혀 노동으로 평가되지 못했었다는 사실만을 생각해도 확실합니다. 이런 점에서 재분배를 둘러싼 그러한 투쟁은 ―그 규범적 수사(修辭)와 상징에 있어 능력 또는 공로의 원칙과 관련되는데― 본질적으로 주체들 상호간에 그들의 노동성과에 대한 공정한 가치평가를 보장하는 인정원칙의 해석과 구체화를 둘러싼 대립입니다. 저는 일반적으로 분배갈등이 설령 처음에는 거의 인식하기 어렵다 하더라도, 바로 이러한 규범적 형태를 띠고 있다고 확신합니다. 상대적으로 뒤쳐진 모든 집단들은 그들이 사회적 재생산의 틀 내에서 행한 기여에 대해 더 높은 가치평가를 받기 위해 투쟁합니다. 간단히 말해 여기서 문제는 우리 사회에서 무엇을 어느 정도까지 노동으로 인정할 것인가를 둘러싼 상징적 투쟁입니다.

핵심적인 문제는 아마 정체성 문제일 것입니다. 당신은 노동 이외의 영역에서 정체성을 만드는 토대를 우리 사회에서 정착시킬 가능성이 있다고 보십니까?

　사회적 정체성, 즉 사회 내에서 시민으로서의 정체성은 어떤 방식으로든 사회적 기여의 경험을 스스로 체험할 수 있을 때에만 발전할 수 있습니다. 이런 의미에서 우리는 실제로 노동정체성을 발전시킬 수 있습니다. 노동은 매우 문제가 많은 개념입니다. 왜냐하면 고전적인 산업자본주의적 노동개념은 특정한 활동에만 국한되어 있고, 다른 활동들은 개념적으로 배제되어 있기 때문입니다. 예를 들어 가사노동은 노동으로 간주되지 않았습니다. 그렇기 때문에 저는 우리들이 오로지 사회생활에서 생산적 참여라는 경험을 통해서 우리들의 사회적 정체성을 지속적으로 발전시키고, 또 그것을 경제적 안정의 토대로 만들수 있다고 생각합니다.

그러나 동시에 개인적 정체성은 계속해서 다양화될 것입니다. 전통적 역할모형과 전통적 의무영역들은 그 중요성을 상실할 것입니다. 이러한 상실을 통해서 어느 정도는 이런 저런 정체성들이 돌출하는 것은 바람직하다고 봅니다. 만약에 우리 사회가 더 이상 역할모형을 강요하지 않고, 문화도 더 이상 그러한 역할기대에 전적으로 고정되어 있지 않다면, 새로운 행위공간들이 생겨납니다. 그것은 바로 울리히 벡이 – 약간 일방적으로, 그리고 종종 단순하게– 개인화에 대해 언급했을 때, 그역시 주목했던 것입니다. 물론 벡의 낙관주의에 대해 다음과 같은 반대가 있을 수 있습니다. 즉 사회적 정체성, 그리고 사회적 지위에 기반하지 않고서는 어떠한 사회구성원들도 새롭게 등장할 정체성들에 대해 하등의 기쁨도 또 유용성도 가지지 못할 것이라는 점입니다. 벡은 이 문제를 너무 가볍게 생각했습니다.

당신은 사회성과 자기인식이 형성되는 새로운 장(場)에 대해 말하고 있습니다.

저는 사회적 지위와 사회적 정체성을 벗어나서 개인의 정체성을 발전시키는 것은 어렵다고 생각합니다. 만약에 우리 사회의 모든 구성원들에게 사회적·경제적·문화적으로 사회적 정체성이 충분히 보장될 수만 있다면, 그러한 가능성은 증가할 것입니다. 그러면 전혀 새로운 경험가능성과 정체성의 구성이 있을 것입니다. 또 우리가 성 정체성(Gender-identity)이라고 부르는, 즉 사회적으로 구성된 성 역할 정체성의 고착화로 인한 영향도 분명히 줄어들 것입니다. 저는 이것을 확신합니다.

다시 한번 세 가지 인정영역들(친밀한 관계, 법적 관계, 사회적 관계)로 돌아가 보겠습니다. 인정 자체는 국민국가적 영역 내에서도 완전히 이루어지지 않았습니다. 그러면 인정은 기존의 사회적 경계의 외부에서 어떻게 전개될까요? 이 점과 관련해서 과연 현재 가능한 단계들을 미리 생각해볼 수가 없었을까요?

물론입니다. 이 부르주아적-자본주의적 사회의 도덕적 인프라를 보장하는 여러 인정영역들을 보면 인정은 다양하게 나타납니다. 제가 사랑의 원칙과 연관지어 설명하는 인정영역은, 예를 들자면 항상 지역적입니다. 이 영역은 제 견해로는 오로지 대면적 상호작용(Face-to-Face- Interaktionen)을 통해서만 생각해볼 수 있으며, 애정관계와 우정관계 같은 친밀한 영역에서 전개되고, 따라서 육체적으로 함께 지낸다는 의미와 분리시키기가 어렵습니다. 물론 친구관계와 애정관계는 더 이상 지금까지처럼 그렇게 지역성에 강하게 얽매여 있지 않을 것입니다. 이것들은 국가적 경계를 넘어서도 가능할 것입니다. 하지만 예나 지금이나 사람이 함께 같이 있어야 한다는 사실에 기반을 두고 있습니다.

법률매체, 즉 법적 평등의 원칙은 이미 유럽에서 나타나고 있으며, 국민국가적 주권의 점차적인 상실로 인해 자연히 국민국가의 국경을 넘을 수밖에 없습니다. 인권의 국제적 인정을 둘러싼 첨예한 토론은 바로 이러한 방향으로 나가는 첫걸음일 뿐입니다. 초국가적 제도들의 형성을 통해서 어떻게 법적 평등이 국제적으로도 일정 정도 보장될 수 있는가 하는 문제는 더욱더 중요해지고 있습니다. 유럽 차원에서는 이르건 늦건 간에 공동의, 즉 사회적 권리에 대한 초국가적 보장이 이루어질 것입니다.

마지막으로 사회적 가치평가의 영역인데, 여기서는 즉 각 해당 사회에서 사회적 기여나 성과의 인정을 보장하는 원칙이 매우 복잡합니다. 한편으로 일련의 세계화 추세 속에서 노동시장은 변화하여 사회적 지위형성의 메커니즘이 국민국가적 경계를 넘어서고 있습니다. 다른 한편으로 저는 노동시장은 최소한 서구 사회에서만큼은 단기적으로 또는 장기적으로 사회적 지위를 분배하는 결정적 기제가 더 이상 될 수 없다고 확신합니다. 근본적으로 변혁적인, 확대된, 그리고 새로운 가치연관 속에서 전개되는 노동개념이 앞으로 사회적 가치평가의 메커니즘이 될 것입니다. 아마도 이러한 변화는 오히려 지역적 경계 내에서 일어날 것입니다. 그러나 그것이 일어나는 곳이 국민국가적 경계 내에서인지, 아니면 정치적인 공동지역 내에서인지는 확실히 알지 못합니다.

당신은 당신의 저서 『인정을 얻기 위한 투쟁』에서 연대성이라는 것을 일종의 상호작용관계로 이해할 수 있다고 말했습니다. 그리고 그 상호작용관계 속에서 주체들은, 그들이 대등한 방식으로 서로를 가치평가하기 때문에, 그들의 상이한 인생경로에 서로 관여하고 있다고 했습니다. 그러면 서로 공유하는 가치지평은 어디에 있는 것입니까? 연대성은 사회의 기본 조건입니까? 그리고 이 연대성은 오늘날 어떻게 나타나고 있습니까?

사실상 저는 아직도 '옛 유럽적' 확신 비슷한 것을 가지고 있습니다. 즉 우리들의 고도로 복잡한, 부문별로 분화된 사회 역시 계속해서 사회적 통합을 필요로 하고 있다는 생각 말입니다. 그런데 이 통합을 위해서는 아직 연대성 개념이 완전히 성숙되지 않았습니다. 이것은 능력원칙의 정당화 의의에 대한 저의 분석에서 이미 나타나고 있습니다. 능력원칙은 상이한 활동들의 사회적으로 가치 있는 기여를 통해 평가되는데, 이는 기준이 되는 가치들에 대한 일정한 합의가 존재한다고 하는 문화적 전제하에서만 타당할 수 있습니다. 따라서 우리 사회가 규범적 정당성의 일부를 능력원칙의 타당성에서 끌어오고 있는 한, 공동으로

공유하는 가치들에 대한 상호간의 지향이라는 의미에서 사회적 연대성
이 필요하게 됩니다. 물론, 오늘날 그러한 연대성이 다시 한번 활성화
되는 기회가 있을지는 완전히 미지수입니다. 하지만 전반적으로 노동
시장에서 배제된 사람들이 행사할 수밖에 없는 단기적 혹은 장기적 압
력으로 인해, 노동 또는 사회적 기여에 대한, 근본적으로 확대된 정의
를 포함하는 가치들이 형성되어야만 합니다.

당신의 예전 저술 『찢어진 사회적 세계』에서 당신은 상이한 '찢어짐의 경험들'
을 논의의 중점에 두었습니다. 당신은 사회적 구속력의 해체에서 새로운 기회
를 보십니까? 아니면 위험을 보십니까?

  저는 사람들이 우리의 현 상황을 살펴볼 때 과연 이에 대해 구체적
인 답변을 할 수 있을지 모르겠습니다. 모든 새로운 형태의 사회적 갈
등들과 그로 인한 모든 새로운 형태의 찢어짐들(균열─옮긴이)은 양면성
을 가지고 있습니다. 한편으로는 인정관계의 확대, 그리고 이에 따른
개인성의 형성을 위한 각각의 기회의 확대라는 방향으로 나아가는 갱
신과 변혁의 기회가 존재합니다. 그러나 다른 한편으로 갈등들은 또한
퇴보와 사회 파멸의 위험을 내포하고 있습니다. 우리들의 현재는 이러
한 양자간의 긴장 상황으로 특징지어집니다. 우리는 현재의 진행이 어
느 방향으로 수렴할 것인지에 대해 정확히 알지 못합니다. 인정관계의
확대로 나아가거나 아니면 자본주의적 야만성으로 전락할 것입니다.
이 두 가지 측면 중 어느 것이 실제로 우위를 점하게 되는지는 미래의
정치적 투쟁의 문제가 될 것이라고 믿습니다.

스테판 라딜

독신자사회

생애   스테판 라딜(Stefan Hradil)은 1946년에 태어났으며 현재 마인
츠의 요하네스 구텐베르크 대학의 사회학 교수로 재직중이다.
1995년부터 1998년까지 그는 '독일사회학회'의 회장을 역임했다. 이외에도 그
는 1991년부터 1996년까지 '새로운 독일연방지역(동독—옮긴이)의 사회적, 정
치적 변동 연구위원회'에 소속되어 활동했다. 그의 주요 작업분야는 사회구조
분석, 사회환경과 생활양식 연구, 그리고 근대화이론이다.

"독신으로 살아가는 경향은 계속 증가할 것이다." 이 테제를 제시한 생활양
식 연구자는 은둔자나 염세주의자가 아니고 또 독신생활에 찬성하는 사람도 아
니다. 두 딸의 아버지인 이 연구자는 독신으로 살아가는 현상들을 연구하는 가
운데에 일반적으로 관심을 끄는 문제를 제기한다. "점점 더 많은 사람들이 전
통적 가족의 영역 외부에서 삶의 핵심을 추구한다면 이 사회는 어떻게 될까?
사람들은 자유로움의 추구와 구속에 대한 두려움 사이에서 더욱더 고립감을 느
끼고 자신에게만 관심을 기울이게 될까?"

개인 각자의 운명뿐만 아니라 사회의 경제적, 인구학적 미래와도 중요한 관
련이 있는 이러한 질문들에 답변하기 위해 라딜은 무엇보다 '알부스(Allbus)'
여론조사(1980-1992)와 1988년의 가구조사에서 나타난 자료들을 평가 분석하
였다. 이러한 작업을 통해 라딜은 전반적인 생활 수준의 향상, 고학력자의 증
가, 노동시간의 감소, 여가시간의 증가, 사회적 안전망의 내실화, 그리고 성적
자유화 등으로 인해 사람들이 점점 혼자 사는 삶을 택하게 되었다는 결론에 도
달하였다. 이 결과 자신의 생활방식과 생활영위를 스스로 결정하는 개인적 자
유는 증가하였다.

이는 매우 긍정적인 것처럼 보이지만, 더욱더 많은 사람들이 혼자 사는 생활
방식을 선택하는 사회는 또한 위험을 내포하고 있다는 사실을 라딜은 알고 있
다. "독신자들은 마치 지진계와 비슷한 역할을 합니다. 그것은 확실성과 집합의
식을 상실한 사회에서 근대화의 새로운 기회를 의미하기도 하지만 동시에 근대
화의 문제들을 알려주는 신호이기도 합니다."

■ 주요 저작들

· Stefan Hradil. 1989, *Soziale Ungleichheit in Deutschland*, Opladen: Verlag
  Leske & Budrich. —『독일의 사회적 불평등』
· ____. 1995, *Die Single-Gesellschaft*, München: Verlag C. H. Beck. —『독신자사
  회』

일인가구수의 변화

싱글, 사회의 개인화과정의 첨단현상

| 생애 | 개념 | 공통질문 | 인터뷰 |

개념　　　독일 사회에서 혼자 사는 사람들이 점점 많아지고 있다. 이러한 사회구조적 현상들을 스테판 라딜은 1995년에 출판된 자신의 저작 『독신자사회』에서 추적하고 있다. 그가 평가 분석한 경험적 자료들은 독일에서 혼자 사는 사람들의 수 자체에 대한 귀납적 추적을 가능케 할 뿐만 아니라, 왜 그렇게 많은 사람들이 혼자 사는지, 그들이 어떻게 사는지, 그리고 혼자 사는 사람의 증가가 사회에 어떤 영향들을 주는지에 대한 답변을 가능하게 했다.

라딜에 의하면 독일 인구의 16%는 혼자 살고 있다. 하지만 이들 모두 오래 전부터 독신자였다고 간주할 수는 없다. 그의 정의에 의하면 넓은 의미의 독신자는 중간 정도의 연령대(22살-55살 사이)로 혼자 사는 모든 사람들을 의미한다. 한편 좁은 의미의 독신자는 앞에서 말한 중간 연령대로서 파트너 없이 지내며, 오랜 기간 그렇게 살기로 결정한 사람들을 의미한다. 하지만 ―이것이 핵심적이다― 그들은 일반적으로 홀로 격리되어 살지 않고 오히려 많은 지인들과 친구들로 구성된 넓은 인간관계를 가지고 있다. 라딜에 의하면 독신자는 파트너에 신경쓰지 않고 자신의 생각대로 삶을 영위하고 개인적 목표를 향해 나아갈 수 있는 자유를 누린다. 그래서 독신자는 사회의 개인화과정에서 '첨병'이 되고 있다.

역사적으로 볼 때, '독신자사회'는 새로운 현상이다. 산업화 이전 사회에서 사람들은 자신의 삶을 개인적으로 영위할 기회를 가지지 못했다. 왜냐하면 그들은 '경직된 사회적 규범이라는 코르셋'에 꽉 조여 살았으며, '경제적, 사회적, 문화적 결속이 아주 촘촘한 그물망' 속에 사로잡혀 있었기 때문이다. 혼자 산다는 것은 조롱거리가 되었으며, 사회적으로 용인되지 않았다. 결혼한다는 것은 소수의 예외가 있기는 했지만 일반적 규범이었으며, 가정을 꾸리는 것은 종종 의무이기조차 하였다.

라딜에 의하면 산업사회에서는 오직 경제적으로 나은 위치에 있는 사람만이 혼자 살 수 있는 선택권을 가졌다. 하지만 상대적으로 높은 생활 수준, 도시화, 교육의 확대, 주택건설, 그리고 의료보험, 산재보험, 연금보험 같은 복지국가적 보장 시스템이 도입되면서 더 많은 인구층들이 경제적으로 안정된 상태에서 혼자 사는 것이 가능해졌다. 이와 더불어 독신자에 대한 사회적 용인도 확대되었다. 게다가 이러한 과정은 결혼에 대한 사회적 의미는 감소하고 탈물질적 가치들—특히 개인적 자율성과 개인적 발전 가능성—의 중요성은 지속적으로 증가함으로써 더욱 빠르게 진행될 수 있었다고 라딜은 말하고 있다. 하지만 많은 사람들이 독신으로 살게 되는 데는 개인적 취향뿐만 아니라 사회적 조건들 또한 작용한다. 여기에는 이혼율의 증가 이외에도 두드러지게 상승한 파트너에 대한 기대 역시 포함된다. 독신으로 사는 사람들은 '인간들간의 사회적 결속에 대해 점점 더 신경 쓰지 않는 사회를 미리 알리는 사람들'이다.

라딜이 강조하듯이, 독신자들이 혼자 사는 데는 매우 다양한 동기들이 있는데, 자발적으로 독신인 사람들이 있는 반면, 원치 않게 독신자로 지내는 사람들도 있다. 보편적으로 타당한 이유들은 찾아낼 수 없다. 오히려 각 개인의 상황과 그의 개인적 인생경로를 고려해야만 한다. 예를 들어 어떤 사람은 혼자 사는 것을 자유의지로 선택했지만, 또 다른 사람은 자신의 혼자 사는 삶에 불만족하면서 타인과의 접촉을 원하고 또 만족스럽고 행복한 삶을 약속하는 파트너 관계를 희망한다. 따라서 독신자의 오직 반 정도만이 그 삶을 스스로 선택한 사람들이라고 라딜은 분석하고 있다.

라딜은 독신자적 존재방식이 삶의 주체화의 증거라는 결론에 다다른다. 생활환경에 대한 '주체적' 평가와 구성은 소득과 같은 '객관적' 조건들과 자원들에 비해 더욱더 중요해진다. 독신자의 관점, 생각, 그리고 가치들은 더욱더 생활의 질을 지향하게 되고 이것은 직업선택, 소비행위, 여가행위에도 엄청난 영향을 미친다. 이렇게 삶의 환경과 인생경로를 주관적으로 구성하는 방향으로 변화하는 것은 근대화의 새로운 단계를 의미하는데 라딜은 이것을 '주관적 근대화'라고 표현하였다. 각 개인은 근대화의 동력이 되는 것이다. 이것이 주관적 근대화 단계에 있는 사회의 중요한 특징이다. 사람들은 자신의 삶 자체를 독자적으로 결정하기 시작했으며, 더 이상 시장메커니즘 또는 국가의 복지시스템을 신뢰하지 않는다. 라딜은 점점 더 빈번하게 "자아실현을 위한 나름대로의 노력이라는 기준에 맞춰 또는 적어도 이를 고려해서 직업선택, 직업이동, 그리고 직업개발이 이루어지고 있다"는 사실을 확인했다. 이러한 주관화의 결과, 고도로 분화된 잘사는 사회의 각 구성원들은 더 이상 소득뿐만이 아니라 각자의 생활양식에 의해서도 구분된다. 그리고 이 사실은 무엇보다 특히 독신자들에게 해당된다. 종종 미학적 인생관을 지향하는 그들의 생활양식은 미래사회에 두드러지게 나타날 생활형태를 보여주는 징후이다.

공통 질문

1. 당신은 <u>스스로를</u> 사회이론가나 사회비평가 또는 사회설계가로 생각합니까? 아니면 그저 동시대인으로 생각합니까?

어느 정도까지는 제 자신을 사회이론가로 생각합니다. 그러나 고전적인 '거대' 사회이론을 연구한다는 의미가 아니라, 우리 사회의 특정한 상황에 대한 진단, 설명, 범주화, 인식 가능한 사회적 경향들을 정리하려 한다는 의미에서 그렇습니다. 간접적 의미에서 사회비평가로 볼 수도 있습니다. 물론 우리 사회에 대해 제가 개인적으로 비판하는 것들이 있습니다. 하지만 제가 이렇게 비판하는 것은 오히려 저로 하여금 어떤 것을 사회학적으로 연구해야만 하며 또 어떤 것은 해서는 안 되는지 가려내는 데 도움을 주고 있습니다. 저의 비판에서 저는 정치와 공공영역에 관한 정보를 제공하려고 합니다. 그럼으로써 어떤 것들은 개선될 수 있고 또 다른 어떤 것들은 피할 수 있다고 봅니다. 마찬가지로 저는 사회의 건설에 기여할 수 있는 정보를 제공한다는 의미에서 간접적으로만 사회설계가에 해당된다고 생각합니다. 저 스스로는 사회 건설을 직접 추구하지는 않습니다. 저는 가끔 남들과 잘 어울리는 동시대인이지만, 항상 그런 편은 아닙니다.

2. 우리가 살고 있는 사회는 도대체 어떤 사회입니까?

제 생각에 우리가 살고 있는 이 사회는 사회학계 일부나 여론에서 주장하듯이 그렇게 문제가 많고 또 위기적인 사회는 아닙니다. 예를 들어 세계화 또는 기술혁명 같은 특정한 발전이 가속화되고 있지만 그럼에도 완전히 새로운 어떤 것은 나타나지 않는 그런 사회 속에 살고 있습니다. 우리는 실제 역사적인 이유들 때문만이 아니라 체계적으로 오래 유지되어왔던 이유들로 인해 매우 이질적인 변화들이 잇달아 일어나고 있는 그런 사회에 살고 있습니다. 우리는 한편으로는 지속적인 개인화 경향이 존재하면서도 또 그에 반대되는 움직임이 전개되는 그런 사회에 살고 있습니다. 우리는 탈도덕화와 도덕화가 동시에 진행되고 있는 그런 사회에 살고 있습니다.

이러한 이질성의 증대는 사회과학에 새로운 과제를 던지고 있습니다. 사회는 오늘날 간단하게 하나의 개념으로 규정될 수 없습니다. 여러 표현들을 보면 알겠지만 우리는 산업사회—이 개념은 상당 정도 독점적 위치를 가질 수 있었던 마지막 개념입니다—의 종말 이후의 오늘날 사회형태를 개념적으로 포착하기 위해 여러 개념들을 경쟁적으로 쓰고 있습니다. 이 개념들은 일반적으로 당황함에 직면하여 어쩔 수 없이 정식화한 것들이고 또 종종 반대적 정의를 내포하고 있습니다. '탈산업사회', '다양한 선택의 사회', '지식사회', '독신자사회' 또는 '개인화된 사회' 등 이 제안들 가운데 그 어느 개념도 보편적으로 받아들여질 수 있다고 주장할 수는 없습니다. 우리는 매우 복잡한 사회에 살고 있습니다.

3. 현 사회의 긍정적인 면과 부정적인 면에는 어떤 것이 있습니까?

제게 주어진 이 한정된 지면에서 이 점을 제대로 정리하기란 대단히 어렵습니다. 생각나는 대로 말하자면 다음과 같습니다. 이 사회의 긍정적인 측면 중 가장 분명한 것은 —물론 일부 특정 영역들에 국한되지만— 현저하게 증가한 도덕적 의식이라고 봅니다. 여기서 저는 꼭 각 개인만을 의미하는 것은 아닙니다. 하지만 오늘날의 지적 담론은 보편적인 도덕적 원칙에 관한 내용들로 가득 차 있습니다. 우리 사회 그리고 국제적 차원에서의 비폭력 원칙에 관한 논의들 또는 정치적 부패

경향에 기꺼이 맞서려는 흐름을 생각해보십시오. 그리고 도덕적 기준
들을 관철시키기 위해 이미 거의 엄청난 방법들을 동원하고 있는 환경
보호 같은 일련의 영역들이 현재 존재합니다. 이러한 것들을 저는 이
사회의 긍정적 측면으로 봅니다.

　이 사회의 부정적 측면은 내부의 일정한 양극화 경향입니다. 저는
세계화와 경제적·사회적 힘의 필연적인 자기운동 속에서 부자와 빈자,
사회 내에 통합된 자와 배제된 자로의 사회적 양극화를 감수해야 한다
고는 절대 생각하지 않습니다. 저는 여러 면에서 미국식 길과는 다른
유럽식 길이 있을 수 있고 또 있어야만 한다고 생각합니다. 우리 사회
의 단점은 이 양극화를 가만히 앉아서 바라보고 있다는 사실입니다.

4. 사회에서 당신의 역할은 무엇입니까?

　직업 활동 내에서 저는 정해진 임무, 예를 들어 대학교수 또는 학문
기획자로서의 임무에 충실하려 노력합니다. 또 어떤 임무들은 설령 개
인적인 두각을 나타낼 기회가 없다 하더라도 저는 좋게 생각합니다.
제 직업의 테두리를 벗어나서 보면 우리 사회는 매우 다양한 개인적인
경험을 할 수 있는 기회이자 여러 가지를 배우고 새로운 것들을 직접
해볼 수 있는 영역에 체계적으로, 혹은 종종 자신의 결정에 따라 접근
할 수 있는 기회를 제공한다고 봅니다. 이런 면에서 볼 때, 우리 사회
는 이전의 많은 역사적 시대, 그리고 지구상의 많은 다른 지역들과 비
교해서 엄청난 가능성을 제공하고 있습니다.

5. 사회소설 가운데 어떤 것을 좋아합니까?

　데이비드 로지(David Lodge) 같은, 이율배반적이고 단순하지만 한편

으로는 매우 지능적으로 집필하는 작가를 높이 평가합니다. 다른 작가들 같으면 장황한 말과 진지한 자세를 필요로 할 많은 사회학적 주제들을 그는 유머러스한 방식으로 다루었습니다. 『대영 박물관이 무너지고 있다(*The British Museum is Falling Down*)』라는 작품이 바로 그런 소설입니다. 여기서는 현대사회에 적응하려는 가톨릭과 그들의 노력을 다루고 있습니다. 또 로지의 다른 소설 『좋은 연구(*Nice Work*)』에서는 경제문화와 대비되는 대학문화가 그려지고 있습니다. 여기서는 경제에 대해 온갖 선입견들을 가지고 있는 한 여자 대학강사가 어떤 경영인을 만나는데, 이 경영인 역시 거꾸로 대학에 대한 많은 선입견에 사로잡힌 사람입니다. 이것은 사회적으로 매우 의미 있는 사실들을 희화적으로 그려낸 것입니다.

저는 사회학자라면 순수문학의 상당 부분에서 많은 것을 배울 수 있다고 확신합니다. 왜냐하면 문학은 훌륭한 조기경보시스템이기 때문입니다. 즉 문학은 대부분 느린 사회학적 도구들보다 특정한 사회적 경향들을 먼저 드러내줍니다. 스텐 나돌니(Sten Nadolny)의 『느림의 발견』 같은 소설들은 현대사회가 효율성만을 숭배하면서 빠져들게 되는 많은 문제들을 사전에 감지하고 있습니다. 일부 소설가들은 일찍이 그러한 고민들을 명쾌하게 표현했습니다. 많은 사회학자들이 감지하기도 전에 말입니다.

6. 당신이 즐기는 게임에는 어떤 것이 있습니까?

당신이 의미하는 놀이라는 것이 말 그대로 카드놀이, 주사위놀이 또는 브레트(Brett) 놀이(모노폴리 게임을 변형시킨 놀이-옮긴이) 같은 것이라면, 저는 이러한 놀이들 중 어떤 것도 즐겨하지 않습니다. 저는 장기를 제외하면, 이런 종류의 놀이들은 시간낭비라고 생각합니다. 하지만 이에 반해 다른 종류의 놀이들은 좋아합니다. 저는 의식적으로 다

생애   개념   공통질문   인터뷰

양한 환경을 접하고, 그 환경에 맞는 역할을 하는 것을 이미 오래 전부터 거의 몸에 익숙하게 해왔습니다. 따라서 저는 단 하나의 오래된 친밀한 친구관계라는 것은 전혀 중요시하지 않습니다. 오히려 저는 대단히 다양한 부류의 사람들과 사귀는 편입니다. 당신이 그렇다고 생각한다면 이것도 하나의 놀이라고 봅니다. 한마디로 저는 꽉 막힌 답답한 분위기를 싫어합니다. 이러한 성격은 사적인 영역에서뿐만이 아닙니다. 제가 남들과 어울리는 놀이는, 별로 지적이진 않지만 사회학적으로 의미 있는 주제들에 대해 잘 알고 제대로 이야기할 수 있는 집단에서 발표를 하는 것입니다. 거기서 저는 수공업분야의 장인이나 나이 먹은 할머니들이 특정 주제들에 대해 어떤 태도를 취하고 또 어떤 문제들을 제기하는지를 듣습니다. 저에게는 이것이 정보의 습득과 사고를 명확하게 하는 데 아주 귀중할 뿐만 아니라 거의 호기심을 유발하는 놀이입니다.

7. 어떤 모임을 좋아합니까?

이미 말씀드렸듯이 다양한 집단에서 의식적으로, 그리고 큰 즐거움을 가지고 어울립니다. 그리고 제가 덧붙이고 싶은 말이 하나 있습니다. 저는 분명한 사고와 분명한 언어를 가진 사람을 높이 평가합니다. 저는 지식인 모임을 별로 좋아하지 않습니다. 그들은 무거운 분위기에서 이해하기 힘든 말들을 은밀하게 하는 것을 지성이라고 생각합니다. 또 그들은 더욱더 세세하게 나누고 또 복잡하게 말해야 사태를 더 잘 설명할 수 있다고 믿습니다. 저는 독일에서 이러한 식의 지식인주의(Intellektualismus)가 점차적으로 사라지고 좀더 명확한 사고와 더욱 분명한 언어가 점점 늘어나는 것에 대해 매우 기쁘게 생각합니다.

| 생애 | 개념 | 공통질문 | 인터뷰 |

8. 당신이 소속되어 있다고 느끼는 사회집단은 어떤 것입니까?

　　답변하기가 어려운데, 정치적인 측면에서도 그렇습니다. 저는 예전에 기독교민주당(CDU) 집권시 연방총리실에서 부탁한 평가서를 쓴 적이 있지만, 슐레스비히-홀스타인(Schleswig-Holstein) 주의 사회민주당(SPD) 주정부를 위해 평가서와 그 주의 빈곤보고서를 작성한 일도 있습니다. 제가 경험한 바로는 외부에서 바라보는 저의 정치적 입장에 대한 평가는 전혀 분명하지 않습니다. 그것은 저 스스로 볼 때도 그렇고 제가 속해 있다고 느끼는 정치적 집단들이 저를 평가할 때도 마찬가지입니다.

　　제가 이 질문에 대해 답변을 하기 어려운 것은 제가 노동자 집안 출신이고 따라서 오늘날까지 여러 면에서 그런 특징들을 가지고 있으면서도, 다른 면에서는 노동자 집안과는 아주 거리가 먼 특징들을 가지게 되었다는 사실과 관련이 있을지도 모르겠습니다. 오히려 "속해 있지 않다고 느끼는 집단은 어떤 것이냐"라는 질문에는 더 쉽게 답할 수 있습니다. 저는 예를 들어 마인츠(Mainz)에 정착한 부르주아지 같은 집단에는 소속의식을 느끼지 않습니다(라딜은 현재 마인츠의 대학에서 교수를 하고 있다─옮긴이).

9. 당신이 사회적으로 중요하다고 평가하는 사람은 누구입니까?

　　제가 높이 평가하는 일단의 학자 동료들이 있는데, 이들 중에서도 특히 과학적 전문성, 연대성, 정확성을 일반적으로 이해할 수 있는 글쓰기와 좀더 광범위한 교육, 그리고 비전과 연결시키는 그런 학자들을 더욱 높이 평가합니다. 이외에는 평범한 일상생활 속의 영웅들을 높이 평가하며 이들은 분명 '사회적 중요성'을 지닌 사람들입니다.

10. 당신이 생각하는 이상적 사회는 어떤 사회입니까?

저는 이상적 사회를 그 구조적 측면에서 묘사할 수가 없습니다. 왜
냐하면 저는 사회란 개방적이며 상대적으로 많은 세력들에 의해 규정
되어야 한다고 생각하기 때문입니다. 한 사회가 민족, 생활양식, 집단
화, 목표설정 등의 문제에 있어서 더욱 자유롭고 관대할수록 그리고 동
시에 특정 문제에 있어서도 보편주의적 게임규칙에 따라 더 합의에 이
를수록, 그 사회는 그만큼 더 긍정적인 사회가 될 것입니다.

이상적 사회는 그 발전경향이라는 관점에서 보면 휴머니즘, 인권에
관한 일정한 기본 원칙들이 정립되고 또 다른 한편 인간과 사회 간의
관계가 보편적으로 정립된 사회입니다. 하지만 이 사회는 또 여러 민
족들에게 개인적 생활의 발전과 자유를 다양한 면에서 보장하는 그런
사회입니다.

11. 당신은 사회를 변화시키고 싶습니까?

물론 사회학적 작업을 하다보면 포퍼리즘[칼 포퍼의 비판적 합리주의
를 따르는 철학적 입장. 단순히 검증 가능성이 아니라 부단한 반증(反證) 가능
성을 통해 사태의 진위 여부를 살펴려 하며, 사회의 전체주의적 변화를 거부하
고 점진적 사회공학을 옹호함—옮긴이]과 과학적 가치중립의 한계에 적잖
이 부딪힐 때가 있지만, 직접적 의미에서 사회를 변화시키고 싶지는 않
습니다. 가치중립이라는 순수한 학설만 가지고는 결코 파악할 수 없는
사실들이 있습니다. 따라서 우리들은 가치판단 논쟁을 오늘날 방법가
설(hypothesis)적으로 이해해야 하며, 이러한 배경하에서 기본적인 과학
이론적 진영들을 서로 분리할 줄 알아야 합니다. 그러니까 우리들은 가
치판단 논쟁을 학자의 모든 작업의 기준이 되도록 해서는 안 됩니다.

예를 들어 저는 특정한 문화환경, 빈곤, 그리고 독신으로 사는 것이

어떤 결과를 야기하는가 하는 질문에 대한 정보들을 제공함으로써 사회를 간접적으로 변화시키고 싶습니다. 적극적으로 사회를 비판하거나 또는 사회학자로서 사회 발전방향을 조정하려 개입하는 것에 대해서는 약간의 소명의식만을 가지고 있습니다.

12. 미래사회는 어떤 모습이 될 것 같습니까?

미래의 사회가 과연 어떤 모습을 띨지에 대해서는 다른 사람들과 마찬가지로 별로 할 말이 없습니다. 하지만 저는 우리가 자율성, 독자적인 행위능력, 그리고 개인성과 관련하여 이룩한 것들은 -모두는 아닐지라도- 미래에도 계속해서 일관되게 살아남을 것이라고 믿습니다. 우리 사회는 많은 부분들에서 상대적으로 생활 수준이 향상되었습니다. 높은 수준의 교육과 모든 생활영역에서의 일정한 보장은 심리적 안정감을 수반하면서 이루어졌습니다.

이것은 특정한 외부적 환경들이 좀더 자유로워졌기 때문에 각 개인들이 자신의 삶을 더욱더 독자적으로 관리할 수 있게 되었음을 의미합니다. 하지만 사람들은 때로는 획득한 자율성을 포기하지 않으면서도 매우 전통적인 일정한 생활형태를 받아들이기 위해 어느 정도 타협하는 것을 배워야만 합니다. 미래사회의 개인들은 오늘날보다 더욱더 자유롭게 일정한 공동체에 들어갈 것입니다. 하지만 그들은 들어간 공동체가 싫으면 다시 나올 가능성을 항상 가지고 있습니다. 이것이 이전의 전통적 공동체 형태와 다른 점입니다. 그러나 이것은 또 "모든 개인은 자신이 새로이 얻은 개인주의를 어떤 식으로든 완전히 누려야 한다"는 식의 일반적 통념과도 다른 것입니다.

생애   개념   공통질문   인터뷰

인터뷰

당신의 '독신자사회'는 노베르트 엘리아스(Norbert Elias)가 이미 1939년에
묘사한 '개인들의 사회'와 어떤 점에서 다릅니까?

우선, 근대화는 전반적으로 이미 17세기 이래 진행된 주체화와 개
인화의 발전이었으며, 엘리아스가 바로 이 점을 가장 뛰어나게 간파한
사람들 중의 하나라는 사실은 분명합니다. 제가 엘리아스와 다른 점은
저는 20세기인 1960년대 말부터 비로소 대대적으로 개인화의 수단,
목표, 규범들이 확산되었다고 주장한 점입니다. 아주 높은 수준의 개
인화된 삶을 누리던 사람들은 최소한 100년 전부터 있었습니다. 19세
기 말의 보헤미안들을 한번 생각해보십시오. 하지만 대대적인 개인화
는 새로운 현상입니다.

이것은 어떤 영향을 미치겠습니까?

한편으로 전반적인 개인화와 더불어 분명한 기대들이 생겨납니다.
그러나 다른 한편으로 깊은 불안감 또한 생겨납니다. 이러한 균형은
매우 불안정합니다. 그리고 이 마지막 문제, 즉 과연 우리가 개인화라
는 정신의 주인이 될 수 있는가 하는 질문은 제가 『독신자사회』라는
책을 저술하게 된 동기가 되었습니다. 구체적으로 말하면 이 작업은
연방총리실에서 1994년에 위탁한 것입니다. 총리실 사람들 역시 우리
사회에 점점 더 독신이 늘어나고 있음을 확실히 알고 있었습니다. 저
에게 주어진 과제는 이러한 경향이 사회를 이기주의, 자기애 또는 사
회적 기생성으로 몰고갈 수도 있다는 우려가 과연 얼마나 타당한지를
규명하는 것이었습니다.

"독신자들이 늙으면 누가 이들을 돌볼 것인가?" "이들이 증가하면 사회는 향락만을 추구하지는 않을까?" 이같은 걱정들은 개인화 경향이 급속히 심화되면서 발생하게 될 부정적 측면들을 묘사하고 있습니다. 그런데 제 연구결과는 많은 사람들이 예견했던 것보다는 별로 극적이지 않습니다. 사회 내의 다수 또는 모두가 독신자로 사는 그러한 '독신자사회'는 그렇게 빨리 오지 않을 것입니다.

당신이 쓴 책에서 당신은 독일인구에 국한시켜 볼 때 약 16%가 '독신자'라고 말했습니다.

이 비율은 독일에서 혼자 사는 사람의 비율입니다. 물론 여기서 독신자 개념을 넓게 확대한다 해도 이 16% 모두가 독신자는 아닙니다. 우리는 78살 된 과부를 독신자라고 하지 않습니다. 또 방 한 칸에서 월세로 사는 22살 된 대학생을 바로 '독신자'라고 부를 수는 없습니다. 독신자란 합리적으로 볼 때, 그 나이의 보통사람이라면 다른 사람이나 가족과 함께 살고 있겠지만 그 자신은 혼자 사는 중간 정도 연령의 사람을 의미합니다. 이것이 독신자에 대한 매우 광의의 개념입니다. 이것보다 좀 협소한 독신자 개념은 중간 정도의 연령대에 파트너 없이 혼자 사는 사람들을 의미합니다. 그리고 이보다 더 협소한 독신자 개념은 중간 정도의 연령대에 파트너 없이 혼자 살면서도, 앞으로도 계속해서 혼자 살려는 계획을 가지고 있는 사람들을 뜻합니다. 이것은 물론 그들이 매일 밤마다 혼자 잔다는 것을 의미하지는 않습니다. 하지만 그들은 결코 정해진 한 파트너에 구속되지 않습니다. 잡지와 텔레비전에서 자주 '독신자'로 표현되는 사람들이 바로 이러한 정의에 제일 가까운 사람들입니다.

당신이 독신자들의 특징이라 보는 생활양식은 점점 확산될까요? 그 추세를
진단해볼 수 있을까요?

혼자 사는 사람들이 급속히 증가하는데 이 중에서 중간연령대의 혼
자 사는 사람들, 즉 넓은 의미의 독신자들이 대부분을 차지합니다. 사
람들의 행동양식은 혼자 사는 중간연령대의 사람들이 점점 많아지는
방향으로 발전해왔습니다. 그런데 출생률이 낮았던 세대들이 현재 중
간연령대로 진입하고 있습니다. 따라서 독신자의 절대적 수는 지난 20
년 동안 나타난 것처럼 그렇게 빠른 속도로는 증가하지 않을 것입니
다. 독신자의 증가를 억제하는 인구 구조가 분명히 있기 때문입니다.

이외에도 이민으로 인한 유입인구는 계속 있을 것이고 또 일정 기
간이 지난 뒤에는 이 인구가 증가할 것입니다. 그런데 이민 오는 사람
들은 일반적으로 독신자가 아닙니다. 이들 중에서 중부 유럽과 북아메
리카 지역의 사람들이 자라면서 가지게 된 강한 개인주의적 의식을 갖
고 있는 사람은 아주 드뭅니다.

독신으로 살기 위해서는 어떤 생활조건들이 전제되어야 합니까?

사회가 현대화되고 부유해져야 합니다. 그렇다고 해서 이런 사회에
서는 모든 사람이 독신자가 된다는 의미는 아닙니다. 생활 수준의 향
상은 독신으로 살기 위한 필요조건이지 충분조건은 아닙니다. 이 점에
있어 독신은 정말 새로운 현상입니다. 한번 역사를 되돌아보십시오.
과거에도 혼자 살았던 사람들은 항상 있었습니다. 예를 들어 결혼하길
싫어하는 노총각이나 노처녀, 하지만 그들의 수는 항상 적었으며 그들
은 사회적으로 높은 신분집단 출신이었습니다. 그럼에도 불구하고 그
사람들-특히 여성들-은 엄청난 선입견과 싸우지 않으면 안 되었습니
다. 당시에 정상적이란 것은 오늘날과는 완전히 다른 것이었습니다.

일반적으로 혼자 사는 것은 거의 불가능했습니다. 어느 누구도 혼자 살면서 경작지를 경작할 수는 없었으며, 수공업을 운영하는 것은 금지되었습니다. 혼자 산다는 것은 개인에게나 사회에나 매우 비용이 많이 들어가는 일이었으며 현재도 그렇습니다. 따로 살 수 있는 주거공간이 별도로 필요하고 상당한 재정적 자원과 기타 다른 자원들이 필요합니다. 독신으로 사는 것에 대한 도덕적 우려가 많이 사라진 시대—예를 들어 20세기 초의 남성들—에서도 혼자 사는 사람의 수는 아주 미미하게 증가했습니다. 왜냐하면 당시에는 그렇게 사는 데 필요한 돈도 또 주거공간도 없었기 때문입니다.

오늘날의 경제는 독신자들의 존재로 인해 이익을 보고 있습니다.

이것은 저 또한 제가 쓴 책에서 강조했던 사실입니다. 혼자 사는 사람들이 여러 면에서, 소비뿐만 아니라 경제성장의 측면에서도, 사회에 기여하고 있다는 사실은 빈번하게 은폐되어왔습니다. 따라서 독신자들이 많아지면 문제가 생길 것이라는 우려는 아주 일부분에서만 타당합니다. 독신자들은 고급스럽고 가장 미학적인 상품의 구매자들입니다. 그들은 또 직업적으로 능력 있는 자들입니다. 그들은 매우 많은 세금과 사회보험료를 내고 있습니다. 이외에 그들은 사회적 이동에 대해 긍정적입니다. 즉 지리적, 직업적 이동뿐만 아니라 정신적 이동(가치관의 변화—옮긴이)에 있어서도 말입니다.

독신은 많은 경우 하나의 인생단계이지, 일생 동안 유지하는 생활양식은 아닙니다. 그것은 종종 상대적으로 긴 기간이기도 하지만 전형적으로 볼 때 자신이 원해서든 어쩔 수 없이 그렇게 되었든 간에 자신의 가치지향을 바꾸는 —종종 오래 지속되는— 기간입니다. 현대사회의 근본 문제 중의 하나는 많은 변화들이 빠른 시간 내에 진행되며 어느 누구나 이러한 변화에 잘 적응하지는 못한다는 사실입니다. 가족 또는

생애   개념   공통질문   인터뷰

기타 사회조직 내의 끈끈한 결속은 종종 개인들과 대립됩니다. 독신의 존재는 이 점에서 각 개인들과 사회에게 하나의 기회입니다. 만약에 사람들이 일정 기간을 혼자 살면서 테크놀로지적, 경제적, 사회적, 그리고 개인적 변화에 상응하는 정신적 변화를 시도할 수 있는 가능성이 생긴다면, 사람들은 많은 변화에 좀더 쉽게 적응할 수 있기 때문입니다. 이렇게 볼 때, 독신자들은 사회에 탄력성을 부여하는 예비군이라 할 수 있습니다. 따라서 그들이 항상 자기애나 이기주의에 빠져 있다고 생각해서는 안 됩니다.

당신은 단지 특정한 사람들만이 독신생활을 할 수 있다고 말했습니다. 그러나 오히려 거꾸로 된 것은 아닙니까? 즉 독신자로 살면 경제적 장점이 있고 또 사회적으로 하층으로 전락할 위험이 적은 것 아닙니까? 많은 자녀들을 둔 가족들—특히 독일 시민권을 가지지 않은 가족들—이 있습니다. 또 혼자 살면서 아이들을 키우는 여성들이 있는데, 이들은 오늘날 독일에서 빈곤층에 속하거나 그렇게 될 위험이 가장 큽니다.

독신으로 살기 위해서는 일반적으로 일정 정도의 생활 수준이 필요하고, 또 이것은 맞는 말입니다. 그러나 독신으로서의 삶은 잘살기 위한 하나의 수단입니다. 이러한 두 가지 이유, 즉 잘사는 사람은 종종 혼자 살고 또 혼자 사는 사람은 잘살게 되는 이유 때문에 독신자들은 국민 평균보다 아주 상위의 직업적 지위에 있으며 더 많은 수입을 가지고 있습니다. 단지 혼자 사는 남자들의 일부만이 예외일 뿐입니다. 이들은 다른 사람들과 잘 지내지도 못하고 직업생활도 잘하지 못하는 문제집단이라고 할 수 있습니다.

독신생활은 특히 자질 있는 여성에게는 좀더 행복한 삶으로 가는 길을 의미합니다. 그녀들은 자신들이 결혼하고 가정을 꾸린다면 —적어도 현재의 조건하에서는— 자신들의 직업적 야망을 실현할 수 없다는 것을 알고 있습니다. 그리고 바로 이 사실을 알기 때문에 점점 더 많

은 여성들은 다음과 같이 말하고 있습니다. "좋아, 아이들은 나중에
가지자. 우선 나는 내가 배운 것을 활용하고 싶다. 나는 일정한 성공을
거두고 싶다. 따라서 그러기 위해서는 지금 가정을 가질 수도 없고 어
쩌면 한 남자와의 지속적인 관계도 결코 가져서는 안 된다." 따라서
중간 정도의 연령대에 혼자 사는 여성들이 다른 사람들과 함께 사는
여성들보다 경제적으로 훨씬 나은 위치에 있다는 사실은 놀랄 일이 못
됩니다.

독신자들은 경제적, 지적 관점에서 볼 때, 사회 내에서 상대적으로
특권화된 집단입니다. 복지국가는 독신자들에게 신경을 쓸 필요가 없
습니다. 독신자들이 늙어서 간병을 필요로 할 때에만 신경을 쓰면 됩
니다.

그럴 때는 어떤 조치가 필요합니까?

독신자들은 도움이 필요할 경우 친분이 있는 사람들한테 의지하거
나, 나중에 간병을 필요로 할 경우에는 복지 수용시설에 의지하게 됩
니다. 이웃이나 친구들이 도움을 줄 수 있을 경우에는 시설입소를 대
체로 기피합니다. 우리는 복지 네트워크를 통해 많은 도움을 받음에도
불구하고, 결국 양로원이나 요양시설에 어쩔 수 없이 입소하여 크게
부담이 되게 하는 독신자들은 비교적 적다는 것을 알아냈습니다. 아무
튼 많은 독신자들이 그들 스스로도 자신들이 늙으면 복지 네트워크에
의존하게 될 것이며 쉽사리 양로원이라는 익명성 속으로 빠져들 수 있
다는 사실을 잘 알고 있습니다. 이러한 경향은 문제점으로 인식될 수
도 있습니다. 제 생각에 현 복지국가적 제도들은 ―혼자 사는 노인들을
포함한― 모든 노인들을 부양하기 위한 네트워크와 적절한 구조들을
발전시키는 일을 제대로 하고 있습니다.

우리 한번 독일 바깥으로 눈을 돌려보지요. 당신은 독신생활이라는 현상이 잘
사는 나라들에서 점점 더 나타난다고 말했습니다. 이 현상은 영국과 미국 같
은 데서는 어떻게 나타납니까?

독일은 스칸디나비아 국가들 다음으로 독신자들의 수가 많은 나라
입니다. 이것은 독일의 사회적 부와 현대화의 정도뿐만 아니라 아마
일정하게 진행된 개인화 경향의 속도와도 관련이 있습니다. 독일에는
전체 가구의 35%가 1인가구입니다. 이 중에서 약 40%가 중간정도 연
령대의 혼자 사는 사람이라는 의미에서의 독신입니다. 이 수치는 스웨
덴, 노르웨이에서도 비슷하게 나타납니다. 미국은 독신자 비율이 이보
다 낮은 편인데 이것은 무엇보다 미국의 민족구성이 매우 다르다는 사
실과 관련이 있습니다. 예를 들어 중국계로서 독신자인 사람은 거의
없습니다. 또 라틴아메리카계 사람들도 가족적 결속력이 강하기 때문
에 독신이 매우 적습니다. 독신생활이라는 것은 현대사회의 현상입니
다. 하지만 나라별로 그 조건들은 아주 다릅니다.

당신 연구의 또 다른 결과는 독신자들이 주로 인구밀집지역에 사는 것으로 나
타났습니다.

독신자들은 거의 대도시에서만 생활할 수 있습니다. 독신자는 자신
이 아는 사람들로 구성된 인간관계 그물망을 필요로 합니다. 그는 이
것을 규칙적으로 관리하고 또 이 관계를 유지하기 위해 많은 일과 노
력을 투자합니다. 이 그물망은 일종의 보험처럼 기능합니다. 이것은
자신을 도울 수 있는 사람들, 자신과 대화할 수 있는 사람들, 자신과
함께 성관계를 할 수 있는 사람들, 그리고 기타 많은 의미에서의 사람
들을 포함합니다. 이러한 관계망은 한 작은 마을에서는 만들어내기가
힘듭니다. 독신자들은 방안에 답답하게 간혀 있지 않기 위해서 선술집
을 필요로 합니다. 하지만 또 역으로 대도시에서는 독신자들에 대해

매우 관용적입니다. 이곳에서는 그들의 생활양식을 정상적인 것으로 인정해줍니다. 거의 상당수의 독신자들은 대도시에 살고 있습니다.

경제적 이유를 제외한다면 사람들이 독신으로 사는 이유는 무엇이라고 보십니까?

사람들이 독신을 선택하는 데는 매우 다양한 이유들이 있습니다. 그 이유들은 앞서 언급한, 고등교육을 받은 여성의 직업적 야망에서부터 개인 인생기의 위기까지 실로 다양합니다. 많은 사람들은 "나는 이제 인생에 처음으로 내 자신을 찾아야만 해. 내 인생의 일부 내용들을 바꾸어야만 해"라고 말합니다. 또 다른 많은 이유들이 있습니다. 매우 감성적인 이유가 있는가 하면 매우 냉철한 이유도 있고, 또 자아에 관련된 이유와 그 정반대인 매우 공동체 지향적인 이유들도 있습니다.

많은 자료들은 과거 몇십 년 동안, 그리고 과거 몇 세기 동안에도, 인구의 일부는 —설령 일시적이었다 해도— 기꺼이 혼자 살았다는 사실을 말해주고 있습니다. 그러나 과거에는 물질적, 문화적인 이유, 그리고 안정문제와 기타 다른 이유로 인해 독신생활이 불가능했습니다. 언젠가 역사학자 임호프(Imhof)는 "과연 인간은 정말로 사회적 동물(Zoon politikon)인가?"라는 이단적 질문을 던진 적이 있습니다. 즉 인간은 오로지 사회 속에서 다른 인간들과 더불어 살 수밖에 없는 존재인가 하는 질문입니다. 오히려 "완전히 혼자 살기를 원하지는 않지만, 자신의 일상생활 영역에서 다른 사람들과 살기보다는 차라리 혼자 살기를 원하는 사람들이 일정 정도 있지 않을까" 하는 질문입니다. 저는 이 질문을 잘못된 것이라고 보지 않습니다. 매일 매일을 정해진 사람과 항상 함께 지내고 싶어하지는 않는 사람들이 있으며 아마 과거에도 항상 있었을 것입니다. 그리고 오늘날 우리는 그러한 욕구에 부합하는 그런 사회에 살고 있습니다.

그러면 이것을 대중적 현상이라고 말할 수 있습니까?

25세에서 35세 사이의 연령층에서는 현재 1/5 이상이 혼자 살고 있습니다. 따라서 일정 연령집단에서는 이것을 대중적 현상이라고 말할 수 있습니다. 그러나 독신생활은 대부분의 사람들이 가지는 지배적인 생활방식은 아닙니다. 그리고 이것은 미래에도 그렇게 되지 않을 것입니다. 하지만 독신생활은 많은 사람들이 현재 취하고 있는 생활방식이고 미래에는 더욱 늘어날 하나의 생활방식입니다. 따라서 사회학적 관심을 기울이지 않을 수 없습니다. 게다가 독신생활은 공간적으로 특정 지역에 집중 분포되어 있습니다. 슈투트가르트, 뮌헨, 또는 프랑크푸르트에서는 앞에 언급한 연령대의 20%를 훨씬 넘는 사람들이 혼자 살고 있습니다.

사회 내에 독신적 특성을 가지는 문화환경을 확인할 수 있습니까? 아니면 계급구조가 소멸했습니까?

우리는 사회 문화적 관점에서 계급구조와 계층구조가 분화되는 것을 1970년대와 1980년대에 이미 경험했습니다. 생활양식과 생활스타일은 매우 다양해졌습니다. 1990년대에 들어와 다시 돈과 노동이 위력을 떨치고 있으며 우리는 마치 재경제화(Reökonomisierung) 같은 것을 경험했습니다. 독신자들은 결코 모든 계급, 계층, 문화환경, 생활 스타일에 골고루 퍼져 있지 않습니다. 자신의 재정적 상황, 교육 수준, 출신성분, 그리고 자신의 문화환경에 구애받지 않고 가정을 이루고 살 것인지 아니면 완전히 혼자 살 것인지를 누구나 자유로이 결정하는 것은 아닙니다. 독신자들은 특정한 계층, 특정한 직업집단, 특정한 문화환경에 집중되어 있습니다.

예를 들어 독신자들은 압도적으로 녹색당에 투표하고 사회민주당

에는 적게 투표합니다. 보수정당들에 투표하는 독신자들은 아주 소수
이며 극우 정당에 투표하는 독신자는 없습니다. 가치관의 변화라는 범
주에서 생각해볼 때 독신자들의 압도적 다수는 '탈물질적' 가치관을
가지고 있습니다. '낡은' 가치와 '새로운' 가치, 즉 한편에는 의무감을
중시하는 가치가 있고 다른 한편에는 자아발현의 가치가 있다고 할
때, 독신자들은 자아발현의 가치에 압도적 지지를 보냅니다. 문화환경
과 관련하여 말씀을 드리자면, 소시민적 환경, 전통적인 노동자 환경,
보수적인 문화환경에서 독신자들을 발견하려면 눈을 씻고 찾아봐야
될 정도입니다. 그러나 역으로 쾌락주의적 문화환경이나 자유-테크노
크라트적 환경에서는 매우 많은 독신자들을 발견할 수 있습니다. 물론
전통과는 단절된 노동자 문화환경에서 일부 남성 독신자들이 발견되
기는 합니다. 그런데 이들은 제가 앞에서 말씀드렸던 '문제 독신자들'
의 일부입니다.

따라서 우리는 독신자들이 특정한 문화환경에 집중적으로 분포되
어 있다는 것을 알 수 있습니다. 독신자들의 생활양식에서도 비슷한
현상이 나타납니다. 독신자들은 오락성이 강한 대중적인 책을 읽거나
민속적 특색을 띤 전통가요 프로그램을 청취하며 여가시간을 보내는
일은 거의 없습니다. 독신자들이 선택하는 것은 인정된 '고급문화'의
미학적 범주 ―피에르 부르디외라면 오소독시(Orthodoxie)에 가까운 것이라
고 말했을 것입니다― 또는 아방가르드적인 범주들입니다. 물론 독신자
들 중에는 '이케아(Ikea)적 습관'(이케아는 중저가의 실용적인 조립 가구를
판매하는 대형 가구점임. 따라서 미적으로 세련되지 못한 생활양식을 의미함
―옮긴이)을 가지고 있는 사람도 있을지 모릅니다. 그러나 그 사람들
중 '겔젠키르헨 바로크(Gelsenkirchener Barock: 1930년대에서 50년대 사이
에 유행했던 가구 양식으로서, 기능적인 면은 도외시하고 장식을 과도하게 하
는 것이 특징임―옮긴이)'풍의 거실 장식장이나 민요 CD를 가지고 있는
사람은 한 명도 발견하지 못할 것입니다.

이러한 분명한 문화적 경계는 고정적인 것입니까? 아니면 독신의 문화환경과 생활양식이 미래에 변화하거나 확대될 것이라고 보십니까?

저는 특정한 사회집단에 독신자들이 주로 집중되어 있는 것을 고정적으로 보지 않습니다. 환경문제를 생각하는 문화환경이 처음에는 오직 중산층의 젊고 고학력의 대도시 거주자에서만 형성되었다가, 점차 사회의 다른 계층들에게도 확대되었던 것처럼, 독신의 생활양식이 확산되는 것은 단지 시간문제입니다.

사회학자 울리히 벡과 엘리자베스 벡-게른스하임(Beck-Gernsheim)은 1990년에 혼자 사는 사람이 '현대의 전형적 인물상'이라고 주장했습니다. 독신자의 존재와 독신자사회는 성찰적 근대화의 결과입니까?

'독신자사회'는 분명히 근대화의 결과입니다. 그리고 독신자의 존재는 현대사회의 유의미한 구조적 요소가 됩니다. 독신자는 아마 질적인 의미에서 '현대의 전형적 인물상'은 되지만, 양적인 의미에서는 그렇지 않습니다. 독신은 마치 지진계처럼, 현대사회의 대부분의 구성원들에게 곧 닥치게 되겠지만 현재는 기껏해야 직감적으로만 불안하게 예감되고 있는 기회와 문제들의 일부를 표현해줍니다. 특히 독신의 실존 속에는 현대사회에서 자율성을 향한 개인적 노력과 공동체에 대한 갈망 간에 존재하는 불안정한 관계가 분명히 드러납니다. 혼자 살지 않는 사람의 입장에서 독신을 판단할 때 격렬한 동경과 거부가 일어나는 것은 바로 이 사실로서 상당 부분 설명될 수 있습니다. 독신은 그들의 희망을 투사하는 공간인 동시에 두려움의 표시입니다. 따라서 우리는 독신을 '성찰적' 근대화의 결과라기보다는 차라리 '주관적' 근대화라고 표현해야 할 것입니다.

20세기 초 사회학자 게오르그 짐멜(Georg Simmel)은 한편으로 개인과 사회 간의 화해할 수 없는 대립을, 다른 한편으로는 양자간의 분리할 수 없는 연관성을 보았습니다. 카를 마틴 볼테(Bolte)는 1980년에 다음과 같이 강조했습니다. 즉 사람들은 항상, 첫째, 사회는 개인들로 구성된다는 것, 둘째, 개인들은 그들의 사고와 행동에 있어 상당부분 사회의 산물이라는 것을 고려해야만 한다고 말입니다. 독신과 사회 간의 관계는 어떻게 정의 내릴 수 있겠습니까?

오래되었지만, 오늘날까지 항상 반복되는 주제가 개인과 사회 간의 대립문제(Antinomie)입니다. 흥미로운 것은 우리 사회에서는 점점 더 그 정반대, 즉 양자간의 대립보다는 조화가 사실이라는 것입니다. 많은 사람들이 독신으로 살 경우, 사회의 급속한 변화 속에서 개인과 사회 양자는 서로 잘 지낼 수 있습니다. 즉 울리히 벡이 여러 저술에서 밝혔듯이, 생활과 성향이 개인화될 뿐만 아니라, 생활양식으로서의 개인화가 자리잡게 됩니다.

저는 사회변동이 사람들의 머리 속에서도 일어나게 하려면, 사회가 적응 메커니즘을 필요로 한다는 것을 이미 말씀드렸습니다. 그리고 이 점에서 독신이라는 존재는 탄력성을 주는 저장고를 의미합니다. 따라서 만약에 어떤 분명한 것, 확실한 것이 부재할 때, 또 사람들이 어떤 문제를 가족이나 마을 공동체의 범위 내에서는 해결할 수 없을 때, 독신으로 사는 것은 개인에게도 사회에게도 하나의 장점이 될 수 있습니다. 혼자 사는 것은 오늘날의 소란스러운 일들, 실업, 새로운 직장, 직업 재교육, 날로 급증하는 더 많은 지식에 대한 요구와 변화된 사적 관계들에 잘 적응하도록 어느 정도 긍정적인 도움을 줍니다. 각 개인들은 예전과는 비교할 수 없는 급격한 변화를 겪고 있습니다. 사람들이 이러한 변화들에 대해 모든 생활부분에서 똑같이 잘 대처할 수는 없습니다.

이것은 전통적인 사회학적 사고의 전환을 의미합니다. 예를 들어 랄프 다렌도르프(Dahrendorf)의 저작들을 생각해보십시오. 그는 개인들의 관점에서 사회의 불쾌한 사실들에 대해 썼습니다. 그런데 그것은 1950년대 말, 그리고 1960년대 초의 상황에서 보면 이해할 만한 것입니다. 그 당시 독일은 사회적, 문화적 측면에서 상대적으로 안정되고 거의 고정적인 사회였습니다. 이러한 사회와 개인 간의 대립은 이제 여러 면에서 사라졌습니다. 독신자들이 종종 문제가 되기는 하지만, 사회는 개인화된 독신자들을 필요로 합니다. 과거의 '불쾌한' 사회 속의 반항적인 개인을 배격하는 현상은 사라지고, 이제 오히려 개인과 사회는 서로 의존하는 관계가 되었습니다.

오늘날 생활양식들은 매우 분명하게 분화하는 경향을 보이고 있습니다. 단순화시켜 말하면 아이를 가지는 것이 인생의 목적인 사람들은 가족을 이룹니다. 따라서 그들은 완전히 목적 합리적 행위라는 의미에서 가족이라는 생활양식을 취합니다. 파트너간의 관계를 최우선 가치로 두는 사람들은 아이가 없는 파트너 관계를 취할 것이고, 마지막으로 자기 자신에게 최고의 가치를 두는 사람은 독신자가 될 것입니다.

독신으로 산다는 것은 또한 하나의 성찰적 단계, 그리고 실험적 단계이기도 합니다. 이 단계 속에서 사람들은 자신이 진정으로 인생에서 원하는 것에 대해 분명하게 생각할 수 있습니다. 그런 의미에서 비록 많은 사람들이 독신생활을 경험해볼 수는 있지만, 아주 작은 비율의 사람만이 지속적으로 독신 생활을 고수할 것입니다. 이 점에서 우리 사회는 다양한 개인적 합리성들을 경험해볼 수 있는, '다양한 선택의 사회(Multioptionsgesellschaft)'입니다. 독신이라는 존재는 한편으로 이러한 생활양식 중의 하나이고, 다른 한편으로는 그 기간 동안 자신에게 적합한 생활양식을 개인적으로 찾을 수 있는 과도기적인 생활양식입니다. 따라서 사회는 독신자들을 필요로 합니다. 그리고 이러한 제한적 의미에서 볼 때, 우리는 '독신자-사회'로 가고 있습니다.

그러니까 사회는 당분간 고집스럽게 이기적인 자유 열망자들로만 구성되지는

않을 것이라는 말씀이군요. 그렇다 하더라도 어떠한 토대 위에서 증가하는 개
인화와 지속적인 사회화라는 양면을 충족시켜줄 수 있는 사회계약을 도출할
수 있겠습니까? 당신은 이에 대해 어떤 대처방안을 가지고 있습니까?

　　대처방안과 사회계약에 대해서는 말하지 않겠습니다. 이것들에 대
해서는 너무나 할 말이 많기 때문입니다. 그러나 제가 보기에 분명히
추는 다시 거꾸로 움직이려 하는 것 같습니다. 즉 많은 사람들이 1960
년대 말에 새로이 얻은 개인적 가능성들에 대해 열광했고, 또 이것을
맘껏 누렸다면, 최근에는 더욱더 많은 사람들, 특히 젊은 세대들은 이
러한 가능성과 동시에 관련되어 있는 아노미의 위험과 갈등의 위험을
꺼리고 있습니다. 그래서 이 사람들은 도덕적 삶 또는 전통적 생활양
식, 탈개인화 속으로 도피하고 있습니다. 우리는 계속해서 증대되는
개인적인 가능성들, 그리고 각자가 속해 있는 공동체, 합목적적 사회
화를 위한 이 개인적 가능성들에 대한 자발적인 -따라서 언제든지 번복
할 수 있는- 포기, 그리고 환경과 다른 많은 것들과의 관계, 그 사이에
서 균형을 찾아야 할 것입니다.

로널드 잉글하트

포스트모던 사회

| 생애 | 개념 | 공통질문 | 인터뷰 |

생애   로널드 잉글하트(Ronald Inglehart)는 1934년에 태어났고, 현재 미시간 대학교의 정치학 교수이며, 부설 사회조사연구소의 프로그램 책임자로 일하고 있다. 오래 전부터 그는 '세계-가치-조사(World-Value-Survey)', '유럽 척도(Eurobarometer)' 같은 장기간의 국제조사연구에 참여하고 또 이를 이끌어왔다. 그의 주요관심영역은 가치관의 변화, 정치적 변동, 그리고 비교정치학이다.

비교정치학의 중심적 과제들 중의 하나는 문화적 요인들과 경제적 변동 간의 인과관계를 규명하는 것이다. 과연 문화적 요인들은 경제적 변동을 야기하는가 아니면 경제적 요인들이 문화적 변동을 야기하는가? 잉글하트의 연구들은 이런 식의 단순한 문제 제기는 베버적 의미에서도 또 마르크스적 의미에서도 답변할 수 없음을 보여준다. 오히려 그의 조사자료들은 경제적 요인들과 문화적 요인들 간의 상호작용이 인간들의 가치선호도를 변화시켰으며 또 사회적 변동을 야기했음을 인상깊게 보여주고 있다.

30년 전부터 로널드 잉글하트는 가치선호도의 변화를 연구하였다. 그는 가치변동이라는 명제로 유명해졌는데, 이 명제를 그는 1971년에 처음으로, 그리고 나중에는 1977년 자신의 저술 『조용한 혁명: 변화하는 가치들과 정치적 스타일들(The Silent Revolution: Changing Values and Political Styles)』에서 경험적, 이론적으로 제시하였다. 그는 탈물질주의론, 즉 물질적 가치에서 탈물질적 가치로 중심이 이동한다는 이론을 그후 더욱 체계적으로 발전시켰다. 그는 많은 동료들과는 달리 -그의 동료인 한스-디터 클링게만(Hans-Dieter Klingemann)이 언젠가 말했듯이- '자신의 명제를 미학적으로 증명하려 시도'할 뿐만 아니라, 그것을 경험적 조사에서 검증하고자 한다. 경험적 자료들은 세계 모든 나라에서 가치에 대한 근본적인 태도가 지난 몇십 년간 엄청나게 변화했으며, 이러한 가치변동은 경제적 발전은 물론이고. 이 사회의 정치적 사건들과도 깊은 관련이 있음을 제시하였다.

■ **주요 저작들**

- Ronald Inglehart. 1997, *Modernization and Postmodernization*, Princeton: Princeton University Press. ―『근대화와 탈근대화』

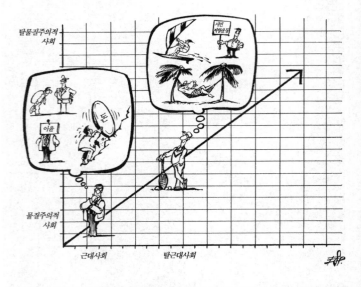

가치관의 변화 : 물질주의적 가치들(경제성장, 이윤추구적 사고, 권위주의)로부터 탈물질주의적 가치들(주관적 안락 추구, 자아실현, 정치적 참여)로 변화함.

개념　　고도로 기술이 발전된 사회들은 역사적으로 전례가 없
이 높은 복지 수준을 누리고 있다. 동시에 이 사회들은
광범위한 문화적 변동을 경험하고 있는데, 이 변동 속에서 이제까지
지배적이던 물질적 가치들은 뒤로 밀려나게 된다. 이 사회들의 대다수
인구는 여전히 전통적인 가치들을 가지고 있지만, 점점 더 많은 인구
는 다른 가치, 즉 탈물질적 가치를 지향하게 된다. 이러한 발전은 특히
성공적인 근대화를 이미 이룩하고 탈근대화의 과정을 겪고 있는 사회
들에서 발견된다.

　로널드 잉글하트는 이러한 변화를 자신의 최근 저서 『근대화와 탈
근대화』에서 서술하였다. 그는 여기서 이미 예전에 자신이 주장한 명
제에다가 그동안 처리한 43개국의 자료들을 추가하여 논의를 개진했
다. 그는 근대화 단계에는 실존적 안전과 경제성장에 사람들의 관심이
집중된다는 것을 보여주었다. 그런데 이러한 물질적 가치들이 탈근대
사회에서도 계속 존재하긴 하지만, 점점 더 많은 비율의 사람들은 탈
물질적 가치들을 지향하게 된다. 여기서 주관적인 행복감, 자아실현,
그리고 정치참여는 점점 더 생활의 중심에 놓이게 된다.

　잉글하트는 물질적 가치에서 탈물질적 가치로의 변화를 증명하기
위해 젊은 연령집단과 상대적으로 늙은 연령집단들의 가치를 비교하
였다. 그는 두 집단이 자랄 때의 경제적 조건들이 서로 다르기 때문에
가치태도에 있어서 상당한 차이가 나타난다는 사실을 인상깊게 보여
주었다. 청소년기에 경제적으로 불안정한 시기들을 경험했던, 상대적
으로 늙은 사람들은 물질적 가치에 더욱 집착한다. 반면 경제적 번영
기에 어린 시절을 보낸 젊은 사람들은 자아실현을 중시하는 그런 가치
들을 더욱 강조한다. 잉글하트는 광범위한 설문조사 결과를 토대로 한
세대가 다른 세대에 의해 교체되자마자 사회 내의 가치선호도에 있어
서 이러한 변동이 일어난다는 것을 보여주었다. 가치변동은 점진적으
로 일어나며, 따라서 '조용한 혁명'이라는 의미에서 일어나는 것이다.
'세계-가치-연구조사(World-Value-Survey)'는 예를 들어 1970년에 물질

적 가치를 더 선호했던 사람들의 비율이 탈물질적 가치를 선호했던 사
람들의 비율보다 4배나 많았다고 제시한다. 그러나 20년 후, 즉 1990
년에는 '물질주의자'와 '탈물질주의자' 간의 비율이 4 대 3밖에 안 되
었다. 잉글하트의 계산에 따르면 2000년에는 양 집단이 반반씩 균형
을 이룬다고 한다.

하지만 여기서 오해가 있어서는 안 된다. 탈물질주의자들은 실존적
안전을 결코 부정적으로 평가하진 않는다. 그들은 단지 ―물질주의자와
는 반대로― 자아실현의 의미, 삶의 질의 의미를 더욱 강하게 주장할 뿐
이다. 따라서 잉글하트에 의하면 사람들의 주관심사는 살아남기 위한
투쟁에서 주관적 행복감의 극대화로 이동한다. 탈물질주의자들은 지금
의 복지 수준을 당연한 것으로 간주하는 듯 보이며, 따라서 그들은 더
욱더 많은 시간과 에너지를 다른 생활영역에 투자한다.

탈물질적인 가치선호가 높아진 것은 물론 안정된 경제적 상태를 경
험한 결과이기도 하지만 특정한 가치태도의 변화와도 관련이 있다. 정
치, 노동, 종교, 가족, 그리고 성적 행태의 영역들에서도 마찬가지로
가치가 변하고 있다. 정치영역에 관한 자료들은 이러한 변화를 반영하
고 있다. 이 자료들에 의하면 새로운 주제가 중요해지는 반면, 정치적
권위의 전통적인 형태들은 점점 더 받아들여지지 않고 있다. 개인이
전통적으로 가졌던, 특정 정당에 대한 지지와 구속력은 사라지고 능동
적이고 사안에 따라 정치에 참여하는 형태로 대체되고 있다. 계층에
따른 투표행위는 점점 사라지고, 대신에 가치 지향적인 투표행위가 늘
어나고 있다.

잉글하트에 의하면 경제영역에서는 임금상승, 일자리 안정에 대한
관심이 줄어들고 사람들은 점점 더 의미 있고, 만족할 수 있는 일자리
에 관심을 가진다. 가족영역에서는 의미 있는 일자리에 대한 요구의
증대가 다음과 같은 식으로 나타난다. 즉 결혼을 통해 새로운 가정을
꾸리기보다는 차라리 직업적으로 자아실현을 하는 것이 더 중요하다
는 것이다. 포스트모던 사회의 낮은 출산율은 이러한 사실을 보여주는

분명한 지표이다. 종교적 영역에서는 사람들이 더욱더 많은 시간을 인생의 의미와 목적에 대해 스스로 생각하는 데 쓰고 있음이 확인되고 있다. 이에 반해 전통적인 종교제도들에 대한 신뢰는 감소하고 있다. 이것의 단편적인 예로는 교회를 나가지 않는 사람의 수가 증가하는 데서 나타난다. 이러한 가치변동과 관련하여 여성과 남성의 사회적 역할에 대한 생각 및 동성애에 대한 생각도 변화화고 있다. 이 주제들에 대한 관용과 솔직함이 증가하는 것은 잉글하트가 보기에는 가치변동의 중요한 결과이다.

잉글하트는 여러 생활영역에서의 변화들에 관한 이러한 자료들을 자신이 주장하는 근본적인 가치변동론의 근거로 해석한다. 포스트모던 사회에서의 경제성장은 이제 이윤율이 감소하는 지점에 도달했기 때문에, 미래는 탈물질적 가치들, 새로운 정치적 운동들, 그리고 기존과는 분명히 구분되는 사회적 의식에 의해서 규정된다는 것이다.

공통질문

1. 당신은 <u>스스로</u>를 사회이론가나 사회비평가 또는 사회설계가로 생각합니까? 아니면 그저 동시대인으로 생각합니까?

거의 모든 사회과학자들이 그렇겠지만, 저 자신도 어느 정도는 이 모든 역할에 해당된다고 생각합니다. 제가 일하고 있는 이론 분야가 아마 가장 중요한 분야일 겁니다. 하지만 이론은 단지 검증 가능한 사실 위에서만 발전할 수 있습니다. 경험적 연구는 이데올로기적 설명보다도 어떤 특정 상황의 의미를 더 잘 밝혀줄 수 있습니다. 우리 주변에서 일어나고 있는 사건, 사실들을 서술하고, 분석하고, 해석하고 또 비판하는 것은 매우 중요합니다. 사회를 자신이 원하는 방향으로 바꾸는 데 관심이 없다면, 그런 동기가 없었겠지요. 게다가 분명 개인적인 동기도 일정한 역할을 합니다. 저는 항상 다른 사람들이 무슨 생각을 하는지, 그리고 그들이 세계를 어떻게 보는지를 알고싶어 했습니다. 제가 하는 여론조사와 경험적 연구를 통하여 저는 많은 사람들의 견해를 연구할 수 있습니다. 흥미 있는 이론은 세상에서 잘못 진행되고 있는 것에 대한 비판을 항상 포함하고 있습니다. 그리고 비판을 하면서 사람들은 어느 정도 무언가 영향을 주기를 바랍니다. 비록 그러한 개선이 여전히 작은 것이라도 말입니다. 따라서 저는 제 자신을 이론가, 비평가, 설계가로 생각합니다.

2. 우리가 살고 있는 사회는 도대체 어떤 사회입니까?

우리가 '우리'라고 말할 때, 그것이 누구를 지칭하는지 정의를 내리는 것은 매우 중요합니다. 독일, 미국 또는 일본에 사는 사람들은 포스트모던 사회에 살고 있습니다. 이 사회는 전례가 없던 높은 복지 수준과 평균적으로 높은 기대수명, 그리고 기존의 타당했던 가치들의 변화로 특징지어집니다. 하지만 세계인구 대다수는 이러한 조건하에서 살고 있지 못하며 따라서 포스트모던 사회에 살고 있지 않습니다. 일부 사회들은 아직도 전근대적 단계에 머물러 있으며, 또 다른 사회들은 지금 근대화과정을 겪고 있습니다. 국민 일인당 연소득이 3만 달러에 육박하는 잘사는 사회들은 근대화과정을 성공적으로 끝마치고 현재 포스트모던 단계를 통과하고 있는데, 이 단계는 근대화 단계와 매우 다릅니다. 따라서 이곳에서는 더 이상 생존이 아니라 개인적 행복을 중시하는 가치들이 생겨나고 있습니다.

3. 현 사회의 긍정적인 면과 부정적인 면에는 어떤 것이 있습니까?

포스트모던 사회는 몇 가지 매우 긍정적인 장점들을 가지고 있습니다. 우선 이 사회는 역사적으로 유례가 없는 높은 복지를 누리고 있습니다. 이것은 제2차세계대전 이후의 경제 기적, 그리고 복지국가의 형성에 기인한 것입니다. 포스트모던 사회의 압도적 다수는 생존의 불안감 없이 살고 있습니다. 생존문제는 결코 진지한 고민거리가 되지 못합니다. 사람들은 자신이 앞날에 살아남을 수 있을 것인가에 대해 전혀 고민할 필요가 없습니다. 따라서 사람들은 전혀 다른 측면의 생활에 집중할 수 있으며, 다른 욕구와 목표들로 채워진 생활전략을 발전시킬 수 있습니다. 포스트모던 사회의 또 다른 강점은 사람들이 기본적으로 과거보다 더 오래 산다는 분명한 사실입니다. 이 포스트모던 사회에서의 평균수명은 20세기에 35-40세 정도에서 75-80세로 껑충 뛰었습니다. 이것은 평균수명이 한 세기 동안에 거의 두 배나 늘어난 것입니다.

포스트모던 사회의 또 다른 긍정적 측면은 사람들이 지각하고, 경험하며 또 행동할 수 있는 지평이 더욱 넓어졌다는 것입니다. 전근대적 농업사회에서 대부분의 사람들은 자신이 태어난 고향 주변에서만 평생을 보냈습니다. 따라서 그들의 생활경험도 아주 제한적이었습니다. 그들은 여행도 하지 못했고 다른 문화권에 속하는 사람들과 사귈 수도 없었습니다. 근대 산업사회 역시 포스트모던 사회의 사람들이 접할 수 있는 다양한 경험들을 제공하지는 못하였습니다. 경험적 지평이 확대되면 자신의 생활의 한계를 넘어서 보게 되며 또 기존의 익숙한 사고와 전래된 진리들에 대해 다시 숙고할 가능성이 생깁니다. 포스트모던 사회의 또 하나의 강점은 성 역할의 급격한 변화입니다. 한 세대 전만 해도 남성과 여성의 역할은 매우 달랐습니다. 포스트모던 사회에서는 남성과 여성의 역할이 점점 비슷해져갑니다.

그러나 물론 문제들도 있습니다. 가장 큰 문제는 아마도 우리가 발전시키는 테크놀로지가 우리들에게 상당한 대가를 요구할 수도 있다는 사실입니다. 즉 예를 들어 테크놀로지가 지나치게 발전하여 단번에 지구상의 모든 생명체를 멸망시킬 수도 있는 상황에 우리는 처해 있다는 말입니다.

4. 사회에서 당신의 역할은 무엇입니까?

제가 하는 중요한 역할 중의 하나는 아버지로서의 역할입니다. 저는 4명의 아이들을 두고 있습니다. 아버지로서의 역할이 저에게는 매우 중요합니다. 그리고 우선 저는 사회과학자로서 많은 사회현상들에 대한 설명을 제공하고자 노력합니다. 저에게는 연구조사의 결과들을 발표, 출간하는 것이 중요합니다. 왜냐하면 저는 이러한 작업들이 사회적 연관성을 더욱 분명하게 드러내고 문제들을 보여주며, 또 어느 방향으로 사회가 움직이는지에 대한 감각을 발전시켜준다고 믿기 때문입니다.

5. 사회소설 가운데 어떤 것을 좋아합니까?

제가 14살 때 조지 오웰(George Orwell)의 『1984년』과 올더스 헉슬리(Aldous Huxley)의 『멋진 신세계』를 읽었습니다. 전반적으로 볼 때 저는 아이작 아시모프(Isaac Asimov)의 미래전망에 관한 소설 또는 본 보크트(A. E. van Vogt)의 『제로-A의 플레이어』 같은 공상과학소설에 심취했었습니다. 그런데 제가 가장 감동적으로 읽은 책은 『1984년』입니다. 저는 제인 오스틴(Jane Austen)의 소설들을 아주 열심히 읽는데, 그의 소설들은 여성의 역할이 수세기에 걸쳐 어떻게 변해왔는지를 분명히 깨닫게 해주었습니다.

6. 당신이 즐기는 게임에는 어떤 것이 있습니까?

제2차세계대전은 저의 어린 시절에 가장 큰 영향을 준 사건입니다. 그래서 저는 전략게임을 매우 즐깁니다. 요즘 저는 '세계-가치-연구'라고 불리는 연구 게임을 합니다. 이것은 사실 많은 게이머(gamer)들이 참여하는 사회적 게임입니다. 2차 설문조사에서는 총 79명이 43개국에서 연구를 진행했습니다. 세번째 평가조사에는 더 많은 사람들이 참여하여 60개국에서 설문조사를 했습니다. 어떤 면에서 이것은 일종의 인내심을 요구하는 게임이기도 합니다. 이 게임에서는 서로 다른 게이머들의 상이한 개성과 관심들을 하나로 통합시키기 위해 많은 조정과 능력을 필요로 합니다. 나아가 학술회의들과 출판작업들이 이루어져야만 합니다. 종합적으로 볼 때 저는 이런 일을 하면서 정말로 큰 즐거움을 느낍니다. 이것은 제가 어린 시절에 즐겨 했던 놀이들과 비슷한 점이 있습니다.

7. 어떤 모임을 좋아합니까?

　예전에는 업적과 경쟁을 중요하게 생각했습니다. 하지만 오늘날에는 협동과 상호간의 이해 같은 가치들이 더 중요하게 생각됩니다. 따라서 저는 함께 아이디어를 개발하고 또 서로의 아이디어를 교환할 수 있는, 감정적으로 열려 있고 또 지적으로 영감이 풍부한 사람들과 어울리는 것을 특히 좋아합니다.

8. 당신이 소속되어 있다고 느끼는 사회집단은 어떤 것입니까?

　사람이 어떤 생활환경에서 성장했는가는 대단히 중요합니다. 경제적으로 어려운 시절을 몸소 겪고 물질적인 궁핍에 시달렸던 사람들은 경제적 번영의 시기에 성장한 사람들과는 전적으로 다른 가치들을 가치 위계에서 최우선에 놓습니다.
　제 자신의 구분을 끌어들여 말한다면, 저는 완벽한 탈물질주의자는 아니라고 봅니다. 제가 불확실한 시대에 성장했기 때문이지요. 저는 성장하면서 전적으로 물질주의적이라고 할 수 있는 가치들을 내면화했습니다. 반대로 비교적 안정된 경제적 조건에서 성장한 제 친구들은 대다수가 탈물질주의자들입니다.

9. 당신이 사회적으로 중요하다고 평가하는 사람은 누구입니까?

　세상에 매우 큰 영향을 미친 사람들은 분명 마오쩌둥과 미하일 고르바초프 같은 정치가들입니다. 비록 많은 사람들이 이제 고르바초프를 잊었다 하더라도, 그는 유럽 사회의 발전에 엄청난 영향을 끼쳤습니다. 그가 없었다면 개인의 더 많은 자아실현에 필요한 개혁들이 오늘날에도 도입되지 않았을 수도 있습니다. 한 가지 비극은 러시아가 동독, 폴란드, 헝가리, 체코공화국, 그리고 과거 동구권의 나머지 국가들과는 달리 경제적, 사회적 비참함(곤경)을 벗어나지 못하고 있다는 점입니다. 전반적으로 볼 때, 저는 중국의 미래에 대해서는 매우 낙관적입니다만, 이에 반해 러시아는 매우 걱정스럽습니다.

10. 당신이 생각하는 이상적 사회는 어떤 사회입니까?

우리는 결코 이상사회에 도달하지 못할 것입니다. 그럼에도 불구하고 우리는 이를 향해 노력해야 할 것입니다. 한 가지 중요한 측면은 분명 자유의 보장입니다. 사람들은 자기가 가고자 하는 곳, 추구하고자 하는 목표, 발견하고자 하는 새로운 가치들을 자유로이 선택할 수 있어야 합니다. 자신의 삶에 관한 결정은 각 개인 스스로에게 맡겨야만 합니다. 아마 자원이 풍부하면서도 골고루 분배가 되는 자유로운 사회가 이상적인 사회일 것입니다. 포스트모던 사회는 선택의 자유가 매우 많다는 특징을 가지고 있습니다. 그러나 이 사회는 결코 이상사회가 아닙니다. 이 사회는 항상 더욱 발전하면서 끊임없이 변화하고 있습니다. 이 사회의 긍정적인 발전에 대해서는 열광한다 하더라도, 우리는 그 속에 담긴 부정적 함의도 항상 염두에 두어야만 합니다.

11. 당신은 사회를 변화시키고 싶습니까?

저는 더 많은 자발성과 인간들간의 신뢰를 옹호합니다. 하지만 더 이상 사람들로 하여금 특정 이데올로기를 따르도록 강제할 수는 없습니다. 1989년 동유럽 사회에서의 격변은 자유로이 결정하고 행동하고자 하는 열망이 특정 이데올로기를 추구하는 열망보다 더 크다는 것을

분명히 보여주었습니다. 사회는 더 이상 한 사람의 엘리트에 의해 변
화하지 않습니다. 사회는 대중에 의해 변화합니다.

12. 미래사회는 어떤 모습이 될 것 같습니까?

　사회과학에서 성공적인 진단은 매우 드뭅니다. 왜냐하면 인간사회
의 발전경로를 정확히 예언한다는 것은 불가능하기 때문입니다. 인간
의 행위는 아주 복잡하고, 또 여러 차원에서 작동하는 매우 많은 상이
한 요인들에 의해 영향을 받습니다. 그러므로 정확한 예언을 하려고
하는 모든 시도는 결국 실패할 수밖에 없습니다. 하지만 그럼에도 우
리는 이미 시작됐고 또 진행되고 있는 일부 주요한 경향들을 제시할
수는 있습니다. 우리에게 급속한 경제성장과 높은 생존 기회를 가능하
게 해준 모더니즘의 기획(Projekt)은 주관적인 행복감과 자아실현을 전
면에 내세우는 포스트모더니즘의 기획에 의해 점점 해체되고 있습니
다. 이러한 발전 경향은 지난 몇십 년간 생활 수준의 향상을 경험한
모든 사회들에서 나타나고 있습니다. 그렇지 않은 사회들은 이러한 근
본적으로 다른 방향으로의 변화에 일직선적으로 진입하지는 않을 것
입니다. 그러나 저는 아직 근대화과정을 겪고 있는 사회들도 장기적으
로는 포스트모더니즘의 길을 걷게 되리라고 감히 진단해봅니다.

생애   개념   공통질문   인터뷰

인터뷰

현재의 사회를 설명하는 데 있어서 '포스트모던'이라는 형용사가 아주 자주 사용되곤 합니다. 그러나 구체적으로 '포스트모던'이 무엇인지에 대해서는 사람마다 다르게 이해하고 있습니다. 포스트모던적 이념의 설명력에 대해서는 매우 논란이 많습니다. 이것은 아마도 이론적 약점과 개념적 엄밀성의 결여, 그리고 분석적 날카로움이 부재한 데에 그 원인이 있을 겁니다. 포스트모던적인 장르들을 옹호하는 많은 사람들은 바로 이러한 비판을 받고 있습니다. 당신은 이러한 비판들에 대해 어떻게 생각하십니까? 그리고 당신의 이론은 장 프랑수아 료타르(Jean-Francois Lyotard), 미셸 푸코(Michel Foucault), 자크 데리다(Jacques Derrida), 지안니 바티모(Gianni Vattimo), 프랜시스 후쿠야마(Francis Fukuyama) 같은 포스트모더니즘 사상가들의 이론, 해석과 얼마나 다릅니까? 후쿠야마는 "역사는 끝났다"라고 예언했습니다.

포스트모던적 사회는 분명 역사의 최종 단계는 아닙니다. 문화적 진화과정은 앞으로도 계속될 것입니다. 하지만 저는 거대한 이데올로기들과 신념체계들이 의미를 잃었다고 설명하는 포스트모더니즘 사상가들의 견해에 동의합니다. 이 사실은 경험적으로 증명할 수 있습니다. 포스트모더니즘에는 매우 다양한 입장들이 있으며 앞서 말한 사상가들을 읽는 방법도 다양합니다. 이 전문 서적들은 각양각색이며 또 서로 모순되기도 합니다. 하지만 거의 모든 저자들은 근대가 그 일부 본질적 측면에 있어서 끝났다고 보고 있습니다. 이러한 시각에 저는 공감합니다. 저의 책 『근대화와 탈근대화』에서 저는 근대화의 단계에서 어떠한 문화적 변화들이 일어났으며 또 탈근대화를 통하여 어떤 새로운 변화들이 생겨났는가를 보여주려고 했습니다. 예전에는 물질적 행복과 육체적 안정이 중요했다면, 오늘날 포스트모더니즘사회에서는 사회적 환경과 자연환경 개선에 대한 관심이 더욱더 커지고 있습니다. 매우 광범위한 문화적 변동이 일어났는데, 이것은 일, 정치, 환경,

종교에 대한 생각, 부부와 가족, 동성애, 이혼, 낙태에 대한 가치관, 남성과 여성의 역할, 그밖에도 매우 많은 것들을 변화시켰습니다.

탈근대화 과정에서 문화적 격변이 일어났지만, 이 사실만 가지고는 왜 탈근대 사회가 생겨났는지를 설명할 수는 없습니다. 왜 오늘날 사회는 과거 2세대, 또는 3세대 전의 사회와 그렇게 완전히 다른 것입니까?

이 질문에 대해 명쾌한 답변은 어렵습니다. 지난 100년간의 역사적 발전이라는 맥락에서 변화를 이해하기 위해서는 원칙적으로 그 기간의 설문조사 자료를 이용해야 할 것입니다. 문화적 변동은 장기간에 걸친 전망 속에서만 파악할 수 있습니다. 왜냐하면 그것은 한 세대가 다른 세대에 의해서 대체됨으로써 이루어지기 때문입니다. 한 세대에서 지배적인 가치들이 그 다음 세대에서는 더 이상 의미가 없거나 또는 그 의미가 줄어들 수 있습니다. 가치에 대한 태도는 삶의 초기에, 이른바 사회화 단계에서 발전합니다. 이 단계는 개인이 어떠한 조건에서 자라는가와 직접적인 관계가 있습니다.

우리는 우리들의 연구조사를 통해서 경제적으로 여유 있는 생활이 가치관에 엄청난 변화를 가져왔다는 것을 증명할 수 있었습니다. 이것은 특히 삶의 초기단계에서 경제적 어려움 없이 성장한 사람들의 경우에 발견될 수 있습니다. 새로운 가치들이 영향력을 행사하기까지는 수십 년이 걸립니다. 우선 새로운 세대가 자라나서 그들의 부모세대들을 대체해야만 합니다. 예를 들어서 100년 전에 ―우리가 이에 대한 막스 베버의 연구를 인용한다면― 노동윤리는 지배적이었는데, 이것은 특히 캘빈 교파적 특징이 강한 프로테스탄트교 지역에서 경제성장을 일으키고 자본주의를 발전시키는 데 큰 영향을 주었습니다. 노동의 도덕적 가치를 확신하면서 사람들은 역사에 있어서 전무후무한 높은 생활 수준을 만들어냈습니다. 재산의 증가는 신의 은총으로 평가되었습니다.

이외에도 금욕적인 자기억제가 있었는데, 이것은 부의 축적을 더욱 촉진시켰습니다. 프로테스탄트 윤리와 이와 관련된 인생과 노동에 대한 가치관은 기업가정신을 불러일으켰고 자본축적을 촉진시켰습니다. 1870년에서 1913년 사이에 거의 모든 프로테스탄트교 국가들에서의 경제성장률은 가톨릭 국가들의 경제성장률보다 높았습니다. 하지만 오늘날 프로테스탄트교와 경제성장의 관계는 더 이상 경험적으로 확인되지 않습니다.

그 원인은 무엇입니까? 그리고 오늘날 사람들은 노동과 인생에 대해서 어떤 생각들을 가지고 있습니까?

가치변동에 관한 이론은 가치의 타락을 다루는 것이 아니라, 오히려 가치에 대한 생각이 변화하였다는 것을 의미합니다. 제가 이해하는 바로 가치변동은 두 개의 핵심적 가설에 기인하고 있습니다. 첫번째는 이른바 결핍가설입니다. 이것은 사람의 가치선호도는 그의 사회 경제적 상황을 반영한다는 것입니다. 상대적으로 희소한 것들에 가장 높은 가치가 매겨집니다. 두번째 가설은 이른바 사회화 가설입니다. 이 가설에 따르면 사람의 근본적인 가치관은 그 사람이 자라난 환경들을 반영한다고 합니다. 지금까지 존재하지 않았던 경제적, 육체적 안정에 도달함으로 인해서 가치관들이 변화하였습니다. 예를 들어 자아실현이나 생활의 질 같은 탈물질적 가치에 대한 가치평가가 증가하고 있는 것을 우리는 모든 탈근대사회에서 관찰할 수 있습니다. 여유와 경제적 안정 속에서 자라난 사람은 경제적, 육체적 안정을 너무나 당연한 것으로 여깁니다. 그러므로 그들은 일자리를 찾는 데 있어서 자아발전의 가능성을 제공하는 직업을 찾습니다. 여기서는 자아실현이 중요해지고 직업선택의 결정적 기준이 됩니다. 젊은 세대들은 자신의 인생의 이상에 일치하고, 고유한 인생 목표를 추구할 수 있는 가능성을 제공

하는 직업을 찾습니다. 우리들의 조사자료는 한 세대가 다른 세대를
대체하면 할수록 생활의 질, 그리고 자아실현 같은 가치들이 점점 중
요해진다는 것을 보여주고 있습니다. 물질적 가치에서 탈물질적 가치
로 이행한다는 것이 30년 전 우리 연구의 주요 결과였습니다 이러한
가치변동은 지난 몇 년간의 연구에서도 계속해서 증명되었습니다.

이외에 당신은 어떤 다른 것을 발견했습니까?

    탈근대사회로 이행하면서 사람들의 일상생활 경험은 아주 근본적으
로 바뀌었습니다. 그래서 정치적 시각, 종교관, 남녀의 역할, 그리고 성
적 행동에 관한 관념들이 변하는 것도 자연스럽게 생각합니다. 지난 몇
십 년 동안 전통적인 종교적 가치의 감소가 관찰되었습니다. 탈물질주
의자들은 점점 더 전통적인 종교 형식에 대해서 관심을 가지지 않습니
다. 하지만 이것은 탈물질주의자들이 인생의 의미와 목표에 대해서 아
무런 생각도 없다는 것을 의미하지는 않습니다. 젊은 사람들이 종교적
규범을 거부하고 전통적 신앙에 등을 돌리는 정도는 사회에 따라서 다
릅니다. 이러한 현상은 북아메리카와 남아프리카보다는 서유럽과 일본
에서 훨씬 많이 나타납니다. 하지만 예외 없이 모든 나라들에서 젊은
사람들은 늙은 사람보다 덜 종교적입니다.
    비록 탈물질주의자들이 기존의 종교관에 거의 관심을 보이지 않지
만, 그들은 우리가 조사한 모든 사회들에서 물질주의자들보다도 인생
의 의미와 목표를 생각하는 데 있어서 오히려 더 물질주의적 경향을
보이고 있습니다. 탈물질주의자들은 물질주의자보다 낙태, 이혼, 혼외
정사, 동성애에 대해 더 관대합니다. 전반적으로 볼 때 종교, 그리고
가족의 신성함에 대한 규범은 오늘날 더 이상 과거처럼 그렇게 강하지
않습니다. 그리고 또 하나 흥미로운 것이 있습니다. 점점 더 많은 여성
들은 아이를 늦게 낳거나 또는 아이 낳는 것을 포기합니다. 왜냐하면

그들은 가정이라는 공간을 벗어나서 직업활동을 하길 원하기 때문입니다. 그 결과 이혼율과 낙태율이 증가하고 있으며 이혼과 낙태를 쉽게 할 수 있도록 제도들이 바뀌고 있습니다. 하지만 가까운 장래에 에이즈 바이러스의 확산을 저지하지 못한다면, 지난 몇십 년간 급격하게 증가한 성적 행위에 대한 개방적인 관념은 다시 감소할 것으로 예견됩니다. 하지만 에이즈 문제는 다른 사회적 영역에는 별 영향을 미치지 못할 것입니다. 일반적으로 말해서 물질주의자들은 탈물질주의자보다 전통적인 사회적 규범을 준수할 것이고, 탈물질주의자들은 전통적 사회적 규범에 벗어나는 행동양식에 대하여 더 관대하다고 말할 수 있습니다.

물질주의적 가치들 또는 탈물질주의적 가치들은 어떻게 측정할 수 있습니까?

물론 가치를 측정하는 것은 쉬운 일이 아닙니다. 그러나 특정한 관념들은 가치선호도에 대해 알 수 있게 해줍니다. 모집단 선별에 엄밀성을 기한 조사연구에서 우리는 하나의 설문지를 고안했는데, 이것은 설문에 답하는 사람들 중 누가 더 물질주의적 또는 탈물질주의적 가치들을 선호하는지를 밝혀주었습니다. 우리는 사람들이 개인적으로 어떤 목표들을 특히 중요하게 생각하는지를 질문했고, 몇 가지 가능한 답변들을 제시했는데, 이 답들은 물질주의자와 탈물질주의자를 구분하는 것을 용이하게 해줍니다.

질서의 유지, 국방, 경제의 안정, 인플레이션과 범죄와의 전쟁 등을 중요하게 생각하는 사람들은, 우리들의 기준에 의하면, 물질적 가치들에 높은 우선성을 두고 있습니다. 우리는 어린 시절에 경제적·육체적으로 불안한 환경에서 성장한 사람들이 이러한 목표들을 특히 높게 평가한다는 것을 발견해냈습니다.

다른 답변 범주들은 언론의 자유, 직장이나 정부의 결정에서의 발

언권 및 더 깨끗한 환경, 그리고 권위·권력·돈보다는 평화·자유·이념
이 더욱 중요시되는 사회를 강조하는 가치들을 포함하고 있습니다. 이
러한 목표들을 선호하는 사람들은 상대적으로 안정된 환경에서 자란
사람들입니다. 연구결과에 의하면 하나의 물질적 목표에 제일 큰 가치
를 두는 사람은 다른 물질적 가치들에도 높은 가치를 부여하는 경향을
보입니다. 이와 마찬가지로 하나의 탈물질주의적 가치를 가장 선호하
는 사람은 다른 탈물질주의적 가치들에도 높은 의미를 부여합니다.

우리의 12개-항목-질문지에서, 12개 항목 중 두 개의 물질주의적
목표들을 우선적으로 고른 사람들은 물질주의자로 간주됩니다. 순수
한 탈물질주의적 유형에는 2개의 탈물질주의적 가치에 최우선적 의미
를 부여한 모든 사람들이 포함됩니다. 이러한 구분에 따라서 보면,
1970년과 1971년 우리의 첫 질문조사에서는 물질주의자와 탈물질주
의자 간의 비율의 거의 4 대 1이었으나, 1988년에는 약 4 대 3 정도였
습니다. 오늘날에는 도처에서 탈물질주의자들과 물질주의자가 거의
반반이라고 말할 수 있을 것입니다.

**서로 다른 가치관으로 인해 탈물질주의자와 물질주의자를 구분할 수 있는 특
정한 행동양식들이 있습니까?**

탈물질주의자들은 물질주의자들과 비교해서 일반적으로 교육 수준
이 높고, 상대적으로 높은 지위에 있으며, 정치적으로도 적극적이고
자신을 더 잘 드러냅니다. 탈물질주의적 가치관을 가진 사람들에게 경
제적 성공은 부차적인 의미를 지닙니다. 왜냐하면 그들에게 있어 경제
적 안정은 이미 주어진 것이기 때문입니다. 그들에게는 안정된 직장과
높은 소득보다는 흥미 있고 의미 있는 일과 공감할 수 있는 동료가 더
중요합니다. 탈물질주의자들은 소득보다는 차라리 지위를 높이려고
노력합니다. 여기시간의 활동 역시 그들에게는 물질주의자들보다 매

우 중요한 의미를 지닙니다. 탈물질주의자들은 결혼하고 자녀를 가지는 데 상대적으로 매우 작은 가치를 부여합니다. 지난 30년 동안 서유럽에서 결혼의 의미가 사라져가고 있으며 또 출생률이 급격히 감소한 것은 분명히 탈물질주의의 확산과 깊은 관련이 있는 듯 합니다. 이미 말씀드렸듯이 젊은 층에서는 탈물질주의적 가치관이 다수를 차지하고 있습니다. 따라서 더 젊은 연령집단으로 가면 갈수록 더욱 많은 탈물질주의자들을 발견할 수 있습니다. 더 늙은 연령집단으로 가면 정반대의 결과, 즉 더 많은 물질주의자가 존재합니다.

반세기보다 더 이전에 톨스타인 베블렌(Thorstein Veblen)은 경제법칙은 고정적인 것이 아니어서 독립적으로 파악될 수 없으며, 오히려 사회의 가치체계와 연결되어 있다고 주장했습니다. 이러한 주장은 만약에 사회적 가치들이 변한다면, 경제원리들도 마찬가지로 변화할 수밖에 없다는 것을 의미합니다. 오늘날 경제와 문화의 관계는 어떻게 보십니까? 경제의 영향이 더 강합니까? 아니면 문화의 영향이 더 강합니까? 어떤 요인이 더 사회적·정치적 생활을 규정합니까?

경제적 요인들은 의미를 잃었습니다. 이것은 적어도 높은 생활 수준을 누리는 사회들에는 맞습니다. 이에 반해 문화적 요인들은 더욱더 중요해지고 있습니다. 생활양식도 마찬가지입니다. 사람들은 길고 만족스러운 인생을 좌우하는 것이 돈을 많이 버는 것이 아니라 어떻게 생활하느냐에 달려 있다는 것을 점차 인식하고 있습니다. 환경, 여가 시간, 그리고 건강에 대한 주제가 생존경쟁을 위한 투쟁과 프로테스탄트 윤리를 밀어내고 있습니다.

경제적 요인들은 물자가 부족한 상황에서 결정적 역할을 합니다. 그러나 탈근대사회의 경제적 상황처럼, 인구의 대다수가 충분히 먹고도 남을 수 있을 정도로 발전하면, 다른 요인들이 사람들의 행동에 더 영향을 주게 됩니다. 카를 마르크스는 자신의 경제적 명제를 가지고

산업사회 초기 현실의 중요한 영역을 파악했습니다. 마르크스주의적
모델에 의하면 산업사회의 핵심갈등은 경제적인 성격입니다. 즉 생산
수단의 소유문제와 소득의 분배가 중요하다는 것입니다. 하지만 탈근
대사회로 발전하면서 경제성장은 최고점에 도달했으며 더 이상 높이
나아갈 수가 없습니다. 대신에 새로운 갈등과 새로운 세계관이 생겨났
습니다. 경제적 부흥으로 인해 국민들 사이에서 경제적 궁핍에 대한
경험은 점점 더 사라지고 따라서 이것이 정치적 갈등으로 이어지는 경
우도 더욱 드뭅니다. 마르크스가 주장했던 갈등들은 과거에는 일상적
이었지만, 현재의 정치적 상황에서는 하등의 의미도 없습니다. 이것은
경제적 요인이 정치적으로 더 이상 아무런 역할을 하지 못한다는 것은
아닙니다. 하지만 경제적 갈등들은 우리 사회에서 점점 더 다른 형태
의 대립에 의해 해체되고 있습니다.

어떤 형태의 대립들이 더 중요해지고 있습니까?

우리는 1970년대 이래 환경보호를 중요시하는 경향이 더욱더 강해
진 것을 관찰할 수 있습니다. 1973년의 에너지 파동 이래 자연자원에
대한 전반적인 착취와 특히 자연과 인간을 희생하면서 경제적 이익을
추구하는 산업체들에 대한 분노의 목소리가 더욱더 커지고 있습니다.
환경보호운동에서와 마찬가지로 원자력을 둘러싼 대립에서도 서로 다
른 세계관이 서로 충돌하고 있습니다. 물질주의자들은 원자력 에너지
의 개발과 이용에 찬성하고 있습니다. 이것이 경제성장과 일자리를 약
속해준다는 이유 때문입니다. 이에 반해 탈물질주의자들은 무엇보다
원자력 에너지가 가지는 가공할 위험 때문에 원자력을 반대하고 있습
니다.

이러한 사실이 사람들의 투표행위에 어떠한 영향을 줍니까?

    계층 특수적인 투표행위들은 점점 더 약해지고 있습니다. 설령 전통적인 행위양식들이 특정 정당과의 오래된 결속관계에 의해서 유지되는 경향이 없는 것은 아니지만, 정당을 바꾸어 투표하는 사람들의 수는 증가하였습니다. 환경보호, 인권, 무기감축, 반핵 등등의 탈물질주의적 가치를 자신들의 선거 프로그램에 크게 받아들인 좌파정당들은 다수의 중산층으로부터 점점 더 많은 지지를 얻고 있습니다. 그리고 계속해서 경제성장, 국내안정과 질서를 전면에 내세우는 우파정당들은 노동자층의 다수로부터 더욱더 많은 지지를 얻고 있습니다. 따라서 가치관에 근거한 양극화에 맞지 않게 계급투쟁의 전선이 그어지고 있습니다. 오히려 물질주의자와 탈물질주의자 간의 대립이 정치적 차원의 중요한 갈등으로 나타나고 있습니다.

    재미있는 사실은, 예를 들어 원자력을 둘러싼 논쟁에서 양식을 갖춘 보통사람들과 유능한 전문가들이 동일한 정보를 토대로 하면서도 서로 아주 다른 결론에 도달한다는 사실입니다. 즉 사실들은 선택적으로 취해지고 각 개인의 기본 가치기준에 따라 평가되고 있는 것입니다. 물질주의자들에게는 경제성장이 무엇보다 중요합니다. 물질주의자들이 원자력 에너지의 비용과 위험이 다른 에너지원의 비용과 위험에 비해 적다고 생각할 때, 그들은 바로 경제성장이라는 요인을 중시하고 있습니다. 이에 반해 경제적 안정을 위협받지 않는 탈물질주의자들은 원자력 에너지의 사용을 즉시 중지할 것을 주장하며 대체 에너지원을 강조합니다. 여기서 분명한 것은 원자력 에너지에 대한 옹호자와 반대자들은 서로 매우 상이한 가치를 우선에 두고 대립하고 있다는 것입니다. 계층 특수적인 판단기준은 더 이상 발견되지 않습니다.

만약에 사람들의 투표행위가 점점 더 기존의 정치적 갈등구도를 따르지 않고,

따라서 계층 특수적인 행위양식이 더 이상 아무런 역할을 하지 못한다면, 기성 정당들의 강한 고정적 지지자들은 어떻게 설명하실 수 있습니까?

전통적인 지향이 그것이 기초했던 조건들이 더 이상 존재하지 않음에도 여전히 인간들의 행동을 규정한다는 것은 놀랍습니다. 옛 구조들에 집착하는 것은 우리 사회의 제도적·문화적 나태성을 반영하고 있습니다. 기성 정당구조가 사회적 계급투쟁과 경제적 문제가 중심이던 시대에 만들어졌다는 사실을 생각해야 합니다. 그리고 여전히 그 토대 위에서 정당구조가 양극화되는 경향이 있습니다.

노동자계층은 더 이상 정치적 좌파의 보루가 아닙니까?

의심할 여지없이 아직도 많은 노동자들은 여전히 좌파정당들을 지지합니다. 그들은 좌파정당들이 좀더 공정한 소득분배를 해줄 것이라고 기대합니다. 예나 지금이나 한 정당에 대한 충성을 강화하고 또 유지시키는 고정지지자들은 있습니다. 그러나 기존의 정당체계는 탈물질주의의 진전 이래 계속적인 압력에 시달리고 있습니다. 그리하여 탈물질주의자들이 서서히 의회 내에도 뿌리를 내렸습니다. 독일에서의 5% 조항(전국 득표 5%를 넘지 못하면 의석을 전혀 배당하지 않는 제도로서 군소정당의 의회진출을 막는다는 비판을 받고 있음—옮긴이) 같은 엄청난 제도적 장벽, 기성정당들의 막강한 재정적, 조직적 우위에도 불구하고, 독일, 벨기에, 룩셈부르크, 스웨덴에서 생태지향적인 정당들은 의회에 진출하는 데 성공하였습니다. 언제 그들이 —독일의 '동맹 90'(Bundnis 90: 독일 통일의 격변기에 동독지역에서 시민운동단체들의 주도로 생겨난 정치세력—옮긴이)/녹색당처럼— 전국적인 차원에서 집권에 참여하는가는 단지 시간문제일 뿐입니다.

좌파정당과 우파정당들이 점점 더 비슷해지는 현상은 어떻게 설명하시겠습니까? 극단적인 좌우의 입장들은 정치지형에서 더 이상 거론조차 안 되고 있습니다.

이것은 국가의 통제 또는 경제적 힘들의 규제에 대한 생각이 크게 변화한 것과 매우 관련이 깊습니다. 1970년대까지 '좌파', '우파'는 경제와 사회에 대해 국가가 얼마나 개입하느냐에 따라 구분되었습니다. 좌파 정책은 국가의 규제를 추구했으며, 우파정당들의 정책은 더 많은 시장논리로 가는 길을 닦았습니다.

일반적으로 볼 때, 오늘날 국가적 계획과 통제는 더 이상 바람직하지도 않고 또 효율적이지 못하다고 여겨지고 있습니다. 반대로 과거 국가통제분야들의 민영화, 개인의 자율성에 대한 강조, 그리고 자유로운 시장의 법칙에 대한 존중이 대세를 이루고 있습니다.

비록 영국의 신노동당(New Labor), 독일의 사회민주당(SPD) 같은 좌파정부들은 예전과 마찬가지로 일정한 국가의 조절메커니즘에는 찬성하지만, 이들에게도 국가 개입의 감소라는 분명한 경향이 나타나고 있습니다. 따라서 국가의 역할은 수십 년 이래 지속적으로 줄어들었고, 반대로 시장세력의 중요성은 증가하였습니다.

국가에 의해 조절되는 경제시스템에 반대하는 이유는 무엇일까요?

확실히 중요한 한 가지 요인이 있는데, 그것은 노동의 본질이 근본적으로 변화하였다는 것입니다. 산업사회 초창기에 대부분의 일자리는 단지 약간의 능력만을 필요로 했습니다. 상대적으로 단순하고, 표준화되었으며 또 상당기간 제품모양이 변하지 않는 생산물을 생산하는 데는 컨베이어벨트 같은 일관작업공정 조직으로 가능했습니다. 전국의 경제는 중앙집중적인 계획에 따라 유지될 수 있었습니다. 그러나 오늘날 일상적 업무들은 컴퓨터가 다 처리합니다. 그리고 기타 작업들을 수행하기 위해서는 고숙련 근로자가 필요합니다. 작업은 여러 계층으로 나뉘어져 조직화되어 있으며, 창의성(innovation)에 사활이 걸려 있습니다. 그런데 이러한 창의성은 중앙집중적인 기관에 의해 미리 정해져 있지 않으며 또 통제될 수도 없는 것입니다. 이것은 항상 더 특화되는 전문지식에 기초한 것으로 정책당국의 통제를 벗어나 있습니다. 물질적 생산물을 생산하는 노동은 점점 줄어들고, 오히려 커뮤니케이션과 정보처리 관련 노동은 증가하고 있습니다. 그러므로 고도로 기술이 발전된 사회에서는 개인의 판단력과 창의성에 큰 의미를 부여하는 조직이 필요합니다. 국가의 계획과 권위주의적인 의사결정구조는 바로 이러한 발전을 가로막습니다.

한 세기가 넘도록 국가의 영향이 미치는 영역들이 계속 확대되어왔었는데, 이제 국가보다는 개인의 자율성에 대한 관심이 더 커지고 있습니다. 여기서 교육은 얼마나 중요해질까요?

아마도 교육은 고도로 기술이 발전된 사회에 사는 인간들의 삶을 규정하는 가장 중요한 요인일 것입니다. 인생의 초기단계에서 도달한 교육 수준은 한 인간의 인생을 결정합니다. 교육은 직업선택의 범위를 규정하며, 소득과 사회적 위신을 결정하며, 일생동안 어울릴 교류계층을 결정합니다. 한 인간의 교육수준은 소득이나 가족상황보다 더 고정적인 요인입니다. 소득은 어느 날 오르거나 내려갈 수 있습니다. 가족상황 역시 상대적으로 고정적이지 않습니다. 혼자 살다가 결혼하거나 결혼했다가 이혼하거나 배우자와 사별하거나 또는 별거하기도 합니다. 또 한 인간의 나이 역시 비록 매우 천천히 변하기는 하지만, 계속해서 변하는 것입니다. 이에 반해 한 인간이 성년이 된 나이에 획득한 교육 수준은 상대적으로 매우 고정적으로 남아 있습니다. 교육 수준은 사람들의 객관적 생활조건에 강하면서도 광범위한 영향을 미칩니다.

따라서 오늘날의 교육은 성년들에게 가능한 한 광범위한 지식의 토대를 제공하여, 그들로 하여금 스스로 계속 배우고 또 그들의 지식과 능력을 지속적으로 확대할 수 있도록 하는 데 그 목표를 두어야 합니다.

『문화적 격변』이라는 저서에서 당신은 탈근대사회에서는 가난한 자들이 아니라 부자들이 저항한다는 명제를 내놓았습니다. 이것은 어떻게 이해해야 합니까?

우리 한번 오늘날 정치적으로 적극적인 사람들은 과연 누구이며 또 왜 그런가를 생각해봅시다. 일반적으로 그들은 경제적으로 안정된 집안 출신이며, 높은 교육 수준을 지닌 탈물질주의자들입니다. 우리들의 조사자료에 따르면 교육 수준이 높으면 높을수록 스스로 정치적으로 참여할 수 있다고 느낄 개연성이 높습니다. 탈물질주의자들은 환경보호, 인권, 평화에 크게 찬성하며, 전쟁, 핵에너지, 핵폐기물운반 등 기타 유사한 것들에 대해 저항합니다.

우리들의 조사결과에 의하면 세대가 바뀌면서 정치적 참여가 서서히 증가하고 있습니다. 앞으로 더 많은 성인들이 탈물질주의자 집단에 속할 것이기 때문에, 우리는 광범위한 공공영역 차원에서 정치적 참여에 기꺼이 나서는 사람의 수가 점차적으로 증가하리라고 말할 수 있습니다. 관심과 활동의 폭은 단기적으로는 유동적일 수 있지만, 장기적으로 볼 때 과거와의 분명한 차이는 상당 기간 지속될 것입니다.

하지만 광범위하게 퍼져 있는 정치 혐오는 이러한 조사결과와 반대되는 것입니다. 낮은 투표 참여율을 어떻게 설명하시겠습니까?

물론 우리의 민주주의에서 투표장에 가는 것이 분명 중요한 정치적 행위이긴 합니다. 그러나 낮은 투표율만 가지고는 사회 내의 정치적 참여 잠재력이 어느 정도 되는지를 제대로 알 수가 없습니다.

정당들, 노동조합들, 종교제도들은 무엇보다 그 중요성이 감소했습니다. 왜냐하면 새로운 정보와 커뮤니케이션의 가능성을 통해 정치적 참여의 전망이 열렸기 때문입니다. 정치적 주제를 토론하거나 또는 정치적으로 적극적이 되기 위해서 사람들은 더 이상 당원, 조합원, 교회 신도가 될 필요가 없습니다. 더욱더 많은 사람들이 시민주도 운동모임 (Bürgerinitiative)을 만들거나 신사회운동에 가담합니다. 신사회운동은 그 동기, 스타일, 목표 면에서 기존의 정치 참여 형태들과 차이가 있다는 점에서 새로운 것입니다. 사람들은 아주 독특한 목표들을 추구하며, 새로운 가치체계가 행동을 유발하고 있습니다. 기존의 정치적 권위들은 점점 더 사라지는 경향을 보이고 있습니다. 점점 더 정치는 제도하에서 이루어지지 않고, 공공성의 검증이라는 시각하에서 더 많이 일어나고 있습니다.

『근대화와 탈근대화』라는 저술에서 당신은 인류 역사상 존재했던 거의 모든 형태의 사회들은 사라졌다고 했습니다. 그러면 언제 탈물질주의가 사라집니까? 탈근대사회 이후에는 어떤 사회가 옵니까?

이에 대해서는 그렇게 일반적으로 답할 수 없습니다. 현재 우리는 매우 상이한 발전들 속에 살고 있습니다. 그러나 저는 탈물질주의적 가치가 의미를 상실했다는 어떠한 징후도 보지 못했습니다. 대부분의 나라들에서 탈물질주의자들의 수는 증가하고 있으며 여러 면에서 오늘날 탈물질주의적 이념의 정치적 영향력은 20, 30년 전보다 더 커 보입니다. 탈물질주의자들은 높은 수준의 생활 만족도와 인간간의 신뢰를 가지는 특징이 있으며, 사회의 혁명적 변화에 대해 별로 관심이 없습니다. 오히려 그들은 자신들의 나라에서 어떻게 민주주의가 기능한가 하는 문제를 다루는 것에 만족하며, 이런 관점에서 정치에 대해 자주 토론을 합니다.

일반적으로 볼 때, 문화적 변동은 많은 사람들이 새로이 주어진 환경에 제대로 대처할 수 없다는 위험을 수반합니다. 전통적 기준으로만 생각하고 쉽게 불안에 빠지는 사람들은 중압감을 느낄 것입니다. 하지만 반대로 열려 있는 사람들은 탈물질주의적 목표들을 계속 간직할 것이며 더 많은 자유와 평화, 환경보호를 위해 나설 것입니다.

카린 크노르-세티나

지식사회

생애   카린 크노르-세티나(Karin Knorr-Cetina)는 1944년에 태어났으며, 독일 빌레펠트 대학의 사회학 교수이다. 그녀는 '세계사회연구소'의 공동창설자인데, 이 연구소는 특히 전지구적 금융시장의 구성과 현대 지식사회들을 전지구적 맥락에서 연구하고 있다. 그녀의 연구분야는 사회적 지식과정에 대한 연구를 비롯하여 사회학 이론과 새로운 경제사회학이다.

"사회학의 대상으로서의 사회는 너무나 빠르게 변화하기 때문에, 우리가 현재 가지고 있는 지식 틀과 설명 틀로는 이를 따라잡을 수 없다"라고 크노르-세티나는 말하고 있다. 그녀는 아마도 바로 이런 이유에서 학문적 지식습득의 다양한 메커니즘과 진행방식에 대한 연구에 전념하고 있는 듯하다. 그녀의 연구영역은 고에너지물리학, 분자생물학이라는 '미개척 분야'인데, 이 두 자연과학영역에서는 실험실 조건하에서 무생물과 생물 물질의 기초에 관한 연구가 이루어지고 있다. 크노르-세티나는 지식이 형성되는 맥락과 생산되는 과정을 경험적으로 파악하여 "우리가 어떻게 알게 되는지, 그리고 우리가 무엇을 아는지"를 보여주려 노력한다. 이외에도 그녀는 전지구적 금융시장에 아주 매료되어 있다.

"경험할 수 있는 공간의 경계를 넘어서 내다보고자 한다면, 그 경계에까지 다가서야만 한다"라고 말하면서 그녀는 자신이 하는 연구의 의의를 지적하고 있는데, 이 연구를 통해 그녀는 새로이 발견할 수 있는 공간들이 열린다고 본다. 그녀는 '극단적 제도들'을 연구하려 한다. 왜냐하면 그녀가 보기에 그 속에는, 현재의 사회적 변화를 좀더 쉽게 진단할 수 있는, 사회 메커니즘들이 실험되고 또 미리 작동되기 때문이다.

■ 주요 저작들

- Karin Knorr-Cetina. 1981, *The Manufacture of Knowledge: An Essay on the Constructivist and Contextual Nature of Science*, Oxford: Pergamon Press. — 『지식의 제작: 과학의 구성주의적, 맥락적 성격에 관한 에세이』
- _____. 1999, *Epistemic Cultures: How the Science Make Knowledge*, Cambridge(Mass.): Harvard University Press. — 『인식적 문화: 과학이 지식을 만드는 방법』

우리가 알고 있는 것을 어떻게 우리는 알 수 있을까?

개념 카린 크노르-세티나에 따르면, 산업사회에서 지식사회로 이행할 때 나타나는 가장 큰 특징은 전문적 지식이 더 이상 학문 연구의 독점물이 아니라는 사실이다. 전통적으로 학문을 이해했던 방식과는 달리 학문은 이제 단일체로서 존재하지 않으며, 지식은 오히려 여러 장소에서 생산되고 있다. "사회의 거의 모든 분야에서 전문가들은 지식을 생산하는 일에 전념하고 있다"고 그녀는 말한다. 그들은 우리가 활동하고 있는 세계를 체계적으로 구성한다. 비록 사람들이 그들의 존재를 의식하진 못하지만, 그들은 실제로 도처에 존재하고 있다. 예를 들어 모든 대규모 은행에는 투자자들이 어떤 주식을 사야 할지를 자문해주는 분석가들로 구성된 부서, 금융시장의 동향을 철저하게 기재하고 분석하는 경제전문가들, 그리고 조직의 원활한 운영을 위해 고심하는 전략가들이 있다. 이러한 전문가들은 지속적인 지식생산을 통하여 이른바 우리가 행위하고 의사소통하는 구조들을 결정한다.

크노르-세티나는 사회의 더 많은 분야에서 핵심적인 중요성으로 부각되고 있는 연구결과들에 관심이 많다. 누가 어떤 지식을 이용하는지, 어떻게 이 지식이 생산되며 또 이 지식이 사회환경에 어떤 영향을 미치는지를 알아내기 위해 그녀는 여러 지식분야를 비교한다. "어떻게 우리가 알게 되며, 또 무엇을 우리가 알고 있는지," '우리의 인식방법과 인식대상'을 규명한 연구결과를 그녀는 1999년에 출간한 『인식적 문화』라는 책에서 요약하였다. 이 책은 아직 영어판만 출간되었다.

크노르-세티나에 의하면 지식사회의 뿌리는 인식활동이라는 특성에 있다. 따라서 그녀는 어디서, 어떻게 이 인식활동이 전개되는가에 주목할 것을 요구한다. 그녀의 분석에 따르면 열쇠는 인식적 문화들을 연구하는 데 있다. 즉 지식이 체계적으로 생성되는 지식기반의 맥락을 이해해야 한다는 것이다. 특히 실험실은 사회가 응축된 장소로서 중요성을 가진다. 왜냐하면 학자의 머릿속에서가 아니라 실험실에서 과학적 지식이 생겨나기 때문이다.

그래서 크노르-세티나는 사회과학적 분석들이 지금까지 관심을 두
지 않았던 고에너지물리학, 분자생물학, 금융시장 같은 지식영역들을
특히 선호한다. 크노르-세티나에 따르면 이 세 지식영역들은 사회와
사회의 가속화된 변화과정을 새로이 관찰하는 데 매우 중요하다. 왜냐
하면 이 영역들에서는 다른 지식영역들에 적지 않은 영향력을 미치는
메커니즘들이 연습삼아서 미리 실행되기 때문이다.

따라서 우리는 경험적 관찰의 집중적 단계에 몰두해야만 하며, 이
로부터 역사와 사회에 존재하는 지식의 새로운 토대들이 형성될 수 있
다. 새로운 연구방법은 기존 학문연구의 형식들을 해체해야만 한다.
왜냐하면 기존의 형식들은 인식과정과 주요사건들을 학문 속에서 밝
히지 못하고 오히려 '블랙박스'로 간주했으며, 스스로 학문적 제도들
에 관한 분석에만 머물렀기 때문이다. "만약에 우리가 지금까지 해왔
던 식으로 한다면, 우리는 더욱더 많은 사회영역들을 분석에서 제외시
키게 될 것이다"라고 그녀는 말한다.

그녀에게 있어 중요한 점은 지식사회의 특징은 1차적으로 학문적
생산물이 있다는 것이 아니라, 오히려 무엇보다 지식구조가 사회구조
속으로 침투해 들어가고 사회조직의 일부가 지식구조로 대체된다는
사실이다. 이것은 대상관계―즉 인간이 아닌 대상들, 특히 지식에 기초한
대상들과의 관계―가 인간관계와 경쟁하는 변화(대상관계가 기존의 사람
대 사람 관계를 대체할 수 있다는 의미―옮긴이)로 이어질 수 있다. 따라서
기술적 정보구조 속에서 어떤 커뮤니케이션이 일어나는지를 이해하는
것이 중요한데, 여기서 문자화된 상호작용은 사회학자들이 오래 전부
터 성공적으로 분석해왔던 대면상호작용(Face-to-Face-Inter action)과는
다른 것이다. 또 지식이 생산되는 장소들에서 무슨 일이 일어나는지를
이해할 필요가 있다. 왜냐하면 이 장소들은 지식사회에서 '사실을 생
산하는 공장'으로서 산업시대의 공장과 비슷한 의미를 지니기 때문이
다. 마찬가지로 지식의 생산, 통용, 번역에 있어서 초국가적 '인식적
문화들'을 주목해야 한다. 왜냐하면 이 문화들은 영토적으로 구분되어

존재했던 많은 문화들 위에 존재하기 때문이다. 지금까지 사회학은 이 문화들에 대해 거의 연구하지 않았다. 더 많은 관심을 요하는 마지막 영역은 지식체제 자체의 변화들을 의미한다. 예를 들어 지식들을 구성 (Konstruktivität)하는 것이 점점 늘어나면서, 단순한 서술(Deskriptivität)적 지식은 밀려나는 것 같은 변화 말이다.

크노르-세티나에 의하면 사회는 사회적 행위자의 배후에서, 서로 관련되고 또 서로 버팀목이 되는 단계적 변화들을 통하여 지식사회로 이행한다. 이러한 진행과정은 마치 바이러스가 여러 곳으로 퍼져나가 는 것과 비슷하다. 바이러스 감염은 언제나 있는 것이다. 그런데 특히 바이러스가 사회질서의 기본 구조에 침투하게 되면서, 이 기본 구조는 내부로부터 변화하는 것이다.

공통질문

1. 당신은 스스로를 사회이론가나 사회비평가 또는 사회설계가로 생각합니까? 아니면 그저 동시대인으로 생각합니까?

저는 제 자신을 이론가로 생각하지 않습니다. 왜냐하면 저는 일련의 경험적 연구들을 하고 있고 또 그러한 연구들을 추진하는 일을 중시하고 있습니다. 저는 마찬가지로 사회비평가도 아닌 것 같습니다. 독일 사회에서 사회비평은 하나의 아주 특정한 사회학적 흐름입니다. 이것은 특히 제2차세계대전 이후 테오도어 아도르노(Theodor Adorno), 막스 호르크하이머(Max Horkheimer)와 기타 학자들을 중심으로 한 프랑크푸르트 학파(Frankfurter Schule)와 밀접한 관련이 있습니다. 그런데 이 전통은 사회학보다는 정치철학적 성격이 더 강합니다. 따라서 이렇게 말해보겠습니다. 저는 무엇보다 관찰을 중요시합니다. 사회라는 용어가 앞에 붙는 개념을 제가 꼭 선택해야만 한다면, 저는 제 자신을 사회관찰자로 내세우고 싶습니다. 사회관찰이라는 것은 다시 말해 우리가 미시와 거시의 차원에서 할 수 있는 일을 의미하며 저는 이에 흥미가 많습니다.

2. 우리가 살고 있는 사회는 도대체 어떤 사회입니까?

사회는 결코 어떤 단단한 물체가 아닙니다. 사회는 하나의 개념으로 서술할 수 없으며 또 그러한 개념으로 사회 전체를 파악했다고 생각할 수도 없습니다. 저는 일반적 사회개념에 문제가 있다고 봅니다. 이 개념은 국민국가와 관련된 표현으로서 현재의 세계화 조건에서는 더 이상 사회를 담는 그릇 역할을 할 수 없습니다. 따라서 사회개념 전체의 타당성 문제가 제기됩니다. 오늘날 사회는 그 형태가 변화하고 있습니다. 그러나 전체로서 형태가 변하는 것은 아니고, 그 안의 여러 영역들이 변화하고 있습니다. 이 영역들 중 일부는 서로 중첩되면서 변하기도 합니다만, 또 다른 영역들은 서로 다른 방향으로 변화하고 있습니다. 그러므로 변화에 대한 매우 많은 진단들이 있습니다. 제가 흥미롭게 생각하는 것은 지식사회적 변화의 측면인데, 사회성 자체의 변화에도 관심을 가지고 있습니다. 우리는 탈사회적 사회로 이행하고 있습니다.

3. 이 사회의 긍정적인 면과 부정적인 면은 어디에 있다고 보십니까?

독일인들은 현대 독일 사회가 강점보다는 결점이 더 많다는 인상을 가지고 있습니다. 불행하게도 독일 사회의 과거 강점들은 약점들로 바뀌었습니다. 상대적으로 강력한 내적 동질성, 훌륭한 교육제도, 사회 파트너들간의 광범위한 합의 등 이 모든 것들은 독일 경제의 기적을 이룩한 토대입니다. 하지만 이러한 토대는 해체되고 있고, 독일의 정치는 이를 대신할 어떤 것도 제시하지 못하고 있습니다. 독일 정치는 여러 영역들에서 좀더 일찍이 대처해야 했지만 그렇지 못했으며, 일부 사안들은 시기를 완전히 놓쳐버렸습니다. 이것은 연금제도개혁 문제만 되돌아보아도 알 수 있습니다. 그런데도 아직 세계화에 적절하게 대응할 어떤 전략도 없는 상황입니다. 그밖에도 독일 사회에는 일련의 특징적인 약점들이 있습니다. 교육제도, 특히 대학교육 역시 엉망인 상태입니다. 여기서 우리는 사회제도들이 지적이지 못한 사회서비스 조직과 민첩한 사회서비스 조직으로 분화되는 것을 발견할 수 있습니다. 전자는 스스로 잘 변화하지 않으며 게으름이 생활양식이 되어버린 집단이고, 후자는 지적으로 행동하고 또 배우려고 노력하는 집단입니다. 그러나 아쉽게도 현재 후자는 대학보다는 산업과 교역분야에서 찾아볼 수 있습니다.

4. 사회에서 당신의 역할은 무엇입니까?

저는 한편으로 연구자이며 다른 한편으로는 강의를 하면서도 스스로 새로운 것을 배우는 대학의 선생입니다. 연구자라는 것은 저에게 아주 중요한 역할입니다. 연구는 어떤 것을 이해하지 못해 화도 나고 자극도 되는 무언가를 탐구하는 것입니다. 저는 사물을 규정하고, 진단하며 그에 대한 관념을 구성하기도 합니다. 또는 차라리 투사(Projektion)를 한다고도 할 수 있는데, 이를 통해 현실과 주변 동료세계에 도전합니다.

5. 사회소설 가운데 어떤 것을 좋아합니까?

사회소설은 무엇보다 독일의 특정한 소설전통에 적용되는 개념입니다. 우선 저는 영어로 쓰여진 소설을 읽습니다. 제가 큰 흥미를 가지고 읽은 사회소설은 존 업다이크(John Updike)의 『네 마리 '토끼'』시리즈 입니다. 즉 『토끼의 심장』, 『우주비행사의 달 아래』, 『보다 더 나은 관계』, 『쉬고 있는 토끼』입니다. 업다이크는 이 소설들에서 미국 사회의 표면 아래를 심층적으로 파고들고 있습니다.

6. 당신이 즐기는 게임에는 어떤 것이 있습니까?

우리는 물론 지식영역에서 게임을 합니다. 학술대회는 일종의 사회적 게임입니다. 여기서는 지적인 내용만이 중요한 것이 아닙니다. 상황역시 새로이 재편되며, 다른 학자들을 견주어보고 또 관찰합니다. 종종저는 마치 비엔나 극장(Wiener Theater) 같은 상황이 연상됩니다. 상연되는 작품보다는 누가 누구와 함께 거기에 있었는지, 어떤 의상을 입었는지 등이 더욱더 중요합니다.

7. 어떤 모임을 좋아합니까?

우선 지적으로 재미있으며 또 감정적으로 열려 있는 사람들의 모임을 좋아합니다. 아쉽게도 이러한 양면을 다 갖춘 사람을 자주 만나기는 어렵습니다. 같은 분야의 동료들을 만나는 모임을 저는 매우 즐깁니다. 학자들은, 그 구성원들이 몇 년 뒤에도 다시 만나게 되는, 그야말로 국제적인 공동체입니다. 같은 영역에서 일하는 사람들과 대화를 나누는 것은 흥분되는 일이며 또 많은 자극이 됩니다. 이것은 마치 추리소설과 비슷합니다. 거기서 예전에 발견하지 못했던 것을 발견해내곤 합니다. 물론 만나는 모든 사람들이 즐거운 것은 아닙니다.

8. 당신이 소속되어 있다고 느끼는 사회집단은 어떤 것입니까?

저는 교수입니다. 하지만 교수집단에 소속감을 느끼지는 않습니다. 저는 저를 고전적 의미에서의 학자로 느끼지 않습니다. 오히려 저는 한편으로는 과학자와 연구자를, 그리고 교수와 학자를 다른 편으로 구분합니다. 교수와 학자는 지위를 얻고 유지하려 하고, 특정 연구소의 행정을 맡아야만 합니다. 한편 과학자와 연구자들은 지식시장 안에 들어 있습니다. 그들은 자본주의적 사회질서가 그런 것처럼 서로 경쟁을 하고 생산물을 만들어내야만 합니다. 즉 그들은 연구물을 발표하고 또 관심을 불러일으켜야만 합니다. 그런데 바로 그런 지적 시장에 저도 놓여 있으며 그 자체에 저는 매력을 느끼기까지 합니다.

9. 당신이 사회적으로 중요하다고 평가하는 사람은 누구입니까?

이 질문은 '사회적 중요성'을 가진 사람은 어떤 사람인가 하는 것이
군요. 사람들은 대부분 중요한 사람들 하면, 조명을 받는 사람들로 생
각합니다. 우리는 단지 일정 거리를 두고서만 그 사람들을 관찰할 수
밖에 없음에도 그들을 경탄합니다. 우리는 그들에게 어떤 특성을 부여
하지만, 실제로는 그 사람들 개인에 대해 전혀 아는 바가 없습니다. 따
라서 사회과학자로서 저는 차라리 어떻게 개인신화가 만들어지는가
하는 문제에 더 관심이 있습니다. 개인신화의 형성은 여러 사회들에서
아주 다르게 나타납니다.

10. 당신이 생각하는 이상적 사회는 어떤 사회입니까?

사회가 어떻게 발전해나가는지 관찰할 수 있게 사회를 실험실에 집
어넣을 수 있다면 가장 이상적이겠지요. 사회를 축소형으로 만들 수
있다면 이것은 학자에게는 보너스가 된다고 할 수 있습니다. 그러면
왜 제대로 작동하던 사회가 갑자기 변화된 외부조건에 의해 해체되는
지를 분석할 수 있을 것입니다.

11. 당신은 사회를 변화시키고 싶습니까?

누구나 그럴 것이고 저 또한 당연히 그렇게 하고 싶습니다. 대학의
구성원으로 제게 중요한 것은 어떻게 독일의 대학제도를 개선할 수 있
는가를 곰곰이 탐색하는 일입니다. 사회 전체는 우리가 직접 정치에
가담해야만 변화 가능하겠지요. 물론 그렇게 한다고 해도 여전히 그렇
게 많은 변화를 불러일으킬 수 있는 것은 아니지만 말입니다.

12. 미래사회는 어떤 모습이 될 것 같습니까?

제 생각으로 세계화는 가상이 아니라 앞으로도 계속될 현실적인 흐름입니다. 30년~40년이 지나면 우리는 세계화가 그 전체 동력을 가동시키면서 어떤 영향을 야기했는지 알 수 있을 겁니다. 그렇게 되면 이런 질문을 던져야 될 겁니다. 국민국가에 매여 있지 않은 초국가적 사회가 있을 수 있는가? 이런 사회는 어떻게 조직되는가? 국지적 심성을 세계적인 심성으로 변화시키는 데는 대단히 많은 문제가 있을 것입니다. 하지만 제 생각으로는 새로운 흥미로운 가능성들도 있는데, 예를 들면 점차적으로 개인들의 권한이 강화된다는 것입니다. 사회영역에서는 어떻게 결합형태가 변화하는가가 중요한 문제입니다. 만일 사회성이 계속해서 가정과 공동체에서 분리된다면 우리는 이것이 어디로 결집되는가를 주의 깊게 살펴보아야 합니다. 아마도 앞으로 결합은 대상관계로 변할 겁니다. 만일 그렇게 된다면 우리는 '포스트 사회적' 사회 발전의 단계에 진입할 것입니다.

인터뷰

오래 전부터 당신은 지식사회 연구에 전념했습니다. 그리고 지식 과정의 이해를 돕는 여러 권의 책을 직접 썼습니다. 인식의 '제작'에 대한 당신의 저서는 1981년 지식 연구 방향의 바탕을 마련하는 데 일조했습니다. 그리고 그 혁명적 발상은 지식 문제를 경험화하고 인류학적으로 만든다는 데 있습니다. 당신은 지식사회라는 개념을 전제로 했습니다. 전지구적인 결합과 초국가적인 교역관계를 두고 볼 때, 그리고 국민국가적으로 규정된 사회들이 사라지고 있는 사실을 놓고 볼 때 이 개념은 어떤 식으로 이해해야 됩니까?

우선 지식사회라는 개념이 새로운 것은 아닙니다. 지식에 의해 규정된 사회라는 예측은 1970년대에 나온 것입니다. 당시에는 아직 세계화라는 문제는 없었지만, 지식을 경제적 생산력으로 보기 시작했습니다. 그리고 당연히 이것은 지금도 마찬가지입니다. 단순히 자본과 노동만이 아니라 지식과 기술도 경제의 동력입니다. 여기에다가 점점 더 많은 사람들이 서비스 부문에 고용되고 있습니다.

마찬가지로 현재 지식사회라는 개념은 경제를 변화시키면서 추진하는 힘을 가지고 있는 정보구조와 정보기술을 포함하고 있습니다. 물론 지식사회라는 개념을 다니엘 벨로 거슬러 올라가는 그런 구상으로 한정한다는 것은 잘못된 일입니다. 1973년에 나온 『탈산업사회』라는 책에 상세하게 기술된 벨의 구상이 과제로 삼았던 것은 경제에 토대를 둔 변화를 이해하는 것이었습니다. 그것은 그 이후의 버전인 피터 드러커(예를 들면 『탈자본주의 사회』, 1993)나 니코 스테(『노동, 소유 그리고 지식: 지식사회의 이론』, 1994), 그리고 헬무트 빌케 (이 책의 1권 참조) 등도 마찬가집니다. 경제가 다른 사회영역도 설명한다는 마르크스의 가설이 아직도 우리 모두의 뼛속 깊숙이 박혀 있습니다. 따라서 그런 식으로 사고하는 것이 당연하겠지요.

하지만 우리는 오늘날 더 이상 어떤 공통분모나 기원을 갖고 있지 않은 다양한 변화의 흐름 속에서 생각해야만 할 겁니다. 제 생각으로는 지식사회로의 전환의 특징은, 그것이 산업혁명 시대와는 달리 결국은 다른 모든 부문에 대해서도 책임을 떠맡는 생산부문과 관련이 없다는 핵심적 사실입니다. 금융시장과 같이 오늘날 전형적으로 지식에 기초한 많은 영역에서는 아무 것도 생산되지 않거나 생산 자체가 최우선적인 것은 아닙니다. 지식사회로의 전환의 핵심은 일종의 바이러스 감염과 같다고 할 수 있는데, 여타의 감염과 마찬가지로 상이한 장소에 뿌리를 내려, 그 '감염 장소'의 상황에 따라 다르게 확장되는 일군의 전체 바이러스가 핵심이라고 할 수 있습니다.

좀더 구체적으로 말씀해주시겠습니까? 지식사회에 대한 당신의 이해가 어느 정도까지 경제에 기초한 사고를 넘어선다고 보십니까?

사회학적으로 볼 때 지식사회는 제도적인 전환을 통해서 실현됩니다. 이는 권위에 기초한 위계적 경영구조로부터 형식보다는 내용을 중시하고 협력과 참여가 결합된 폭넓은 경영으로 이행하는 것과 비슷합니다. 이때 협력과 권력은 정보의 차단과 독점이 아니라 투명한 정보를 통해서 행사됩니다. 지식구조는 전통적인 조직구조를 분산시키고 밀어냅니다. 하지만 전자가 후자를 단순히 대체하는 것은 아니고, 후자를 한 구석으로 밀어내어, 이 전통적인 구조는 계속 잔존하기는 하지만 동시에 역사적인 것이 됩니다. 전통적인 조직구조는 과거의 항목이라는 성격을 띠게 됩니다. 이렇게 해서 아주 높은 신분이었던 귀족이 지금은 단지 역사적 유물로서만 경탄을 자아내는 그런 영향이 나타납니다.

지식사회가 목표로 하는 또 다른 공격 지점은 사회적 결합들입니다. 울리히 벡을 비롯한 많은 사람들은 계속해서 아주 정확하게, 근대화와 산업화가 얼마나 강력하게 개인화를 의미하는지 강조해왔습니다. 그러나 그것은 인간 외적인 대상들과의 결속을 완전히 무시하는 모델입니다. 하지만 이런 대상들이 바로 지식과정에서 중요한 역할을 하고 있으며, 그것들이 지식사회에서의 사회성을 규정한다고까지 말할 수 있습니다.

당신은 「대상들과의 사회성」이라는 논문에서 대상세계의 발생과 더불어 인간 외적인 대상들에 대한 결속이 증대된다고 말씀하셨습니다. 이 대상관계들은 어떤 모습을 하고 있습니까? 일례를 들어주시겠습니까?

　일례로 생물학자 바바라 맥클린톡이 그녀가 연구하는 식물과 식물 구성요소들과 맺고 있는 관계를 들 수 있겠지요. 맥클린톡은 자신을 식물의 입장으로 바꿔놓을 수 있을 정도였습니다. 그녀는 우리가 인간들에게 말하는 '타자의 역할을 취해 보기(taking the role of others: 미드의 상징적 상호작용이론, 사회화이론에 있어서의 핵심개념—옮긴이)'라고 부르는 그것을 식물들과의 관계에 적용했습니다. 조지 허버트 미드(George Herbert Mead)는 이것을 모든 사회성의 기초라고 기술했습니다.

　맥클린톡은 또한 일종의 자기 연구대상과의 '일치'를 말하고 있습니다. 이 모두는 도덕적 성격도 내포하는 일종의 연대관계와 다르지 않습니다. 사회학자 에밀 뒤르켐도 이것을 가지고 인간의 사회성을 특징짓고자 했지요. 학문적 대상들은 주체로부터 끊임없이 벗어나려는 특징이 있습니다. 하지만 이런 벗어남이 지속적인 추적을 유발시켜 관계를 형성케 하는 작용을 합니다. 대상관계는 학문에만 있는 것은 아닙니다. 우리의 일상은 대상들로 넘쳐납니다. 기술적 대상과 소비 대상, 예술 대상과 디자인 대상, 그리고 다른 여러 가지가 있습니다. 사실 자연이 양적으로 더 늘어난 것은 아니지만 자연에 대한 우리들의 담론과 주의력은 늘어났습니다. 어떤 기술적 대상들은 망치처럼 단순하고 분명한 행위 도구라기보다는 우리가 '거주하는' 어떤 것이 되었습

니다. 오토바이와 자동차, 특히 컴퓨터는 이제는 세리 터클(S. Turkle)의
묘사를 통해 잘 알려져 있듯이 우리 중의 많은 이들이 관계를 맺는 또
우리에게 관계를 요구하는 대상들입니다.

우리는 점점 더 대상관계나 소비재 혹은 유행을 통해서 우리를 실현
하고 있습니다. 점증하는 인간관계의 위기에서 승리자는 대상들이라고
까지 말해야 될지도 모릅니다. 인간의 가장 관심 있는 대상이 인간이
아닌 경우는 지금이 역사상 처음이 아닐까 합니다. 여하튼 포스트 사회
적 관계는 인간영역에서도 또 인터넷에서 볼 수 있듯이 새로운 정보기
술과 의사소통기술을 통해 존재하기도 합니다. 상호작용, 공간과 의사
소통은 여기서 우리가 얼굴을 대면하는 관계에서 알고 있던 것과는 다
른 의미를 갖습니다. 그래서 포스트 사회적이라는 표현이 나오는 것입
니다.

지식사회라는 개념이 진정으로 사회가 어떠한지에 대한 해명을 제공해줍니
까? 아니면 그 개념은 경험적인 구성물에서 나온 결과일 뿐입니까?

제 기본 생각으로 돌아가서 말하자면, 세번째 단계는 지식사회의
구성과 관련이 있습니다. 저 개인적으로는 제 자신의 구성주의와 좀더
최근의 지식사회학의 구성주의를 방법론적 단초로만 보고, 거기에 지
식을 어떻게 이해할 것인가 하는 문제를 연결시켰다고는 생각하지 않
습니다. 이 구성주의는 선명하게 분리 가능하고 독립적인 여러 사회적
부분 영역들의 구성에 뿌리를 두고 있습니다. 이 점에서 저의 입장은
이런 비슷한 것을 주장한 성찰적 근대화라는 테제와 만난다고 봅니다.
지식사회로의 전환은 상당히 집약적인 구성적 성격과 관련되어 있습
니다. 예를 들자면, 오늘날에는 상당수의 전통들을 만들어낸 것으로
봐야지, 자연적으로 발생한 것으로 봐서는 안 된다는 것입니다. 하지
만 지식사회의 구성적 성격에서는 그 이상의 것이 중요한데, 즉 월트

생애   개념   공통질문   인터뷰

디즈니 콘체른 기업이, 물론 지금 봐서는 실패할 것처럼 보이지만 얼마 전에 플로리다에 세운 도시 '셀레브레이션'에서 시도했던 것처럼, 전체 생활형태를 만들어내는 것입니다. 그리고 특히 흥미로운 것은 인터넷의 가상현실에서처럼 그 안에서 작동이 가능한 새로운 현실영역에 대한 구상입니다. 그리고 제가 보기에 이와 같이 인공적 세계를 만드는 것이 현재 우리가 당면한 지식사회로의 전환에서 중요한 구성요소입니다.

당신은 사회의 바이러스 감염에 대해 언급했는데, 당신은 지식이라는 바이러스가 질병과 관련된 의미를 내포하는 데도 긍정적이라고 생각합니까?

많은 질병들은 긍정적인 작용을 합니다. 그것들은 육체 내에서 일종의 재조직화를 이끌어줍니다. 저는 적어도 지식사회로의 전환을 수미일관된 것으로 봅니다. 즉 오래 전부터 발판을 마련한 발전이, 그리고 특히 인류가 바라던 많은 염원, 그것이 자연과 대상세계와의 좀더 많은 결합이든 아니면 자신의 삶과 자연의 힘에 대한 더 많은 통제였든, 그 염원들이 역사적으로 일종의 종착점에 도달한 것으로 봅니다. 통제라는 것이 한 지점에서 합류할 수 있다는, 마치 '모든 것을 장악하는' 것을 의미한다고 생각해서는 안 됩니다. 그것은 종교나 신에 대한 생각으로부터 차후에 감지된 모델이겠지요. 통제는 분배되어 있고, 특화된 형태로 나타나며 상이한 지점에서 분산되었고, 개인화되었습니다. 이런 구상이 정말 의미를 갖는 것이라면 전체 작용이라든지 통괄적인 결과라는 것은 개괄 불능, 그리고 통제 불능 상태로 남을 겁니다. 여하튼 지식사회에서 긴박감을 불러일으키는 문제는 새로운 가능성들이 열렸다는 점이며, 이는 궁극적으로 역사의 개방과 같은 의미를 갖고 있습니다. 지식사회에서 발견의 세상은 다양해지고 있습니다. 저 같으면 프랜시스 후쿠야마와 역사의 종말이라는 그의 테제와는 정반대로 새로운 방향으로 역사가 개방된다

고 말하겠습니다. 하지만 후쿠야마가 말하는 것도 정치적 역사의 종말, 그리고 결국은 국민국가 역사의 종말입니다. 그런 역사는 사실 그 기력이 소진되었다고 할 수 있습니다.

사회과학은 사회를 늘 국민국가적으로 이해해왔습니다. 사회학이 세계화라는 조건하에서 사회를 기술하고 연구하도록 제시할 방법에는 어떤 것이 있을까요?

세계화와 더불어 사회과학은 방법론적으로 근본적인 문제에 봉착했습니다. 우리가 국민국가적인 사회를 대상으로 하는 한, 특정한 수단으로 특정한 양상을 연구하는 일은 비교적 쉽습니다. 세계화된 사회에서는 우리에게 방법론적인 수단이 없습니다. 우리에게 주어진 도구들은 특정한 크기의 현상 영역에 맞춰져 있습니다. 이런 영역은 이제 세계화를 통해서 더욱 커졌으며, 급기야는 폭발 직전에 있습니다. 모든 문화를 동시에 제대로 이해하기란 정말 불가능합니다.

해결책은 새로운 협력방식을 발전시키는 것이겠지요. 의사소통은 내부에서 외부로 전환되어야 할 것이며, 사회과학의 모든 분과의 학자들과 다양한 문화권의 학자들이 더욱 협력하고 서로 의사교환을 더 많이 해야 할 것입니다. 지금까지 우리는 이 의사소통의 문제를 해결하지 못하고 있습니다. 그것은 의사소통이 단지 언어와 결합된 것이 아니라 문화와 결합되어 있기 때문입니다. 우리는 방법들을 초국가적 영역으로 전환시켜야 합니다.

지식사회가 일반적으로 정확히 알려져 있다고 보십니까?

분명히 제대로 알려져 있지 않습니다. 우리가 지식사회를 단순히 생산력으로서의 지식의 역할 또는 사회 내에 이전보다 많은 양의 지식과 지식의 산물이 존재하고 있다는 식으로 이해해버리면 사태를 너무 안이하게 보고 있는 겁니다. 애당초 '지식사회'라는 용어는 단순히 지식경제만을 의미하지 않기 때문에 흥미로운 것입니다. 그렇지 않다면 그냥 '지식경제'라는 말을 쓰면 되니까요. 지식사회라는 용어는 사회적 구조와 문화의 더욱더 심원한 변화들을, 예를 들어 인간적 기능들이 정보구조로 대체된다는 것 등을 지적해야 합니다. 그런 변화들이 정확히 어떤 모습을 띨지, 그리고 그것들이 어떻게 새로운 개념 구상으로 이어질지는 아직 대단히 불분명합니다.

당신이 이해하고 있는 지식이란 무엇이며, 그와 연관지어 인식적 문화란 무슨 말인지요?

우선 저는 지식 개념을 현재 지배적인 견해에서처럼 제한하고 싶지 않습니다. 그 견해에 따르면 지식이란 다니엘 벨처럼 대개 학문적 이론을 의미하거나 확실한 지식이라는 의미에서 지식의 산물들을 의미하며, 그리고 여기서 지식은 '인식적'이란 말과 등치됩니다. 이와 반대로 제게는 지식 과정이 —그걸 인식론적 실천이라고도 할 수 있겠지요— 전면에 부각됩니다. 이때 그 결과가 참이건 거짓이건 혹은 다른 어떤 것으로 지칭되건 개의치 않습니다. 이 과정은 또한 재미를 강조하는 요소와 감정적인 요소를 지니고 있습니다. '사고'나 인식으로 지식을 제한하면 지식이 세계를 만들어내는 적극적인 양상도 또 결합양상과 관계양상도 파악하지 못하게 됩니다. 지식은 과정이며, 이때 세계 지평선의 한 조각이 이동하게 됩니다. 우선 일단은 모든 것을 열린 상태로 두기 위해서 정의를 불분명하게 할 필요가 있습니다. 우리는 겨우 이러한 발전의 출발선에 서 있습니다.

제가 말하는 인식적 문화는 그냥 지식이 생산·관철되고 '타당성'을 얻는 문화입니다. 그것은 지식과정과 연관해서 형성되는 문화입니다.

이때 문제는 이런 문화들이 지금까지는 거의 무시되고 있었다는 점입니다. 우리는 문화 개념을 인종, 사회, 하위집단, 조직, 심지어는 가족에게도 적용했습니다. 하지만 지식분야에는 적용하지 않았지요. 우리는 학문의 통일이라는 관점에서 출발해, 마치 단일하고 거대한 블록을 다루는 것처럼 '학문'에 대해 말합니다. 여기서 문화 개념이 수행하는 역할은 전혀 상이한 분야의 지식 전략의 차이와 변형, 그리고 그 각 분야들의 비교에 주목하도록 만든다는 점입니다. 제 생각에 사회학과 고에너지물리학은 둘 다 학문분야이기 때문에 좀더 비교가 용이하고 더 밀접한 관련이 있는 반면, 사회학과 비학문적인 분야인 정치의 관계는 그렇지 못하다고 보는 것은 전혀 자명하지 않습니다. 이는 학문이라는 개념을 통해 동질성과 공속성(Zusammengehörigkeit: 공통으로 속해 있다는 의미—옮긴이)이 있다는 인상을 주지만 사태를 좀더 정확히 관찰해보면 그렇지 않습니다.

문화 개념은 지식사회의 과제가 단순히 조직 문화들을 연구하는 것만이 아니라, 인식적 문화와 지식문화를 연구하는 것이라는 점을 보여주기도 합니다. 인식적 문화와 지식문화가 그에 맞는 가치를 부여받고 또 투명해져야 합니다.

그같은 인식적 문화들은 어떤 모습을 띱니까?

저는 고에너지물리학의 인식문화를 연구했고 지금은 경제학, 특히 금융시장 분야의 연구에 몰두하고 있습니다. 고에너지물리학에서는 현재 2,000여 명이나 되는 물리학자들이 참여하는 전지구적 실험이 행해지고 있습니다. 이 분야가 대단히 흥미로운 까닭은 제가 제 자신의 분과에서는 상상도 할 수 없는 시도들이 성공적으로 이루어지고 있기 때문입니다. 물리학에서는 자주 '부정적 지식'과 '한계적 지식', 말 그대로 지식의 한계에 대한 지식을 가지고 작업합니다. 물리학자들은

이러한 인식 전략을 통해 자기들의 무지에 대해 점점 더 잘 알고 이를
통해 자신들의 실수와 한계를 가다듬으려고 합니다. 은유적으로 말하
자면 그들은 자신들 세계의 부정형을 만들어내고, 이 부정형으로부터
직접적인 인식이 거의 불가능한 세계를 추론해냅니다. 그들에게 이 부
정형 세계는 실재하는 것이며, 물리적 사물과 과정의 세계는 그림자가
되는 것입니다. 이 한계적·부정적 인식 전략 분야가 얼마나 발달해 있
는지 정말 놀랍습니다.

분자생물학과 같은 다른 학문들은 완전히 다른 인식전략을 가지고
작업하는데, 거기서 무지는 사회학에서 그것이 거의 아무런 역할을 못
하는 것처럼 관심의 중심에 서 있지 않습니다. 분자생물학에서는 실험
실에 존재하는 실재 대상세계를 가지고 긴 접촉사슬을 만들어내려 합
니다. 그리고 이 접촉이 작동하지 않으면 전략을 변형시키지요. 대상
에 따라 전략이 규정되는 것입니다. 이러한 변형전략이나 선택전략은
대체로 기능하지 않는 것의 원인 연구에 바탕을 두는 물리학자들의 연
구와 다르다는 점에서 '맹목적'이라고 할 수 있습니다. 여기서 분자생
물학이 선택하는 전략은 그 자신의 생물학적 모델과 비슷합니다. 이러
한 '자기 유사성', 즉 비슷한 모델관은 완전히 상이한 학문적 활동영
역, 즉 실험적 전략들이나 또 연구조직 등에서 반복되어 나타나는데,
이는 학문적 분야의 문화성(Kulturhaftigkeit)을 설명해줍니다. 상이한
부분 양상을 넘어서는 유사한 구성원칙 때문에 그 전체는 참여자들에
게 파악 가능하고 투명하며 설명할 수 있는 것이 됩니다. 사물들은 우
리가 그것들을 다루는 방식과 완전히 다른 것일 수는 없다고 참여자들
은 생각합니다. 우선 상이한 학문 분야들을 비교하고 나면 사물들이
다른 식으로도 형성될 수 있다는 사실이 드러납니다.

또 바꿔서 보면 금융시장의 애널리스트들, 기타 전문가들의 인식전
략은 다르지요. 여기서는 관찰의 연속성이 눈에 띕니다. 여기서는 실
험을 하지 않으며, 그 주식가치를 예측하기 위해서 기업의 문화와 종
업원들에 관한 자료도 만들지 않습니다. 일관되게 지속적인 관찰에 초

점을 맞춤으로써 신속한 진술이 가능해지며, 이는 다시 '이야기'들을 통해 흥미를 끌게 됩니다. 기본적으로 사람들에게 확신을 불러일으키는 것은 주식의 가치가 아니라, 주식의 미래를 전망하는 '이야기'입니다. 여기서 인식론적 문제 전반의 위치 변동이 나타납니다. 즉 '발견의 맥락'으로부터 다음과 같은 곳, 자연과학에서는 합의형성의 영역이라고 하고, 시장에서는 고객들에게 관심을 끌어 수용되는 영역이라고 하는 그곳으로 인식론적 문제가 이동합니다.

사회과학자들은 어떤 지식전략을 사용하며, 사회적 연관관계에 대한 지식을 획득하기 위해 어떤 식으로 작업합니까? 그들이 마치 은행의 애널리스트들처럼 사회의 향후 움직임을 보여주는 세계지도를 만들 수 있습니까?

　지식전략은 세계화라는 관점에서 새롭게 그 사고를 재편해야 합니다. 저는 비교문화적 입장이 더욱더 강력하게 대두될 것이라고 봅니다. 물론 이때 무조건 국민국가적 문화들을 비교하는 것이 아니라 전지구적인 장(場, Feld)들을 다른 장들과 혹은 국지적인 구조와 비교하는 것입니다. 전지구적 외환시장의 문화, 그러니까 가장 거대한 양의 화폐가 넘나드는 시장의 문화는 어떤 모습일까요? 이 시장은 마찬가지로 전지구적으로 작동하는 미디어 전문가들의 문화나 지역 시장과는 다를까요? 만약에 다르다면 어떻게 다를까요? 아마 가장 중요한 점은 —제 가설에 따르면— 많은 전지구적 분야들이 미시적 구조들에 의해서 펼쳐진다는 점입니다. 전지구적인 금융 이동의 매개체는 대화(對話, Konversation) 구조입니다. 따라서 초국가적이고 전지구적인 행위의 장을 분석하기 위해서는 대화 분석과 같은 미시 사회학적인 방법을 이용해야 합니다. 이런 행위의 장들은 또한 '중심'으로부터 작동하려는 경향을 보이고 있습니다. 금융시장에서 그것은 런던, 뉴욕, 도쿄, 취리히 등과 같은 몇몇 도시에 있는 대규모 은행들의 거래 공간입니다. 이런 중심부에서는 관찰과 면밀한 기록이 적용되어야 합니다. 미시사회학적인 방법은 지역과 맺고 있는 편안한 밀착 관계를 떠나 스스로 전지구적인 분석의 1차적 방법으로 이해해야 합니다. 반대로 네트워크 분석도 유용하겠지요.

사회과학이 자연과학에서 배울 점은 무엇입니까?

사회과학이 자연과학에서 배울 수 있는 것은 다양합니다. 만일 고에너지물리학이 오랜 시간에 걸친 대규모 실험을 성공적으로 수행한다면 이것은 저절로 이루어진 과정이 아니라, 조직상에 있어서의 성과라 할 수 있습니다. 그것은 고에너지물리학도 애써 이루고자 했던 성취이며, 고에너지물리학은 자신이 발전시킨 메커니즘을 발견한 것입니다. 그것이 어떻게 그런 메커니즘을 발전시켜 실제로 작동시켜보았는지 관찰할 수 있습니다. 따라서 이런 질문이 대두되겠지요. 물리학은 어떤 메커니즘을 통해 그러한 조직상의 성과를 이루었는가? 이런 메커니즘 중 일부를 사회과학에 적용하는 것은 전혀 어렵지 않다고 봅니다. 왜냐하면 대단위 프로젝트를 실행하려면, 자료라는 것이 개개인에 의해서는 가공될 수 없기 때문입니다. 또 전지구적인 협력의 경험을 학문 이외의 분야에도 적용할 수 있다고 보는데, 그런 경험들이 산업과 교역에서도 요구되고 있기 때문입니다. 많은 학문 분야들은 어떤 특정한 사안에 있어서는 선도적 역할을 수행하여 해결전략을 제시해줍니다. 하지만 제가 제 동료인 클라우스 아만(Klaus Amann)과 함께 연구한 분자생물학과 같은 자연과학 분야로부터 사회과학이 협업과 작업전략, 프리젠테이션 기술, 그리고 학문적 작업이 연계성을 갖는 실험실의 중요성 등은 배울 수 있다고 봅니다. 또 그런 연계성으로 학문적 후학들을 끌어들이는 것이 중요하다는 것도 배울 수 있겠지요.

유감스럽게도 우리는 여전히 1960년대에 있었던 실증주의 논쟁과 비판이론의 여파에 시달리고 있습니다. 그 여파로 한편에는 자연과학, 다른 한편에는 인문과학이 자리잡게 되었지요. 그것은 멋지고 커다란 이론적 논쟁이었습니다. 하지만 유감스럽게도 그 토대를 철학과 정치비판에 두었지, 해당 학문들에 대한 경험적인 세부지식에 두지 않았습니다. 그 결과는 차이의 수사학이었고, 이는 언제든지 상대방으로부터 배우는 것을 방해하기 위해 동원될 수 있었습니다. 아마도 학문에서는 언제나 새롭게 출발하는 일이 중요할 것입니다. 이것은 자연과학과 인문과학이라는 거대한 이분법과 관련해서 우리에게 주어진 확실한 과제입니다.

우리들의 관심을 사회에서의 지식과정에 집중시킨다면 사회의 다른 양상들은 시야에서 벗어나는 것이 아닐까요? 우리가 어떤 식으로 사회적 현실을 더 정확히 그려내어, 우리가 진정으로 어떤 사회에 살고 있는지에 대한 질문에 답할 수 있다고 보십니까? 혹은 임마누엘 칸트가 자신의 인식 프로그램과 관련해서 아주 뚜렷하게 표현한 것처럼, 우리는 무엇을 알 수 있으며, 무엇을 바랄 수 있으며, 무엇을 해야 할까요?

저는 사회적 현실을 직접적으로 모사할 수 있다고 생각하지는 않습니다. 하지만 제 생각에 우리가 사회를 재구성하는 것은 가능하며 현재의 변화에서 핵심적 차원들을 명명하고 이것들을 더 정확히 연구할 수는 있다고 봅니다. 사회과학의 근본적인 역할은 사회에 대한 '지능 (intelligence)'과 같은 것을 만들어내는 것이 아닌가 생각합니다. 우리는 이것을 외부로부터 사회가 자기 자신을 관찰하는 일종의 제2의 두뇌로 볼 수 있겠지요. 물론 이런 비유는 곧바로 철회되어야 하는데, 그 이유는 사회과학에서 외부의 '지능'은 하나의 지붕 아래 모여 있는 것이 아니라 분산되어 있으며 또 그것 자체가 사회체계이기 때문입니다. 이 외부의 지능이 잘 작동하면 아마도 신경조직과 같이 작동하겠지요. 사회과학자들은 사회로부터 정보를 받아들임으로써 이 사회에 몸을 밀착시키고 부단히 작업을 수행하는데, 이렇게 해서 사회를 넘어서고 사회의 발전을 제시하는 진단을 내리고 그에 따른 프로젝트를 수행하게 됩니다. 저는 현재의 흐름에 대한 다양한 평가들을 대단히 긍정적으로 생각합니다. 하지만 대개의 경우는 그 평가가 그렇게 충분히 세밀하지는 않지요. 그렇다고 해도 이런 평가를 가지고 세계화에 대한 분석들을 들여다보면 거기에는 흥미로운 흐름들이 많이 있습니다.

예를 들면 제가 재직하는 대학에서 관심을 가지고 있는 것은 지역성으로부터 벗어난 새로운 차원의 사회적 형태들이 발생한다는 사실입니다. 그런 형태들이 존재하고 또 어떤 식으로 그것들이 지역성을 벗어나는지를 우리는 잘 알고 있습니다. 하지만 그 구성원들이 전세계에 분산되어 있고 공동의 규칙체계를 통해 유지되지 않는 상태에서 전지구적인 사회적 장들이 어떻게 서로 통합되는지에 대해서는 많이 알고 있지 못합니다. 몇 년 내에 그런 것에 대한 세분화된 분석이 나올 수 있으리라 기대해봅니다. 지식사회와 관련된 문제들에 대해서도 마찬가지지요. 당연히 우리의 시야는 우리의 일국 사회에 한정되어서는 안 되며 상위의 포괄적 메커니즘을 고려해야 합니다. 지식사회의 차원에서는 이제 사회학을 기술과 대상세계를 벗어난 인간들의 관계에 대한 학문으로 생각하는 것은 버려야 합니다. 왜냐하면 더 이상 그런 학문은 존재하지 않기 때문입니다. 여기서 사회학은 다시 전위적 입장을 취해, 선각자의 역할을 해야 할 것입니다. 하지만 아마도 그것은 지금은 '전통적'이 되어버린 1950년대와 1960년대에 국민국가를 단위로 했던 인문학적 입장과 갈등을 빚을 것이고, 그래서 어려움을 겪고 있습니다.

스콧 래시

정보사회

생애   개념   공통질문   인터뷰

생애

스콧 래시(Scott Lash)는 1945년에 태어났으며, 현재 런던 대학 '문화연구 칼리지'의 학장이며, '골드스미스 칼리지'의 사회학 교수이다. 그의 연구분야는 사회학이론, 기술사회학, 문화사회학이다.

정보의 생산, 분배, 평가에 관한 업무를 맡거나 정보지향적인 직종에서 일하는 사람들이 점점 많아지고 있다. 정보사회를 연구하는 래시는 자신이 정보를 소비한 양만큼 정보를 생산하고 엄청난 정보의 홍수 속에서 그 정보에 의해 살아간다. 다른 사람들과 마찬가지로, 그 역시 정보사회의 한 부분이며 또 그 속에서 자신의 길을 찾는다.

사회학자이며 문화산업에 정통한 전문가로서 그는 경험적 조사를 통해 정보기술의 발전과 그로 인해 성장한 정보문화를 연구한다. 특히 그가 관심을 가지는 것은 기술과 문화의 융합에 따른, 창조적이면서도 파괴적인 힘들과 메커니즘이다. "예전에는 문화와 기술이 서로 완전히 자율적인 영역이었다면, 그동안 이 두 영역은 하나의 영역이 되어버렸다"고 그는 말한다. 즉 과거에 기술은 문화상품들을 시장에 팔기 위해 이용되었다. 그런데 오늘날에는 더 이상 문화가 아니라 기술이 전면에 나서고 있다. 기술은 이제 내용으로 채워져 있다. 다른 말로 하자면 "기술의 내용을 채우기 위해 문화가 수단으로 이용된다"는 것이다.

1987년에 동료 존 어리(John Urry)와 함께 『조직자본주의의 종말』이라는 책을 썼던 스콧 래시는, 많은 동료들과는 반대로 경제영역에 관심을 집중하고 있었다. 경제는 -그가 자신의 연구에서 확인했듯이- 옷, 구두, 자동차 액세서리, 전자제품 등등의 생산에서 볼 수 있듯이 디자인에 더욱더 많은 중요성을 부여하고 있다. 문화가 더욱더 경제적 논리에 따라 변하고 있듯이, 경제는 더욱더 문화적, 미학적 측면에 의해 규정되고 있다. 제품생산 산업은 문화산업의 예들을 따르고 있고, 따라서 '기호와 공간의 경제'가 되고 있다.

■ 주요 저작들

- 스콧 래시 외 편. 1997, 『현대성과 정체성』(윤호병 외 역), 현대미학사.
- Scott Lash & John Urry. 1994, *Economics of Signs and Space*, 박형준·권기돈 역, 1998, 『기호와 공간의 경제학』, 현대미학사.

정보사회의 핵심적 요소인 정보 쇼크

개념   커뮤니케이션과 정보기술은 새로운 방식으로 사회를 만들어간다. 자유로이 이용할 수 있는 정보의 양은 무한정 늘어나고 있다. 그러나 그것만이 아니다. 우리들 주변에 있는 모든 것은 일종의 정보와 같은 성격을 띠게 되며, 어떤 정보를 전달하는지에 따라 그 가치가 평가된다. 따라서 우리는 끊임없는 정보쇼크에 놓이게 되었다. 미디어의 민영화와 인터넷의 승승장구를 통해 거침없이 증가할 수 있었던 정보의 홍수는 "전지구적 정보구조의 확대와 국민국가적 특성을 가졌던 사회구조를 해체했다." 래시는 1994년에 출간된 자신의 저서 『기호와 공간의 경제학』에서 바로 이런 결론을 내렸다. 그후 그는 정보사회와 전지구적 문화산업에 관한 자신의 이론들과 경험적 연구를 지속적으로 발전시켜나갔다.

래시에 의하면 정보사회란 단지 산업제품 생산비율이 감소하고 지식생산의 비율이 증가한다는 것 이상의 의미를 담고 있다. 또한 정보사회는 생산되는 정보들이 상징적 문화들의 토대를 이룬다는 사실을 의미한다. 따라서 지배는 더 이상 문자, 문장, 텍스트, 토론 또는 이데올로기를 통해 행사되지 않는다. 대신에 오늘날 권력은 정보 속에 표현된다. 상징적 폭력은 더 이상 논쟁적 대립이나, 또 주기적으로 등장하는 문학담론을 통해 나타나지 않는다. 또 이데올로기의 구조적 논리를 통해 나타나지 않은 지도 꽤 오래되었다. 상징적 폭력은 거의 야만적인 정보의 직접성 속에 나타난다. 정보사회는 속도의 사회이다. 점검하거나 따져볼 시간이 없으며, 성찰할 수 있는 공간이 없다.

정보사회는 포스트모더니즘 이후에 등장했다. 모더니즘적, 포스트모더니즘적 문화는 텍스트에 의해 각인된 문화다. 양 문화에서는 생산자, 텍스트, 소비자라는 고전적 패러다임이 존재했다. 차이점이 있다면 우선 모더니즘의 텍스트는 도입부, 본론, 결론이라는 서사적 요소들을 특징으로 하며, 어느 정도의 개연성과 사건들의 논증적 구성을 따르고 있다는 점이다. 따라서 모든 것이 주인공의 의도라는 특징을 지니고 있다. 이에 반해 포스트모더니즘의 텍스트는 스펙터클과 영상

의 효과에 주목한다. 정보는 텍스트에 얽매여 있지 않으며 끊임없이
이어지는 연관성의 흐름을 통해 그 영향력을 행사한다. 끊임없는 정보
의 흐름과 정보를 확산시키는 기계장치들이 정보문화의 토대를 이루
고 있다. 텔레비전과 영화는 과거에 조야한 방식으로 환상을 불러일으
켰던 영상기계의 기능을 대체하였다.

　정보사회는 하나의 네트워크로 구성되어 있는데, 이 네트워크는 정
보가 전달되면서 거쳐야 하는 많은 연결지점들로 짜여져 있다. 사람-
기계 간의 상호작용을 통해 커뮤니케이션은 발전한다. 커뮤니케이션
은 상징, 기술, 금융시장, 교역을 만들어낸다. 우리가 사는 사회는 항
상 움직이는 사회이며, 수많은 연결들로 이루어진 하나의 네트워크 속
에 존재한다. 따라서 커뮤니케이션은 정보 그 자체보다도 더 중요해진
다. 이제 정보사회는 무엇보다 커뮤니케이션 사회인 것이다.

　이 새로운 경제를 이해하는 과정의 첫걸음은 반도체, 컴퓨터, 그리
고 이에 적합한 소프트웨어의 생산이라는 정보 자체에 의해서 특징지
어졌다. 두번째 단계는 인터넷, 핸드폰과 전자상거래를 통한 커뮤니케
이션 그물망의 구축이다. 이러한 커뮤니케이션을 가능케 해준 시스코
(Cisco) 시스템은 오늘날 마이크로소프트보다 더 높은 자본이익을 올리
고 있다. 우리가 사는 정보사회에서 생산이라는 것은 커뮤니케이션 다
음의 위치를 차지할 뿐이다. 공중파를 통한 뉴스의 전달도 여기에 해
당한다. 정보사회는 공간적 거리에 상관없이 교류가 가능한 문화라는
강력한 특징을 가지고 있는데, 이 사회의 동력은 현대적인 커뮤니케이
션 수단들이다. 이를 통해서 새로운 인프라가 형성되며 따라서 기존의
생산수단은 이 사회의 상부구조에 불과하다.

　결과적으로 정보사회는 사회과학의 아주 새로운 영역들을 낳았다.
실증주의하에서 인간은 일반적으로 자신의 판단에 따라 행위한다. 그
리고 인간의 행동은 자신의 고유한 경험을 중시하는 현상학적 교류라
는 특징을 지닌다. 이에 반해 정보사회에서 인간은 항상 끊임없는 커
뮤니케이션 속에 들어 있다. 후설(Husserl)의 현상학에 의하면 인간의

| 생애 | 개념 | 공통질문 | 인터뷰 |

자아(Ego)는 항상 자신의 고유한 경험을 통해 형성된다는 특징을 지닌
다. 이것은 인간의 자아를 규정하는 것이 인간의 경험이 아니라 시스
템과 네트워크라고 하는 니클라스 루만(Niklas Luhmann)의 정보사회의
현상학과 정반대이다. 커뮤니케이션 능력이 핵심을 차지하는 것이다.
실증주의는 A와 B의 관계를 인과적 연관성의 결과로 바라본다. 해석
학(Hermeneutik)은 이러한 것들의 해석이다. 하지만 정보사회에서는 실
증주의도 해석학도 더 이상 타당하지 않다. 여기서는 A와 B의 관계는
하나의 연결, 종합, 보완으로, 즉 네트워크 전체로 간주된다.

공통질문

1. 당신은 스스로를 사회이론가나 사회비평가 또는 사회설계가로 생각합니까? 아니면 그저 동시대인으로 생각합니까?

우선은 사회이론가라고 할 수 있습니다. 최소한 제가 쓴 책들은 도서관에 '사회이론'이라는 항목으로 분류되어 있습니다. 어떤 사람들은 제가 과거를 무의미하게 만드는 미래학자라고 주장합니다. 물론 이런 주장은 맞지 않습니다. 저의 저작들이 불러온 반향들을 고려해볼 때, 저는 분명히 사회비평가이기도 합니다. 제가 어디에 나타나든, 어떤 말을 하든 상관없이 저에 대해서는 항상 논란이 많습니다. 제가 논란의 대상이 된다는 사실은 가끔 저를 괴롭힙니다.

제가 만약에 사람들이 동의할 것 같은 주장을 대변한다면, 저는 아마도 저 자신을 다르게 규정할 수도 있을 것입니다. 저는 한 문화연구소의 소장이지만, 예전과 마찬가지로 지금도 스스로를 사회학자로 생각합니다. 그리고 사회비평가나 사회설계가로서보다는 사회학자로서 정보화과정에 더 많은 관심을 기울이고 있습니다. 저는 건축가가 자신의 건물에 대해, 그리고 프랑크푸르트 학파의 사회비평가들이 사회에 대해 일정한 거리를 유지했던 것과는 달리 저의 연구대상인 정보사회를 연구하는 데 거리를 두지 않습니다. 사회학자로서 저는 외부에서 연구대상을 관찰하고 비판하며 개입하기보다는, 사건의 중심에 서 있기 위해 노력합니다.

2. 우리가 살고 있는 사회는 도대체 어떤 사회입니까?

우리는 산업생산에서 정보생산으로의 이동이 진행되는 그런 사회에 살고 있습니다. 여기서 생겨나는 문화는 이야기(서사)문화보다는 정보문화가 더 많습니다. 생산되는 것은 매우 단기간의 생명력을 지닌 정보들입니다. 그것들은 종종 단 하루만 쓸모가 있기도 합니다. 심지어 주식거래상들에게 어떤 정보는 단지 몇 초 동안만 쓸모가 있습니다. 오늘날 정보들은 시간적·공간적으로 압축됩니다. 우리는 정보들을 꼼꼼히 생각해볼 시간적 여유가 없습니다. 우리는 신문을 읽고 나서 곧바로 휴지통에 버립니다. 한 축구경기의 결과에 대해 사람들은 그리 오래 흥미를 가지지 않습니다. 정보들은 곧 버려질 생산물입니다. 현재의 사회에서 생산되는 것 중 상당수가 정보로 이루어져 있는데, 이 정보들은 오늘날에는 중요하지만, 바로 내일이면 완전히 쓸모가 없어지는 것들입니다. 하지만 과거에는 달랐습니다. 사람들이 자신의 아이들에게 들려주던 이야기들은 사람의 일생에서 아주 중요한 의미를 가지는 내용들이었습니다. 이러한 이야기들은 한 세대에서 다음 세대로 계속 이어졌고 따라서 사람들을 서로 결속시킬 수 있었습니다. 이야기들은 사람들에게 버팀목이 되었고 안정과 정체성을 가져다주었습니다. 오늘날 우리는 우리가 취하는, 짧은 생명력을 지닌 정보들로부터 항상 새로이 우리들의 고유한 정체성을 발전시켜 나가야만 합니다.

3. 현 사회의 긍정적인 면과 부정적인 면에는 어떤 것이 있습니까?

　　저는 사회의 다양한 영역들이 더욱더 정보를 토대로 하거나 또는 정보를 지향하면 할수록, 그만큼 더 사회적 그물망은 해체된다고 생각합니다. 사회적 그물망의 자리에 정보의 그물망이 들어서는데 이 새로운 그물망은 이전의 것들과는 근본적인 차이가 있습니다. 사람들이 국민국가나 직장에서 형성했던 정체성이 정보사회에서는 사라집니다. 과거에 사람들이 평생의 거의 대부분의 시간을 보냈던 직장은 삶의 흐름에 커다란 단절을 겪지 않고 이어질 수 있게 보장해주었습니다. 하

지만 이제 이것은 더 이상 가능하지 않습니다. 오늘날의 노동관계는
주로 계약제입니다. 일반적으로 일정 계약기간이 종료하면, 새로운 일
자리를 찾지 않으면 안 됩니다. 이것은 약점인 동시에 강점이기도 합
니다. 하지만 기본적으로 저는 어떠한 평가도 하지 않겠습니다. 왜냐
하면 정보 스스로가 이 일을 하기 때문입니다.

4. 사회에서 당신의 역할은 무엇입니까?

사회학자로서 저는 한편으로 매우 제한적인 역할을 합니다. 왜냐하
면 저 역시 정보의 일부이기 때문입니다. 하지만 다른 한편으로 저는
스스로 정보를 생산합니다. 저는 카를 만하임(Karl Mannheim)이 주장했
던 사회적으로 '자유로이 부동하는 지식인(지식인만이 모든 이데올로기
적 편향으로부터 자유로울 수 있다는 의미 – 옮긴이)'이라는 의미에서는 하
등의 특권적 역할도 하지 못합니다. 저는 다른 사람들과 마찬가지로
모든 것을 포괄하는 정보의 그물망에 얽혀 있습니다. 정보사회에서 하
나의 비전형적인 역할이 있다면, 그것은 사회학자로서의 역할입니다.
우리는 매우 전통적인 방식으로 장기 연구프로젝트에 편입되어 있다
는 의미에서 전통의 옹호자들입니다. 하지만 우리는 다른 모든 사람들
과 마찬가지로 새로운 형태의 커뮤니케이션을 배우고 이 새로운 형태
의 커뮤니케이션들과 관계하지 않으면 안 됩니다.

5. 사회소설 가운데 어떤 것을 좋아합니까?

저는 이야기를 풀어놓거나, 시작과 끝이라는 구조를 가지고 있는
사회소설은 전혀 읽지 않습니다. 저는 차라리 심심풀이로 추리소설을
읽습니다. 추리소설들은 정보사회에서 나오는 상상력을 제공해줍니다.

사회소설적 의미에서 사회를 바로 다룬다는 점에서 더 나아가 탄복을 자아내게 했던 추리소설은 레이몬드 챈들러(Raymond Chandler)의 『커다란 양』과 제임스 엘로이(James Ellroy)의 『L.A. 컨피덴셜』입니다. 아주 일반적으로 볼 때, 탐정이야기는 특별한 방식으로 저에게 영감을 주며 또 저를 매료시킵니다. 어떻게 탐정들이 다른 사람들의 사업상의 관련사항과 개인적 사항들에 관한 정보들을 찾아가며, 그 다음에 누군가의 자백을 받아내기 위해 어떻게 이 정보들을 적용하는가가 매우 흥미롭습니다. 이러한 방법들은 기본적으로 제가 경험적 연구에서 얻은 자료들을 가지고 무언가를 할 때 다시 반영됩니다.

6. 당신이 즐기는 게임에는 어떤 것이 있습니까?

과거에는 사교놀이가 사회를 반영하는 거울이었습니다. 현재에도 사교놀이를 사회와 분리시켜 보아서는 안 됩니다. 그것은 오히려 전반적인 정보의 흐름 속에 연결되어 있습니다. 모든 축구경기는 우리 사회의 근본적 변화라는 관점에서 하나의 학습시간입니다. 축구경기가 진행되면서 어떻게 관중들 스스로가 경기의 일부가 되어가는가를 관찰하는 것은 언제나 흥미로운 일입니다. 어떤 팀의 팬들은 '자신들의' 팀과 지나치게 동일시한 나머지, 경기가 잘 안 되면 말 그대로 팀과 고통을 함께합니다. 만약에 골이 터졌거나, 경기가 승리로 끝나게 되면, 그들은 정반대로 너무나 기뻐하며 춤을 춥니다. 그들은 단순히 관중이나 소비자가 아닙니다. 그들은 경기의 일부, 그 팀의 일부입니다. 저는 런던의 아스날 경기장에서 단지 200미터 떨어진 곳에 살고 있지만, 예전과 마찬가지로 블랙 번 로버스(Black Burn Rovers: 영국 프리미어리그의 프로축구팀-옮긴이)를 생각하면 심장이 쿵쿵거립니다. 농구, 테니스, 야구, 아이스하키는 제가 직접 해본 운동들입니다. 요즈음 저는 골프에 아주 빠져 있습니다.

7. 어떤 모임을 좋아합니까?

　가족과 함께 지내는 것을 특히 좋아합니다. 저는 다 자란 두 명의
아들과 2살짜리 딸이 있습니다. 두 명의 가까운 동료들과 함께 어울려
골프를 치는 것도 좋아합니다. 저는 한 달에 한 번 친구들과 모여 포
커게임을 즐깁니다. 그 모임에는 매우 다양한 사람들이 옵니다. 어떤
사람은 음반가게를 하고 있고, 또 어떤 사람은 교사이며, 또 다른 한
사람은 현재 실업자이고, 또 한 사람은 판매원입니다. 우리가 포커를
치는 저녁에는 각자의 사회적 지위는 중요하지 않습니다. 사회적 지위
는 사라지고 전혀 존재하지 않습니다. 그 저녁모임에서는 자연스런 사
교가 이루어지는데, 서로간에 아무 스스럼없이 정보를 교환합니다. 이
모임 외에도 저는 영화, 텔레비전, 출판, 광고 사업 등 이른바 문화산
업에 종사하는 사람들과 즐겨 어울립니다.

8. 당신이 소속되어 있다고 느끼는 사회집단은 어떤 것입니까?

　저는 제 자신이 어떤 특정한 집단에 속한다고 생각하지 않습니다.
저는 영국시민권과 미국시민권을 동시에 가지고 있습니다. 저는 미국
에서 태어났지만, 20년이 넘도록 영국에서 살고 있습니다. 직업적으로
하는 일이 무엇이냐는 질문을 받으면 저는 미디어 연구실험실의 책임
자라고 대답합니다. 저는 제가 대학교수라는 것을 마지못해서 말하는
편입니다. 저는 자신을 학자가 아닌, 문화산업에 종사하는 사람들과
동일시하는 경향이 있습니다. 저는 자신을 매우 많은 사회적 집단들
중의 일부라고 느끼고 있습니다.

생애   개념   공통질문   인터뷰

9. 당신이 사회적으로 중요하다고 평가하는 사람은 누구입니까?

저는 오랜 기간 네덜란드의 건축가 렘 쿨하스(Rem Koolhaas)와 함께 일했습니다. 그에게 제가 배운 점은 다른 사람 같으면 주저할 것들을 주장할 수 있는 용기입니다. 예를 들어 그는 정보사회가 자아정체성을 파괴한다면, 그것은 좋은 일이라고 주장했습니다. 그는 1995년에 이미 "맥락을 생각하지 마라"고 강조했습니다.

"우리는 보편적 건축물을 창조하고자 한다. 즉 뿌리뽑힌 인간들이 사는 공백의 도시, 특징이 없는 도시를 만들고자 한다"고 했습니다. 예를 들어 쇼핑센터, 체험공원, 공항이 바로 그런 보편적 장소들입니다. 즉 여기에는 특성도 없고, 정체성도 없습니다. 이러한 장소들은 도처에 있을 수도, 그 어느 곳에도 없을 수도 있는 장소들입니다. 이 장소는 사람들이 A라는 곳에서 B라는 곳으로 가기 위해 단지 거쳐가야 하는 곳일 뿐입니다. 이 장소들에서 사람들은 서로 만나고 정보를 교환하거나 또는 그렇지 못할 수도 있습니다.

"아무것도 없는 곳에 모든 것이 생겨날 수 있다"라고 쿨하스는 말했습니다. 이것은 정보사회에도 맞는 말입니다. 이러한 연관성을 발터 벤야민(Walter Benjamin)은 이미 오래 전에 보여주었는데, 저는 벤야민의 정확성, 그리고 그의 평가와 진단에 대해 높이 평가합니다. 그의 '충격 체험(Schockerlebnis)'이라는 개념은 우리가 빠른 속도로 계속해서 다가오는 정보들을 취하고 또 가공할 때 겪는 바로 그런 종류의 경험을 정확히 표현하고 있습니다.

10. 당신이 생각하는 이상적 사회는 어떤 사회입니까?

정보화는 유토피아에 대한 생각에서 완전히 단절하는 것을 의미합니다. 따라서 저는 일단 이상사회를 설계하는 시도를 전혀 하고 싶지 않습니다. 오히려 중요한 것은 모든 사람들에게 자신들이 누릴 수 있는 충분한 공간을 주어 사람들이 자신의 생각대로 사회를 만들도록 하는 것입니다. 이상적 사회는 우리가 이상적 사회에 대해 생각하는 것을 잊어버릴 수 있는 바로 그런 사회입니다.

11. 당신은 사회를 변화시키고 싶습니까?

정보사회는 결코 정형화할 수 없습니다. 우리가 맞닥뜨리는 것은 처리해야만 하는 태산 같은 정보의 양입니다. 우리는 영원히 정보를 취하고 또 가공해야만 합니다. 저는 어떻게 하면 우리가 사회를 변화시킬 수 있는가를 고민하기 전에 먼저 사회가 어떻게 변화하고 있는지를 이해해야만 한다고 생각합니다. 재생산과 생산의 구분은 어쩌면 이러한 문제의식을 좀더 분명히 해줄 수 있습니다. 저는 어떻게 사회적 사실들이 재생산되는가에 매우 집중했던 피에르 부르디외(Pierre Bourdieu)의 해석은 틀렸다고 생각합니다. 대신 알랭 투렌느(Alain Touraine) 같은 사람들이 옳았다고 생각하는데, 그는 우리가 예전에는 재생산이 지배적이었던 사회에 살았지만, 이제는 사회적 사실들의 생산이 전면에 등장한다고 했습니다. 때문에 우리는 사회변동을 이해해야만 합니다. 이제까지 우리는 사회변동에 제대로 대처하는 방법을 잘 몰랐습니다. 이제는 이를 배워야만 합니다. 이 점에서 저는 정말로 사회를 바꾸고자 하는 생각이 없습니다. 오히려 저는 어떻게 해서 제가 이 엄청난 변화들 속에 놓여진 사회의 일부인가를 이해하고 싶습니다.

12. 미래사회는 어떤 모습이 될 것 같습니까?

다소간의 차이는 있겠지만 오늘날과 비슷하겠지요. 하지만 사회적

생애   개념   공통질문   인터뷰

사실들은 항상 더욱더 정보사회의 원칙들에 근접할 것입니다. 정보의 흐름은 그렇게 쉽사리 사라지지 않을 것입니다. 중요한 질문은 우리 모두가 서로 고립되어 살 것인가, 아니면 정보가 우리들을 서로 연결시켜 줄 것인가입니다. 저는 후자가 맞다고 생각합니다. 중요한 것은 전통적으로 이해되어온 사회적 관계의 형성이 아니라 인간들의 정보화입니다. 기존의 사회적 결속력은 사라질 것입니다. 하지만 새로운 사회적 결속력이 정보구조들을 통하여 생겨날 것입니다.

인터뷰

1994년 6월 코르푸에서 있었던 유럽연합 이사회의 회동 이후, 유럽연합은 정보사회의 적극적 건설을 공통목표로 설정했습니다. 정보를 쉽고, 빠르게, 그리고 저렴한 가격으로 찾아내, 교환하고 또 이용해야 한다는 것입니다. 니콜라스 네그로폰테(Nicholas Negroponte)는 가까운 시일 내에 "모든 사람에게 시간과 장소에 구애됨이 없이 모든 정보가 제공될 것"이라고 열광한 반면, 닐 포스트맨(Neil Postman)은 "정보의 홍수 속에서 우리는 익사할 수 있다"고 경고했습니다.

그는 "그동안 너무 많은 자료들이 생겨나서 이제 일종의 쓰레기가 되어버렸다. 그리고 우리는 사실상 그 쓰레기를 삼키는 사람들이 되었다"고 말했습니다. 당신은 어떤 전망이 맞다고 생각하십니까? 당신이 보기에 정보사회의 핵심적 척도(Parameter)는 무엇입니까?

　오늘날 누구나 정보사회를 이야기합니다. 그러나 저의 생각은 많은 동료들과는 약간 다릅니다. 그렇다고 동료들이 틀렸다고 주장하려는 것은 아닙니다. 물론 거기에는 무언가 맞는 사실들도 있습니다.

　그러나 이 모든 정보들은 단지 우리 인간들의 지각과 감각이 확대된 것일 뿐입니다. 정보들은 우리 신체기관들과 유사합니다. 우리는 정보를 받아들이고 가공하며 그 정보를 계속 다른 사람에게 전달합니다. 과거에는 오랫동안 오늘날 우리가 겪는 정보의 홍수로부터 유리되고 차단된 채 살았습니다. 하지만 오늘날 우리는 거의 매시간 정보 속에 있습니다, 모든 것은 너무 빨리 지나가고, 우리는 우리가 가공해야 할 너무나 많은 정보들을 전달받습니다. 그러나 우리가 오늘날 정보라고 부르는 것들은 과거에는 전혀 다른 의미를 지니고 있었습니다. 그것들은 가치, 상징, 그리고 학문과 예술에 관한 담론들이었습니다. 즉 오늘날 사람들이 문화라는 개념으로 요약할 수 있는 모든 것들이었습니다. 그런데 오늘날 정보는 나이키 신발, 코카콜라, 코닥필름 또는 다른 물건처럼 상품이며, 상표권이 보장되어 있습니다. 하지만 이러한 물건들의 가치는 매우 빠르게 변합니다. 이 물건들의 가치는 오랫동안 유지되지 않고, 오히려 몇 개월 내에 변하고, 종종 경우에 따라서는 몇 시간 몇 분 내에 변하기도 합니다. 그 결과는 다음과 같습니다. 우리는 더 이상 우리가 취하는 정보를 제대로 평가할 시간이 없습니다. 물론 곰곰이 생각해볼 수 있는 충분한 시간은 없지만, 여러 면에서 따져볼 수는 있습니다. 우리는 끊임없이 회사들이나 생산물, 그리고 여러 견해와 다양한 문화를 서로 비교하고, 우리들의 기대를 정리하고 또 비평하며, 우리들이 신뢰할 수 있는 것은 무엇인지, 그리고 거부해야 할 것은 무엇인지를 결정하도록 요구받고 있습니다.

수명은 짧지만, 빠르고 양은 엄청난 정보들이 인간들에게 미치는 직접적인 영향은 무엇입니까? 이러한 변화들에 관한 경험적 연구들이 있습니까?

저는 정보 그 자체와 그것을 받아들이는 인간 간에 어떠한 구분도 있어서는 안 된다고 생각합니다. 사회학적 연구에서 매우 전통적인 입장은 이런 것일 겁니다. 한편에는 인간이 있고, 다른 한편에는 정보가 있습니다. 그러나 결국 양자는 매우 밀접한 네트워크 속에서 분리할 수 없을 정도로 서로 연결되어 있으며, 또 서로를 조건짓고 있습니다. 저는 정보 스스로가 인간에게 어떠한 영향을 미친다고는 생각하지 않습니다. 이 점과 관련하여 사회에 대한 제 입장은 예를 들어 닐 포스트맨처럼 그렇게 부정적이지 않습니다. 하지만 물론 이러한 발전하에서 부정적 영향들이 있다는 점은 의심의 여지가 없습니다. 한 가지 커다란 문제점은 분명 우리가 마이크로소프트 사 또는 머독 재벌(전세계적인 언론재벌-옮긴이) 같은 경우에서 볼 수 있듯이 정보의 독점입니다. 우리는 오늘날 생산수단의 소유에 의한 착취라는 마르크스주의적 입장과는 다른, 저작권과 등록된 상표권을 통한 지적 착취를 보고 있습니다. 거대한 독점기업들은 정보주위에 일종의 원을 그리고 그것이 자기들의 소유물이라고 주장하고 있습니다. 따라서 누군가가 이 정보들을 이용하기 위해서는 비용을 지불해야만 합니다. 그리고 사람들은 유료 TV 시청이나 인터넷 접속시에 많은 돈을 내야만 합니다. 또 다른 아주 중요한 점은 유전공학과 생명공학입니다. 그 분야 연구는 이제 겨우 초기 단계에 있는데, 어떤 점에서는 올바른 방향으로 가고 있지만, 대개는 잘못된 방향을 잡고 있습니다. 실험실에서 생쥐들에게 암세포가 주입되면 이 생쥐들은 제약 콘체른 회사들에 상품으로 팔려나갑니다. 유전적 정보들은 상표로 보호받고 판매됩니다. 세계적으로 활동하고 있는 기업들이 인간의 생명과 관련된 대단히 많은, 그리고 매우 중요한 영역들을 지배하는 방향으로 흘러가는 것은 상당히 우려됩니다. 브라질의 전통처방들이 어떻게 되었는지 한번 보십시오. 거대 제약회사들이 수백 년 전통을 가진 처방들을 자신들의 상표로 독점한 다음 이것으로 엄청난 돈을 벌어들이고 있습니다.

이렇게 되면 어떤 사회적 불평등들이 생겨날까요? 정보사회는 정보를 생산하거나 또는 당신이 지금 말했듯이 이를 특허권으로 독점하는 '얻는 자'와 정보를 소비하는 '잃는 자'로 나뉘어지게 됩니까? 어떻게 전망하시는지요?

이것은 매우 중요한 문제입니다. 날마다 엄청나게 많은 정보들이 매우 많은 사람들에 의해 생산됩니다. 그리고 이 정보들은 다시 우리 주위의 많은 사람들에게 전달됩니다. 클럽에서 일하는 디스크자키조차도 정보를 제공합니다. 팝 음악조차도 이런 생산체계의 일부이며 정보를 생산합니다. 그러나 브라질 오지에 사는 아이들은 설령 오디오기기를 가지고 있다 해도, 이러한 정보의 생산에 조금도 영향을 미치지 못합니다. 그들은 비록 음악을 스스로 만들기는 하지만, 그 음악을 등록할 수도 없고, 또 독점적으로 보호할 수도 없습니다. 따라서 그들은 자신들이 만든 음악으로는 전혀 돈을 벌 수 없습니다. 그들은 단지 소비자일 뿐입니다. 하지만 소비자들 중 점점 더 많은 사람들이 생산자가 되고 있습니다. 이는 지난 반 년 동안 지속적으로 증가한, 자유로운 인터넷 접속을 통해 가능해졌습니다. 이 분야에서는 가히 폭발적이라 할 정도로 엄청난 변화가 일어나고 있습니다.

　　그러나 아직도 많은 사람들이 스스로 정보를 생산하고, 유포시킬 수 있는 가능성에서 배제되어 있습니다. 따라서 당연히 돈을 벌 수 있는 가능성에서도 배제되어 있습니다. 만약에 정보사업에 참여하고 싶다면, 그들은 매우 많은 돈을 투자해야 합니다. 세계의 가장 큰 정보거래시장들에 속하는 런던이나 뮌헨 같은 도시를 한번 생각해보십시오. 만약에 당신이 이러한 하이테크닉화된 발전에 동참하고 싶다면, 엄청난 돈을 그 대가로 지불해야 합니다. 회사를 설립하고, 영업허가를 내고, 임대료를 내고, 기술적 장비들을 갖추기 위해 돈을 지불해야 합니다. 따라서 정보의 분배를 좌우하고자 한다면, 엄청난 자본이 필요합니다.

　　정보거래에 관한 크노르-세티나의 훌륭한 연구가 하나 있습니다. 거기는 완전히 고삐 풀린 공간이며, 법이 없는 공간입니다. 당신이 이 공간에 들어가고자 한다면 많은 돈을 지불해야만 합니다. 그곳에서 무언가를 할 수 있으려면 노름꾼의 기질을 갖추어야만 합니다. 이 분야에서는 아주 작은 거래조차도 천 만 마르크를 오르내립니다. 따라서 아주 짧은 시간 내에 그토록 많은 돈을 투입할 준비가 되어 있어야만 합니다. 그리고 이것은 날마다, 항상 반복됩니다. 이렇게 할 수 있는 사람들은 약 70명 정도입니다. 물론 누구나 어디에선가는 생산자이면서도 동시에 소비자가 될 수는 있을 것입니다. 그러나 돈을 버는 사람들은 아주 소수의 생산자들뿐입니다.

정보사회의 이러한 모든 부정적 측면 이외에 매우 긍정적 측면도 몇 가지 있습니다. 우리가 매일 접하는 정보의 홍수로 인해 우리는 새로운 사회적 관계들을 만들어내도록 요구받고 있습니다. 당신이 보기에는 우리가 활동하는 공간이 어떻게 될 것 같습니까?

우선 그 공간은 매우 많은 위험을 안고 있습니다. 마뉴엘 카스텔 (Manuel Castell)에 의하면 우리는 더 이상 연속적인 사회 발전, 즉 항상 스스로 반복적으로 재생산되는 사회발전 속에 살지 않고, 오히려 그가 '네트워크 사회'라 부르는 사회에 살고 있습니다. 이 사회에서는 누구나 스스로 자신만의 네트워크를 만들어내야만 하고, 그럼으로써 항상 새롭게, 작지만 자신만의 공간들을 창조합니다. 우리는 더 이상 기존의 사회적 관계들을 재생산하지 않고, 오히려 항상 새로운 사회적 관계들을 창조합니다. 사회적 관계들은 더 이상 이미 주어진 것이 아닙니다. 이로써 우리는 사회적 관계들을 생산하는 것입니다.

이러한 관계들은 어떤 것입니까?

카를 마르크스식의 전통적 생산관계는 해체되었습니다. 근로자와 고용주 간의 관계는 변화하고 있습니다. 오늘날 우리들이 맺고 있는 사회적 관계들의 대부분은 회사 바깥에서 이루어집니다. 이러한 새로운 관계들은 우선 만들어져야만 합니다. 이 관계들은 예전처럼 재생산되는 것이 아니라, 일단 생산이 되어야만 합니다. 이것은 물론 하나의 새로운 자유이지만, 무언가 특이한 형태를 취하고 있습니다. 우리는 이 자유를 가지게끔 강제되었습니다. 다른 선택의 가능성은 전혀 없습니다. 이것은 여러 공간들인데 저는 이것을 이렇게 생각합니다. 그것들은 더 이상 이미 주어진 것이 아닙니다. 우리는 그것들을 우리 스스로 창조하고 또 그 내용을 채워야만 합니다. 그것들의 경계는 없으며 유동적입니다. 이것이 바로 알렝 투렌느가 다음과 같이 말한 것입니다. "우리는 예전에 기존의 관계들만을 재생산해왔다. 오늘날 우리는 관계들 자체를 생산한다." 사회적 관계들 속에 들어가는 것은 자유로이 선택할 수 있는 것이 아닙니다. 그것은 강제입니다. 사회적 관계들 속에 들어가는 데에는 당연히 위험들이 숨어 있습니다.

독일어로는 '전지구적 문화산업'이라는 제목으로 번역된 당신의 책『기호와 공간의 경제학』에서 이러한 주제들이 팝 문화와 새로운 미디어영역과 관련하여 제시되었습니다. 한 번 더 질문을 드리겠습니다. 정보전달의 형태, 범위, 속도, 그리고 맥락에서의 변화가 인간들에게 미치는 영향은 무엇입니까?

어쨌든 우리 모두는 소비자가 되었습니다. 생산자와 소비자 간의 경계는 유동적입니다. 이미 말씀드렸듯이 매우 큰 권력을 가지고 있는 몇몇 전지구적 행위자들이 분명히 존재합니다. 그들은 그것을 가지고 의심할 나위 없이 일종의 상징적 폭력을 행사합니다. 그러나 경계선이 항상 분명하게 그어지는 것은 아닙니다. 팬들 스스로가 경기의 일부가 되어버리는 축구를 생각해보십시오. 저는 소비자와 생산자의 구분은 더 이상 가장 중요하지 않다고 생각합니다. 물론 텔레비전이나 라디오에 쉽게 접근할 수 있는 소수의 사람들이 있지요. 그러나 비록 정보를 생산하더라도, 그 생산된 정보가 결코 알려지지는 않는 사람들이 대다수입니다. 사태를 첨예화시켜 말하자면, 공공성을 가진 생산자와 공공성을 가지지 못한 생산자가 있습니다. 후자는 커뮤니케이션 매체를 통해 정보를 확산시킬 기회를 전혀 가지지 못한 대다수의 사람들입니다.

정보와 커뮤니케이션 간의 차이는 정확히 어디에 있습니까?

답변하기 어려운 질문이군요. 이동통신 회사의 엄청난 권력을 한번 보십시오. 커뮤니케이션 기술은 어쩌면 정보 자체보다 우리 사회에서 더 중요할지도 모릅니다. 예를 들어 미디어-황제 루퍼트 머독(Rupert Murdoch) 같은 아주 극소수의 사람들만이 정보는 물론 정보를 확산시킬 수단을 가지고 있습니다. 영국에서 머독은 '스카이(sky)'라는 회사를 세워 위성을 통한 텔레커뮤니케이션 사업을 독점했습니다. 그런데 이윤을 얻기 위해서는 새로운 테크놀로지만으로는 부족하였고 이에 머독은 내용상의 독점까지 추구했습니다. 이러한 독점은 정보사회에서 사람들이 가장 좋아하는 내용들 중의 하나, 즉 정상급 축구경기에서 나타났습니다. 머독은 영국의 전국 리그전, 즉 프리미어 리그전에 대한 생중계권을 독점했고, 이를 통해 아주 단기간에 흑자를 기록했습니다. 테크놀로지와 문화 간의 이러한 융합을 보면서 우리는 정보사회의 결정적 원리로서의 독점과 종속의 의미를 깨닫게 됩니다.

데이터뱅크는 분명히 우리 사회의 본질적 요소입니다. 유전자 풀(Gen-Pool)을 한번 생각해보십시오. 다른 한편 이러한 정보들을 계속 전달하고 또 다른 정보들과 교환할 가능성 역시 당연히 있어야 하겠지요. 예전에는 두 가지 종류의 커뮤니케이션이 있었습니다. 하나는 사람들이 서로 직접 관계하던 것이고, 다른 하나는 상징을 통해 이루어지던 것이었습니다. 이것이 바로 제가 앞에서 언급한 문화적 측면이었습니다. 약 200년 전부터 우리는 이 두 가지 커뮤니케이션 개념을 발전시켜왔습니다. 오늘날에는 상징이 전면에 등장했지만 문화적 관련성은 없습니다. 과거에 사람들은 서로 의사소통을 했지만, 오늘날 사람들은 정보를 교환합니다. 하지만 그럼에도 불구하고 인간들이 서로 교류한다는 사실은 여전히 중요하게 남아 있습니다. 우리 사회는 두 가지 측면, 즉 정보수단과 커뮤니케이션 수단을 다 가지고 있습니다. 그러나 커뮤니케이션에는 돈이 듭니다. 전지구적으로 커뮤니케이션을 할 수 있는 사람은 오직 그에 필요한 자본을 가진 자뿐입니다.

당신의 경험적 연구에서 중요한 대상은 어떤 것입니까?

우리는 지난 4년 동안 두 개의 큰 경험적 연구 프로젝트를 진행했습니다. 하나는 '문화 산물의 전지구적 일생(global biography of culture products)'이라는 것이었는데, 여기서는 여러 가지 문화적 재화들을 연구했습니다. 우리는 이 재화들의 주관적 측면이 아닌, 객관적 측면을 고찰했습니다. 연구대상은 8개의 생산품으로서 우리는 그것들의 출생배경을 연구했습니다. 즉 그 생산물에 관한 사회학을 연구한 셈이지요. 먼저 3개의 영화를 연구했는데, <토이 스토리(Toy Story)>, <트레인스포팅(Trainspotting)>, <월레스와 그로밋(Wallace and Gromet)>이었습니다. 그 다음에는 유명 스포츠 회사인 나이키(Nike), 스와치(Swatch), 여러 인터넷 회사, 마지막으로 현대 영국 예술을 대상으로 연구했습니다. 이런 것들이 우리가 연구하는 영역입니다. 즉 이런 생산물들의 출생배경과 발전에 관한 것입니다.

나이키의 발전을 예로 들어 좀더 설명을 해주실 수 있습니까?

처음엔 이 상품의 디자인이 세월이 흘러가면서 어떻게 변화하는가를 살폈습니다. 그러고나선 광고의 변화와 이 광고가 여론에 어떻게 받아들여지는가를 연구했습니다. 이를 위해서 우리는 소비자, 언론인, 그리고 운동선수들을 대상으로 설문조사를 했습니다. 우리는 나이키가 어떻게 해서 축구용품에까지 사업을 확대하게 되었는지를 연구했고, 브라질의 나이키 사장을 인터뷰했습니다. 왜냐하면 나이키가 브라질 축구협회와 2억 달러 어치 계약을 체결했기 때문입니다. 이러한 연구과정에서 우리는 상품들간에는 서로 매우 큰 영향력이 존재하며, 한 상품이 언제나 다음 상품에 영향을 미친다는 사실을 반복해서 확인할 수 있었습니다. 우리는 또한 나이키와 1996년 월드컵을 후원했던 다른 회사들 간의 상호작용을 연구했습니다. 심지어 우리는 선수들과의 계약내용까지 자세히 살펴보았습니다.

이러한 연구결과의 하나는 과거에는 문화가 우선적으로 표현의 한 형태이며, 이중적 시스템을 가지고 있었지만, 오늘날에는 그 정반대라는 사실입니다. 과거에는 한쪽에 문화의 생산자가, 다른 한쪽에는 문화의 소비자가 있었습니다. 한쪽에는 연극이나 영화의 관객이, 다른 한쪽에는 영화가 있었지요. 한쪽에 콘서트장의 청중들이 있고, 다른 한쪽에 오케스트라가 있었습니다. 책과 독자, 경기장의 관중과 경기가 있었지요. 하지만 오늘날에는 이러한 이중적 구분은 더 이상 없습니다. 우리는 문화를 이용하고, 가지고 놀며, 활용하기도 합니다. 이러한 변화는 모든 사회적 영역들, 예술영역에서까지 일어나고 있습니다. 서로 다른 차원들은 더 이상 존재하지 않습니다. 당신이 지난 12년간을 곰곰이 되돌아본다면 대상 그 자체가 예술이 되었다는 것을 알 수 있습니다. 요새는 거의 설치예술과 '오브젝트-아트(Objekt-Art)'만이 있습니다. 따라서 예술은 더욱 단명하게 되었고, 매우 빠르게 변화하였습니다. 마찬가지로 예술가들도 변했습니다. 우리는 표현의 문화에서 대상(오브젝트)의 문화, 즉 기술의 문화로 옮겨갔습니다. 이와 동시에 정보문화로의 변화가 시작되었습니다. 과거의 두 개의 차원은 사라졌습니다. 우리는 오늘날 1차원적으로 살고 있습니다. 우리의 경험적 연구들도 이런 정보사회의 일부가 되었습니다.

그러면 우리는 닐 포스트맨이 말한 "우리는 죽도록 즐긴다"라는 의미에서 아주 천박한 일상적 사회구조로 가고 있는 것입니까?

어떤 면에서는 포스트맨이 확실히 옳았습니다. 그리고 리처드 세네트 역시 그에 동의할 것입니다. 수많은 부정적 변화들이 있다는 것은 아주 분명합니다. 하지만 우리도 우리의 관계들과 우리의 사회를 스스로 만들어나갈 여지를 가지고 있습니다. 이것은 아주 흥미로운 과정입니다. 천박화되는 경향은 분명히 어느 정도 있습니다. 그것은 현재 인기 있는 일련의 영화들을 보면 알 수 있습니다. 오늘날 우리는 셰익스피어와 괴테를 우리 문화정책의 기준으로 간주합니다. 하지만 그들이 살았던 시대에 그들은 결코 판단의 기준이 되지 못했습니다. 셰익스피어는 아주 기이한 것들을 쓰고 괴팍스럽게 행동한 '미친 사람'이었던 것입니다. 미국의 텔레비전 프로그램들의 수준이 아주 낮은 것은 분명합니다. 이에 비하면 독일 또는 영국의 TV 프로그램들은 훨씬 낫습니다. 하지만 상업화가 증가하면서 여기서도 이미 문화적 손실이 일어나고 있습니다. 방송국들은 거의 프로그램을 스스로 제작하지 않습니다. 특집 프로그램이나 영화들은 더 작은 프로덕션 회사들에 의해 이루어지고 있습니다. 이것이 경쟁을 낳으며, 연속성은 더 이상 존재하지 않습니다.

하지만 바로 이러한 변화로 인해 매우 좋은 TV 프로그램이 만들어질 수 있습니다. 사람들은 계속해서 새로운 사람들, 그리고 여러 회사들과 공동작업을 합니다. 과거의 좋은 BBC 방송물들을 문화적 기준으로 삼자는 말이 아닙니다. 새로운 회사들은 많은 흥미 있는 영향들을 미치게 됩니다. 독립 프로덕션 회사들에 의해 만들어진 일부 뛰어나고 지적인 프로그램의 예들이 있습니다. <심슨 가족(Simpsons)> 또는 <사우스 파크(South Park)> 같은 프로그램을 생각해보십시오, 한편으로 우리는 천박화의 위험성을 어느 정도 가지고 있습니다. 하지만 다른 한편에서는 매우 새로우며 흥미로운 것이 생겨난 것입니다.

미디어 통제에 있어서 문제가 있습니까? 만약에 있다면 그것을 어느 선까지 제한할 수 있을까요?

원칙적으로 저는 모든 형태의 규제에 대해 반대합니다. 하지만 당연히 한계선은 그어야겠지요. 가장 화나는 일은 우리가 현재 완전히 새로운 형태의 규제를 경험하고 있다는 사실입니다. 국가는 과거 가지고 있던 권력들의 매우 많은 부분을 상실했습니다. 따라서 일견 우리가 마치 규제가 전혀 없는 시장에 살고 있는 것처럼 보입니다. 그러나 이것은 전혀 사실이 아닙니다. 오늘날 중요한 결정권은 빌 게이츠나 루퍼트 머독 같은 사람들이 쥐고 있는데, 이들은 자신들의 독점적 지위를 가지고 일정한 기준을 만들어버립니다. 하지만 사실상 이 사람들은 자신들이 그렇게 행동하는 데 있어서 어떠한 현실적 정당성도 가지고 있지 않습니다. 왜냐하면 어느 누구도 그들을 투표로 선출하지는 않았기 때문입니다. 정부가 과거에 우리들의 자유를 제한했었다면, 우리는 그 정부를 다음에 선거에서 물러나게 할 수 있었습니다. 하지만 이런 일이 게이츠와 머독에게선 일어날 수가 없습니다. 따라서 규제는 더 이상 국가에 의해 집행되는 것이 아니라 오히려 대기업들에 의해 이루어집니다. 미국의 금융시장을 한번 보십시오. 거대은행들이 통화정책에 대해 완전한 통제권을 행사하고 있습니다. 이것은 매우 위험한 변화입니다. 특히 이것을 더 이상 막을 수 없다는 이유에서 더욱 그렇습니다. 바로 이 점에서 우리는 자유로운 정보사회와는 정반대의 상황을 경험하고 있습니다. 이것은 정보와 정보에 속하는 커뮤니케이션 수단의 독점화입니다.

이러한 문제를 해결할 수 있는 것은 아마도 여러 국가들의 합의로 구성될 수밖에 없는 초국가적인 조직이 될 것입니다. 이 조직은 최소한 잘못된 변화에 일정한 규제를 가할 것이며, 또한 거의 경멸할 만한 자본축적을 부분적으로는 막을 수 있을 것입니다. 마이크로소프트 사의 재정은 독일정부 재정의 약 1/10 정도 된다고 합니다. 이런 상황에서 특정한 사회집단들은 아예 처음부터 새롭게 발전할 혜택으로부터 배제됩니다. 오늘날 영국에서 이미 이런 일들을 관찰할 수 있습니다. 즉 더욱더 많은 사보험과 사립학교들이 생겨나고 있습니다. 런던 중심부에서 근무하는 이들은 소호(Soho) 구역이나 런던 근교에 살고 있는 자신들의 이웃들보다는 동경, 로스앤젤레스 또는 뮌헨에서 온 사람들과 어울리지요. 여기서 엄청난 불균형이 생겨납니다. 따라서 우리에겐 어떤 확실한 규제 기준이 분명히 필요합니다.

　　바로 이 시점에서 여러 국가들은 초국가적 조직체를 만들어야만 하는 의무가 있습니다. 사기업들만이 시장을 규제하도록 내버려두어서는 절대 안 됩니다. 사기업들 역시 제가 앞에서 말했던 상징적 폭력의 일부입니다. 예전에 우리는 이데올로기에 대항하여 싸웠습니다. 이데올로기는 이념에서 나오는 반면, 오늘날에는 이념이 더 이상 존재하지 않습니다. 오로지 정보만이 중요시됩니다.

당신은 과거의 문화적 생활을 특징지었던 이중성에 대해 말씀하셨습니다. 이에 대한 현대적인 대안은 있습니까? 일종의 '제3의 길' 같은 것 말입니다.

　　저는 제3의 길을 믿지 않습니다. 그것은 매우 시장지향적인 태도를 다시 취하는 것일 뿐입니다. 다른 길이 있다면, 그것은 사회주의와 자본주의의 중간에 있어야 할 것입니다. 하지만 사회주의와 자본주의 간의 대립은 더 이상 존재하지 않습니다. 우리에게 중요한 것은 다른 어떤 것입니다. 우리는 한편에 있는 개인적 정체성과 다른 한편에 존재하는 테크놀로지 간에 조화를 이루어야만 합니다. 여기서 테크놀로지라는 개념은 정보와 현대적 커뮤니케이션을 의미합니다. 정체성은 우리가 살고 있는 환경, 나아가 우리가 그 안에서 활동하고 있는 국가들과 매우 깊은 관련이 있습니다. 국제연합(UN)이 창설될 당시에는 회원국으로 90개 국가만이 있었지만 오늘날에는 약 250개의 회원국이 있습니다. 우리는 물론 고유한 정체성을 유지해야 합니다. 하지만 동시에 테크놀로지와의 대립을 극복해야만 합니다. 우리 스스로는 이미 이러한 테크놀로지의 일부가 되었습니다. 우리가 살고 있는 사회에서 더 이상 되돌아갈 길은 없습니다. 따라서 만약에 현실적으로 '제3의 길'이 가능하다면, 그것은 이러한 대립구도의 해체 속에서 나타날 것입니다.

카를 울리히 마이어

교육사회

| 생애 | 개념 | 공통질문 | 인터뷰 |

생애   카를 울리히 마이어(Karl Ulrich Mayer)는 1945년에 태어났으며, 현재 베를린 자유대학교의 사회학과 명예교수이다. 그는 베를린에 있는 '막스-플랑크 교육조사연구소'의 소장으로 일해왔는데, 이 연구소에서 그는 '교육, 노동, 사회 발전'이라는 연구분과를 이끌고 있다. 이밖에도 많은 활동을 하고 있으며, ≪사회학과 사회심리학을 위한 쾰른 학술지(*Kölner Zeitschrift für Soziologie und Sozialpsychologie*)≫의 공동 편집인 직책도 맡고 있다.

사실판단과 가치판단은 두 개의 다른 종류이다. 하나는 다른 하나로부터 도출되지 않는다. 막스 베버가 이미 80년도 더 된 과거에 보여주었던 것을 마이어는 생애과정 연구자로서의 자신의 작업을 판단하는 질적 기준으로 삼고 있다. 경험적 연구를 지향하는 사회학자로서 그는 빈약한 설명 이론들이나 전사회적 차원의 구상보다는, 신뢰할 만한 설문조사 자료들을 평가하고 수집하는 데 더 관심이 있다.

마이어는 동료 사회학자들의 사변적 해석들을 통렬하게 비판하는데, 그의 견해에 따르면 그들은 자신들의 테제와 관련된 경험적 자료들을 제대로 다룰 줄 모른다는 것이다. "나는 일부 동료들과 다음과 같은 점에서 다르다"고 현실주의자인 마이어는 말한다. "즉 나는 내가 바람직하다고 생각하는 것을 현실이라고 하지는 않는다."

막스-플랑크 교육조사연구소에서 행한 생애과정 연구결과에 근거하여 그는 교육의 팽창이 교육기회의 불평등을 감소시켰으며, 따라서 출신성분이라는 것이 가지는 영향력도 줄어들었다는 주장에 반대한다. 하위 계층의 교육기회가 점차 많아지기는 하지만, 교육집단들간의 불평등은 줄어들기보다는 오히려 더욱 심화되었다는 것이 그의 연구결과이다. 물론 이러한 연구결과는 교육개혁자들의 기대와 낙관주의를 어느 정도 꺾어버리는 것이다. 하지만 마이어는 경험적 자료들을 증거로 제시하며 막연한 희망을 품어서는 안 된다고 분명히 말하고 있다.

■ 주요 저작들

- Karl Ulrich Mayer(Hg.). 1990, *Lebensverläufe und Sozialer Wandel*, Opladen: Westdeutscher Verlag. ─ 『생애과정과 사회변동』
- _____. 1998, *Die Diagnosefähigkeit der Soziologie*, Opladen: Westdeutscher Verlag. ─ 『사회학의 현실 진단력』

교육시스템의 상승하강 사슬효과

개념   "교육은 21세기의 모든 것을 규정하는 주제가 될 것이다." 마이어가 이렇게 진단한 사회는 교육수요가 계속해서 증가하고, 점점 더 많은 사람들이 자신들의 인생에서 더욱 많은 기간을 교육에 할애하는 사회이다.

우리는 새로운 가치창출의 시대로 접어들었다고 마이어는 말한다. 여기서 교육은 핵심적 역할을 한다. 교육은 개인이 생활을 영위하고, 더욱더 복잡해지는 사회에 편입되고, 또 취직하고 출세하는 기회를 가지는 데에 결정적이다.

20세기를 되돌아볼 때 특히 눈에 띄는 것은, 바로 교육제도에 있어서 정규교육과 직업교육의 폭발적인 증가이다. 이러한 조짐은 이미 19세기에 나타났다. 생활환경의 급격한 변화에 직면하여 다음과 같은 질문이 제기된다. 과연 독일에서 발전되고 정착된 일반교육과 직업교육은 여전히 그 전성기를 구가할 수 있을까? 그리고 무엇보다 미래의 교육욕구를 충족시킬 수 있을까? 마이어의 평가에 의하면, 현재의 '교육제도 틀'은 앞으로 100년 이상 지속될 수 없다. 왜냐하면 노동시장에서의 새로운 요구사항들이 전통적이고 경직된 현재의 교육형태들을 무너뜨리는 현상이 이미 나타나고 있기 때문이다. 기업들의 새로운 조직형태, 고객중심 업무의 증가 및 제3차산업의 증가 등은 더욱더 폭넓고 수준 높은 육체적, 정신적 능력의 유연성을 필요로 하고, 나아가 개인들이 사회적, 의사소통적 완결성과 능력을 갖출 것을 요구하고 있다. 마이어에 의하면 노동세계의 이러한 변화하는 요구에 부응할 수 있는 방법은 오직 교육기회를 확대하고 개선하며 또 기존의 교육제도를 근본적으로 개혁하는 것뿐이다.

마이어는 독일의 교육제도에서 일반교육과 직업교육의 분명한 구분에 주목한다. 대학 이전의 학교제도 차원에서 이러한 구분은 일반교육학교(인문계)와 직업교육학교 간의 구분으로 나타난다. 대학에서는 이러한 구분이 학문적 연구를 지향하는 대학교(Universität)와 현실 적용을 지향하는 전문대학(Fachhochschule)으로 나타난다.

마이어에 따르면, 독일 사회는 일반교육과 실용적 지식교육 간의 구분에 관해서는 그 전통이 깊다. 하나의 특정한 분야에 집착하지 않는 일반교육의 목표는 개성의 자유로운 전개, 그리고 다양한 생활영역들에 대한 인지적 비판능력을 배양하는 것이다. 이에 반해 노동력의 질로서의 교육은 오직 노동과 취업기회를 위한 안정적 토대로서의 특정한 지식들과 실용적 능력만을 중시한다.

이렇게 밀접하게 연결된, 독일의 특수한 교육제도와 직업제도의 본질적 요소들은 다음과 같다. 첫째, 세 단계의 교육부문이 위계적으로 서로 조직된 교육구조이다(초등학교 교육, 기간학교와 실업·인문계를 포함한 중·고등교육, 그리고 대학교육−옮긴이). 이 구조들 내에서 부분적으로는 이동이 허용되지만 차후의 교육기회는 그 이전의 교육에 의해 분명히 결정된다. 둘째, 이중 시스템으로 되어 있는 직업교육학교, 또는 국립직업전문학교, 전문대학교, 일반대학교는 서로 상대적으로 명확히 분리된 교육부문들이다. 물론 여기서도 이동은 있다. 하지만 일반적으로 그러한 이동은 개인이 열심히 노력한 결과일 뿐이지 제도적으로 장려되는 것은 아니다. 세번째, 마이어는 이 각 교육부문들 중 어떤 곳을 졸업하느냐에 따라 소득과 직장 내의 승진기회에 있어서 차이가 난다고 한다.

마이어에 따르면, 어떤 생활 기회가 열리느냐는 개인이 자신의 인생에서 어떤 교육과정을 거쳤으며, 또 어떤 졸업증명서를 획득했는지에 따라 좌우된다. 초기 교육에서 도달한 교육 수준은 이후의 교육과정의 길을 결정적으로 좌우하는 역할을 한다. 더 나은 교육을 받은 사람은 자신의 취업생활에서 더 많은 재교육의 기회를 가지게 된다. 이러한 시스템하에서는 전체 취업생활이 전 단계의 학교교육, 직업교육에서 성취한 것에 의해 결정적으로 달라진다.

마이어는 인생 초기에 각 개인에게 주어졌던 일정한 지식과 재능들이 전 생애에 걸쳐 충분히 통용되던 시대는 완전히 끝났다고 본다. 따라서 오늘날 학교의 1차적 임무는 평생에 걸친 교육과정에 쉽게 진입하도록 해주는 것이다. 그에 따르면 오로지 취업만을 목표로 하는 정식교육은 더 이상 중요하지 않다. 왜냐하면 극히 소수의 사람들만이 전 취업생애에 걸쳐 자신이 교육받았던 직업을 계속 유지할 수 있기 때문이다. 게다가 직장생활에서 새로운 업무능력에 대한 요구사항들은 더욱 빠르게 변화하고 있다. 마이어에 의하면, 일자리가 더 이상 보장되지 않기 때문에, 기초가 확실하면서도 광범위한 정식교육은 이후 계속되는 재교육의 토대가 되며, 더욱 복잡해지는 일상생활에 잘 적응하고 미래의 노동시장에서 자신의 지위를 유지하는 데에 좋은 전제조건이 된다.

그러므로 마이어는 기존 교육시스템의 강점들을 유지하면서 동시에 더 많은 평등과 더 많은 교육부문간 이동, 그리고 더 많은 창의성과 유연성을 촉진하는 '과감하고 근본적인 개혁'을 바라고 있다.

공통질문

1. 당신은 스스로를 사회이론가나 사회비평가 또는 사회설계가로 생각합니까? 아니면 그저 동시대인으로 생각합니까?

저는 제 자신을 사회이론가로 보지 않습니다. 사회이론에 대한 이념은 프랑크푸르트 학파의 '비판이론'에서 연유합니다. 비판이론은 사회의 총체성을 그 본질적 구조와 모순뿐만 아니라 그 역동적 변화 속에서 설명하는 이론이 가능하다고 가정하고 있습니다. 이것은 결국 역사철학을 전제로 합니다.

또한 저는 제 자신을 사회비평가로 간주하지는 않습니다. 오히려 일정한 거리를 두고 관찰하는 관찰자의 역할을 중시하는 사회학자이며 경험적 사회연구자로 생각합니다. 저는 사회적 관계들에 대한 정확한 기술은 계몽적 기능을 한다고 확신하고 있습니다. 제가 일을 하면서 분명히 느낀 것은 특히 규범적 목표들을 지향하는 사회학은 좁은 시야를 가진 사회학이라는 것입니다. 왜냐하면 그러한 사회학은 그 자체만으로는 사회적 사실들을 설명할 수 있는 메커니즘을 이해하는 데에 별로 도움이 안 되기 때문입니다.

사회설계가요? 저는 아닙니다. 사회설계가라는 말은 한 사회라는 전체 건물을 계획에 따라 지을 수 있다는 생각과 관련되어 있습니다. 이러한 유토피아적 생각은 이미 1989년(사회주의권의 몰락을 의미함. 1989년 동독의 멸망―옮긴이)에 땅에 묻혀버렸습니다.

동시대인이요? 함께 어울려 사는 동시대인을 말씀하십니까? 만약에 이 말이 친구들과 아무런 구속도 받지 않고 함께 지내는 것을 의미한다면 저는 아닙니다. 불행하게도 한 연구집단의 책임자로서 제가 수행하는 학문적 작업과 활동은 매우 비사교적인 생활방식입니다.

2. 우리가 살고 있는 사회는 도대체 어떤 사회입니까?

저는 어느 누구라도 우리가 살고 있는 사회에 관한 전지구적 질문에 대해 만족할 만한 답변을 할 수 없다고 생각합니다. 우리는 현 사회의 일정한 핵심 측면들을 명확하게 집어내는 시도들, 그리고 이러한 것들과 항상 관계되는 일반적으로 저질러지는 단순화의 오류들 사이에서 헤매고 있습니다. 단지 가능한 것은 사회의 몇 가지 측면들을 선택적으로 포착하는 것입니다. 그런데 이것은 다시 잘못된 해석을 낳을 위험성을 가지고 있습니다. 이 문제에 한번 접근해볼까요.

우리가 살고 있는 사회는 국민국가 단위로 조직되어 있고, 합법적으로 행사되는 지배권력을 가지고 있으며, 일정 영토 내에서 적용되는 규범을 정의 내릴 수 있는 여러 제도들을 가지고 있습니다. 우리는 또 일국 사회의 팽창보다 훨씬 더 넓게 팽창하는 그런 시장을 가진 사회 속에 살고 있습니다. 또한 우리는 상대적으로 공통의 의사소통과 이해의 가능성으로 성립된, 즉 루만(Luhmann)적 의미에서의 사회 속에 살고 있습니다. 분명한 것은 한 사회의 경계는 우선 이론적으로는 의사소통의 경계와 동일하다는 사실입니다. 하지만 여기서 우리는 동시에 얼마나 이러한 경계가 유동적인지를 알 수 있습니다. 이제 결론을 내려야만 한다면, 저는 다음과 같이 말하겠습니다. 우리는 개인들로 구성된 사회 속에 살고 있습니다. 이 사회에서는 개인의 행위가 가능하지만 또한 그 행위에 의해 생겨난 제도들에 의해 그 행위 자체가 제한을 받습니다. 물론 개인들이 제도에 영향을 미칠 수 있는 가능성은 개인에 따라 그 차이가 대단히 큽니다.

3. 현 사회의 긍정적인 면과 부정적인 면에는 어떤 것이 있습니까?

제 생각에 독일 사회의 긍정적인 면은 그 조직형태에 있습니다. 즉 권력이 중앙에 집중된 프랑스, 혹은 비교적 강력한 중앙정부를 가진 영국처럼 전적으로 중앙에 의해서 규정되지 않는 조직형태 말입니다. 독일에서 각 사회집단들은 자치조직을 운영할 기회가 훨씬 더 많습니다. 저는 또한 상대적으로 약한 중앙정부와 약한 제도들을 가지면서도 강한 시장지향적 사회를 이루고 있는 미국보다는 독일 사회가 더 장점이 있다고 생각합니다.

독일 사회의 부정적인 면은 타성이 너무나 크다는 사실입니다. 예를 들어 우리의 대학과 많은 연구기관들은 물론 상대적으로는 자율적이고, 따라서 단기적인, 정치적 목표설정으로부터 독립적입니다. 그러나 사회의 변화된 욕구들에 매우 느리게 반응합니다.

우리 독일 사회의 또 하나의 강점은 개방성에 있습니다. 우리 사회는 각 개인들에게 상대적으로 좋은 상승의 기회를 제공하고 있습니다. 단점은 특정한 인구집단들을 배제시키고 있다는 점입니다. 우리 사회는 분명 2/3사회(전 인구의 2/3가 일정 수준 이상의 복지와 안녕을 누리고 나머지 1/3은 이에서 배제되는 사회―옮긴이)는 아닙니다. 하지만 전 인구의 약 10%는 빈곤 또는 열악한 환경에서 살고 있습니다. 또 약 10%는 실업 상태이고, 대단히 많은 장년의 근로자들이 60세가 되기도 전에 생산적 직업활동에서 밀려나고 있습니다.

독일에는 너무나 많은 경직성이 도처에 존재합니다. 그리고 우리의 사회보장제도는 수혜대상자를 상당히 잘못 정하고 있습니다. 아마도 우리는 일부 노인들에게는 지나친 소득보장을 해주고 있을 겁니다. 하지만 많은 자녀를 둔 가정, 그리고 편부, 편모 가정에는 분명 너무나 적은 사회보장을 실시하고 있습니다. 우리는 공공분야에서 엄청난 경직성을 가지고 있습니다. 또 실제로 행한 노동의 결과와 손에 쥐는 보수 사이에 커다란 간격이 있는데 이는 특히 젊은 세대들에게 불리한 부담을 지우고 있습니다. 또 세대간에 그리고 출생연도 사이에 커다란 불평등이 존재합니다. 예를 들어 특정한 연배의 집단들은 좋은 직업과 안정된 소득을 얻을 수 있었지만, 다른 집단들―예를 들어 이주자들의

제2, 3세대 또는 동독지역 출신 젊은이들-은 이러한 기회를 얻기가 대단
히 어렵습니다.

4. 사회에서 당신의 역할은 무엇입니까?

　분명히 저는 연구결과를 조직화하고, 생산하며 출판함으로써 사회
를 매우 학문적인 방식으로 분석하는 역할을 수행하고 있습니다. 제가
중요하게 생각하는 것은 미적 감각을 곁들인 거창한 주제의 에세이식
글쓰기와는 다른 식으로 학문을 추구하는 것입니다. 저는 여전히, 모
든 인식론적 어려움에도 불구하고, 사회학이 이념만이 아니라 원칙으
로는 검증 가능한 주장을 생산해야만 한다고 믿고 있습니다. 이러한
입장을 따르려다보니 대부분의 시간을 자료수집, 자료검증, 자료분석
에 할애하고 있습니다.

5. 사회소설 가운데 어떤 것을 좋아합니까?

　테오도어 폰타네(Theodor Fontane)의 『슈테클린(Stechlin)』과 『에피 브리
스트(Effi Briest)』입니다. 브란덴부르크나 베를린에 산다면 그 작품들에
공감이 가는 것은 당연하겠지요(폰타네 소설의 주요 무대는 베를린과 브란
덴부르크이다-옮긴이). 토마스 만의 『부덴부로크가(家)의 사람들
(Buddenbrooks)』이나 하인리히 만의 『운라트 교수(Professor Unrat)』 같은 작
품을 저는 자본주의 사회를 잘 보여준 저작으로 평가합니다.
　저는 마르틴 발저(Martin Walser)의 소설들을 상당히 좋아합니다. 이것
은 아마 우리 두 사람이 튀빙겐(Tübingen)에서 독문학을 공부했고, 제가
학생이었을 때 카프카에 관한 그의 학위논문에 완전히 반했었다는 점,
그리고 우리가 같은 오버슈바벤(Oberschwaben) 지방 출신이라는 점과도

관련이 있을 것입니다.

전반적으로 볼 때 저는 독일 작품보다는 영어로 쓰여진 작품을 훨씬 더 많이 읽으며, 대체로 추리소설을 많이 읽습니다. 현재 저는 크롬웰 통치 이후의 영국을 다룬 포스트모더니즘적인 역사소설과 스티븐 루크 (Steven Luke)라는 한 사회학자의 뛰어난 소설『모든 세상 중에서 최상인 세상(*Die Beste aller Welten*)』을 읽고 있습니다.

6. 당신이 즐기는 게임에는 어떤 것이 있습니까?

저는 주로 장기와 브릿지를 합니다. 저는 제 아내와 장크(Zank-Patiencen) 카드놀이를 하면서 서로 이기려 애쓰기도 하고 참기도 합니다. 이것은 저와 아내 사이의 중요한 커뮤니케이션 형태입니다. 이 게임은 자기의 카드는 줄여나가는 반면, 다른 사람들은 카드를 줄여나가지 못하도록 하는 게임입니다. 이런 식으로 자신의 공격성을 분출시킬 수 있지요. 카드놀이는 주변의 문제들에 대해 서로 이야기를 나눌 수 있는 좋은 기회이기도 합니다. 이외에도 회의나 학술대회 역시 어느 정도는 사교놀이의 성격을 갖습니다. 물론 이 경우에는 앞의 놀이보다 재미는 없습니다.

7. 어떤 모임을 좋아합니까?

저는 특히 아주 좁은 사회적 관계 속에 있습니다. 제 가족과 이웃들을 제외한다면 주로 만나는 사람들은 교수들입니다. 물론 연구기관, 전공에 있어서는 매우 다양한 사람들입니다. 일반적으로 학자 또는 그 주변에서 일하는 사람들을 만납니다. 이들과 서로 교류할 때의 매개체는 학문입니다. 학문은 사적 생활이 되기도 합니다.

8. 당신이 소속되어 있다고 느끼는 사회집단은 어떤 것입니까?

　　저는 어떤 집단에도 소속의식을 느끼지 않습니다. 그 이유는 아마
도 제가 노동자의 자식으로서 소시민적이고, 가톨릭적인 남부 독일적
환경에서 성장했지만 그곳으로부터 지리적으로나 내면적으로 너무 멀
리 떨어졌기 때문일 것입니다. 저는 어느 정당의 당원도 아닙니다. 저
는 분명 독일 사회민주당(SPD)이나 다른 좌파 집단을 선호하는 세대에
속합니다. 하지만 저는 한번도 정치적 참여를 하지 않았습니다. 물론
1967년 2년간의 미국유학 뒤에 돌아온 이유는 제가 외국인으로서 정
치적으로 활동할 수 없는 미국에서 살기 싫었기 때문입니다. 하지만
그럼에도 불구하고 이곳에서 정당정치에 참여하진 않았습니다. 왜냐
하면 그것은 집중적인 학문 활동에 시간상으로나 업무상으로도 장애
가 되기 때문입니다.

　　저는 지난 베를린 주 선거를 제외하고는 선거에서 줄곧 사회민주당
을 지지했습니다. 하지만 저의 정치적 소신으로 본다면 자유민주당
(FDP) 내의 사회 자유주의적인 진영과 가장 가까운 편입니다.

9. 당신이 사회적으로 중요하다고 평가하는 사람은 누구입니까?

　　제가 아주 인상깊게 생각하는 사람들이 몇몇 있습니다. 예를 들어
작센 주의 과학부 장관인 한스 요아힘 마이어(H. J. Meyer)는 자신의 분
석적 강점을 실제 정치에 적용하는 데 성공한 사람입니다. 존경하는 일
련의 학자들을 열거하자면, 볼프강 자프(W. Zapf), 볼프 레페니스(W.
Lepenies), 라이너 렙시우스(R. Lepsius), 랄프 다렌도르프(R. Dahrendorf)입
니다. 저는 이들을 인품이나 학자로서의 면모나 모두 높게 평가합니다.
하지만 경우에 따라선 매우 비판적으로 보기도 합니다.

10. 당신이 생각하는 이상적 사회는 어떤 사회입니까?

이상적 사회는 각 개인들은 물론 기업이나 기타 기관들 같은 더 복잡한 구조들에도 최대한의 자유가 보장되고, 사회보장과 사회적 연대가 최대한으로 이룩되는 사회입니다. 문제는 어떻게 이러한 자유와 사회보장, 연대간의 균형을 정의하고 또 앞으로 어떻게 이러한 균형을 변화시킬 것인가 하는 것입니다. 제가 볼 때, 만약에 각 구성원들이 다른 사람의 더 나은 생활을 위해 자신의 복지 중 일부를 기꺼이 내어줄 준비가 되어 있다면, 이상적 사회는 부분적으로 이미 이룩된 것입니다. 이러한 원칙은 개인적 차원에서 타당할 뿐만 아니라, 전 사회적 차원에서도 제도화되어야만 합니다. 그렇게 본다면, 제 생각에 독일은 이상적 사회와 그리 멀리 떨어져 있는 것 같지는 않습니다. 하지만 이외에도 이상적 사회라면 모든 개인들이 서로의 차이를 인정하고 서로 존중하며, 장려하는 사회이어야 하고, 각자가 정신적, 창조적 능력을 발휘할 수 있는 기회를 최대한으로 제공하는 사회이어야 합니다.

11. 당신은 사회를 변화시키고 싶습니까?

저는 사회 전반을 바꾸려 하진 않습니다. 제가 보기에 그런 제 생각은 사회학적으로 틀렸고, 불가능하며, 따라서 무의미하다고 판단됩니다. 그러나 분명히 저는 제 작업을 통해 사회의 일부분을 변화시키며 또한 이를 매우 의도적으로 하고 있습니다. 이것은 저의 연구 프로그램에 몰두함으로써 자연스럽게 일어나고 있습니다. 제 연구 프로그램은 일반적으로는 인생경로와 사회변동을 다루는데, 특히 독일통일과정에서의 직업경력의 단절, 교육경로와 취업활동경로에서의 변화, 가족구성의 변화 같은 주제들을 다룹니다.

12. 미래사회는 어떤 모습이 될 것 같습니까?

특정한 변화들은 쉽게 예견할 수 있습니다. 예견 가능한 것은 커뮤니케이션 분야에서의 변화입니다. 우리가 지금까지보다 훨씬 높은 수준으로, 현대적이며 빠른 커뮤니케이션 매체들을 가지고 일할 것이라는 점도 분명합니다. 이것은 분명히 여러 기관들에 엄청난 영향을 미칠 것입니다. "연구기관이 아직도 필요한가," "그 대신에 가상 연구기관이 들어설 수 있는가?" 하는 질문들이 이미 제기되고 있습니다. 앞으로는 모든 주제에 관해 전세계 연구자들의 연구문서를 보통 사람들이 직접 인터넷에서 전송받을 수 있는 날이 올 것입니다. 그렇게 되면 정말 많은 것들이 변화할 것입니다.

교육부문에서도 많은 것이 변할 수밖에 없습니다. 왜냐하면 비숙련 노동은 더 이상 어떤 수요도, 쓸모도 없기 때문입니다. 따라서 모든 사람들은 직업적으로 노동의 질을 높여야만 합니다. 분명히 우리는 중고등학교, 대학교 교육제도에서 더욱 다양한 능력과 경쟁을 유도해야만 합니다.

또 한 가지 예견할 수 있는 것은 불평등이 더욱 확대되고 생활이 더 불안해질 것이라는 사실입니다. 왜냐하면 국민국가적 복지국가는 국제적, 유럽차원의 시장경쟁으로 인한 부정적 영향을 더 이상 완화시켜주기 힘들기 때문입니다.

제게 위협적으로 보이는 것은 정치영역에서의 변화입니다. 민주주의적 의사형성의 과정들과 중요한 향후 목표설정에 대한 충실한 공적 토론은 사라지고, 그 대신 당 간부들의 경력, 언론을 통한 캠페인과 진부한 토크쇼(Talkshow) 문화가 그 자리를 대신하게 되었습니다. 그리고 나머지 빈 공간은 정치에 대한 점증하는 무관심, 과격 집단들의 극렬한 폭력이라는 문제점들로 채워지고 있습니다.

인터뷰

"교육은 시민권이다." 1965년에 랄프 다렌도르프에 의해 정식화된 이 말은 사회-자유주의적 교육정책의 지도이념이 되었습니다. 교육개혁을 위한 다렌도르프의 헌신적 참여로 교육팽창의 길이 열렸는데, 당시 그는 교육정책이 경제정책의 시녀로 전락할 위험성에 대해 경고하였습니다. 그후 더욱더 많은 사람들이 더 오랜 기간 일반학교, 직업교육기관, 그리고 대학교를 다니고 있습니다. 우리는 교육사회에 대비하여 충분히 준비가 된 것입니까?

지식사회 또는 교육사회라는 개념은, 지식 또는 공식교육의 중요성이 과거에 비해서 더욱 커진다는 생각과 결부되어 있습니다. 따라서 그 개념은 불평등을 정의하는 데 핵심축이며, 기본적으로는 우리가 무엇을 자본으로 간주할 수 있는가를 결정하는 데 있어 중요한 정의라고들 말합니다. 저는 그렇게까지는 생각하지 않습니다만, 사람들의 생활기회와 인생경로를 규정짓는 데에 있어 과거보다 훨씬 더 큰 영향력을 미친다는 것은 틀림없습니다. 동독과 서독에서 교육과 생활기회 간의 이러한 상관성은 이미 강하게 각인되어 있었습니다. 그리고 이러한 현상은 점점 더 심해지고 있습니다. 왜냐하면 배우지 못한 사람에게는 일자리가 거의 없기 때문입니다.

흥미로운 것은 교육기회의 균등화과정에서 교육성취의 상대적 불평등이 더욱 커졌다는 사실입니다. 수많은 연구들은 이것을 증명하고 또 이러한 선별과정이 이후의 매우 상이한 생활 기회들을 낳는다는 사실을 보여주고 있습니다. 배우자를 선택하거나 가정을 꾸릴 때도 학력은 20년 전보다 더 중요하게 고려되고 있습니다. 제가 수행한 연구를 보면, 학력의 차이는 인생경로, 직장생활, 가정생활에 더 큰 영향을 줄 뿐만 아니라 남녀간의 관계에까지 상당한 영향을 미치고 있습니다. 그동안 여성들이 남성과 동등하게 또는 어쩌면 더 수월하게 일반교육을 받았고, 점점 더 직업적으로 남자들과 비슷한 능력을 가지게 되었다는 사실은 각각의 남녀관계에 있어서 엄청난 변화를 낳았습니다. 그러므로 교육과 학력 차이가 일반적으로 더욱 중요해진다는 사실을 확인하기 위해서 거시사회학적인 차원만을 고찰할 필요는 없습니다.

당신이 보기에 교육사회에서 중요한 핵심자질은 무엇입니까?

자질이라는 개념은 흥미로운 변화를 겪어왔습니다. 이 개념은 1970년대에 노동시장과 직업조사연구소 소장을 역임했던 디이터 메르텐스(Dieter Mertens)가 고안한 것입니다. 당시 이 개념은 좀 다른 의미를 가지고 있었습니다. 즉 많은 직업활동에서 요구되는 특수한 자질을 의미했습니다. 하지만 세월이 지나면서 이 개념의 의미는 바뀌었습니다. 핵심자질은 오늘날 오히려 사회적 능력과 커뮤니케이션 능력을 의미합니다. 따라서 이것은 전문적 자질 이외의 능력에 관한 정의라고 할 수 있습니다. 오늘날 특히 기업주가 불평을 늘어놓는, 아주 씁쓸한 논의가 무성합니다. 즉 젊은이들은 핵심자질이 부족하고, 교육제도, 특히 대학은 이러한 자질을 더 이상 만들어내지 못하기 때문에 이러한 상황은 이제 더 이상 지속되어서는 안 된다는 것입니다. 제가 주도하는 노동시장과 대학교육을 주로 연구하고 있는 학문위원회의 한 연구팀은 요즈음 대학교육이 바뀌어야 하는가라는 문제를 가지고 씨름하고 있습니다. 저는 이를 그다지 반기지 않습니다.

물론 산업체와 공공행정기관은 구성상 더욱 지적인 조직으로 변화했습니다. 단순한 위계조직은 더 이상 존재하지 않고, 매우 분화된 종류의 인력관리장치들이 있는데, 여기서는 직원의 커뮤니케이션 능력과 자기개발이 대단히 중요시됩니다. 이러한 시스템에서는 앞서 말한 핵심자질을 가진 사람들을 필요로 합니다. 그리고 기업은 바로 이런 기준에 입각해서 직원을 채용합니다. 폴크스바겐(Volkswagen) 사는 10년 전에 평가 센터를 설치하여 이러한 노력을 해왔습니다. 직원 채용시 더 이상

구직자의 성적표나 인상만을 고려하지 않습니다. 체계적인 테스트, 특히 심리 테스트는 모든 영역, 특히 상위 및 중간관리자급을 배치하는 데에도 선별기준으로 적용되고 있습니다. 오늘날 폴크스바겐에서는 핵심자질을 갖추지 못한 사람은 아무런 기회가 없습니다. 이것은 기이한 결과를 낳았습니다. 기술개발분과에 소속된 사람들, 즉 타인과의 협력 없이 단독으로 뛰어난 업무를 수행하는 꼼꼼한 기술연구자들도 관리자급과 동일한 기준으로 선발된다는 것입니다.

이것은 어떤 결과를 낳습니까?

저는 특정한 사항을 현장에서의 업무를 통해 배우는 것은 전혀 문제가 안 된다고 생각합니다. 아마 우리는 학교에서의 교육기간을 줄일 수도 있을 것입니다. 하지만 그렇다고 우리 모두가 세련된 언술을 가르치는 강좌를 들어야 하고, 일일이 팀워크를 배워야 할 필요는 없다고 생각합니다. 핵심자질을 둘러싼 논란은 동종기업협회의 간부들 차원에서도 이루어지고 있습니다. 기업의 각 인사팀장에게 질문을 하면, 그들은 당연히 소속 협회에서 들은 인사기준을 이야기합니다. 각 인사팀장들이 실제 업무에서 이러한 기준을 따를지는 불확실합니다.

독일 국가경제의 경쟁력을 둘러싼 논란에서 교육의 중요성은 더욱 분명히 대두되고 있습니다. 비숙련 노동자들의 일자리가 대거 감소하고 있다는 사실은, 낮은 숙련성을 가진 사람들은 앞으로 거의 일자리를 가질 수 없다는 것을 의미합니다. 어떻게 하면 더 나은 교육이 이루어질 수 있으며 또 사람들은 어떤 교육내용을 습득해야 합니까?

직업교육과 학교교육 간의 밀접한 연관성은 예나 지금이나 독일 산업이 가지는 엄청난 장점입니다. 한편으로 저숙련 노동자를 위한 이중시스템은 다시 운영되어야 합니다. 즉 2년 교육과정 또는 숙련적응을 위한 교육기회가 주어져야 합니다. 다른 한편 이러한 이중적 원칙을 더 높은 수준의 교육차원에도 적용시키는 것이 매우 중요합니다. 즉 직업 아카데미와 이중적 전문대학교 같은 교육과정을 만들어야 합니다.

나아가 아주 중요한 것은 정식교육(Erstausbildung)과 평생학습 간의 관련성입니다. 우리들이 연구·조사한 바에 의하면 교육불평등은 정식 교육에서, 즉 직업교육을 받았느냐, 전문대학교 수업을 받았느냐 아니면 일반대학의 학문적 수업을 받았느냐라는 의미에서 증가하였을 뿐만 아니라, 특히 이후의 인생경로에서도 심화되어왔습니다. 좋은 교육을 받은 사람은, 더욱더 추가적인 교육을 받게 되고, 그렇지 못한 사람들은 지적 수준이 정체되고 있습니다. 이렇게 볼 때, 재교육은 모자란 부분을 보완하는 성격이 아니라, 기존의 지식에 추가적인 지식을 더하는 성격을 띠고 있습니다. 그리고 이것은 정식교육에서 교육능력이 더욱 강화되어야만 한다는 것을 의미합니다. 무엇을 배우는지가 아니라, 배운 내용을 어떻게 자기 것으로 만드는가가 더 중요합니다. 이러한 이유에서 업무를 수행하는 데 필요한 기본 교육(Grundausbildung)을 여러 개로 나누어야 한다는 것은 올바른 주장입니다. 물론 이것은 독일에서는 매우 어렵습니다. 왜냐하면 정식교육은 국가에 의해, 반면에 재교육은 기업 또는 개인에 의해 비용이 충당되고 있기 때문입니다. 이 점에서는 우리 제도 내에 가장 적합한 적응을 가로막는 제도적 경직성이 존재한다는 문제도 있습니다. 하지만 분명한 것은 정식교육 기간이 줄어들어야 한다는 것이고, 재교육이 더욱더 잘 조직화되어야 한다는 사실입니다.

하지만 교육기회 자체에 커다란 불평등이 존재하고 있습니다.

그것은 맞는 말입니다. 우리는 우리가 교육의 불평등에 대해 이야기하는지, 아니면 교육기회의 불평등에 대해 이야기하는지를 구분해야만 합니다. 독일에는 예나 지금이나 제도적으로 교육 불평등이 심합니다. 기간학교(Hauptschule: 인문계나 실업계 학교에 진학하지 않는 학생들이 초등학교를 마치고 5년간 다니는 학교—옮긴이), 실업학교(Realschule), 인문계학교(Gymnasium)가 있는데, 약 40%의 학생들이 인문계학교에 입학합니다. 이것은 인문계 진학이 소수에게만 해당되는 것이 전혀 아니라는 것을 보여주며, 저는 오히려 바로 이 점에 문제가 있다고 생각합니다. 인문계학교들은 구분이 거의 안 되어 있습니다. 따라서 인문계를 진학하는 모든 학생들이 자신의 능력에 적합한 교육을 받을 수는 없습니다.

다른 한편으로 볼 때, 제 생각에 이러한 학교제도가 우리 교육제도의 가장 심각한 결함은 아닙니다. 오히려 문제는 교사들의 평균연령이 너무나 높다는 사실입니다. 현재 종합학교(Gesamtschule)로 가야 하느냐 아니면 앞의 세 가지로 나뉜 학교제도를 고수해야 하느냐 하는 문제는 그렇게 중요한 것이 아닙니다. 정작 중요한 것은 아이들이 각자에게 적합한, 다양한 학습기회와 자기발전의 기회를 가지는 것입니다. 또 중요한 것은 교육제도의 자원들입니다. 그리고 이것은 결정적으로 교사들의 연령과 깊은 관계가 있습니다. 우리는 과거에 명백한 잘못을 저질렀습니다. 인구학적으로 취학아동이 급속히 늘어날 때, 교사들을 한 세대에서만 집중적으로 충원했던 것입니다. 곧 이들 교사세대들이 모두 정년이 되어 퇴직해버린다면, 아마도 우리는 동일한 잘못을 또 저지르는 것이 됩니다.

또 다른 큰 문제는 약 5-10%에 해당하는 청소년들입니다. 이들은 기간학교나 실업학교를 졸업하기 힘들며, 따라서 숙련된 직업교육을 받을 수 없는 상황입니다. 이러한 청소년들을 위해 우리는 잘 짜여진 지원제도를 개발할 필요가 있습니다. 즉 청소년 지원기업 같은 것으로, 이 기업은 국가의 재정지원하에서 직업교육을 목적으로 하는 실제의 기업입니다. 이 점과 관련하여 분명 여러 조치들이 취해져야 합니다.

말할 필요도 없이 직업교육에 있어서 우리는 분명히 문제가 있습니다. 직업교육 내에 존재하는 기존의 교육 분과 방식은 더 이상 유지될 수가 없습니다. 더욱더 많은 직업들에서 결정적으로 중요한 일련의 분석적 능력들, 예를 들어 컴퓨터 지식 같은 것이 있습니다. 문제는 이러한 능력을 도대체 어디서 배우느냐 하는 것입니다. 학교에서? 기업에서? 아니면 이중적 직업교육(duale Ausbildung)의 틀 내에서? 바로 이것이 아직도 결정되지 못한 논란거리입니다.

  또 문제가 되는 것은 대학의 변화추세입니다. 현재 25%이지만 앞으로는 약 40%까지 도달할 수 있는, 높은 진학비율을 놓고 볼 때도, 기본적으로 우리는 충분히 다양한 대학제도를 가지고 있지 못합니다. 독일 대학제도에는 두 개의 커다란 형태가 있습니다: 전문대학(Fachhochschule)과 일반대학(Universität)입니다. 전문대학 입학생 비율을 높이려는 시도는 실패했습니다. 왜냐하면 전문대학에서는 일부 학과들을 개설할 수가 없었기 때문입니다. 전문대학들은 예전과 마찬가지로 기계공학과 경영학분야에 집중하고 있는데, 바로 이 때문에 경제주기의 변동에 좌우되며, 또 그 여파가 큽니다. 이외에도 전문대학은 사회복지분야를 제외하고는 대부분 하위 중간계층 직업 그리고 매우 남성 중심적인 직업을 지향하고 있습니다. 따라서 여성들이 전반적으로 불이익을 당하는 이러한 교육제도는 문제가 있습니다. 무언가 반드시 변화가 있어야만 합니다.

1960년대와 1970년대의 교육팽창을 되돌아보면, 많은 인구집단들이 교육제도로부터 이득을 얻었다는 것을 확인할 수 있습니다. 교육제도가 앞으로도 계속 사회적 상승을 가능하게 할까요?

  돌이켜보면 교육팽창은 기본적으로 네 가지 긍정적 결과를 낳았습니다. 농촌의 아이들이 고등교육을 받을 기회가 생겼으며, 마찬가지로

가톨릭 신자들도 확대된 교육기회를 얻었고, 이른바 노동자의 자녀들
―저도 여기에 해당됩니다만―에게도 교육제도가 개방되었습니다. 그리
고 마침내 여성들에게도 교육기회가 확대되었습니다. 물론 예나 지금
이나 계층별로 교육격차는 있습니다. 다만 교육기회의 평등으로 출발
상황은 크게 바뀌었습니다.

　또 하나의 긍정적 측면이 있었습니다. 재계와 정치계 일각에서 강한
우려의 목소리를 계속 냈음에도 불구하고 학력 인플레는 일어나지 않
았습니다. 실업자 중에서 일반대학 졸업자가 차지하는 비중은 아직도
다른 학력소지자에 비해 가장 적습니다. 놀라운 것은 실업자 중에서 전
문대학 졸업자의 비율이 결코 낮지 않다는 것입니다. 전문대학이 일반
대학보다 실용적 교육을 시킨다는 점을 감안하면 놀라운 일이 아닐 수
없습니다. 교육팽창은 교육 참여를 확대하고, 기회의 불평등을 줄이기
위해 상당히 사회정책적으로 추진되었습니다. 경제정책적으로 인적자
본을 늘리는 것이 최우선 목표는 아니었습니다. 교육팽창으로 인해 늘
어난 양질의 노동력에 대한 수요를 필요로 했던 경제성장이 동시에 시
작된 것은 아마도 우연이었을 것입니다.

**교육팽창과 더불어 고등교육을 받는 여성의 수가 계속해서 증가했습니다. 이
제 여성이 대학 재학생의 50% 이상을 차지하게 되었습니다. 그러나 여성들의
이러한 성공사는 대학교수들의 성별 구성에는 전혀 반영되어 있지 못합니다.
C4급(우리의 전임강사 또는 조교수에 해당하는 지위. C3, C2, C1로 갈수록 승
진하는 것임―옮긴이) 교수들 중 여성의 비율은 고작 5%입니다. 이렇게 여성
들이 제대로 진출하지 못하는 이유는 무엇입니까?**

　학문위원회에서는 학문에서 여성들의 기회평등에 관한 광범위한
조사를 실시했는데, 이는 지난 몇 년간 이루어진 연구조사들 중에서도
내용뿐만 아니라 분석 수준에서 대단히 인상적인 것이었습니다. 여러
측면들을 생각해보아야 합니다. 물론 문제는 독일에서 학문적 교육이

오래 전부터 국가를 위한 교육이었다는 사실에 있습니다. 즉 국가의 필요에 의해 공무원, 판사, 교사, 신부, 의사들을 키우기 위한 교육이 었습니다. 국가가 이러한 영역을 팽창시키는 동안, 여성들은 좋은 기회를 얻었습니다. 1970년대의 정치적 지형, 즉 사민당과 자민당의 연정에 의한 사회정책적으로 활발한 분위기와 대단히 좋은 경제상황하에서 이런 영역이 팽창할 수 있었고, 그때 많은 여성들은 반전문적 직업뿐만 아니라, 아주 전문적인 직업에서 일할 기회를 얻었습니다.

그런데 마침내 국가가 활동을 축소할 수밖에 없었고, 따라서 예를 들어 교사들의 수를 줄였을 때, 이것은 여성들의 처지에 직접적인 영향을 미쳤습니다. 여교사는 학문적인 자질을 갖춘 여성들이 출세할 수 있는 중요한 직업 중의 하나였습니다. 이러한 변화와 여성들에게 기회가 줄어든 것과는 분명한 상관관계가 있습니다. 일반 기업들은 여성들에게 아주 서서히 취업의 문을 열어주었습니다. 그리고 학문영역 내에서 여성들이 높은 지위에 거의 올라가지 못하고 있다는 사실은 두말할 필요도 없습니다. 그 이유에 대한 사람들의 의견은 매우 다양합니다. 한 가지 이유는 막스 베버가 학문적 해이(Hazard)라고 부른 것입니다. 즉 학문이란 직업은 미래가 보장되지 않는 위험요소를 안은 채 장시간 이어지는 경력이며, 그러다가 결혼에 이른다는 것이지요. 이에 대해서는 분명히 일정한 근거가 있습니다. 국제적으로 비교해보면, 교수가 되기 위해 나이 40까지 기다릴 필요가 없는, 그러니까 시간적으로 독일보다 잘 조직화된 교육시스템이 있습니다. 학자는 하루 24시간, 일주일의 7일 내내, 일년 열두 달 동안 오로지 연구에만 전념해야만 한다고 생각하는 것도 아주 전형적인 독일적 통념입니다. 이런 문제들 이외에도 여성들을 무의식적으로 꺼리는 성차별적인 조직문화가 존재합니다.

제가 예를 하나 들지요. 제 딸아이는 현재 화학박사 과정에 있습니다. 그 과정에 들어가면 하루에 14시간, 일주일에 7일을 실험실에서 서 있고, 그 생활에서 다른 일은 거의 할 기회가 없습니다. 실험실에서 여자다움 같은 것은 전혀 요구되지 않습니다. 그럴 필요도 없고요. 실험실에서 연구원은 두꺼운 보호안경을 쓰고, 실험 가운도 입어야 합니다. 그밖에 여러 가지가 있습니다. 이렇게 남성 중심적인 조직문화에 통합된다는 것은 여성들에게 매우 힘든 일입니다. 다른 면에서 보면 여성들은 다른 식으로 학문을 수행하려는 경향이 있습니다. 이것은 특히 사회과학에서 두드러지게 나타납니다. 여성들이 질적 연구조사, 즉 차라리 사람들을 접하는 연구에 몰리는 것은 우연이 아닙니다. 여성들은 프로젝트 연구원을 주로 하고 있는 반면, 남성들은 대부분 좋은 지위에 있습니다. 이런 식의 불평등은 아주 많습니다.

그 원인은 무엇이며 또 어떻게 변화시킬 수 있을까요?

그것은 과거의 직접적인 성차별과 현재의 무의식적인 성차별, 두 가지의 원인이 섞여 있습니다. 또 관철 방식에 있어서도 남녀간에는 확실히 차이가 있습니다. 남자들은 자기의식이 강하고 여자보다 자신의 입장을 더 잘 관철시킵니다. 이러한 상황은 아마도 결국 긍정적 차별을 통해서 바꿀 수 있을 것입니다. 즉 여성들에게 남성보다 더 많은 기회를 주어야 합니다. 적어도 교수직 또는 책임자급에서도 여성들이 일정한 집단을 이룰 수 있을 때까지 말입니다.

여성할당제를 의미하는 것인가요?

아닙니다. 예를 하나 들지요. 막스-플랑크 연구소는 여성들만을 위한 C3급 교수 특채 프로그램을 만들었습니다. 저는 이것을 아주 좋은 아이디어라고 봅니다. 이것은 여교수의 비율이 11%로 올라가는 데 큰 역할을 했습니다. 일정비율의 할당제는 오히려 부정적 결과를 낳습니다. 예를 들어 교수공채를 위해 대상자 목록을 작성하면서 한 여성에 대한 평가를 3등으로 정했다고 하면, 주의 장관은 그 여성을 낙점할 가능성이 충분히 있습니다(독일에서는 대학이 각 주의 관할하에 있고, 교수의 최종 임용은 장관의 권한사항임−옮긴이). 이러한 경우를 피하려고 하는 사람은 다음부터는 분명히 여성을 그 대상자 목록에서 아예 빼버릴 것입니다.

대중화된 대학−독일에서 1997/98년 겨울학기의 학생 데모(등록금 도입에 대한 반대, 교육여건의 개선을 주 이슈로 했던 전국적 차원에서의 수업거부 및 항의시위−옮긴이)는 이것을 어느 정도 인상깊게 보여주었습니다−은 점점 더 많은 비판을 받고 있습니다. 교육정책가이면서 사회과학자인 페터 글로츠(Peter Glotz) 같은 사람도 현 대학의 위기상황에 대해 경종을 울리고 있습니다. 독일 대학의 비참한 상황은 글로츠의 설명에 의하면 다음 몇 가지 핵심용어로 정리될 수 있습니다. 부족한 재정지원, 과밀 수강인원, 매우 복잡한 교과과정, 불명확한 학습목표, 학생들의 주택난, 그리고 기타 등등. 한때 당신의 스승이었던 랄프 다렌도르프는 상당히 오래 전부터 "그 안에는 마음이 갈망하는 모든 것이 있다"고 하면서 미래의 대학을 슈퍼마켓에 비유했습니다. 그는 대학은 학생들에게 광범위한 전공과목들을 제공해야만 한다고 주장했습니다. 왜냐하면 대학이 더 이상 자기 도취적인 이론만을 연구하는 것으로는 충분치 않다는 것이지요. 장기적으로 어떻게 개혁에 도달할 수 있을까요? 그리고 이 개혁은 어떤 모습을 띠게 될까요?

　학생−등록한 학생들만이 아니라 진짜로 공부하는 학생−과 교직원 간의 비율도 점점 나빠졌다는 것은 두말할 나위도 없습니다. 따라서 수업의 질과 학습결과가 나빠지는 것도 당연하겠지요. 이제는 바뀌어야 합니다. 1964년을 전후로 한 높은 출산율로 인해 인구학적 상승 곡선이 이 지점만 통과하면 문제가 될 것이 없다던 당시 재무장관의 생각은 틀렸습니다. 왜냐하면 상대적으로 대학생의 비율이 증가했기 때문입니다. 그리고 이 비율은 앞으로도 증가할 것입니다. 이 경우 다음과 같은 계산이 나옵니다. 대학의 수용능력은 고정되어 있는데 앞으로 대학은 더 많은 학생들의 수업을 지도해야만 합니다. 출산율의 감소로 인해 결국 대학생 수가 줄어들면 다시 균형을 이룰 수 있을지도 모릅니다. 하지만 이러한 현상은 나타나지 않았고, 미래에도 기대하기 어렵습니다. 따라서 이제 대학에 더 많은 재정지원을 해야만 합니다. 그리고 이를 위해서는 등록금(수업료)을 받는 방법밖에 없지 않겠느냐고 조심스럽게 생각해봅니다. 물론 전체 시스템을 개혁하지 않는다면, 수업료 납부는 분명히 부질없는 짓입니다. 공부하고자 하는 모든 사람들은 장학금을 받든지, 학자금 융자를 받든지 둘 중 하나의 기회가 주어져야만 합니다. 어쨌든 대학이 더 많은 돈을 필요로 하고 있다는 사실을 더 이상 회피할 수는 없습니다.

재정 형편이 어려운 집안의 자식들이 수업료 납부로 인해 학업을 중단하거나 포기하는, 과거와 같은 문제들이 증가할까요?

만약에 훌륭한 장학금제도가 있다면, 그런 문제는 생기지 않습니다. 미국의 최우수 대학들은 부모의 소득 수준을 전혀 고려하지 않고 신입생을 선발합니다. 입학을 허가하면서 어느 경우에도 수업료를 납부할 수 있는지 여부를 물어보지 않습니다. 학생들을 받아들인 후에야 비로소 재정적 문제에 관한 조정을 합니다. 이와 비슷한 제도를 도입하는 것을 우리도 고려해볼 수 있습니다.

민간경제에서 제공하는 장학금이 하나의 대안이 될 수 있을까요?

물론 국가는 대학에 재정적인 지원을 해야 할 의무를 계속해서 가지고 있습니다. 제 생각에 아주 뛰어난 능력을 보이는 학생들에게는 신용보증 없이 장학금을, 그것도 아주 충분한 액수로 지급해야만 합니다. 그리고 다른 모든 학생들도 잘 마련된 신용제도를 통해 학업이 가능하도록 배려해주어야만 합니다. 아동수당, 그리고 가난한 학생들이 「연방교육촉진법(Bafög, 바펙)」을 통해 받게 되는 교육과정상의 보조금 같은, 모든 조세상의 감면액들을 하나로 합산하여 장학금의 액수를 올려주는 제도를 생각해볼 필요가 있습니다. 소득의 하한선을 융통성 있게 조정하지 않았기 때문에 매년 바펙으로 지출되는 총액이 점점 줄어들고 있다는 것은 매우 분노할 만한 사실입니다. 이렇게 되면 바펙을 통해 재정적 도움을 받는 학생수가 점점 더 줄어들게 됩니다.

평균적으로 매우 긴 수업연한 때문에 학생들은 더욱 많은 아르바이트를 해야 합니다. 독일 대학생의 50% 이상이 학기중에도 아르바이트를 하고 있습니다. 어떤 다른 이유들이 있습니까?

수업연한이 실제로 너무 깁니다. 그리고 이것은 수업교과 체계와 깊은 관련이 있습니다. 즉 오랜 시간이 지난 뒤에야 시험을 실시하는 경우가 많습니다. 이러한 문제에 대해서는 '신용점수제도(credit-point-system)' 같은 것이 하나의 해결책이 될 수 있습니다. 각 수업과목들은 하나의 완전한 수업단위가 됩니다. 따라서 성공적으로 여러 수업들을 이수한 학생들에게는 학위가 부여됩니다. 물론 수업연한을 단축하는 것을 지나치게 강조해서는 안 됩니다. 여러 연구들은 오랜 기간 수학하는 것이 무조건 나쁘지는 않다는 결과들을 내놓고 있습니다. 오랜 기간 공부한 학생들이 그렇지 않은 학생들보다 더 나쁜 직장에 취직하는 것은 아닙니다. 물론 산업계에서는 아주 나이가 젊은 졸업생을 선호한다고 이야기들 합니다만, 실제로는 나이와 관련해 어떤 특혜도 주지 않고 있습니다. 졸업하기까지의 수학기간이 서로 다른 학생들간에 경쟁이 일어나는 연구기관들에서도 마찬가지입니다. 피렌체에 있는 유럽 대학연구소를 보면, 유럽 각지에서 온 연구원들이 있는데, 여기서 영국의 학사졸업생은 자신보다 훨씬 나이 많은 독일의 석사졸업생(독일 대학에서는 학사과정은 없고, 대학을 졸업하면 석사자격이 부여됨-옮긴이)과 보조를 맞추는 데 큰 어려움을 겪고 있는 것을 알 수 있습니다. 그럼에도 전공수업 연한이 4년, 5년 이상 길어지는 것에 대해서는 이해가 안 됩니다.

대학 내의 경직된 구조들로 인한 문제점을 해결하는 데는 대학들간의 일정한 경쟁이 도움이 될 것 같습니다.

당신의 말씀은 여러 면에서 옳습니다. 우리는 이미 고도로 분화된 대학제도를 가지고 있습니다. 여러 종류의 직업교육원, 각 기업들이 조직한 연수교육원, 바덴-뷔르템베르크 주, 작센 주, 베를린 주의 이중적 교육제도 모델이 있습니다. 우리는 전문대학, 일반대학을 가지고 있으며, 또 새로운 학사·석사과정을 갖춘 완전히 다른 형태의 대학들도 생길 것이며, 이 대학들은 같은 수준에서 전문대학들과 경쟁해야만 합니다. 하지만 이 모든 것에도 불구하고 우리는 더욱더 많은 세분화와 이에 따른 차별화를 필요로 하고 있습니다. 예를 들어 대학 밖의 연구기관들이 다시 강하게 대학 안으로 통합되는 연구중심대학이 필요합니다. 대학들이 점점 더 강의에 치중하고, 연구는 점점 소홀히하는 변화경향들이 더욱더 많이 관찰되고 있습니다. 대학들은 자체 연구의 상당부분을 외부에 주고 있습니다.

이러한 변화를 가속화시키는 원인인 연방주의와 「재정기본법」은 현 독일의 상황에서는 거의 극복하기 힘듭니다. 우리는 대학 외부에 연구기관들을 가지고 있습니다. 왜냐하면 연방정부가 그것들을 재정지원해주고 있기 때문입니다. 반면에 대학들은 주정부에 의해서만 재정지원을 받을 수 있습니다. 만약에 누군가가 대학을 더 기능적으로 분화시키고자 한다면, 또 하나의 문제에 봉착하게 됩니다. 작은 주들, 예를 들어 함부르크나 브레멘 같은 도시자치주들이 연구중심대학들로 구성된 유럽협의체하에서 대학을 운영한다고 해봅시다. 한 자치주가 이 대학을 유지하기란 거의 어려울 것입니다. 그리고 이것은 왜 불평등하고 기형적인 대학제도가 실제로 생겨나는지를 말해줍니다. 우리는 예를 들어 특수연구영역을 위한 재정을 대학들간에 차등적으로 나누어주기 위해 독일연구공동체(DFG: 우리나라의 학술진흥재단과 유사한 기관—옮긴이)와 다른 국가기관들을 이용합니다. 그리하여 예를 들어 만하임 대학이 연구분야 및 강의분야에서도 전국적으로 우수한 사회학과를 가지게 되었지만, 입학생들은 거의 그 주변지역 출신에 국한되는 일이 생겨났습니다. 결국 이런 식의 제도는 아무 의미도 없습니다.

대학의 특성화가 필요합니다. 대학간에 더 많은 경쟁이 필요하고 이러한 경쟁은 수평적 차원에서의 경쟁이어야 합니다. 판단의 기준들은 어떤 대학이 가장 직업현장에 충실하게 교육시켰는가, 어떤 대학이 연구가 가장 강하며 또 분석력이 뛰어난가? 또는 어떤 대학이 사회적 교제능력을 가장 극대화시켜주는가? 등이 될 수 있을 것입니다.

이와 비슷한 제도들을 우리는 초중고에도 적용할 수 있을 것입니다. 만약에 적용이 된다면, 더 이상 대학입학자격시험(Abitur)의 합격 여부만을 따지지 않고, 어디서 자격을 취득했는지도 고려하게 될 것입니다.

사립대학에 대해선 어떻게 생각하십니까?

사립대학과 관련된 사항들은 간단하지 않습니다. 현재는 아주 좋은 사립대학을 운영하는 데 있어 필요한 만큼의 개인재산들을 동원할 수 없습니다. 잘 알려진 사례로는 비텐-헤르덱케(Witten-Herdecke) 대학이 있는데, 이 대학은 개교 첫해에는 베텔스만 재단(Bertelsmann-Stiftung)에 의해 운영되다가 지금은 완전히 노르트라인-베스트팔렌 주의 재정 지원에 의존하고 있습니다. 즉 여기서는 사립대학이 공공재정으로 지원, 운영되고 있습니다. 일련의 사립대학들이 설립되었습니다. 바덴-뷔르템베르크 주에는 2개, 브레멘과 베를린에는 각 1개가 설립되었습니다. 저는 사립대학 설립은 원칙적으로는 옳다고 봅니다. 왜냐하면 경쟁을 유도하고, 순수 국립대학들에게 자극을 줄 수 있기 때문입니다. 물론 저는 사립대학 설립경향이 과연 바람직한 방향으로의 변화인가에 대해서는 확신을 할 수 없습니다. 왜냐하면 사립대학에는 한편으로 단지 일부 전공들, 특히 장사가 될 만한 전공들만 개설되어 있으며, 또 다른 한편으로 집안형편이 어려운 학생들의 입학이 보장되지 않기 때문입니다.

국제 경쟁력을 키우기 위해서는 교육을 어떻게 개혁해야 합니까? 독일의 교육 수준은 다른 나라와 비교해볼 때 높은 편입니까, 아니면 낮은 편입니까?

우리는 교육투자, 교육참여, 그리고 경제성장 간에 밀접하고 또 직접적인 관련성이 있다는, 아주 안일한 사고에 빠져서는 안 됩니다. 정말로 중요한 것은 어떤 노동력들이냐 하는 것이고, 또 그 능력들이 어떤 차원에서 만들어지느냐 하는 것입니다. 예를 들어 개발도상국에서는 초등교육의 확대가 경제성장에 엄청난 영향을 주었지만, 대학교육의 확대는 전혀 도움이 안 되었거나 심지어는 부정적 영향을 주기도 했습니다.

이제 다른 질문에 답변 드리겠습니다. 교육 수준의 국제비교에서 우리는 독일을 좋게 보지 않습니다. 특히 수학은 더욱 그렇습니다. 독일에서는 아주 특이한 현상이 계속되고 있습니다. 한편으로 교육은 예나 지금이나 −그리고 다른 어느 나라들보다도− 인재를 선발하는 메커니즘으로서, 그리고 자격증을 부여하는 수단으로서 매우 중요시됩니다. 그러나 다른 한편으로 교육의 질은 저하되고 있습니다. 교육의 질은 독일 사회민주당(SPD)이 집권하는 자치주에서도, 기독교민주당(CDU)

이 집권하는 자치주에서도 저하되었으며, 모든 유형의 학교에서 악화되었습니다.

어디서 그런 점을 발견할 수 있습니까? 전반적 상식 수준이 저하된 것인가요?

예를 들자면 국제 수학테스트 같은 데에서 두드러지게 나타납니다. 이제 곧 다른 과목들도 평가할 새로운 테스트들이 나올 것입니다. 그러면 우리의 약점들이 더 정확하게 파악될 것입니다. 아마도 우리는 학교에서 아이들에게 너무 적게 요구하고 있는 것 같습니다. 이외에도 능력에 따른 집단별 반편성이 이루어지지 않고 있습니다. 그러나 무엇보다 교사들의 지나친 노령화가 가장 결정적 문제일 것입니다.

초등교육 4년을 마친 후에 일찌감치 기간학교(Hauptschule), 실업학교(Realschule), 인문계학교(Gymnasium)로 진학을 나누는 것이 의미가 있습니까? 한 아이의 일생에 아주 중요한 결정을 그 아이가 10살인 상황에서 미리 내릴 수 있습니까? 아이들은 모두 성적에 의해 분류되어야만 합니까? 만약에 그렇다면, 분류되는 시점은 언제가 가장 적합하다고 보십니까?

이 문제에 관해서는 어느 계통의 학교로 진학하느냐를 나누는 시점이 전혀 중요치 않다는 국제적 비교 연구결과가 있습니다. 예를 들어 스웨덴에서는 모든 아이들이 고등학교 10학년이 될 때까지 함께 다닙니다. 그리고 그 학생들은 독일 학생들보다 수학실력이 높습니다. 저는 개인적으로 초등교육 4년 뒤에 진로를 결정하는 것이 옳다고 믿고 있습니다. 그 이유는 특히 제 아이들이 베를린에서 초등교육 6년을 마치고서야 상급학교로 진학했기 때문입니다(다른 주의 4년과 달리 베를린

주에서는 6년 뒤에 진로를 결정함-옮긴이). 저는 아이들이 좀더 수준 높은 학습요구에 적절히 대처하는 데는 5학년, 6학년 때가 그보다 2-3년 늦은 경우보다 훨씬 수월하다고 믿습니다. 말하자면 그것은 자아발전 단계와 관련이 있습니다.

그러나 공부 잘하는 학생의 성적과 장려만이 중요한 것은 아닙니다. 자아의 발전은 여러 연령단계에서 나름대로 고유한 과정을 겪게 됩니다. '이해를 늦게 하는 학생'은 배제되어야 하는 것입니까?

물론 저는 능력개념에 대해 안일하게 생각하지 않고 또 약자의 능력개발을 전혀 고려하지 않는 능력차별화를 염두에 둔 것은 아닙니다. 하지만 능력발휘를 너무 요구하지 않는 것도 해롭습니다. 아이들에게 어떠한 요구도 하지 않는 것이 언제나 아이들에게 이로운 것은 아닙니다. 저는 교육 수준이 눈에 띄게 향상되어야 한다고 생각합니다. 왜냐하면 모든 사람들이 일정 수준의 자질과 교육을 필요로 하기 때문입니다. 다만 이미 말씀드렸듯이, 직업적 자질 향상이 학교에서 이루어져야 하느냐, 아니면 기업에서 행해져야 하느냐 하는 문제에 대해서는 계속 논의되어야 하겠지요.

우리는 항상 더 빨리, 더 많이 새로운 것을 배워야만 하는 그런 시대에 살고 있습니다. 이러한 변화과정에 적응할 수 있는 교육제도는 어떤 모습일까요?

우리는 현재의 또는 진단된 상황에 대한 규범적 대안과 사실적 분석을 구분해야 합니다. 분명히 우리는 정식교육은 더욱 줄이면서 재교육은 더 늘리길 요구하는 경제발전 시대에 살고 있습니다. 이것은 대학 역시 재교육 기회를 더 많이 제공해야 한다는 것을 말해주고 있습니다. 이외에도 장기간 학업에서 벗어나서 직업전환을 할 수 있는 기회가 있어야 할 것입니다. 이것은 비교적 미국식의 수업교과체계에 접근한 방식이라고 볼 수 있습니다. 미국에서는 이른바 '나이든 어른 학생'이 많은데, 이들은 자신의 직업을 가지고 있으면서도 또는 학업을 중단했다가, 계속했다가 하면서도 졸업을 합니다. 저는 물론 이러한 제도가 독일에서 가능할 수 있을지에 대해 확신이 서질 않습니다. 독일에서는 재정문제와 함께 사회보험 수급자격이 까다롭다는 문제가 있습니다. 현재 독일은 여전히 정식교육에 많은 것을 투자해야 하는 상황입니다. 이렇게 볼 때, 우리 독일 사회는 평생교육사회와는 아직도 멀리 떨어져 있습니다.

졸업증이 계속해서 중요한 역할을 한다고 보십니까?

졸업증, 그리고 여러 직업들간의 차이가 별다른 중요한 의미를 지니지 않는 자유로운 노동시장을 상상해볼 수는 있겠지요. 그러나 이것은 상대적으로 볼 때 비현실적입니다. 학위증은 노동시장에서 자기 자신을 좀더 높은 값에 팔려는 전략입니다. 그리고 이것은 아주 잘 먹혀들어가는 전략입니다. 따라서 이러한 제도를 완전히 없애버린다는 것은 바람직하지 않습니다. 다른 한편으로 노동시장에서 직종들이 고도로 분화(Segregation)되고 있다는 문제가 있습니다. 이것은 해당 직업에서 퇴출될 수밖에 없는 사람들에게 특히 문제입니다. 이 딜레마에서 빠져나올 수 있는 한 가지 방법은 별도의 자질평가모델, 업무평가모델을 도입하는 것입니다. 이 모델은 융통성이 높다는 장점이 있어, 여기서는 오직 한 가지 직업에 적합한 학위증이나 직업 교육 여부만을 기준으로 사람을 쉽게 분류하지 않습니다. 이런 종류의 모델은 분명히 곧 나타날 것입니다.

레나테 마인츠

다이내믹 사회

생애   레나테 마인츠(Renate Mayntz)는 1929년에 태어났으며, 쾰른에 있는 막스-플랑크 사회조사연구소의 창립연구소장이다. 그녀의 중점 연구분야는 사회과학적 거대이론, 비교사회연구, 비교정치연구, 조직사회학, 행정사회학 및 사회과학적 기술연구이다. 그녀는 학문과 실천 간의 교류에 적극 참여하고 사회문제의 해결에 기여한 공로로 1999년에 사회과학 공로분야의 <샤더 상(Schader-Preis)>을 수상했다. 그녀는 1990년대에 과거 동독의 학문체계를 재정비하기 위한 자문활동을 한 이후, 현재에는 특히 막스-플랑크 연구소와 사회적 실천분야 간의 외적관계를 연구하고 있다.

제2차세계대전에서의 조직화된 잔인성과 폭력에 대한 경험, 그리고 경험적 기반을 갖춘 이론구성에 대한 관심은 마인츠로 하여금 연구를 병행하면서 경험적 사회조사에 몰두하게 하는 계기가 되었다. 사회과학자로서의 활동을 시작한 이래, 마인츠는 현실 적용이 가능한 조사연구를 추진하고, 일반화 가능한 경험적 연관성을 정리하고 또 ─가능한 한─ 이것들을 이론에 접목시키는 데 노력을 기울여왔다. 그녀는 전체 사회의 구조와 동력이 이론적으로 해명될 수 없다는 이유로 포괄적인 사회이론에 대한 연구를 포기했다. "사회에 하나의 꼬리표를 달아 통칭하는 것은 경솔한 짓일 겁니다"라고 그녀는 말한다. "왜냐하면 우리가 사회를 묘사하기 위해 끌어들이는 모든 사회적 사실들은 다른 사실들에 의해 반박될 수 있기 때문입니다." 따라서 예를 들어 미하엘 크로치어(Michael Crozier)의 '봉쇄된 사회'라는 진단은 사회적 구조의 경직화에 비추어보면, 한편으로는 맞는 측면이 있지만, 다른 한편으로는 그 정반대의 결과를 증명할 수 있는 엄청난 사회적 변화과정들도 있다는 것이다. 상이한 사회적 영역들이 점점 더 섞이고, 중첩되어가는 것을 고려하면서 마인츠의 주 관심은 공식적 조직들과 나름대로의 역동성을 지닌 사회적 변화에 대한 연구, 그리고 분명한 의도를 가진 사회적 조정을 시도하는 데 있다.

■ 주요 저작들

• Renate Mayntz & Fritz W. Scharpf(Hrsg.). 1995, *Gesellschaftliche Selbstregelung und Politische Steuerung*, Frankfurt/M.: Campus Verlag. ─ 『사회적 자기규제와 정치적 조정』

• Renate Mayntz. 1997, *Soziale Dynamik und Politische Steuerung. - Theoretische und Methodologische Überlegungen*, Frankfurt/M.: Campus Verlag. ─ 『사회적 역동성과 정치적 조정: 이론적, 방법론적 검토』

사회적 역동성과 정치적 조정

개념　사회의 역동적 변화과정은 우리시대의 중요한 특징이고 또 어쩌면 가장 큰 도전이었다고 할 수 있다. 정치가 사회를 조정하는 역할은 눈에 띄게 감소하였으며, 사회과학은 사회적 사실들과 과정들을 파악하기가 더욱 어려워졌고 이론화도 제대로 못하고 있다. 따라서 포괄적인 사회이론을 정립한다는 것은 점점 더 불가능해지고 있다.

복잡한 행위연관, 그리고 이로 인해 야기된 사회적 동력에 대한 분석과 설명의 문제들을 마인츠는 여러 경험적 연구에서 다루었다. 그녀의 연구는 일관되게 이런 주제 영역을 다루고 있는데, 그 결과물이 1997년에 나온 논문모음집『사회적 동력과 정치적 조정』이다.

마인츠에 의하면 사회적 과정의 역동성은 우선 오늘날의 사회가 '복잡하게 서로 맞물려 있고 서로 중첩되고, 밀접하게 연관된 행위체계들의 체계로서' 나타난다는 사실에 기인한다. 사회가 점점 분화하면서 많은 사회적 부분체계들이 생겨났고, 이 부분체계들은 눈에 뜨일 정도의 자율성을 보여주고 있다. 그리하여 많은 부분체계들은 자치권을 가지며 스스로를 규제한다. 마인츠에 의하면 이러한 부분체계들의 자율성은 위계적인 사회구조를 해체시키고 국가의 사회조정 능력의 토대를 허물어뜨리는 데 결정적인 기여를 하였다. 그러나 사회적 역동성이 더욱 가속화되는 것은 사회적 행위자와 행위중심들의 수가 늘고 그들의 자율성이 증가해 그 영향력이 확대되었기 때문만은 아니다. 결정적으로 중요했던 것은 현대의 기술과 그 기술에 의해 야기된 교류체계, 커뮤니케이션체계, 그리고 공급체계이다. 이것들은 문제 해결 도구로서의 기능뿐만 아니라, 새로운 문제를 야기하는 원인으로서의 기능도 하면서 사회적 역동성에 상당한 영향을 미친다.

개별 행위자들, 특히 정당, 기업 노동조합 등과 같은 집단적 행위자들은 나름대로의 자원들을 이용하며, 또 이러한 기술들을 통해, 서로 기본적으로 상이한 자신의 이익들을 발전시키고, 자신들의 목표를 추구할 수 있게 된다. 이러한 독립성의 결과는 결코 간과할 수 없는, 행위들간의 밀접한 연관성이다. 이러한 연관성은 어떤 법칙성도 따르지 않으며 중앙에서 조정할 수도 없다.

사회적 행위자들은 한편으로는 그들의 고유한 가치목표와 행위목표에 있어서 서로 구분된다. 하지만 다른 한편으로는 상호간의 종속성으로 인해서 서로 관계를 맺지 않을 수 없다. 경쟁과 협력이라는 되풀이되는 게임은, 오늘날 사회적 역동성을 낳는 긴장과 갈등의 주요한 원인 중의 하나로 볼 수 있다.

조직의 내부구조, 관련된 행정구조 및 행위체계의 개선을 통하여 사회의 부분체계들은 어느 정도 스스로를 통제할 위치에 있게 된다. 위계적 사회구조의 해체와 안정된 비국가조직의 형성으로 인해 이제 국가가 사회문제를 전적으로 해결할 수 없다는 것이 분명해졌다. 국가는 영향력을 상실하고, 유일한 조정자로서의 독점적 지위를 어쩔 수 없이 포기하게 되었다. 하지만 정치적 조정의 필요성이 의문시된다고 해서 정치적 조정이 완전히 종말을 맞이한 것은 아니다. 설령 국가가 사회적 역동성을 더 이상 안정된 궤도 속에서 조정할 수는 없다 하더라도, 국가는 계속해서 중요한 기능들을 행하고 있다. 여기서 국가는 조정자와 경영자의 역할을 하고 있다. 문제가 파국으로 치닫는 것을 피하기 위해, 국가는 사회 내 부분체계들간의 갈등, 분쟁, 권력투쟁에 개입한다. 이외에도 국가는 여러 행위자들의 업무능력을 향상시키고, 그들의 자기규제를 능률성이라는 관점에서 점검하는 데 나름대로 기여한다. 국가가 조정자 역할을 한다는 쪽으로 강세가 이동되고는 있지만, 국가가 사회를 아우르고 있다는 사고와 결부된 고전적 의미에서의 국가의 역할은 완전히 사라지지 않았다. 비록 행정권력이 나오는 것은 더 이상 국가가 아니지만, 국가는 여전히 안보와 질서를 유지할 책임을 가지고 있다. 물론 정치적 조정이 사회적 과정에 대한 의도적 개입이라는 측면에서 정치-행정적 체계의 특수한 기능을 계속하긴 하지만, 사회 전체 체계의 차원에서는 조정하지 못한다. 결국 사회가 어떻게 발전해나가는가 하는 것은 사회적 행위의 계획되지 않은 고유한 역동성과 그것을 조정하려는 시도 간의 끊임없는 줄다리기 속에서 규정될 것이다. 마인츠에 따르면, 이러한 과정이 좋은 결말을 맞이하려면 의도가 좋아야 할 뿐만 아니라 시기 적절한 통찰력을 발휘해야 한다. 하지만 그 결과는 항상 기다려보아야 알 수 있다.

공통질문

1. 당신은 <u>스스로</u>를 사회이론가나 사회비평가 또는 사회설계가로 생각합니까? 아니면 그저 동시대인으로 생각합니까?

만약에 오직 이 세 가지 꼬리표 중의 하나만 선택해야만 한다면, 사회이론가를 선택하겠습니다. 저는 원래 이론적 관심을 가진 경험적 사회조사연구자입니다. 하지만 이러한 연구결과들은 종종 비판적이고 건설적인 함의를 가지고 있습니다. 이외에도 저는 특히 1970년대에 정치적 자문과 학문자치 행정분야 일에 비교적 많이 관여했었습니다.

2. 우리가 살고 있는 사회는 도대체 어떤 사회입니까?

이에 대한 답변은 어떻게 사회를 정의하는가에 따라 달라질 수 있습니다. 즉 구체적이고, 국민국가적인 사회를 의미하는가, 아니면 어떤 정치적 경계에 의해 규정될 수 없는, 사회적인 것 자체로서의 사회를 의미하는 짐멜(Simmel) 또는 루만(Luhmann)식의 사회를 의미하는가 하는 것입니다. 우리는 언제나 이 두 가지 사회 속에 살고 있습니다.

3. 현 사회의 긍정적인 면과 부정적인 면에는 어떤 것이 있습니까?

이 질문을 독일 사회와 관련지어 본다면, 저는 독일 사회의 약점으로 문제 해결능력의 부족을 들고, 강점으로는 매우 많은 자유와 동시에 평화—역사적 비교는 물론 실제적인 비교에 있어서도—를 들고싶습니다. 그런데 상대적으로라도 개인의 자유와 사회의 평화가 동시에 공존

한다는 것은 전혀 쉬운 일이 아닙니다. 오히려 양자 사이에는 분명한
긴장이 있습니다. 이에 반해서 앞에 이야기한 약점과 강점 간에는 불
행하게도, 그것들이 기인하고 있는 제도들을 보면, 인과관계가 존재한
다는 것을 알 수 있습니다.

4. 사회에서 당신의 역할은 무엇입니까?

국내 사회에서 제 직업적 역할은, 이미 앞서 말씀드렸듯이, 정치적
그리고 특히 학문정책적 관심을 가진 사회조사연구자의 역할입니다.

5. 사회소설 가운데 어떤 것을 좋아합니까?

특히 좋아했던 것은 소설이지만, 희곡도 좋아했습니다. 그런데 그
중에서 예를 들어 토마스 만의 『부덴부로크가의 사람들』처럼 특정한
사회를 묘사한 것보다는, 오히려 사회적, 정치적 권력행사의 문제를 다
룬 작품들을 선호했습니다. 그래서 뒤렌마트(Duerrenmatt)의 『노파의 방
문』, 골딩(Golding)의 『파리대왕』, 『굴락 군도』 또는 로마이어(Lohmeyer)
의 『마녀』 같은 작품을 특히 좋아합니다.

6. 당신이 즐기는 게임에는 어떤 것이 있습니까?

요새 저는 사교놀이를 전혀 하지 않습니다. 하지만 예전에는 특히
'스틸레 포스트 게임(Stille Post: 여러 사람이 일렬로 또는 원을 그리고 앉은
가운데, 한 사람이 무언가를 마음속으로 정하고 이를 바로 옆 또는 뒤의 사람
에게 제스처 등을 방법을 써서 전하면, 그 사람은 또 다른 사람에게 전하여,
결국 마지막 사람이 그것이 과연 무엇인지를 말하는 게임-옮긴이)' 형식을

따른 추리하기 게임 또는 알아맞추기 게임을 좋아했습니다. 맞추기 게임은 게임 참여자들의 질문을 통해서 우리가 알고 있는 한 사람을 맞추는 게임입니다. 예를 들어 사람들은 다음과 같이 질문합니다. 만약에 이 사람이 하나의 색깔(혹은 집, 개, 경치, 노래)로 표현된다면, 그 색(혹은 집 등)은 무엇일까?

7. 어떤 모임을 좋아합니까?

일단 서로 사랑하는 두 사람간의 파트너 관계를 제외하면, 여러 집단들이 있습니다. 특히 동료들과 함께 있을 때 편안함을 느낍니다. 즉 제가 직업적으로 관계를 맺고 있고 오래 전부터 알고 지내고, 관심을 공유하고, 함께 책임을 져왔던 사람들 말입니다. 그러나 제가 오래 살았던 곳이면 언제나 친구들과 지인들이 있었습니다. 그들과 저는 기꺼이 함께 지냈고 그들과의 사교를 추구했습니다. 저는 대학시절의 친구들과는 지금도 여전히 교류를 하고 있습니다. 1950년대 말 저는 뉴욕의 한 지식인 그룹인 이른바 '어퍼 웨스트 사이드 키부츠(Upper Westside Kibbutz)'에 들어가고 싶었습니다. 하지만 유대인이 아닌 독일인이었기 때문에 저는 거기서 불행히도 단지 일시적으로 주변적 역할밖에 할 수 없었습니다. 마지막으로 저는 우리 가족, 친척들과 함께 있는 것을 좋아합니다. 더 많이 모이면 모일수록 더욱 기분이 좋습니다.

8. 당신이 소속되어 있다고 느끼는 사회집단은 어떤 것입니까?

앞에 말씀드린 모든 집단들에 소속감을 느낍니다. 학자집단, 사귀는 친구들 집단, 일가친척들 모두 말입니다. 계급이론적으로 볼 때, 아마 제가 속한 집단을 교양시민계층으로 분류할 수도 있을 것입니다.

9. 당신이 사회적으로 중요하다고 평가하는 사람은 누구입니까?

저는 '사회적 중요성'이라는 말로 사람을 평가할 수는 없다고 생각합니다. 유명한 학자들, 뛰어난 작가들, 높은 명망을 누리는 정치가들 어느 영역이든 제가 높이 평가하는 사람들이 있습니다. 정치인 중에는 생전의 존 에프 케네디를 특히 존경했습니다. 그는 마치 빛을 발하는 인물처럼 나타났었지요. 그가 베를린을 방문하여 "저는 베를린 사람입니다"라면서 그 유명한 연설을 했을 때, 저는 수천의 다른 청중들과 함께 환호하며 길가에 서 있었습니다.

10. 당신이 생각하는 이상적 사회는 어떤 사회입니까?

제가 생각하는 이상사회는 자유가 보장되는 평화로운 사회입니다. 그곳에서는 ―정치, 관료, 폭력적인 청소년단체들, 법조계와 경찰, 기업가, 은행가에 의한― 어떤 권력남용도 존재하지 않아야 합니다. 특히 사람들이 이와는 완전히 다른 현실을 경험할 때, 이러한 사회가 항상 구상하고 염원했던 유토피아입니다.

11. 당신은 사회를 변화시키고 싶습니까?

그렇게 포괄적인 질문에 답변을 하자면, 한번도 이것이 저의 주요 목표이었던 적은 없습니다. 하지만 저는 아주 일정한 변화를 위해 항상 반복해서 현실참여를 해왔습니다. 예를 들어 베를린에서 공부할 때는 유럽통합을 위한 유럽 청소년조직의 회원으로, 그리고 나중에는 교육위원회, 그리고 아주 구체적 개혁을 추진하는 여러 정부위원회의 회원으로 활동했습니다. 마지막으로 저는 제가 학자로서 분석하기도 했

| 생애 | 개념 | 공통질문 | 인터뷰 |

던 독일통일 과정에서 동독 학문체계의 개편작업에 적극적으로 참여했었습니다.

12. 미래사회는 어떤 모습이 될 것 같습니까?

개개의 구체적 사항들은 예견할 수가 없습니다. 오늘날의 상황을 고려한다면, 우리는 아주 상이한 일련의 시나리오-즉 낙관적인 것과 비관적인 것-를 만들어볼 수 있습니다. 그러나 어떤 방향으로 변화해나갈 것인가는 특정한 역사적 분기점에서 어떻게 사태가 진행되는가에 달렸습니다. 세계화된 사적 경제들이 초국가적 질서에 의해 과연 어느 정도까지 규제될 수 있을까? 현재 도처에서 인종적, 종교적, 그리고 동시에 경제적 원인으로 인한 갈등이 그 폭력의 수위를 높여가고 있는데 이것을 어느 정도까지 완화하고 또 해결할 것인가? 인구과잉, 자연자원의 고갈, 대량 빈곤의 위험에 과연 어느 정도까지 대처해나갈 수 있는가? 이런 식의 질문들은 거의 마음대로 늘려나갈 수 있고 바꿀 수도 있을 것입니다. 불투명한 미래는 우리에게 위협적으로 보일 수도 있고 또 분명히 그렇기도 합니다. 그러나 앞으로 전개될 미래는 사회과학자에게는 매우 흥미로운 것입니다.

인터뷰

당신이 1983년에 쓴 막스 플랑크 사회조사연구소 창립을 위한 구상논문에는 다음과 같은 내용이 있습니다. "현대화된 현재 사회는 높은 수준의 조직화와 복합성, 내부적, 외부적 상호의존성, 자원과 기술적 도구들의 이용을 특징으로 하고 있다." 이런 식의 묘사가 여전히 유효합니까? 아니면 새로운 세계 상황과 관련하여 이러한 정의에 무언가를 덧붙여야 합니까?

국민국가적으로 파악된 사회만을 생각한다면, 오늘날에는 분명 국제적 연결망의 증가를 추가해야만 합니다.

사회적 역동성에 대한 설명을 제대로 하지 못하는 이유로 당신은 무엇보다 의도되지 않은 행위의 결과들이 나타난다는 점을 들고 있습니다. 당신은 이렇게 말했습니다. "바로 너무나 많은, 매우 단순한 설명들이 있는데, 이는 잘못된 진단과 잘못된 해석을 야기하였다." 사회의 역동적 과정을 분석하고 해석하는 데 있어서 어떤 설명 모델이 적합하며 또 무엇을 고려해야만 합니까?

대부분의 설명이론들은 실제의 연관성을 분석하는 데 있어서 대단히 단편적입니다. 왜냐하면 그것들은 분화된 상호연관관계를 고려하지 않기 때문입니다. 하지만 사회가 어떻게 움직이는가를 이해하고자 한다면, 바로 이러한 상호연관관계들을 고려하지 않으면 안 됩니다.

이것은 오직 구조와 역동성, 행위와 체계를 동시에, 균형 있게 접목시켜야만 가능합니다. 다시 말해 다음과 같은 식입니다. 즉 개인들의 행위를 통해서 구조의 역동적 결과들이 나타나고, 개인들의 행위의 체계 효과를 통해서 역동적 과정들이 구조에 다시 영향을 미치는 결과를 낳습니다.

새로운 테크놀로지의 발전이 사회의 조직형성의 역동성에 얼마나 영향을 미치겠습니까?

　그것들은 일단 경제영역에 대단히 큰 영향을 미칩니다. 왜냐하면 거대한 다국적기업의 형성은 텔레커뮤니케이션의 진보가 없었다면 전혀 불가능했을 것입니다. 예를 들어 금융시장영역을 생각해봅시다. 그것의 전지구적 의의는 기술적 발전이 없었다면 결코 가능하지 않았을 것입니다. 다국적기업 발전의 직접적인 원인은 테크놀로지입니다. 심지어 저는 유일한 원인이라고까지 말하고 싶습니다. 그것은 실제로도 없어서는 안 될 전제조건이었습니다. 두말할 나위 없이 제가 보기엔 세계화의 경제적 측면이 −적어도 지금 순간에는− 가장 중요한 것입니다.

금융시장의 세계화가 국민국가와 각국 정부의 행위능력에 어떤 영향을 미친다고 보십니까?

　탈국경화 현상이 등장하게 됩니다. 그렇게 되면 전에는 내부적인, 즉 국내 자체의 압력에 의해 지배를 받던 정책에 어느 순간 갑자기 외부적인 압력이 개입하게 됩니다. 특히 경제정책, 조세정책 분야를 세계경제에 맞추라는 압력에 대해 개별국가의 정책은 반응을 보일 수밖에 없습니다. 기업측이 생산비용이 저렴한, 좀더 입지조건이 좋은 다른 나라로 이전하겠다고 끊임없이 위협하며 생산비용 측면에서 여러 국가들을 이리저리 재볼 수 있는 가능성은 인류의 경제정책, 금융정책, 산업정책, 사회정책에 엄청난 영향을 미치고 있습니다.

이러한 변화들은 노동시장 정책에 어떤 영향을 미칩니까? 또 세계화와 실업 간에는 어떤 연관성이 있습니까?

우선 눈여겨보아야 할 것은 대략 비슷한 발전 수준에 있는 나라들 간의 실업률이 매우 많은 차이가 난다는 사실입니다. 영국의 실업률은 5% 이하이며, 네덜란드의 실업률도 이와 비슷할 정도로 낮습니다. 또 미국도 마찬가지입니다. 이 나라들은 모두 고도로 발달한, 기술화된 나라들입니다. 그러나 독일의 실업률은 이들 나라들에 비해 높은 편입니다.

독일의 정책에 어떤 문제점이 있는 것입니까? 조정메커니즘이 제대로 작동을 안하는 것입니까? 아니면 높은 실업률의 원인은 어디에 있는 것입니까?

생각해볼 수 있는 것은 국내 정치적 이유들입니다. 이것들은 앞에서 언급한 것처럼 다른 나라들에서는 가능한 적응정책이 독일에서는 불가능하게끔 만듭니다. 예를 들어 영국의 노동시장은 독일과 비교해볼 때 매우 유연하고, 별로 규제가 심하지 않습니다. 따라서 영국에서는 더 빨리, 더 단기적으로 고용될 수 있습니다. 게다가 실업자 지원에 관한 법들도 독일과 완전히 다릅니다. 저의 착각이 아니라면, 실직신고를 한 실업자는 반 년이 경과한 후부터는 어떠한 일자리라도 받아들여야만 합니다. 이에 반해 독일에서 실업자는 실직당한 직종과 비슷한 일자리를 1년 동안 기다리며 찾아볼 수 있습니다.

영국에서는 개개인에 대한 적응 압력이 매우 강합니다. 하지만 전체 사회체계는 유연성이 매우 높아집니다. 물론 이것은 바로 미국에서와 마찬가지로, 한편에서는 높은 고용이 존재하지만 다른 한편에서는 빈곤선에 가까운 저소득의 피고용층이 존재하는 문제를 낳게 됩니다.

한편 독일은 다른 나라들과 또 다른 차이를 보이는데, 이것은 노동

시장을 탈규제화할 수 없었던 독일 정부당국의 능력부족과는 아무런
관련이 없습니다. 헬무트 콜(Helmut Kohl) 수상 치하에서 ─그리고 지금
은 더욱더 그렇지만─ 독일 정부는 복지국가의 여러 측면에서 필요한 감
축을 할 수가 없었습니다. 당시 누구나 이러한 감축의 필요성을 절감
했지만 아무 일도 일어나지 않았습니다. 이렇게 된 데에는 정치적인
요인이 가장 크게 작용하였습니다(복지국가의 축소시 선거에서의 지지율
감소를 우려한다는 의미─옮긴이).

하지만 경제적인 원인, 경제구조에 기인하는 원인들도 있습니다. 독
일에서 서비스 부문(제3차산업 부문─옮긴이)의 중요성은 매우 적습니다.
예를 들어 미국이나 네덜란드에서는 상대적으로 적은 임금을 주고 파
트타임 고용이 많은, 매우 크고 유연한 서비스 부문이 존재합니다. 이
에 반해 독일의 서비스 부문은 노동협약 등을 통해서 일정하게 규제되
고 있기 때문에 거의 확대될 수 없습니다. 바로 이 지점에 구조적, 정치
적 효과들이 서로 밀접하게 얽혀져 있습니다. 이러한 문제들을 명쾌하
게 풀 수 있는 해법은 없습니다.

그러면 독일의 경제적, 정치적 제도들에 의한 규제, 구속이 너무 지나치다는
말인가요?

저는 노동시장 규제에 대해 말할 때면, 노동법을 머릿속에 떠올립
니다. 해고 가능성, 일자리 보장, 최저임금, 일률적인 노동협약의 명시
등등을 말입니다. 그런데 기업들은 자체의 욕구에 따라 유연하게 적응
할 가능성이 전혀 없다는 사실, 바로 이것이 규제의 결과입니다. 이는
물론 입법에 의해 그렇게 된 것이며, 결국 정치적 문제입니다.

어떻게 하면 이 문제를 해결할 수 있습니까? 당신은 '유연한 적응'이 무엇이

생애   개념   공통질문   인터뷰

라고 생각하십니까? 이 유연한 적응이 어디까지 기업들에게 도움을 줄 수 있습니까?

　기술 발전으로 인한 실업에서 야기된 문제에 유연하게 대응해야 합니다. 높은 자질을 필요로 하고 고임금을 받는 일자리를 제외하면, 일자리가 없다고 구실을 대는 것은 몹시 유연하지 못한 것입니다. 법률 조항들이 유연하지 못한데, 바로 이것이 문제들의 적절한 해결을 불가능하게 만듭니다.

　분명한 사실은 기술적-경제적 분야에서의 생산성이 동일 인원의 투입으로도 엄청나게 증가하였다는 것이고, 또 모든 경제분야에서 판매의 문제가 있다는 것입니다. 이것은 우리가 제대로 생산하지 못한다는 것이 아니라, 앞으로 점점 더 적은 수의 사람이 더욱더 많은 생산을 할 수 있다는 사실을 의미합니다. 이삼십 년 전만 하더라도 농부 한 명이 10명이 먹을 수 있는 식량을 생산했지만, 오늘날에는 110명의 식량을 생산합니다. 이러한 엄청난 생산성의 증가는 당연히 실업을 야기합니다.

증대된 생산성은 새로운 기술의 결과이지요.

　물론입니다. 그러나 인조물, 거대한 기계, 자동화된 생산라인 같은 의미에서의 기술뿐만이 아닙니다. 유전자기술, 수확량의 확대를 가져온 종자개량, 잡초만을 제거하는 살충제 등의 발전이 이러한 과학기술의 생산성 증가에 영향을 미쳤습니다.

　보험업과 은행업 분야에서도 아주 비슷한 현상이 벌어지고 있습니다. 현대의 커뮤니케이션 기술은 과거에 화이트칼라에 의해 행해졌던 일부 서비스 업무들을 고객 또는 손님들이 직접 하도록 만들었습니다. 고객들은 자신의 구좌에서 직접 돈을 인출하고, 은행에서 볼 일을 컴

퓨터를 통해 처리하고, 제공되는 금융상품들을 인터넷 등을 통해 비교합니다. 도처에서 과학기술의 생산성 증가로 인해 인력을 절약할 수 있습니다. 이러한 일은 모든 분야에서 일어납니다. 여기에 어려움을 가중시키는 것은 독일의 인구문제입니다. 즉 점점 더 연령구성이 불리하게 되는 것입니다. 점점 더 적은 수의 사람들이 생산적 일에 종사하게 되지만, 과거보다 더욱더 많은 사람들이 더 오래, 그리고 많은 비용을 지불하고 살고 있습니다. 왜냐하면 노인들에게 들어가는 의료비용이 기본적으로 늘어났기 때문입니다. 따라서 일반적으로 볼 때, 엄청난 비용-지출 압력이 생겨남과 동시에 조세수입은 감소하게 됩니다. 또 하나 추가적으로 고려해야 할 요인은 경제적 세계화로 인한, 독일기업들의 경쟁력 강화에 대한 압력입니다. 따라서 우리는 복잡하게 얽힌 작용메커니즘 속에 들어 있습니다.

모든 사회는 특정한 법률적 상황과 법을 가지고 있는데, 이것들의 배후에는 다시 이해관계가 얽혀 있습니다. 그러므로 무언가가 바뀌기 위해서는 수많은 저항들을 극복해야만 합니다. 독재적 전권이 존재하지 않는 이러한 사회체계에서 무언가를 변화시킨다는 것은 매우 어렵습니다.

정치는 커다란 과제들에 직면하여 하등의 명확한 해결책도 제시하지 못하고 있습니다. 우리가 직접적 인간관계 차원에서 특별한 의도 없이 많은 일상 반복적 행동을 하고 규칙을 준수하는 것을 어떻게 이해해야 합니까? 많은 사람들은 일상에서 생겨나는 요구들에 대해 반사하듯이, 그리고 깊은 생각 없이 반응합니다. 이러한 행동을 어떻게 설명하시겠습니까?

이것은 생활을 고도로 단순화시키는 메커니즘입니다. 니클라스 루만이라면 일상 반복적 행동은 복잡한 것을 단순화시키는 효과적인 메커니즘 중의 하나라고 말했을 것입니다. 그는 그것을 '조건적 프로그램(Konditionalprogramme)'이라고 불렀습니다. 사람들은 하나의 규칙을 정한 다음에는 자신의 행위에 대해 더 이상 깊이 생각할 필요가 없습니다. 모든 것이 마치 버튼을 누르면 저절로 되는 것처럼 일어납니다. 만약에 이런 식의 습관화와 자동화가 없었다면 우리는 살아남지 못했을 것입니다. 그랬다면 당신은 자동차를 운전할 수도 없고, 모든 행위, 모든 동작들을 하기 전에 항상 처음부터 깊이 생각해야만 할 것입니다.

이와 동일한 일들이 사회적 행위양식에도 해당됩니다. 우리는 수많은 표준 프로그램―표준 운영절차(SOP, Standard Operating Procedures: 주로 조직 내의 개인이나 하위조직이 부과된 업무를 수행할 때 지켜야 할 절차나 규칙을 의미함. 행정학에서 많이 언급되는 용어임 - 옮긴이)―을 가지고 있는데, 이에 대해서 우리는 전혀 의식하지 못합니다. 만약에 어떤 외부적 자극이 있으면, 우리는 매번 새로이 생각하지 않고 반응을 합니다. 이러한 일상적 행위가 있기 때문에 우리는 살 수 있고 사회적으로 기능할 수 있습니다. 하지만 우리가 이러한 일상적 기준으로 어떤 문제들을 제대로 해결할 수 없다는 사실을 거듭 경험하게 되면, 일종의 충격이 생겨납니다. 그렇게 되면 우리는 곰곰이 생각하게 됩니다. 그래서 문제에 대한 분석이 행해지고, 이것은 새로운 프로그램의 개발로 이어집니다. 이것을 우리는 혁신(Innovation)이라고 부릅니다.

정치적 과정에서도 그러한 표준적 반응을 관찰할 수 있습니다. 비교가 절대적으로 불가능한 상황, 예를 들어 독일통일 과정조차도 미리 주어진 행위모델이 존재합니다.

이것을 좀더 구체적으로 말씀해주실 수 있습니까?

전략을 변화시키지 않은 채 구동독지역에 적용하려고 했던 단체들이 있습니다. 그러나 그들은 갑자기 그들과 협상하려는 사람들이 하나도 없다는 문제에 직면하였습니다. 또는 예를 들어 협상 상대 단체가 소속회원들의 지지기반이 없어서 협상능력이 없다는 것을 전혀 눈치채지 못하였습니다. 이런 일은 보건체계의 전환 같은 데에서 일어났습니다.

우선 많은 간부들은 자신들이 과거에 배웠던 것들을 실행에 옮기려고 노력했습니다. 그러나 이를 위한 전제조건들이 결여되어 있다는 것이 분명해지고 나서야 학습과정이 시작되었습니다. 예전에는 결코 이야기조차 나누지 않았을 단체의 대표들이 갑자기 서로 만났습니다. 그리고 공동의 작업계획을 세웠습니다. 부분적으로는 지역적 차원에서 최초로 기본 전제들이 만들어지지 않으면 안 되었습니다.

또 하나의 예를 들겠습니다. 은행들도 그들의 표준 프로그램을 작동시켰습니다. 그리고 이 경우에는 더 하위부서 차원에서도 잘 작동했습니다. 경쟁은 전혀 없었으며, 많은 새로운 지점들이 문을 열 수 있었습니다. 하지만 이와는 반대로 상위부서 차원에서는 이보다는 어려움이 많았습니다. 왜냐하면 과거의 관례들이 더 이상 통할 수 없어서 지방은행들간에 서로 협상을 해야만 했기 때문입니다.

이러한 메커니즘은 교육시스템에 어떠한 영향을 미칠까요? 과거 동독지역에서의 교육시스템이 서독지역보다 더 좋았다는 주장들이 정도는 다르지만 여러 번 제기되었습니다.

저는 이에 관한 논의를 원래 대학제도와 관련해서만 알고 있습니다. 학교에서 포괄적(polytechnische) 교육을 실시해야 한다는 논쟁을 저는 잘 알지 못합니다. 동독의 대학들에서는 집중적인 학생지도를 높이 평가했습니다. 이것은 물론 높은 수준의 규제와 막대한 인원, 거기에다가 무기한의 계약을 통해 얻어진 것인데, 이것은 서독의 대학법에서는 결코 재정지원을 받을 수 없는 것이었습니다. 교수 집단의 권한은 서독보다는 크게 강하지 않았습니다. 또 학부들이 지나치게 정치화되어 있고 당간부의 역할이 중요하다는 사실 역시 부정적으로 평가할 수밖에 없습니다. 그것은 매우 이질적인 것들의 총합이었습니다.

대중대학을 구동독지역으로 확산시키려는 것은 위험하다는 경고가 항상 반복되었습니다. 그러나 이 일은 일어났습니다. 왜냐하면 대학입학이 과거보다 쉬워졌기 때문입니다. 과거 동독 시절에는 대학에 갈 수 있는 사람이 아주 소수였고, 게다가 입학 인원에 대한 수요관리 계획도 있었습니다. 만약에 누군가가 과거 동독의 교육시스템의 부정적 조건들을 고려하지 않고 장점만을 강조한다면, 그는 현실을 제대로 보지 못하는 것입니다.

하지만 행위권력과 통제능력이 상실되어서 그런 것은 아닌가요? 구동독지역에서는 모든 것이 뒤집혀버렸습니다.

뒤집힌 적은 없습니다. 동독사람들은 서독으로 편입을 결정했습니다. 그리고 그것은 서독의 모든 법을 수용한다는 것을 의미합니다. 이것이 핵심입니다. 통일은 원했던 것이고, 다른 통합과정을 택했다면 다른 경제적 결과들을 낳았을 것입니다. 일단 편입 결정이 났고 의회가 이를 통과시켰으면, 기존의 서독법들이 넘어오게 됩니다. 변화들은 기껏해야 나중에 정치적 과정을 통해서 생겨날 수 있습니다. 그리고 통일조약에는 일부 분야들의 경우 과도기적 조항들이 분명히 명시되어 있습니다.

예를 들어 매우 흥미로운 것은 보건분야에서 일어났던 일입니다. 이 분야는 동독과 서독에서 근본적으로 달랐습니다. 어느 누가 예상했던 것보다도 더 빨리 동독의 종합병원에서 일하던 의사들은 독자적으로 개업을 했고, 그럼으로써 서독 제도와 비슷해질 수 있었습니다.

대학제도 분야에서는 -물론 대학 외부의 연구분야는 아닙니다- 아주 다른 식으로 일이 진행되었습니다. 통일조약에는 실제적으로 아무 것

도 쓰여 있지 않았고 오직 동독은 독일(서독)의 대학법을 넘겨받아야만
한다라는 조항만 있었습니다. 이 법에 따르면 대학은 주정부의 관할사
항이기 때문에, 대학에 대한 책임은 바로 동독의 새로운 자치주들의
관할영역으로 넘어갔습니다. 새로운 주들은 단지 독일의 대학법에 있
는 일반적 규정에만 묶여 있었습니다. 그래서 자치주 차원에서는, 부
분적으로 서독의 자매결연 대학 또는 자매결연 자치주의 도움으로, 독
자적인 구조들이 만들어졌습니다. 연방 차원에서 영향력을 행사하려
던 학문위원회의 시도는 대학 외부의 영역에서와는 달리, 새로운 주들
의 저항 때문에 좌절되었습니다. 일례로 학문위원회는 에르푸르트
(Erfurt) 대학을 받아들이지 않았습니다. 그런데 그 대학은 여전히 존재
합니다. 그러므로 구동독지역에서 대학제도의 개혁은 과거 동독의 개
혁세력들이 강한 영향을 미친 가운데, 탈중앙집중적으로 진행되었습
니다.

독일 사회에서는 협상을 통한 합의가 특히 중시되고 있다고 자주 이
야기됩니다. 그리고 정말로 우리 사회는 갈등을 매우 꺼리는 사회입니
다. 사회 파트너십이 있는데, 이러한 분위기 속에서 정치적 협상이 이
루어지고, 연방정부와 주정부 간의 협상이 진행되며, 고용조약이 조정
됩니다. 따라서 독일은 매우 두드러진 신조합주의(neo-corporatism)적 특징
을 지니고 있습니다. 이것은 물론 매우 쉽게 장애가 생겨날 수 있음을
의미합니다. 영국에서는 완전히 다릅니다. 웨스트민스터(영국의회를 의
미함—옮긴이)에서의 민주주의, 그리고 중앙집권적 연방제도(unitarische
Staat)는 결코 연방주의적 제도가 아닙니다. 중앙정부는 어떤 주들과도
조율할 필요가 없습니다. 단지 다수결에 의해 결정이 내려지고 이것이
관철됩니다.

독일 제도에서는 다릅니다. 정부의 결정은 상원(Bundesrat)에서 뒤집
어질 수 있습니다. 따라서 독일 사회에서는 협상을 통한 결정양식이
매우 강하게 퍼져 있으며, 이로 인해 결정이 지연될 위험성이 매우 큽
니다. 너무나 자주 우리는 어쩔 수 없이 이해관계에 따라 이루어진 절

충 사항들, 아주 작은 공통분모에 합의하는 것에 만족해야만 합니다.
이러한 것들의 장점은 물론 대체로 관련자들의 동의를 거쳐 결정이 이
루어지고 그런 조건에서 실제로 관철 가능하다는 점입니다.

당신은 법률이 계속해서 정치에 의해 실행되어야 한다고 믿습니까?

법률 집행에는 국가와 공적 행정기관들이 참여합니다. 결정과정에
서는 우선 협상이 있고 나서 절충이 이루어집니다. 따라서 법률의 집
행은 매우 전면적으로 일어나는데, 이는 이탈리아와 정반대입니다. 이
탈리아에서는 일부 법률들이 이른바 하룻밤 사이에 의회의 동의 없이
통과될 수 있습니다. 따라서 독일 같으면 절대로 관철되지 않았을, 말
그대로 하룻밤 사이의 결정들이 이루어집니다. 하지만 집행과정에 들
어가면 일이 잘 풀리지 않습니다. 따라서 많은 법률들, 예를 들어 환경
보호 또는 건설분야 관련 법률들은 이탈리아에서는 일반적으로 잘 지
켜지지 않습니다.

**하지만 새로이 제기되는 문제들에 대해 좀더 유연하게 대응할 수 있다면 독일
에게 긍정적일 수 있다고 보는데요. 어떤 것들이 이러한 것을 방해하는 원인
들입니까?**

사실상 규정이라고 하는 것은 일종의 문제 해결방안을 표현하며, 서
로 상충하는 생각, 목표, 희망, 필연성간의 불안한 균형을 보여주고 있
습니다. 그리고 이러한 불안한 균형은 사람들이 갑자기 모든 것을 일거
에 바꾸려고 할 때 문제로 떠오릅니다. 변화에 대한 저항은 사회심리학
적 대응으로서, 진화론적으로 말하자면 충분히 그 나름의 역할을 합니
다. 변화에 대한 저항을 단순히 나태나 게으름으로 볼 수는 없습니다.

그러면 변화는 어떻게 올 수 있을까요?

우리가 느낄 수 있을 정도로 표준적인 문제 해결방안이 더 이상 제대로 작동하지 못하고, 새로운 행동의 여지가 생겨나는 시점이 옵니다. 그것은 언제나 다시 옵니다. 독일 정치에 있어서도 그것은 마찬가지입니다.

사회의 조직구조는 그것이 인간들을 서로 연결해줌으로써 작동합니까?

저는 독일의 시민사회가 실제로 강하게 형성되었다고 믿지 않습니다. 오히려 독일의 시민사회는 다른 사회에 비해 상대적으로 국가와 밀접한 관계를 맺고 있어 전혀 발전하지 않은 것이나 다름없습니다. 하지만 우리는 여러 차원에서 국가기관들과 협력하는 다양한 자발적 단체들을 가지고 있습니다. 이것은 이미 동(洞)단위의 차원에서 시작되고 있습니다. 각각의 동단위에서는 정치기관들과 지역단체들 간에 매우 밀접한 공동활동이 있습니다. 이러한 '공적·사적 네트워크(public private networks)'는 여러 차원에서 존재합니다. 동단위의 차원, 자치주 안의 단체들간에, 그리고 나아가 자치주간의 연결 네트워크의 형태로도 존재합니다. 심지어 경제단체들도 매우 협동적으로 활동하고 있습니다.

당신은 "사회 발전은 사회적 행위의 고유한 역동성과 그것을 조정하려는 국가의 시도간의 끊임없는 줄다리기의 결과"라고 말씀하셨습니다. 유럽의 화폐통합과 유럽연합의 확대로 해결해야 할 새로운 문제들이 생겨나고 있습니다. 당신은 체계이론에서 주장하는, "조정은 원칙적으로 불가능하다"는 비관론적 견해에 동조하지 않고, 성공적인 조정이 가능하다는, 기본적으로 낙관적인 입장에 서 있기 때문에 이제 다음과 같은 질문을 드리겠습니다. 어떤 새로운 문제들이 우리에게 다가오고 있으며, 어떻게 이것들을 극복할 수 있겠습니까?

유로(Euro)화와 화폐통합으로 인해 우리들에게 어떤 문제들이 생겨날지는 아직 어느 누구도 정확히 평가를 내릴 수 없습니다. 극도로 논란이 되는 예견들이 있었으며 현 시점에 이르렀습니다. 한 가지 드러나는 결과는 유로화의 가치가 예상외로 하락하고 있다는 것입니다. 언젠가 사람들은 환전비용을 아끼려 할 것입니다. 이외에 어떤 결과가 나타날지는 아무도 모릅니다.

아주 중요한 과제는 '아젠다 2000'의 주제들입니다. 여기서 중요한 것은 지나치게 보호되고, 매우 비싸면서도, 과잉생산되고 있는 유럽 농산물시장을 통제하는 일입니다. 문제가 되는 것은 정치적 압력을 행사하며, 조세로 충당되는 사료공급을 포기하지 않으려고 하는 대대적인 로비입니다.

또 하나의 커다란 과제는 유럽의 지속적인 민주화입니다. 전 유럽을 총괄할 수 있는 정부가 없습니다. 유럽연합의 이사회는 극도로 간접적인 정당성을 가진, 국민들에 의해 선출되지 않은 정치가들로 구성되어 있습니다. 사람들은 이사회가 독일의 연방 상원과 비슷한 기능을 한다고 말할 수도 있습니다. 여기서는 각국의 이해와 영토를 둘러싼 이해가 대변되는데, 이것들은 서로 조정되지 않으면 안 됩니다. 진짜로 지배하는 것은 내부의 상임위원회입니다. 하지만 이것은 정부가 아니며, 단지 관료집단일 뿐입니다. 그럼에도 상임위원회는 사실상 입법적 능력을, 즉 규제 능력을 가지고 있습니다. 이러한 사실은 강한 독자적 역동성을 발전시켜왔습니다. 상임위원회는 또한 실물에 밝은 관료들로 구성되어 있는데, 이들은 나름대로의 이념과 생각을 가지고 있으면서 이것들을 조약이라는 토대 위에서, 하지만 경우에 따라서는 유럽연합 회원국 국민들의 바람과 욕구와는 정반대 방향으로 관철시키고 있습니다.

유럽연합의 제도조직을 합리적으로 재편하는 일은 미래를 위해 아주 중요한 과제입니다. 이 거대한, 규제적 기관이 계속해서 독자적으로 자립하는 것을 막아야만 합니다. 저는 물론 유럽이 가까운 시기에 초대형 단일국가―즉 독일을 모델로 한 연방국가―가 되리라고는 믿지 않습니다. 전 유럽적 차원에서는 어떤 정당도 폭넓은 사회적 지지를 얻지 못하고 있습니다. 만약에 그러한 정당들이 생겨난다면, 그리하여 그 결과로 독자적인 정부가 성립된다면, 이는 곧 각 회원국 정부들의 자율성이 가장 극심하게 훼손되는 것을 의미합니다. 그리고 이것은 국민 다수의 동의를 얻지 못할 것입니다. 공식적으로는 전 유럽적 차원에서 민주주의가 결함을 보이고 있다며 짐짓 애석한 척 하고 있습니다만, 저는 유럽인 모두가 각 국민국가적 자율성을 기꺼이 포기할 준비가 되어 있다고 생각하지 않습니다.

국민국가적 경계를 넘어서는 민주적 질서가 과연 가능할까요?

문제는 만약에 각 회원국들이 매우 활기찬 민주주의를 실현하고 있다면, 또 규제적인 개입에 있어서도 효율성을 기준으로 삼는, 그러니까 전문가적 바탕 위에서 테크노크라트적으로 자신의 작업을 한정시키는 공통의 규제기관을 가지고 있다고 한다면, 통일된 유럽이 기본적으로 가능하지 않겠느냐는 것이지요. 이에 대해서는 토론을 해보아야할 것입니다. 만약에 모든 국민국가들이 하나로 합쳐져서, 전 유럽을 대상으로 하는 좌파정당들, 우파정당들을 거느린 하나의 초대형 유럽국가가 된다면, 그것이 과연 유럽에 있어서 바람직한 것인가에 대해서는 밝혀진 바 없습니다. 앞으로 저는 이런 방향으로 발전하리라고는 생각하지 않습니다. 이런 방향으로 발전하기 위한 역사적 전제조건들역시 주어지지 않고 있습니다. 제가 보기에는 '여러 조국들이 모인 유럽'이라는 프랑스인들의 개념이 어쨌든 현재로서는 가장 올바른 입장인 것 같습니다. 그 이상은 만들 수가 없습니다. 앞으로 200년 후에

국민국가적 차이들이 사라질지 아닐지는 어느 누구도 예언할 수 없습
니다. 모든 가능한 일이 생겨날 수 있습니다.

닐 포스트맨

미디어 사회

생애   닐 포스트맨(Neil Postman)은 1931년에 태어났으며, 현재 맨해튼에 있는 뉴욕 대학교의 미디어생태학 교수이다. 가장 최근의 저서인 『18세기로 다리 놓기(Building a Bridge to the Eighteenth Century)』에서 그는 18세기의 위대한 사상가들이 남긴 유산의 의미를 다루고 있다. 이 저서에서의 핵심적 질문은, "칸트, 괴테, 루소, 볼테르는 21세기에 어떤 의미를 지니는가?"이다.

논란을 불러일으키는 미디어생태학자인 포스트맨은 항상 스스로를 사회비평가로 이해하고 있으며, 또 남들도 그렇게 간주한다. 새로운 미디어에 의해 사회가 탈성년화한다는 논쟁적인 그의 탐구는 그를 세계적으로 유명하게 만들었다. 포스트맨은 우리가 텔레비전을 볼 때 수동적으로 겪게 되는 의미의 기만에 대해 전혀 '즐거워하지' 않는다. 그는 텔레비전 세계의 구성과 구조를 분석하고 대대적인 연구 속에서 텔레비전이 아이들과 어른들의 지각, 생각, 태도에 미치는 영향들을 연구한다. 포스트맨은 텔레비전을 없애기 위해서가 아니라, 기술은 우리가 인식하지 못하는 사이에 우리에게 영향을 미치는, 매우 위험한 이데올로기라는 사실을 보여주기 위해서 연구를 계속하고 있다. "어떠한 미디어도 그것을 사용하는 사람이 거기에 어떤 위험이 있는지를 알고 있는 한, 그렇게 위험한 것은 아니다"라고 말하는 포스트맨은 텔레비전에 대해 경고하는 내용을 담은 자신의 책을 텔레비전에서 광고하는 것을 꺼리지 않는다. 그는 지나친 폭력물이나 포르노물에 대한 대대적인 제한, 그리고 어린이를 대상으로 하는 방송에서 광고방송의 금지를 주장한다. 이러한 위험들이 금지되지 않는 한, 과거 초등학교 교사였으며, 다 자란 세 아이의 아버지인 포스트맨은 그린 스트리트에 있는 대학건물 7층의 연구실에서 줄쳐진 시험지 위에 파란 잉크로 새로운 책들을 집필하는 것을 멈추지 않을 것이다. 그 책들에서 그는 자신의 핵심 테제를 제시하고 있다. 즉 텔레비전이 판단력의 형성을 저해한다는 것이다.

■ **주요 저작들**

• Neil Postman. 1985, *Wir amüsieren uns zu Tode: Urteilsbildung im Zeitalter der Unterhaltungsindustrie*, Frankfurt/M.: S. Fischer Verlag. — 『우리는 죽도록 즐긴다: 오락산업 시대의 판단력 형성』(영어 원본: *Amusing Ourselves to Death*, New York: Viking-Penguin Inc.)

• _____ . 1992, *Das Technopol: Die Macht der Technologien und die Entmündigung der Gesellschaft*, Frankfurt/M.: S. Fischer Verlag. — 『테크노폴리: 테크놀로지의 힘과 사회의 탈성년화』(영어 원본: *Technopoly*, New York: Alfred A. Knopf Inc.)

올더스 헉슬리의 말이 맞았다, "우리는 죽도록 즐기기만 한다"

생애　　개념　　공통질문　　인터뷰

개념　　1985년에 출간 책 된『우리는 죽도록 즐기기만 한다』에 서 닐 포스트맨은 전파 미디어의 영향력과 암시력, 그리 고 그것들이 사회에 미치는 부정적 결과에 대해 경고하고 있다.

　　그가 미국 사회를 예로 들면서 전개하는 설명은 독일 사회에서도 타당하다고 그는 말한다. 포스트맨의 분석에 의하면 우리는 도처에 존 재하는 텔레비전으로 특징지어지는, 총체적인 미디어 사회 속에 살고 있다. 텔레비전은 오락 형식에 맞춰져 사람들이 아무 요구 사항 없이 길들여지도록 한다. 오락은 네 벽으로 둘러싸인 자기만의 방에서 행해 지며 또 그 방에 갇혀 있는 새로운 문화의 핵심이다.

　　하지만 포스트맨은, 진짜 문제는 텔레비전이 시청자들을 즐겁게 해 주는 것이 아니라, 오히려 모든 주제들이 오락으로 제공되는 데 있다 고 본다. 왜냐하면 설사 정보를 제공하고, 의미 있는 문화적 내용들을 전달할 목적으로 방영되는 텔레비전 프로그램이라 할지라도, 가능한 한 시청률을 올리기 위해 화면에서는 오락성이 극대화되기 때문이다. 정보와 오락이 뒤섞인다는 사실은 모든 것들을 지배하는 미디어인 텔 레비전에서 가장 위험한 것이다. 뉴스 프로그램과 정보제공 프로그램 이 정리되는 방식을 보면, 면밀한 조사를 거쳐 교육적으로 잘 정리된 배경지식들을 제공함으로써 의견의 형성이나 판단의 형성에 기여할 수 있는 객관적인 보도는 없고, 그 대신 자의적인 단신들이 그 자리를 차지하는 것을 알 수 있다. 이런 단신들은 구체적인 연관성이 없으며, 문제파악능력을 거의 요구하지 않고, 의도된 분위기를 만들어내고, 정 보에 대한 피상적 수준의 욕구만을 충족시키고 오로지 일반적인 오락 성에만 기여한다. 많은 양의 정보와 궁금하지도 않은 문제들에 대한 엄청난 수의 답변들은 동시에 정보의 가치를 떨어뜨린다. 포스트맨의 견해에 의하면 미국의 텔레비전 시청자들은 탈정보화되어 있다. 왜냐 하면 그들은 마치 자신들이 이제 무언가를 알게 되었다는 듯 현혹하는 정보들만 접할 수 있기 때문이다. 실제로 텔레비전 시청자는 오직 단 편적이고, 연관성이 없는 정보들만을 얻기 때문에 이것을 어떤 식으로

생애   개념   공통질문   인터뷰

자기 것으로 만들어야 하는지 전혀 알지 못한다. 더 나아가 시청자는
좋은 정보를 제공받았다는 것이 어떤 것을 의미하는지에 대한 감각을
잃어버린다. 소파에 앉아 하루종일 텔레비전을 본 시청자는 재미있는
시간을 보냈을지는 몰라도 제대로 된 정보는 별로 얻지 못한 것이다.

인쇄매체 시대에는 정보의 행위적 가치가 여전히 매우 중요시되었
다고 포스트맨은 말한다. 텔레비전 시청자들과는 반대로 책을 읽는 사
람은 독서의 속도를 스스로 조절할 수 있었으며, 일부 페이지들은 다
시 읽거나 간단히 넘겨버림으로써, 정보의 습득을 스스로 조정할 수
있다. 정보의 습득과 지식의 확대가 책을 읽는 독자들에게 있어서는
능동적인 과정 속에서 이루어진다. 책을 읽는 사람은 사고능력이 증가
하게 되고, 상상력을 자극받는다.

포스트맨에 따르면 출판의 종말과 텔레비전의 지속적인 성공이 예
견됨에 따라 정보의 능동적 창출은 줄어들고, 대신 소리와 영상에 의
한 정보의 수동적인 습득을 양산하는 결과를 낳았다. 정보의 행위적
가치는 오락적 가치로 대체되고 있다. 문자문화는 영상문화에 의해 밀
려났다. 텔레비전은 출판을 이어가지도, 그것을 확대시키지도 않았다.
오히려 출판을 서서히, 그러나 확실하게 파멸시키는 데 기여한다. 포
스트맨이 보기에 표면상 이미 낡아버린 읽기 문화가 사라짐을 한탄하
는 일은 별로 의미가 없다. 오히려 정말로 중요한 것은 일련의 끝없는
오락방송들로 인해 사회의 유지에 매우 중요한 공공의 담론이 사라지
고 있다는 사실이다. 텔레비전은 빠르게 바뀌고 역동적이며 다양한 영
상으로 사람들을 유혹한다. 깊이 생각해보거나 토론할 시간을 주지 않
는다. 토론은 효과를 끌어내기에 급급하고 피상적이며 쇼비지니스를
지향하는 매체에서는 결코 생겨날 수 없다.

포스트맨은 이렇게 말한다. "모든 테크닉은 나름대로의 고유한 논
리가 있다." 텔레비전의 논리는 시청자들을 오락으로 배려해준다는 것
이다. 텔레비전은 하나의 문화정신을 체현하고 있는데, 그 안에서 모
든 공공의 담론은 하나의 버라이어티 공연으로 격하되어 나타난다. 판

단력의 형성과 비판능력, 그리고 행동력을 키우는 데 반드시 없어서는 안 될 의사소통적 교환은 더 이상 일어나지 않는다. 결국 이러한 사실은 민주주의적이고 자유로운 질서에 부정적인 영향을 미칠 것이다. "자유 민주주의의 토대가 위험에 처해 있다"라는 것이 포스트맨의 종합적 결론이다. 미디어 사회에서 공공적 담론의 소멸로 인해 결국 인간은 스스로의 탈성년화를 초래할 것이며, 이것은 올더스 헉슬리 (Aldous Huxley:『멋진 신세계』의 저자—옮긴이)의 예언이 현실이 됨을 의미한다.

공통 질문

1. 당신은 스스로를 사회이론가나 사회비평가 또는 사회설계가로 생각합니까? 아니면 그저 동시대인으로 생각합니까?

저는 비판을 하기 위해 이론을 사용합니다. 저는 제 작업의 효과에 대해 어떤 환상도 가지고 있지 않습니다. 또한 저는 사회에 대한 책을 쓴다고 해서 바로 사회설계가가 된다고 생각하지는 않습니다. 그러나 저는 눈에 띄는 사태들을 명명하고 그 위험이 무엇인가를 지적하고, 선전의 위험에 대해 경고하는 일들을 추구합니다. 또 저는 좋은 생각에 시선을 열어놓고 어떻게 이것을 실천할 수 있는가 하는 제안들을 내놓습니다. 저는 일차적으로는 제 자신을 해답을 주는 사람이 아니라 오히려 문제를 제기하는 사람으로 봅니다. 저는 어쩌면 제기되지 않고 묻혀버렸을 문제들에 온 관심을 기울입니다. 제 생각에 문제를 제기하고, 회의하고 비판하는 것은 우리 시대의 가장 중요한 과제입니다.

2. 우리가 살고 있는 사회는 도대체 어떤 사회입니까?

우리는 기술에 의해 규정된 사회에 살고 있는데, 그 안에서 텔레비전이라는 미디어가 인간들의 생활에 중심적 위치를 차지해버렸습니다. 비디오카메라와 컴퓨터 역시 많은 인간들의 생활을 규정하고 있습니다. 우리들의 심리적 습관들, 우리들의 사회적 관계들, 우리들의 정치에 대한 생각, 그리고 우리들의 도덕적 감수성들은 새로운 미디어들에 의해, 말하자면 새롭게 정리됩니다. 우리는 많은 사람들이 테크놀로지에 대해 무비판적인 태도를 취하고 그것의 지배하에 놓여 있는 사회에서 살고 있습니다.

또 우리는 충분한 수입을 얻기 위한 끝없는 투쟁으로 점철된 그런 사회에 살고 있습니다. 이 투쟁은 이미 아이들의 양육에서부터 시작되는데, 아이들에게 자신의 위치를 오로지 경제적인 관점에서만 바라보라고 주입하고 있습니다. 그래서 많은 부모들은 학교가 이후의 직업을 얻기 위한 양성소라는 생각에 동의합니다.

우리는 계급사회라는 특징을 가진 사회에 살고 있습니다. 어느 계급에 속하느냐는 우선 돈과 학력에 달려 있습니다. 사람들은 어느 계급에 자신이 속하느냐에 따라, 아주 별도의 세계 속에서, 나름대로의 희망과 가능성을 가지고 살고 있습니다.

우리는 예나 지금이나 국민국가의 성격을 가진 사회 속에 살고 있습니다. 이 사회는 고유한 민족적 상징, 모국어, 공통의 역사, 그리고 미래에 대한 그들만의 전망을 가지고 있습니다. 광산에서 일하는 독일 광부는 독일의 귀족보다는 영국의 광부와 공통점이 더 많다는 마르크스의 생각이 완전히 틀린 것은 아닙니다. 그러나 비록 민족적 정체성이 약화되기 시작한다는 것을 보여주는 경향이 일부 있다 하더라도, 저는 민족적 정체성이야말로 계속해서 사람들을 서로 묶어주는 가장 강력한 힘이라고 생각합니다.

3. 현 사회의 긍정적인 면과 부정적인 면에는 어떤 것이 있습니까?

미국 사회의 강점은 생동성, 에너지, 창조성, 생각을 실천에 옮기려는 자세와 풍부한 아이디어에 있습니다. 엄청난 양의 새로운 발명과 기술혁신들은 예부터 새로운 자유와 새로운 사회 조직형태들을 만들어냈습니다. 미국에서는 건물이 35년 되면, 새 건물을 짓기 위해 그 건물을 부숩니다. 변동이 사업을 활기차게 만들기 때문입니다. 과거의 흔적은 완전히 지워지며, 100년이 지나면 사람들은 오늘날의 뉴욕보다 하드리안 황제(기원전 2세기경의 로마 황제―옮긴이) 시절의 로마에서 더 많은 과거의 흔적을 찾을 수 있을 것입니다.

미국 사회의 약점 중의 하나는 많은 사람들이 자신들의 역사에 대해 무지하다는 점입니다. 특정한 행위양식들이 가져온 결과에 대해서는 종종 깊이 생각하지 않으며, 일부 발전들이 야기한 부정적 결과들은 그냥 감수해버립니다. 기술적 진보가 자동적으로 도덕적 진보를 가져오지는 않습니다.

4. 사회에서 당신의 역할은 무엇입니까?

1984년에 프랑크푸르트 도서박람회에서 제가 했던 연설이 생각납니다. 그 연설에서 저는 미국 사회의 잘못된 점들에 대해 말했습니다. 제 다음의 연설자는 당시 서독의 수상이었던 헬무트 콜이었습니다. 미리 준비된 것이었겠지만, 그는 연설의 서두에 제 말을 이어 갔습니다. 그는 누군가가 국제적인 포럼에서 자신이 살고 있는 사회에 대해 그런 식으로 심한 비판을 한다는 사실이 놀랍다고 말했습니다. 그리고 이것은 민주주의가 공적 담론으로서 어떻게 작동하는지를 분명하게 보여준다고 말했습니다.

저는 제가 속한 사회가 가지고 있는, 기존의 잘못된 관계들을 비판하는 사람일 뿐입니다. 마찬가지로 저는 젊은 사람들에게 비판을 표명하라고 격려합니다.

5. 사회소설 가운데 어떤 것을 좋아합니까?

제가 개인적으로 가장 좋아하는 작품들은 올더스 헉슬리의 『멋진 신세계』-이 책은 1932년에 출간되었습니다-와 조지 오웰(George Orwell)의 『1984년』입니다. 이 두 권의 책은 저에게 아주 강한 영향을 미쳤습니다. 저는 미래에 대한 오웰의 진단이 틀렸다고 생각하지만 헉슬리는 맞았습니다. 오웰은 어떤 외부적 힘이 전체주의적으로 감시하는 사회에 대해 경고했습니다. 이에 반해 헉슬리는 인간들이 사소한 오락에 자신들의 몸을 맡기고, 서서히, 그러나 확실히 왜소화되어가는 미래를 예상했습니다. 그 인간들은 자신들이 살고 있는 사회에 대해 나름대로 판단할 수 있는 능력을 상실하게 됩니다.

6. 당신이 즐기는 게임에는 어떤 것이 있습니까?

'트리비알 퍼숫(Trivial Pursuit)'이나 '샤레이드(Sharades)' 같은 인내심을 필요로 하는 게임을 하기에는 저는 성격이 급한편입니다. 원래 저는 고전적 의미의 사교놀이를 전혀 하지 않습니다. 제가 사교놀이 비슷하게 하는 것은 신과 최종적 진리에 관한 대화입니다. 저는 '왜'라는 질문을 던지길 좋아합니다. 어느 누구도 이런 식의 질문에 끝까지 대답할 수는 없기 때문에 특히 즐깁니다.

7. 어떤 모임을 좋아합니까?

오직 앞만 바라보는 사람들은 제가 보기에 믿지 못할 사람들입니다. 그러면 우리는 어디를 바라보아야 하냐구요? 미래에는 아직 우리들이 볼 수 없는 것들이 있습니다. 우리는 먼저 우리가 어디에 있으며, 오늘날 어떤 문제를 해결해야 하고, 어떤 이념들을 미래에도 유지하고자 하는지를 인식해야만 합니다.

저는 지금 바로 이곳에 살고 있으며, 현실에 부딪치며 하루 하루를 열심히 사는 사람들이 모이는 곳을 좋아합니다. 그들은 대부분 아주 단순한 사람들이라서 그들과 '왜'라는 질문을 하면서 대화할 수는 없습니다. 그러나 그들은 관용적이고, 호기심이 많고, 개방적이며, 유머가 많고 또 친숙한 어투를 구사하는 사람들입니다.

8. 당신이 소속되어 있다고 느끼는 사회집단은 어떤 것입니까?

저의 조상들은 동유럽에서 미국으로 건너왔습니다. 그들이 미국에 도착했을 때 엘리스 섬의 입국관리소 직원이 이름을 물었습니다. 그때 그들은 이 질문을 직업을 물어보는 질문으로 착각했습니다. 그때 이후로 우리 집안의 성은 포스트맨이 되었습니다.

저의 부친은 트럭 운전기사이셨습니다. 저는 노동자집안에서 자라났습니다. 그래서 저는 적은 돈으로 생활을 해야만 하면서도 많은 일을 하는 것이 무엇을 의미하는지를 매우 잘 알고 있습니다. 대학교수로서 저는 오늘날 학자집단에 소속되어 있습니다. 이들은 좋은 학력을 가지고 있고 노동자계급과는 기본적으로 차이나는 소득을 취하고 있습니다.

저는 두 개의 전통을 가지고 있습니다. 하나는 유대인적 전통이고 또 하나는 미국의 자유와 민주주의적 전통입니다. 두 개의 전통은 그 나름대로의 방식으로 제 인생을 풍부하게 해주었습니다.

9. 당신이 사회적으로 중요하다고 평가하는 사람은 누구입니까?

저는 교사들에게 커다란 존경심을 가지고 있습니다. 저 또한 교사로서 직업생활을 시작했습니다. 제 딸은 현재 초등학교 교사로 일하고 있습니다. 딸은 8살짜리 학생들을 가르칩니다. 딸의 업무는 매우 신경이 많이 쓰이는 일입니다. 그러나 딸이 하는 업무는 매우 중요합니다. 교사는 커다란 책임을 지게 됩니다. 더군다나 교사가 강한 영향을 미

칠 수 있는 8살짜리 학생들을 가르칠 경우에는 더욱 그렇습니다. 이것
은 대학교수들과 정반대입니다. 대학교수들은 일반적으로 자신이 무
엇을 원하는지를 알고 있는 사람들과 관계하기 때문입니다.

10. 당신이 생각하는 이상적 사회는 어떤 사회입니까?

이에 대해서는 아직 깊이 생각해본 적 없습니다. 생태학자는 이상
적 환경에 대해 어떤 구상도 가지고 있지 않습니다. 생태학자는 환경
에서 무엇이 잘못되어가고 있는지를 발견해내는 일에 관심을 가집니
다. 그는 왜 강물에 사는 물고기들이 죽어가는가, 왜 숲이 시들어가는
가, 이에 맞서 무슨 일을 할 수 있는가와 같은 질문을 던집니다. 생태
학자는 이상적인 강물 또는 이상적인 숲이 어떤 모습을 띠어야 하는지
에 대해 전혀 생각하지 않습니다.

이와 마찬가지 방식으로 저는 사회에 대해 생각합니다. 저는 문제
들과 이 문제들을 해결하기 위해서 무엇을 할 수 있는지에 집중합니
다. 미디어생태학자로서 저는 상징적 환경을 연구하고 다음과 같은 질
문을 제기합니다. "하루에 8시간씩 텔레비전을 보면, 인간에게 무슨
일이 일어날까?" "18세가 될 때까지 평균 50만 개의 광고방송을 본
아이들에게 광고는 어떤 영향을 미칠까?"

11. 당신은 사회를 변화시키고 싶습니까?

물론입니다. 누구나 처음 어떤 것을 보았을 때보다는 더 나은 것을
만들고 싶어합니다. 저는 제가 책을 쓰는 일로는 세상을 바꿀 수 없다
는 것을 알고 있습니다. 그러나 기본적으로 제가 추구하는 목표는 제
눈앞에 거슬리는 것들에 사회가 주의를 기울이도록 하는 것입니다. 저

는 빌 게이츠처럼 테크놀로지 분야에서 막강한 영향력을 행사하는 인물들과 광고산업이 확신하는 신조에 대해 다른 사람들이 의심하며 맞서는 용기를 가지도록 하는 데 많은 시간과 에너지를 쏟고 있습니다. 마찬가지로 저는 기술만능주의에 대해 경고하려 노력합니다. 왜냐하면 우리는 많은 새로운 기술들이 가져올 결과들을 아직 알지 못하거나 평가할 수 없기 때문입니다. 저는 통제되지 않는 테크놀로지적 발전들을 큰 걱정과 의심을 가지고 주시합니다. 그리고 적절한 시기가 되면 이에 대응합니다.

저는 30년 전과 동일한 열정을 가지고 미국의 편견과 편향, 노이로제를 비판합니다. 단지 저는 최근에 들어서야 저 역시 그런 것들의 대부분을 가지고 있다는 사실을 발견하고는 놀랍고도 흥미롭다는 생각을 했습니다.

12. 미래사회는 어떤 모습이 될 것 같습니까?

새로 나온 제 책에 이와 관련된 문장이 있는데 한번 읽어보겠습니다. "미래는 환상이다. 어떤 일도 아직까지 그곳에서 일어나지 않았다. 게르트루드 쉬타인(Gertrude Stein)이 캘리포니아의 오클랜드에 대해 말한 것을 우리는 미래에 대해서도 말할 수 있다. 그녀는 '그곳에는 그곳이란 없다'고 말했다."

우리가 미래에 대해 이야기하는 모든 것은 우리들의 상상에서 나오는 것입니다. 미래에 대해 이런 저런 상상을 할 수는 있겠지만, 그것은 항상 과거의 투영물일 뿐이며 그 어떤 다른 것일 수는 없습니다.

당신이 어떤 공상과학소설을 읽든 간에, 그 소설들은 이미 존재하는 무엇의 투영물을 보여주고 있습니다. 따라서 저는 역사야말로 미래를 상상하는 데 있어서 가장 중요한 원천이라고 생각합니다. 어떻게 과거의 인간들이 문제를 해결했는가를 알아본다면, 우리는 미래에 발생할 문제들을 해결하는 데 어쩌면 좀더 다가설 수 있을 것입니다.

우리가 과거에 대해 연구하지 않고 미래를 설계할 수 있을까요? 또는 미래에 대해 단지 생각해보는 일이라도 과연 가능할까요? 쇠렌 키에르케고르(Soren Kierkegaard)는 과거로부터 오는 무엇인가를 제외하고는 미래에 볼 수 있는 것은 아무 것도 없다고 말했는데, 이것은 실제로 옳은 말입니다. 그리고 조지 산타야나스(George Santayanas) 역시 우리가 우리의 잘못을 들여다보고 이를 곰곰이 반성하여 미래에는 그 잘못을 피하라고 요구했는데 이 역시 맞는 것입니다.

우리는 오늘날 이곳에 있는 문제들을 고민하고 해결해야만 합니다. 미래에 생겨날 문제들은 미래에 가서 해결해야 합니다.

인터뷰

마셜 맥루한(Marshall McLuhan)이 인쇄출판의 시대를 표현하는 데 사용
했던, '구텐베르크 시대'는 전자 미디어 시대에 밀려 결국 끝나고 말았습니
다. 이에 대해서는 어느 누구도 이의를 제기하지 않을 것입니다. 따라서 사
회학자 니클라스 루만은 자신의 저서 『대중매체의 실재(Die Realität der
Massenmedien)』를 다음과 같은 문장으로 시작하고 있습니다. "우리가 우
리의 사회, 즉 우리가 살고 있는 세계에 대해 알고 있는 것은 대중매체를 통
해서이다."

그것은 분명히 맞습니다. 더욱더 많은 사람들이 텔레비전이나 인터
넷을 통해 정보를 얻습니다. 우리는 기술혁신을 통해 더 쉽고, 더 빨
리, 더 많이 정보를 불러올 수 있습니다. 그러나 정보는 그것을 전달하
는 미디어에 따라 각각 다른 형태를 취하고 있음을 명심해야 합니다.

19세기 중반에는 정보의 전달속도가 사람이 여행하는 속도와 비슷
했습니다. 그 속도는 빠르게 달리는 기차의 경우에 약 시속 50km였습
니다.

전보와 사진의 발명으로 정보흐름의 형태, 양, 속도는 변화했습니
다. 정보는 독자적으로 존재할 수 있게 되었으며, 대량으로 시간과 공
간을 초월하여 전달될 수 있고, 호기심 많은 사람들의 욕구를 충족시
켜주는 수단이 되었습니다. 전보는 정보를 일종의 상품화했는데, 이
상품의 가치는 사회적 또는 정치적 결정을 내리는 데에 반드시 직접적
으로 효용이 있는가에 따라 측정되지는 않았으며, 그 효용성이나 의미
를 고려하지 않고도 사고 팔 수 있게 되었습니다.

20세기 중·후반부의 가장 혁명적인 변화는 인쇄·출판의 의미상실
과 텔레비전 시대의 개막이었습니다. 이것은 정보의 형태, 양, 속도의
변화 이외에도 공적인 의견교환의 내용까지 바뀌는 결과를 낳았습니
다. 모든 정보는 텔레비전이라는 매체에 맞게 잘라지고, 다듬어졌습니

다. 뉴스와 게임쇼는 원칙적으로 동일한 방식으로 구성되고 오직 단하나의 목적을 지향합니다. 즉 그것들은 시청자들을 재미있게 해주려고 합니다. 연관성을 알 수 없도록 해체된 개개의 사건들이 서로 연이어서 방송되면서, 이러한 목적은 달성됩니다.

새로운 미디어들이 보도의 형태뿐만 아니라 그 내용까지 바꾼다는 사실에 근본적으로 주목해야만 합니다. 테크놀로지는 항상 새로운 형태들을 만들어내는데, 그 안에서 인간들은 현실을 감지하게 됩니다. 이러한 사실은 이미 마르크스가 보여준 바 있습니다. 그는 기술이 인간과 자연의 교류방식을 규정하고, 인간들이 상호관계 속에 들어가게 되는 의사소통형태를 만들어낸다고 말했습니다. 루드비히 비트겐슈타인(Ludwig Wittgenstein) 역시 이렇게 말한 바 있습니다. 그는 우리들의 가장 기본적인 테크놀로지와 관련하여, 언어는 단지 생각을 실어 나르는 운송수단이 아니라, 운전사 자체라고 말했습니다. 그러나 그 어느 누구도 마셜 맥루한처럼 이러한 생각을 간결하게 요약하여 핵심을 더 잘 찌른 사람은 없습니다. "미디어는 메시지이다."

루만은 맥루한처럼 한 걸음 더 나아가 이렇게 질문했습니다. "만일 우리가 정보라는 것이 어떻게 생산되는지를 안다면, 세계와 사회에 대한 정보가 과연 실재에 대한 정보라고 어떻게 받아들일 수 있는가?"

사실 문제는 사람들이 화면으로 보는 것에 대해 깊이 생각하지 않는다는 점에 있습니다. 핵심은 재미있기만 하면 된다는 것입니다. 그들은 텔레비전 앞 소파에 편하게 앉아서 몇 시간 동안이나 웅웅거리는 화면을 대하고 있습니다. 이 점은 이미 50여 년 전에 헉슬리가 『멋진 신세계』에서 확인했던 예언을 상기시킵니다. 텔레비전이 어떤 영향들을 미치는지에 대해 우리는 몇 년 전에 한 가지 조사연구를 했습니다. 우리는 1980년 테헤란의 미대사관 인질사건이 있은 뒤에 사람들에게

이란에 대해 아는 것이 무엇이냐는 질문을 던져보았습니다. 당시 미국에서는 1년이 넘게 매일 밤 텔레비전 뉴스에서 그 상황을 보도하고 있었습니다. 그래서 우리는 많은 이들이 이란에 대한 질문에 답할 수 있으리라고 추측했지요. 우리가 질문하기로 결정한 사항은 다음과 같은 7가지의 간단한 것이었습니다. 이란은 어디에 위치해 있는가? 이란인들은 어떤 종교를 믿는가? 샤(Schah)는 누구인가 등등. 그 결과는 사람이 텔레비전을 볼 때 무엇을 받아들이는가를 해명해주었습니다. 일례로 우리는 이런 대답을 들었지요. "이란 사람들의 종교가 뭔지 모르지만 내 기억으로는 그 사람들은 양탄자에 무릎을 꿇고 기도를 한다." 물론 많은 이들은 아니지만 정답을 알고 있던 사람들에게 어떻게 정답을 알았느냐고 물으면, 대답은 "신문에서 이란에 대한 기사를 읽어서 알았다"는 것이었습니다.

설문을 받은 대다수의 미국인들은 다른 나라들에 대해 막연한 생각만을 가지고 있었지 구체적인 지식은 없었습니다. 그 이유는 텔레비전에서 나오는 언어는 언어가 아니라 영상들의 1차원적 흐름이라는 데 있습니다. 영상의 홍수는 언어와 사고를 파괴시킵니다. 텔레비전은 오락은 제공하지만 정보는 제공하지 않습니다.

당신은 정보라는 말을 어떤 식으로 이해합니까?

정보는 세계의 사실들에 대한 진술입니다. 이런 사실과 자료들은 우리가 언술이나 기술을 통해서 이것들을 받아들이고 지식으로 삼거나 또는 가공할 때 비로소 정보가 됩니다. 정보는 또한 인간의 창의성의 수단이자 목표입니다.

인쇄에서 시작해 전보, 사진, 텔레비전을 넘어서 컴퓨터공학에 이르기까지 정보혁명의 매 단계는 새로운 형식의 정보와 더 많고, 빠른 정보를 낳았습니다.

이제는 정보부족 문제가 해결되었으며 어떻게 엄청나게 증가한 정보량을 가능한 한 간편하고 빠르게 생산·저장·분배할 수 있는가에 대한 해결책도 가지고 있는 만큼 우리는 이제 새로운 문제에 관심을 돌려야 합니다.

당신이 말하는 새로운 문제란 무엇입니까?

우리는 이제 정보과잉과 정보쓰레기의 문제를 다루어야 합니다. 가치 있는 정보를 그렇지 않은 정보와 분리시키는 일은 점점 더 어려워지고 있습니다. 그리고 진짜 문제들을 무시하고 진부한 문제에 천착하는 일은 점점 더 쉬워지고 있습니다. 하지만 이렇게 잘못되고 우리를 오도하며 우리의 행동에 의미 없는 정보들을 어떻게 해야 할까요? 누가 우리의 지각과 판단력을 훈련시켜 우리가 무방비 상태로 정보의 홍수에 말려드는 것을 막아줄 수 있을까요?

우리는 매일 스스로 전혀 감당할 수 없는 양의 정보를 뒤집어쓰고 있습니다. 얼마나 많은 정보의 소스가 있는지 한번 생각해보십시오. 인쇄매체, 라디오 방송 채널, 텔레비전 방송국, 전화, 팩스, 인터넷, 그리고 비디오테이프, 시디(CD) 같은 정보저장 미디어, 광고판, 편지, 이메일 등등이 있습니다. 사방에서 우리를 향해 엄청난 양의 정보가 밀려들고 있습니다. 지속적이며 빠르고 다양한 형태의 정보전달의 문제는 인쇄기, 광파, 공중파, 텔렉스기, 데이터뱅크, 전화선, 텔레비전 케이블, 위성 등을 통해서 해결되었습니다. 새롭게 발생한 문제는 우리가 어떻게 정보를 선별하느냐와 어떤 정보가 중요하고 또 어떤 것은 중요하지 않은가 하는 것입니다.

이런 문제들은 어떻게 해결할 수 있습니까?

우리는 정보를 원래 속했던 그곳으로 다시 보내야 한다고 인식해야 합니다. 우리는 정보가 다시 의미 있고 유용한 인식론적 틀을 갖도록 해야 합니다. 맥락이 제거되어 무선택적·임의적으로 나타나며 어떤 특정한 수신자를 지향하지 않는, 마음대로 쓸 수 있는 정보라는 것은 불필요하며 길게 보아서는 원치 않는 정보를 선별하거나 정보들에 대한 판단을 내릴 때 예기치 않은 결과를 초래할 수도 있습니다. 제가 생각하는 최악의 시나리오는 사소한 정보들이 우리의 사고를 규정하는 것입니다.

어떤 사회제도가 새로운 기술이 만들어낸 정보의 홍수를 걸러 내거나 통제할 수 있습니까?

제가 보기엔 신문만이 정보의 홍수를 막아줄 수 있는 유일한 매체이며, 또 앞으로도 그럴 것 같습니다. 신문은 정보를 조직, 평가하고 원치 않는 정보들을 배제할 수 있는 매체입니다. 물론 이것은 신문이 그 명성에 충실하고 그 형식이나 내용을 시장논리에 맡기지 않음을 전제로 합니다. 인터넷에 비해 신문은 독자들에게 중요한 정보를 제공하고 정보의 홍수에 조절된 물꼬를 터주면서도 웅웅거리는 기계음을 내지 않고 호출신호도 보내지 않고 전화선을 막지도 않는다는 장점이 있습니다. 신문은 차 안에서건 비행기에서건, 집에서건 정원에서건, 침대에서건 화장실에서건 어디서나 읽을 수 있습니다. 컴퓨터의 장점은 단지 더 많은 정보를 제공한다는 점입니다. 실제로 이것이 현재의 당면 문제이기 때문에, 이런 컴퓨터에 맞서기 위해서는 신문이 정보제공이라는 길을 버리고 지식전달에 전념해야 합니다.

당신이 말하는 지식은 무엇이며, 어떻게 지식이 적합하게 전달될 수 있습니까?

저는 지식을 연관관계에서 분리되지 않고 사실의 전체 연관관계를 밝혀주는 조직화된 정보라고 정의합니다. 지식은 사실들에 대한 평가와 판단을 가능하게 합니다. 지식은 이해한다는 것을 의미하며, 여론의 형성으로 연결됩니다. 또는 다른 말로 표현하자면, 정보는 세계에 대한 견해를 제공하지만, 지식은 세계에 대한 통찰을 제공합니다. 그래서 우리는 학생들에게 지식을 전달하는 데 어떤 미디어가 적합한지를 생각하도록 해야만 합니다. 저는 예나 지금이나 학교를 사람들이 어떻게 지식을 끌어내고, 어떻게 다루며 또 어떻게 유용하게 만들 수 있는가를 가르칠 수 있는 중요한 장소 중의 하나라고 생각합니다. 이미 언급한 이유들로 인해 저는 텔레비전의 가상문화(visuelle Kultur)에 대항하는 책의 개념 문화를 강조하고 싶습니다. 책은 지식을 적합하게 전달하는 매체이며 또 앞으로도 그렇게 남을 것입니다.

교육학자인 루이스 페렐맨(Lewis Perelman)은 자신의 저서 『학교는 끝났다(*School's out*)』에서, 현재 교실 안보다 교실 밖에 더욱 많은 정보들이 있기 때문에, 현대의 정보기술이 학교를 불필요한 것으로 만들었다고 주장했습니다. 따라서 아이들은 학교에 가지 않고 집안의 텔레비전을 통해 앞으로의 직업생활과 노동시장에 대비할 수 있는 것들을 배워야 한다는 것이지요.

이러한 전망은 다음과 같은 사실을 매우 분명하게 드러냅니다. 테크놀로지가 더욱더 많은 사람들을 이용하지, 그 역은 아니라는 사실입니다. 이런 전망은 우리가 테크놀로지의 노예가 되어가고 있다는 것을 보여줍니다. 테크놀로지는 현재 존재하고 있으며, 앞으로도 그러할 것입니다. 테크놀로지가 현재 존재하기 때문에, 우리는 그것을 사용하지 않을 수 없습니다. 우리는 이러한 테크놀로지를 요구하는 그런 유형의

인간들이 되어갑니다. 그리고 원하든 원치 않든 간에 우리는 우리의
제도들을 이러한 테크놀로지들에 맞추어나가게 됩니다. 그러므로 이
러한 테크놀로지를 통해 이익을 보는 사람들이 테크놀로지를 확산시
키려 강하게 밀어붙이는 것은 놀랄 만한 일이 아닙니다. 그러나 많은
대중들이 그것에 영향받도록 그냥 내버려두는 것은 전혀 이해가 가질
않습니다. 이러한 경향은 더욱 심해져서 미국의 한 텔레비전 방송사가
거의 5,000개의 학교와 공식계약을 체결할 정도에까지 이르렀습니다.
이 계약에 의하면 방송사는 학교에 값비싼 텔레비전 시설과 위성 안테
나를 무료로 설치해주도록 되어 있습니다. 그 대신에 학교는 교육방송
프로그램에서 2분간 광고방송을 허용해야 하는 의무를 가지고 있습니
다. 테크놀로지가 과연 누구에게 더 많은 권력과 자유를 주는 것입니
까? 그리고 어떤 권력과 어떤 자유가 테크놀로지에 의해 제한되는 것
입니까?

독일에서도 컴퓨터 테크놀로지 관련 사업을 하는 사람들이 새로운 고객들을
확충하려는 일련의 시도들이 시작되었습니다. 그러나 당신이 비판하려는 것은
좀 다르지 않나요?

학교의 목적은 아이들에게 정보를 제공하는 것만이 아닙니다. 이미
1세기 전부터 학교 안보다는 학교 바깥에 더 많은 정보가 있었습니다.
전세계의 수백만 곳에서 나온 정보들이 다양한 매체, 케이블 또는 네
트워크를 통해 쏟아져 들어옵니다. 우리가 생각할 수 있는 모든 형태
의 저장장치 ─종이, 비디오, 음성테이프, 디스켓, 필름, CD롬─ 뒤에는 접
속되기를 기다리는 더욱더 많은 양의 정보들이 대기하고 있습니다. 이
러한 정보가 있다고 해서 학교가 쓸모없어진 것은 아닙니다. 학교의
필요성은 앞으로도 결코 사라지지 않을 것입니다.

그렇다면 학교는 무엇을 위해 존재합니까? 그리고 당신이 생각하는 학교의 임무는 무엇입니까? 또한 학교의 기본 이념은 과거에는 무엇이었으며, 현재는 무엇입니까?

만약에 학교의 유일한 임무가 정보전달이라면, 새로운 테크놀로지들이 실제로 학교를 일찌감치 불필요하게 만들었을 것입니다. 그러나 학교가 추구하고, 또 어떤 테크놀로지에 의해서도 쉽게 대체될 수 없는 일련의 아주 다른 과제들이 있습니다.

우선 첫째로 학교의 임무는 아이들이 사회적 환경을 경험한다는 사실입니다. 그 안에서 사회적 행위를 배우고 장려받으며 다른 사람에 대한 감수성과 책임감도 강화됩니다.

학교의 또 하나의 임무는 학생들에게 비판능력을 가르치고, 학생들이 독자적으로 사고하고 판단할 수 있는 인간이 되도록 키우는 일입니다. 학교에서 학생들은 토론하고 논쟁하는 법을 배워야만 합니다. 또 학교는 어떤 문제들이 토론할 가치가 있으며, 새로운 테크놀로지들이 그들의 생활에 어떤 영향을 미치는지에 대해서 그들이 판단을 내리는 데 도움을 주어야만 합니다.

일반적으로 볼 때 학교의 임무는 학생들의 능력을 신장시키는 것입니다. 이것은 학생들을 낮은 수준의 사고양식과 감정양식에서 높은 수준의 사고, 감정양식으로 이끄는 것입니다. 이외에도 공식교육은 어린이와 청소년들이 각자의 정체성을 발견하고, 자신이 배운 것이 자신의 인생에 의미가 있고 또 중요한 골격이 된다는 믿음을 가질 수 있도록 용기를 북돋아주어야 합니다. 텔레비전과 컴퓨터의 시대에도 아이들에게는 사고의 유연성이 허용되고 실험될 수 있는, 학교와 같은 장소가 필요합니다.

당신은 당신의 책 『우리는 죽도록 즐긴다』에서 다음과 같이 썼습니다. "책은 사고에 지속성을 부여하는 것이고, 과거의 저자가 현재와 대화하는 데 기여하

려는 시도이다." 이러한 생각이 교육수단과 교육목표로서 어떻게 실현될 수
있습니까?

학교는 어떻게 하나의 이념이 수세기에 걸쳐 발전되어왔는가와 지
식과 인식은 어떤 확정적인 기준을 가지고 있지 않으며, 오히려 여러
발전단계들을 거쳐왔다는 것을 학생들에게 분명히 가르쳐주어야 합니
다. 따라서 모든 과목들은 역사적 연관성을 고려하고 또 어떻게 각 분
야별 지식들이 생겨나고, 발전해왔는지를 보여주어야만 합니다. 우리
가 오늘날의 생물학적 지식을 수업에 소개하면서 인간이 예전에 이에
대해 알았던 것들 또는 안다고 믿었던 것들에 대해서 전혀 알려주지
않는다면, 이것은 지식을 단순한 소비상품으로 축소시키는 것입니다.
학생들이 우리가 가지고 있는 지식의 의미와 우리가 지식을 얻을 때
까지 거쳐온 길들을 이해할 수 있도록 해 주어야만 합니다. 이런 식의
접근방법은 학생들의 비판적 사고를 개발시키며, 사물의 핵심을 다루
는 질문들에 접근할 수 있는 길을 열어줄 것입니다. 또 이것은 학생들
이 읽고 쓰는 것들의 의미와 진실성에 대해 스스로 깊이 생각하도록
만들 것입니다. 이러한 가르침은 오늘날 교육현실과 동떨어진 것일 수
있습니다. 그럼에도 불구하고 저는 이것이 반드시 필요하다고 봅니다.

이제 우리 시대의 아마도 가장 지배적인 테크놀로지, 즉 컴퓨터에 관해 이야
기를 하겠습니다. 당신이 당신의 책 『테크노폴리(기술독재)』에 썼듯이 컴퓨터
는 '정보, 노동, 권력, 그리고 자연과의 새로운 관계들의 윤곽을 알 수 있게 해
줌으로써' 이 시대를 대변하고 있습니다.

컴퓨터 테크놀로지는 사람들에게 테크놀로지적 혁신이 마치 인간
의 진보와 같은 의미라는 믿음을 강화시켰습니다. 저는 왜 제가 이러
한 믿음을 치명적인 오류로 간주하는지, 그리고 왜 기술독재의 역사
적대적이며 정보과잉적, 기술만능주의적인 성격을 위험하게 보는지를

보여주고 싶습니다.

일단 컴퓨터는 의심할 나위 없이 비교할 수 없는 많은 양의 정보를 저장하고 또 불러올 수 있는, 무한한 용량을 가지고 있다는 특징이 있습니다. 이러한 현상적 능력을 통하여 컴퓨터는 우리들에게 사적, 공적 영역의 문제들 역시 테크놀로지적 혁신에 의해 해결될 수 있다는 믿음을 줍니다. 저는 이 믿음에 반대합니다. 왜냐하면 우리들이 안고 있는 진짜 진지한 문제들의 원인은 불충분한 정보에서 비롯된 것이 아니라 다른 곳에 있기 때문입니다.

저의 책 『테크노폴리』에서 저는 하버드 대학에서 했던 한 연구를 소개했습니다. 이 연구는 의학분야에서 많은 것들이 우려할 만한 상황에 있다는 것을 발견해냈습니다. 그리하여 이 연구는 더욱더 많은 의사들이 기술적 장치에만 전적으로 의존하면서, 진찰을 통해 진단을 내리는 능력을 상실하게 되었음을 밝혀냈습니다. 마찬가지로 너무나 많은 사람들이 원래는 안해도 되는 수술을 받았기 때문에 죽었다는 사실을 확인했습니다. 수술에 관한 테크닉이 있어서 불필요한 수술이 이루어진 것입니다. 이와 관련하여 의료기술관련 대기업과 거대 제약회사들의 영향력이 더욱더 커지고 있다는 것을 언급하지 않을 수 없습니다. 그 영향력이 어떤 것인가는, 우리가 비판적 자세를 가지고 그러한 문제 제기를 한다면, 여러 차원에서 발견할 수 있습니다. 기술은 우리가 그 전에 가지지 않았던 많은 문제들을 야기합니다.

니콜라스 네그로폰테는 앞으로 다가올 새 천 년 시대에는 사람들간의 의사소통에 있어서 근본적인 변화가 있을 것이라고 예언했습니다. 그는 자신의 저서인 『토털 디지털(Total Digital)』에서 "우리는 인간보다는 기계와 더욱더 많은 대화를 하게 될 것이다"라고 주장했습니다. 한 걸음 더 나아가 그는 우리가 가까운 미래에 초인종, 토스터기와 대화하게 될 것이라고 말했습니다.

저도 역으로 질문을 해보겠습니다. 그렇게 된다고 해서 어떤 문제

들이 해결됩니까? 초인종이나 토스터기와 대화하는 것이 인간들에게
무슨 유익함을 가져다줍니까? 저는 기술혁신을 반대하거나 적대시하
지 않습니다. 단지 기술만능주의에 대해 경고하는 것입니다. 그리고
저는 그러한 혼란스러운 기술적 혁신에 관한 것을 읽거나 들으면, "그
래서 도대체 어떤 문제가 해결되지?"라고 자문합니다. 그러한 생산품
이 어떤 유용성이 있습니까? 결국 누가 누구를 지배하는 것입니까? 우
리가 기술을 지배합니까? 아니면 기술이 우리를 지배합니까?

우리는 기술에 대한 통제력을 상실했을 경우, 그것을 다시 가져올
수 있을지에 대해 스스로에게 질문을 해보아야만 합니다. 우리에게 정
말 중요한 문제들은 기술적 성격의 것이 아닙니다. 그리고 그 문제들
은 정보가 부족한 데서 연유하는 것이 아닙니다.

기술의 시대에 살고 있는 우리는 신기술이 모든 문제들을 해결해
줄 수 있을 것이라고 생각하는 경향이 강합니다. 그러나 신기술들은
오존층을 보호하는 것, 열대우림의 파괴를 저지하는 것, 인간의 고통
을 줄여주는 것, 범죄율을 감소시키는 것, 가족구성원간의 화합을 강
화시키는 것, 유치원 수용인원을 늘리는 것, 학교에 훌륭한 교사들을
배치하는 것 등등의 문제 해결에 전혀 도움이 될 수 없습니다.

그리고 만약에 우리가 기술적 성과를 통해 어떤 현실적 문제를 해
결했다면, 이로 인해 어떤 새로운 문제들이 생겨날 수 있는가 하고 재
질문해야만 합니다. 예를 들어 자동차의 발명은 개인의 이동성의 제한
이라는 문제를 해결했지만, 그로 인해 어떤 문제들이 나타났는지를 보
십시오. 배기가스에 의한 공기오염, 도로건설에 의한 전 국토의 파괴
등등이 나타나지 않습니까?

텔레비전도 이와 똑같습니다. 텔레비전은 일련의 중요한 문제들을
해결했습니다. 그러나 텔레비전의 확산은, 비록 글을 읽을 수는 있지
만 독서를 하지 않는 사람들의 수를 증가시키고 말았습니다.

기존의 문제를 해결하면서 새로운 문제를 야기하지 않는 기술은 아마도 없을 것 같습니다. 앤소니 기든스를 포함한 많은 저술가들이 텔레비전을 좋게 평가합니다. 그 이유는 1989년 동유럽에서의 격변 같은 일련의 사건들이 직접 TV 화면을 통해 전달되지 않았다면, 그런 식으로 발빠르게, 그리고 평화적으로 진척되지 않았을 것이라는 겁니다.

시각적, 청각적 미디어가 사회 내의 시민들에게 풍부한 정보를 제공하고, 그들이 살고 있는 사회에 대한 좋은 판단력을 가지게 만드는 한, 우리는 텔레비전에 반대할 하등의 이유가 없습니다. 그리고 전자 미디어가 평화적인 사회변화에 커다란 기여를 했다는 사실에 대해서도 의심하지 않습니다. 텔레비전은 장점들이 있습니다. 제가 중요하게 생각하는 것은 우리가 언제나 기술적 혁신의 긍정적 측면만 보지 말고, 우리의 삶에 엄청난 해를 주는 것들에 대해서도 주목해야 한다는 사실입니다. 텔레비전은 동유럽에 도덕적 토대가 결여된 문화를 새로 만들기도 했습니다. 텔레비전은 정신적 사유를 해치고, 사회적 관계들과 심지어는 민주주의적 여론형성과정을 파괴합니다.

지금의 대중매체 시대에 이르기까지 여전히 계속되고 있는 민주주의 실현의 어려움은 이미 150년 전에 프랑스의 사회이론가인 알렉시 드 토크빌(Alxis de Tocqueville)이 자신의 저서 『미국의 민주주의』에서 예언한 바 있습니다. 당신이 보기에 미래의 민주주의의 어떤 모습이 될 것 같습니까?

아마도 우리는 먼저 현재 우리가 어디에 있는가를 살펴보아야 할 것입니다. 텔레비전은 말 그대로 모든 것을 오락으로 바꾸어놓았습니다. 따라서 쇼비지니스와 정치 간에는 더 이상 어떤 차이도 없습니다. 정치의 모든 것은 텔레비전을 중심으로 이루어집니다. 국회의원들은 연기자가 되고, 선거캠페인은 광고방송의 법칙 아래 놓이게 됩니다. 이제 정치를 결정하는 것은 인물이지 정책강령이 아닙니다. 정당들은

무의미한 것으로 치부됩니다. 사회적, 경제적 관심은 물론이고 정치적
토론도 더 이상 중요하지 않습니다. 정당의 정책강령, 사실에 입각한
토론, 합리적인 주장은 더 이상 어떤 역할도 하지 못합니다. 이에 있어
서는 인터넷 역시 아무 것도 변화시킬 수 없습니다. 컴퓨터를 통한 의
사소통기술이 민주주의적 여론형성 과정을 강화시킬 것이라 생각하는
낙관주의자들은 인터넷이 우선적으로 하나의 오락매체이며 많은 것들
을 팔려고 내놓고 또 구매하는, 하나의 시장 터라는 사실을 간과하고
있습니다. 많은 사람들에게 인터넷은 단지 경계가 없는 커다란 놀이터
일 뿐입니다.

근대의 민주주의 개념은 활자화된 말과 뗄 수 없는 관계입니다. 계
몽주의 사상가들은 활자화된 말이 공적 담론의 매체라는 사실에서 출
발했습니다. 민주주의는 공적 담론, 여론형성 과정, 그리고 사회적, 정
치적, 경제적 주제들을 둘러싼 지속적인 토론과 논의에 기초하는 것입
니다. 그러므로 담론의 종류와 질은 그 어느 것과도 비교할 수 없는
매우 중요한 의미를 지닙니다. 활자화된 형태로 제시되는 담론은 많은
내용들을 담는 경향이 있습니다. 그리고 활자화된 의사소통 형태는 민
주주의를 제고시킵니다. 이러한 형태들이 중요하게 취급되지 않는다
면, 어떤 일이 일어나겠습니까? 민주주의 문화가 미디어가 조종하는
끈에 좌우되어 결국 소멸하지 않을까요? 우리는 이에 대해 토론해야
만 합니다.

당신은 미래에 대해 암울한 모습을 그리고 계시는군요.

저는 몇 년 전 저명한 한 독일 주간지에 독일 미래사회에 대한 비전
을 주제로 글을 쓰기 위해 6주 동안 독일에서 지낸 적이 있습니다. 저
는 독일은 미래에 관한 나름대로의 구상이 없다는 결론에 도달했습니
다. 당시 제가 받은 인상은 독일 사람들이 되돌아보려 하지 않는다는

것입니다. 그들은 과거를 차라리 잊으려 하고, 더 이상 기억하려 하지 않습니다. 그리고 그들이 미래를 바라볼 때는 기본적으로 미국을 염두에 두고 있습니다. 미국의 언어, 미국의 상징들, 미국 제품들, 미국적 취향 같은 것 말입니다.

미국인들은 세계를 정복하기 위해 매우 열심히 노력하고 있습니다. 그러나 그들은 무기가 아니라, 자신들의 상징과 이념을 통해 이를 이루려고 합니다. 미국인들은 자신들의 컴퓨터 기술, 텔레비전 쇼, 영화, 패스트푸드 식당을 세계에 전파하고 있습니다. 세계의 많은 사람들은 오늘날 더 이상 자기 조국의 국가나 애국가를 통해 자신의 정체성을 확인하는 것이 아니라, 할리우드나 실리콘밸리에서 생산된 제품들을 통해 정체성을 확인하고 있습니다.

그러나 이런 것들을 통해 새로운 기회도 생겨나지 않을까요? 자아정체성도 새로운 모습을 띨 수 있지 않을까요?

물론 이러한 변화에는 긍정적인 측면도 있습니다. 그러나 사람들이 자신의 과거를 외면하면, 제 생각에 그들은 미래에 대한 어떤 의미 있는 연관성도 상실하게 됩니다. 우리는 우리가 어디에서 왔는지를 알아야만 합니다. 그렇지 않으면 미래를 제대로 맞이하기 어려울 것입니다. 저는 항상 이런 질문을 던집니다. 만약에 우리가 컴퓨터 기술의 도움으로 전 인구의 10%만이 사회가 필요로 하는 모든 노동을 행하게 되는 시점에 도달한다면, 무슨 일이 일어날 것인가? 그런 일이 일어난다면, 나머지 90%의 인구에게는 무슨 일이 일어날 것인가? 우리는 기업들이 이런 문제를 해결할 것이라고 기대할 수 없습니다. 대기업들은 결코 나서서 이 문제를 해결하려고 노력하지 않는다는 사실을 인식해야만 합니다. 왜냐하면 대기업들은 컴퓨터로 조종하는 기술을 가지고 오로지 이윤을 극대화하는 일에만 전념하기 때문입니다.

그러므로 우리는 인간의 사고능력과 판단력에 대한 신뢰가 사라지지 않도록 노력하고 또 사회에서 더욱 커져가는 무관심에 대해 저항하지 않으면 안 됩니다. 우리는 다수의 인간들을 패배자, 즉 기계와의 경쟁에서 진 패배자로 격하시키는 이러한 변화를 거부해야 합니다.

리처드 세네트
유연한 사회

생애   1943년에 태어난 리처드 세네트(Richard Sennett)는 뉴욕 대학
(New York University)의 사회학, 역사학 교수이며, 또 '런던
정치경제 대학'의 사회학 교수이다. 뉴욕에서 그는 '뉴욕 인류연구소(New York
Instute for Humanities)'를 이끌고 있으며, 제3세계 국가들의 도시계획 문제와
관련하여 유네스코(UNESCO)에 자문을 하고 있다. 나아가 그는 '뉴욕을 위한
위원회(Commitee for New York)'라는 시민단체에 참여하여 자신이 고향으로
선택한 도시에서의 인종갈등 문제의 해결방안을 모색하고 있다. 런던에서는 도
시정책에 관한 새로운 기획의 책임자를 맡고 있다.

사회비평가인 세네트는 자신의 최근의 저서 『유연한 인간』에서 맨해튼의 로
워 이스트 사이드 지역(Lower East Side in Manhattan)에 사는 여러 유형의 인
간들의 생활상태와 노동상태를 보여주어 큰 공감을 얻었다. 광범위하면서도 핵
심을 찌르는 그 에세이에서, 그는 신자유주의적 자본주의 문화의 담지자로 간
주될 수 있는 사람들의 정체성, 활동, 시대감각, 인간관계를 분석하고 또 묘사
하였다. 그들은 시간제 노동자, 서비스분야 종사자, 광고, 마케팅분야 종사자,
컨설팅 회사에 있거나 컴퓨터 전문가 등이다. 이전의 저술들과 마찬가지로 그
는 여기서 더욱더 불명료해지고, 컴퓨터에 의해 조종당하는 노동세계에서 일어
나는 일상사들을 묘사하려고 한다. 자본주의를 비판하는 그의 핵심 명제는 다
음과 같다. 새롭고 유연한 자본주의적 경제질서는 ─세네트가 강조하듯이─ 사
람들이 오랫동안 지녀온 저마다의 '개성(Charakter)'을 파괴한다. 인간은 자신
의 인생에 대한 통제권을 상실한다.

세네트는 첫 직업을 첼로 연주자와 소설가로 시작하였다. 그의 책들이 소설
가의 책들과 다른 점은, 그 스스로 말하듯이, 그는 "현실을 항상 일종의 수동적
의심 속에서 바라본다"는 사실이다.

세네트는 사회학자인 사스키아 사센(Saskia Sassen)과 결혼하여 "매우 유연한
결혼생활을 하고 있다". 그녀는 시카고에서 학생들을 가르치고, 그는 뉴욕과 런
던을 오가며 살고 있다.

■ 주요 저작들

• Richard Sennett, 1998, *Der Flexible Mensch: Die Kultur des neuen Kapitalismus*,
  Berlin: Berlin Verlag. ─ 『유연한 인간: 새로운 자본주의의 문화』
• _____. 1998, *Corrosion of Character: The Culture of New Capitalism*, New
  York: W. W. Norton(영문판)

노동시장의 일자리 회전목마

개념　　세네트에 따르면 현 사회의 특징은 무엇보다 새로운 자본주의 경제의 불확실성으로 표현될 수 있는데, 이 불확실성은 사람들을 어떤 목표도 세우지 못하고 그냥 떠밀려가는 상태로 내몬다. 이러한 토대에 기초한 사회 시스템은 사람들에게 안정된 심리상태를 제공하지 못하고, 또 서로의 문제를 배려하고 함께 고민하는 토양을 마련해주지 못하는데, 세네트는 이런 사회 시스템을 단호하게 반대한다. 그는 1998년에 출간된 『유연한 인간』에서 소개한 구체적 사례들을 통하여 사회과학적 분석과 문화사적 설명을 하면서 자신의 명제를 드러낸다.

세네트에 따르면 전세계적으로 확산된 전산자료처리 시스템은 생활세계와 노동세계를 근본적으로 바꾸어놓았다. 이제 미리 예상하지 못하거나 계산할 수 없는 것은 더 이상 존재하지 않는다. 모든 것이 하나의 흐름 속에 들어가고, 매우 빠른 변화를 겪으며, 에피소드와 단편들이 모여 하나가 되고, 또 단기간 존속했다 사라지거나 가변적인 것이 된다. 이러한 상황에서는 어느 누구도 자신이 오늘 했던 일을 내일 똑같이 하리라고 확신할 수 없다.

세네트가 보기에 사람들은 유연해지도록, 계속해서 새로운 과제를 설정하고 또 새로 주어진 상황에 적응하도록 강제되고 있다. 만약에 어떤 사람이 이처럼 새로운 자본주의의 이념을 따라가지 않는다면, 그는 이미 패배자의 무리에 속하게 된다. 따라서 자신의 이익을 증대시키고자 하는 사람은 높은 수준의 창의성, 민첩성, 그리고 자신의 주도력을 개발시키지 않으면 안 된다. 경험, 관례, 신뢰라는 말은 끊임없이 재구조화되고 하이테크화된 노동시장에서 그 가치를 상실한다. 평생한 회사에서 일하고 계속해서 직장에서 승진하는 일은 '유연한 자본주의'라는 조건하에서는 불가능하다. 평생동안 배우고, 자신의 능력을 키워나가고 또 필요하다면 요구하는 대로 일터와 거주지를 기꺼이 바꿀 수 있는 각오가 유연한 인간의 프로필을 구성하는 데 요구된다. 축적된 경험에 의존하지 않고, 기존의 관습을 고수하지 않으면서, 변화

에 개방적이고 위험을 무릅쓰고 자신의 일을 열심히 할 준비가 되어
있는 사람이 성공한다.

그 역사적 흐름으로 볼 때 현대 자본주의는, 전혀 연속적이거나 단
선적이지 않고, 오히려 지속적인 불확실성을 동반해왔다. 과거와 달리
불안정성은 오늘날의 규범이 되었고, 사람들로 하여금 불확실성을 긍
정적 가치로 인정하라고 도덕적 압력을 가하고 있다. 항상 처음부터 다
시 시작할 수 있는 능력을 가지려면 특정한 성격상의 특징이 있어야
한다. 세네트의 말을 빌리자면, '안정된 질서가 없는 데서 헤쳐 나오는
인간, 즉 카오스의 한가운데서 번창하는 인간의 자기의식'이 필요하다.

자기의 주장을 더욱 분명히 보여주기 위해 세네트는 엔리코(Enrico)
의 인생과 그의 아들 리코(Rico)의 인생을 비교한다. 은퇴한 후 건물관
리인을 하고 있는 아버지는 단선적인 인생경로를 걸어왔다. 그의 인생
사는 단절이 없었음을 보여준다. 왜냐하면 임금에서부터 연금에 이르
기까지 모든 것이 미리 정해진 경로를 따라 진행되었기 때문이다. 안
정된 직장을 가지고 평생 동안 그는 거의 반복적인 업무만을 해왔는
데, 이러한 업무는 세월이 지나도 이렇다할 변화가 없었다. 하지만 아
버지가 가졌던 이러한 안정성은 오늘날 그의 아들에게는 전혀 먼 나라
이야기이다. 리코의 삶은 시간이 지나면서 심한 굴곡을 겪어왔다. 아
버지와는 정반대로 그는 자신의 인생을 설계하고 예측할 수가 없다.
노동세계에서의 변화하는 요구에 따라 대학을 마친 그는 전기기사가
되었고, 지난 14년간 4번이나 이사하였다.

유연성은 사회적 인간관계를 회피하게 만든다. 사회적 조건의 지속
적인 변화에 의해 규정된 그의 삶은 물론 흥분되기도 하겠지만, 사람
을 극도로 지치게 만들기도 한다. 수많은 상황을 직면하면서 리코는
자신의 인생을 연속적인 이야기로 만들어줄 수 있는 어떤 연관성도 없
다고 생각한다. 장기적 전망을 가지고자 하는 소망은, 승진하기 위해
서 불안한 생활을 해왔던 리코에게는, 오늘날의 상황들 속에서는 결코
이루어질 수 없을 것같이 여겨진다. 유연한 자본주의는 끊임없는 변화

를 주장하고, 모든 피고용인에게 더욱 많은 상호작용능력, 위험을 감수할 각오, 그리고 유연성을 기대한다. 그리고 그 대가로 더 많은 자유를 약속한다. 어느 누구도 뒤쳐지는 것을 원하지는 않는다. 따라서 여러 긍정적 측면들이 있음에도 불구하고 세네트는 다음과 같은 질문을 던진다. "단기적인 성공 추구가 장기적으로 유지된 사회적 관계들에 어떤 영향을 미칠 것인가?"

새로운 자본주의는 ─ 세네트의 말에 의하면 완전히 회전목마로 된 노동세계(쉽게 들어오고 나가는 것을 비유한 말─옮긴이)가 발전하기 좋은 조건을 제공하는데─ 인간들을 서로 엮어주는 그런 개성적 특징들을 고려하지 않았다고 한다. 마치 '일자리 회전목마'에나 비유할 수 있을, 그런 노동시장 조건하에서 사람들은 자신의 삶에 대한 통제력을 상실한다. 과거 전형적 형태의 직업경력, 그리고 일직선적이고 쉽게 이해할 수 있는 인생이 이제 더 이상 존재하지 않는다는 사실은 사람들의 생활방식과 자아의 의미에 엄청난 변화를 가져왔다. 인생은 더 이상 분명하게 정리될 수 없고, 어느 한 곳에 뿌리를 내린다는 것도 더 이상 생각할 수 없으며, 안정적인 관계를 유지할 수도 없게 되었다. "어느 것도 오래가지 못한다"라는 말, 또는 "계속 움직여라, 어떤 관계도 깊이 맺지 마라. 그리고 결코 손해보면서 남에게 호의를 베풀지 마라"라는 말이 이 시대의 표어라고 할 수 있을 것이다.

세네트는 이러한 표어들에서 현 사회의 파괴적 계기들을 보는데, 이 사회는 경제적 결속력도, 사회적 결속력도 만들지 못하면서 아무 생각 없이 '새로운 자본주의 문화'를 추종하는 사회이다. "인간들이 서로를 배려할 수 있게끔 어떤 타당한 이유를 제시하지 못하는 지배체제는 그 지배의 정당성을 오래 유지할 수 없다"라는 세네트의 말은 깊이 생각해볼 필요가 있다.

공통질문

1. 당신은 스스로를 사회이론가나 사회비평가 또는 사회설계가로 생각합니까? 아니면 그저 동시대인으로 생각합니까?

원래 저는 사회비평을 하는 에세이스트입니다. 남들이 그렇게 보고 또 저도 제 자신을 그렇게 봅니다. 저는 일상사와 사회학적 이론을 연결시킵니다. 이를테면 로버트 무질과 막스 베버를 섞어놓는 것과 같습니다.

제 생각에 작가들은 사회를 매우 특이한 방식으로 이해합니다. 우리는 베버에게는 배울 수 없는 것을 무질에게 배울 수 있고 또 역으로 무질에게는 배울 수 없는 것을 베버에게 배울 수 있습니다. 저는 양자의 장점들을 연결하고, 특정한 유형의 개인들에 대해 쓰고, 그러면서 그 특수한 사례들로부터 일반적 사회문제들을 도출하려 합니다. 저의 주요 관심사는 일상에서의 경험입니다. 이것은 공식적인 사회학과는 전혀 관계가 없습니다.

2. 우리가 살고 있는 사회는 도대체 어떤 사회입니까?

오늘날의 사회는 바빌론의 언어혼란과 비슷한 것으로 설명될 수 있습니다. 이 사회는 유연한 자본주의라는 조건을 고려할 때에만 가장 잘 설명할 수 있습니다. 즉 유연한 사회로 표현될 수 있겠지요. 그러나 이 개념은 이미 근본적 문제점을 노정하고 있습니다. 우리는 사회를 범주화 또는 카탈로그화할 수도 없고, 또 그렇게 해서도 안 됩니다. 사회적 현실은 결코 그러한 것을 허용하지 않습니다. 어쩌면 우리 사회의 현 상태를 분류하려는 시도조차도 해서는 안 될 것입니다. 분류의 결과는 현실과는 별로 맞아떨어지지 않을 것입니다. 사람들은 전통적으로 또는 현대적으로 살거나, 경직된 조직 속에 살거나 혹은 유연한 활동공간을 누리고 살거나 하는 등 여러 가지 현실 속에서 동시에 살아가고 있습니다.

제가 예를 하나 들겠습니다. 사람들은 세속적 사회라는 말을 자주 듣습니다. 하지만 실제로 이런 식의 개념은 더 이상 아무런 도움이 안 됩니다. 가령 신이 우리들의 상상세계에서 사라져버린다 해도, 종교는 사회의 기본 조건으로 남을 것입니다. 종교와 학문은 두 개의 서로 다른 것입니다. 그러나 이러한 사실은 학자가 종교를 가질 수 없다는 것을 의미하지는 않습니다. 이렇게 볼 때, 생활이라는 것은 많은 차원들을 포함하고 있으며 따라서 우리는 여러 사회 속에서 동시에 사는 것입니다.

3. 현 사회의 긍정적인 면과 부정적인 면에는 어떤 것이 있습니까?

제가 보기에 이 사회의 장점은 개방적이고 창의적인 정치에 있습니다. 특히 유럽에서는 매번 투표라는 절차를 통하지 않고도 새로운 것을 관철시킬 수 있는 가능성이 높습니다. 전체주의적 지배에 대한 두려움은 미국보다 유럽에서 훨씬 더 크며, 따라서 유럽은 개방적 정치를 할 가능성이 더욱 높습니다.

아무렇지도 않게 미국은 국제사회에서 자신들이 특별한 역할을 해야 한다고 주장합니다. 그리고 여기서 미국이 이러한 특별한 역할을 실제로 하고 있다는 사실에 대해서는 세세히 증명할 필요도 없습니다. 하지만 여기서 부정적인 결과는 미국이 그들의 강대국 지위를 이용하여 다른 나라들이 독자적인 길을 가는 것을 종종 방해했다는 사실입니다. 미국은 오히려 다른 국가들이 미국의 모델을 따라 사회구조를 구축하고 또 그에 맞추어 사람들이 살도록 하는 데 전력을 쏟았습니다.

　　미국은 제국주의 세력이고 미국의 정치는 현재의 기득권을 유지하는 데 맞춰져 있습니다. 이것을 무조건 강점이라고 볼 수는 없습니다. 로마 제국도 말기에는 제국을 유지하려는 무리한 노력으로 인해 국력이 소진되었습니다. 지금 미국은 전지구적 통제를 행사하려 하기 때문에, 미국의 정치적 선택 가능성은 상당히 제한되어 있습니다. 예를 들어 미국은 국내정책적 문제들을 효과적으로 해결하기에 충분한 돈을 가지고 있지 않습니다. 왜냐하면 미국 정부가 미국의 전지구적 영향력을 유지하는 데 국가 재정을 다 써버렸기 때문입니다.

　　제가 살고 있는 이 사회, 즉 미국 사회와 유럽사회의 단점은 유연한 경제질서가 개인적 자유를 촉진하기보다는 오히려 제약한다는 사실입니다. 국가에 의한 효과적인 통제 메커니즘이 없는 상태에서, 일부 특권층들이 이득을 싹쓸이하고, 반면에 대부분의 다수는 얼마 남지 않은 것을 가지고 서로 나누어야만 하는 현실입니다. 이로 인해 사회의 불평등은 심화될 것이고, 이는 사회적 평화를 위협할 것입니다. 그러므로 우리는 다시 사회적 불평등이라는 본질적 문제에 더욱더 관심을 기울여야만 합니다.

4. 사회에서 당신의 역할은 무엇입니까?

　　저는 뉴욕과 런던, 두 곳에서 삽니다. 저는 미국에서보다 유럽에서 더 공적 지식인으로서의 역할을 하고 있는데, 여기에는 그럴 만한 이유가 있습니다. 저는 현재 미국에서 무슨 일이 일어나고 있는가에 대해 거의 관심이 없습니다. 저는 집단적 정체성과 깊은 관련이 있는, '미국식 생활방식'이라는 대 드라마에 전혀 흥미가 없습니다. 그리고 바로 이런 것을 탐탁지 않게 여긴다는 점은 이미 앞의 질문에 대한 답변으로 충분히 나타내었다고 생각합니다. 사람들은 여러 가지 많은 정체성을 가지고 있으며, 자기 자신에 대해 정의하는 방식도 계속 변화합니다. 하지만 미국에서는 이러한 사고방식이 별로 확산되어 있지 못합니다. 저는 미국의 현 상황에 대해 많은 글을 씁니다. 하지만 저에게 항상 들려오는 말은 제가 너무나 유럽적이라는 것입니다. 어쩌면 그 말이 맞을 겁니다.

새로운 자본주의의 문화에 관한 저의 책은 처음에 독일에서 출판되었고, 그 다음에는 영국에서 팔렸으며, 그후 뒤늦게 미국에서 출판되었습니다. 이런 식의 경험을 저는 지난 10년 동안 반복해야만 했습니다.

5. 사회소설 가운데 어떤 것을 좋아합니까?

사회학에 버금가는 문학작품을 하나 꼽으라면, 로버트 무질의 『개성 없는 남자(Der Mann ohne Eigenschaft)』를 들 수 있습니다. 무질은 사회 상황을 탁월하게 설명하는 능력 이외에도 여러 방면에서 뛰어난 사람입니다. 예술적 아이러니(Ironie), 그리고 등장인물들의 개성을 획일화시키지 않으면서도 어떤 특정한 인생의 한계들을 잘 보여주는 그의 방식 역시 매우 뛰어납니다. 저는 바로 이 점에서 그를 높이 평가합니다. 즉 무질은 사회 속에서 한 인간이 가지는 한계를 알고 있으면서도 그 인간에게 합당한 명예를 부여합니다. 무질의 유머와 아이러니는 환상적입니다. 그것은 제가 젊은 시절의 토마스 만을 높이 평가하는 이유와 비슷합니다. 『부덴부로크가의 사람들』은 저에게 많은 의미를 던져준 소설입니다. 그의 이후 저작들을 보면 토마스 만은 공인으로서의 자신의 역할을 의식했습니다. 『요셉과 그 형제들(Joseph und seine Brüder)』은 제게 『마의 산(Der Zauberberg)』과 『부덴부로크가의 사람들』보다 훨씬 도덕적인 듯한 인상을 주었습니다.

사회학자가 생생한 현실생활에 더 많은 의미를 두는 현상은 바람직한 일일 것입니다. 왜냐하면 그것은 어떤 소설가가 인물들의 개성을 훌륭하게 살려내는 능력이 있는 것과 마찬가지이기 때문입니다. 우리는 소설가가 사용하는 구조화—이것은 기든스의 개념입니다—로부터 구조주의에 관한 많은 내용을 배울 수 있습니다. 사람들에게 면접질문조사를 할 때면, 저는 마치 소설가처럼 접근하려 합니다. 도시에 관한 저의 저작들은 비록 역사적으로 치우쳐 서술되었지만, 1973년에 출간된 미국의 노동자계급에 관한 책 『계급의 숨겨진 폐해(*The Hidden Injuries of Class*)』—이것은 아쉽게도 독일어로 번역되지 않았습니다만—에서는 이러한 방법을 적용했습니다. 이렇게 해야만 사회적 생활을 정확하게 분석하고, 어떤 일들이 어떻게 왜 일어나는지를 이해할 수 있습니다.

6. 당신이 즐기는 게임에는 어떤 것이 있습니까?

저는 한 사람이 판토마임 연기를 하면 다른 사람들이 알아맞히는 형식의 샤레이드(Scharade) 게임을 좋아합니다. 이 놀이는 앵글로색슨족이 주를 이루는 나라들에서 특히 식사 후에 스카치 위스키를 많이 마시면서 즐겨 하는 놀이입니다. 지난주에 제가 파티에 갔을 때, 어떤 사람이 모니카 르윈스키와 관련된 비난을 방어하는, 세계에서 가장 유명한 역할연기자인 미국 대통령 빌 클린턴을 연기했습니다. 저와 다른 이들은 대체 그의 동작이 무엇을 표현하는지 알아맞히느라 20분간 진땀을 뺐습니다.

7. 어떤 모임을 좋아합니까?

그 질문은 답하기가 쉽지 않군요. 저는 뉴욕 출신의 유대인입니다. 아마도 그것은 제 피 속에 흐르고 있거나 다른 어디에 있건 숨길 수 없는 사실입니다. 얼마나 오랫동안 외국에 머무느냐와 상관없이 집에 돌아오면 저는 "여기가 집이구나, 여기서야 내 자신으로 돌아가는구나" 하고 깨닫습니다. 뉴욕 유대인의 심성은 뭔가 매우 특별하고 전통적입니다. 그것은 저의 오랜 가족사와 연관이 있고, 또 오래 전부터 유대인 이민자들이 살고 있던 맨해튼의 로어 이스트 사이드(Lower East Side)와 저희 가족이 맺고 있는 관계와도 관련이 있습니다. 제가 델리 2번가(Second Avenue Deli)에 있는 식료품점에 들어가면, 모든 사람들은 서로 지디쉬(Jiddisch: 독일과 동유럽지역에 살던 유대인들이 쓰던 말로 중세 독일어, 헤브라이어, 로마어 그리고 나중에는 슬라브어적 요소까지 섞였다고 함―옮긴이)어로 대화를 나눕니다. 저는 이곳에서 묘하게도 안정감을 느낍니다. 즉 이곳에서 제 자신을 경험하는 것이지요. 어쩌면 이것이 왜 제가 다른 집단들 속에서는 편하게 느끼지 않으며 로어 이스트 사이드라는 이름이 붙은 이 지역을 결코 떠나지 않으려 하는지를 설명해 줄 이유가 될 것입니다. 이곳에는 모든 이민자들이 새로운 고향을 찾아서 들어왔습니다. 이곳의 환경에서는 좌파적 색채가 진한 정치문화를 가진 유대인 지식인 문화가 형성되었습니다. 이곳은 결코 폐쇄적인 사회가 아니며 오히려 자신들의 정치적 확신으로 인해 미국에 사는 것을 답답해하는 사람들의 공동체사회입니다. 이 공동체는 어느 면에서는 격리된 공생사회입니다. 그러나 이곳의 사람들은 공동체의 일원으로서 그 어느 것이든 서로 길고 장황하게 설명할 필요가 전혀 없다는 것을 금방 느끼게 됩니다. 이 사회는 미국적인 사회도, 유럽적인 사회도 아닙니다. "이거다"라고 확실하게 표현할 수가 없습니다. 매우 복합적입니다. 하지만 저는 이곳이 가장 편합니다.

8. 당신이 소속되어 있다고 느끼는 사회집단은 어떤 것입니까?

앤소니 기든스와 마찬가지로 저는 아주 가난한 집안에서 자라났습니다. 이제 우리 둘은 늙어가는, 부르주아적 보헤미안들입니다. 저는 이러한 사실에 대해 제가 어느 정도 불만을 가지고 있다는 것을 솔직히 고백합니다. 만약에 사회집단이라는 것을 계급적 의미로 이해한다면, 기든스와 저는 계급개념에 우리들을 맞추었다고 볼 수 있습니다. 저는 부르주아지에 속하지는 않지만, 제가 어울려 살고 있는 곳은 부르주아지가 모인 사회입니다. 랄프 다렌도르프와는 아주 정반대이지요. 그는 아마도 중산층에 속할 겁니다.

9. 당신이 사회적으로 중요하다고 평가하는 사람은 누구입니까?

사람은 누구나 중요합니다. 어떤 사람도 사회에 쓸모없지는 않습니다. 누구나 나름대로의 능력을 가지고 있고 또 자신의 몫만큼 기여를 합니다. 그런 이유로 어떤 한 사람을 특별하게 간주하는 것은 저에겐 의미가 없습니다.

10. 당신이 생각하는 이상적 사회는 어떤 사회입니까?

저는 이상적 사회에 대한 어떤 생각도 가지고 있지 않습니다. 이상적 사회는 일종의 유토피아로서 이것은 전체주의로 치우치는 경향이 있습니다. 사회의 이상적 상태에 대한 정확한 모습을 그리려는 시도에 대해서는 전혀 반대할 뜻이 없습니다. 그러나 이상적 사회라는 생각 속에는 무언가 전체주의적인 것이 있습니다. 차라리 우리는 어떻게 사회가 작동하는가? 어떻게 사회는 변화하며 또 어떻게 사람들은 오늘날의 조건하에서 자신들의 능력을 발견하고 자신들의 가능성을 감지하며 나아가 자신들의 이익을 관철시킬 수 있는가 하는 문제를 연구하고 설명하는 일에 우리 자신의 역할을 국한시켜야 할 것입니다.

11. 당신은 사회를 변화시키고 싶습니까?

　물론입니다. 저는 인간의 개성을 파괴하고 더욱더 많은 인간들의 인생설계를 좌절시키는 고삐 풀린 자본주의에 맞서서 무언가를 할 것입니다. 지금까지는 이러한 영향력에 맞서는 어떤 대안이 될 만한 이론이 없었습니다. 저 역시도 이론을 가지고 있지 않습니다. 그래서 저는 사고의 전환을 강조하는 일에 저의 역할을 한정하고 있습니다.

　저희 세대는 자본주의적 경제질서의 조건들은 다음과 같은 사실, 즉 노동조합이나 코뮌 같은 조직들을 강화하여 경제적 순환에 대해 일종의 통제를 획득할 수 있다는 사실을 통해서만 효과적으로 제어될 수 있다는 것을 배웠습니다. 제가 원하는 가장 큰 변화는 자본주의 메커니즘 전반을 장악할 수 있는 조직들입니다. 그러나 이미 말했듯이 이것은 저희 세대의 생각입니다. 저는 젊은 사람들의 생각과 전략에 큰 기대를 걸고 있습니다. 프랑크푸르트의 한 회의에서 저는 어떤 터키 노조간부를 만났는데, 그 만남은 매우 흥미로웠습니다. 그가 자신의 노조에 대해 보고할 때, 그의 발표는 거의 형식에 구애받지 않고 친밀한 방식으로 행해졌고, 특별히 테크노크라트적인 것은 전혀 없었습니다. 그는 제가 바라는 것과 동일한 변화를 이루기 위해 전혀 다른 방법을 쓰겠다고 했습니다. 그리고 그것은 나름대로 좋았습니다. 저는 강한 조직의 건설에 대한 저희 세대의 생각을 알고 있습니다. 아마도 젊은 세대들은 덜 형식주의적인 방법들을 찾을 것이고 또 신자본주의의 부정적 영향들에 대해 전혀 다른 수단들을 가지고 대항할 것입니다. 어쨌든 우리는 현재의 사회적 변화에 대처하기 위해서 새로운 구상들을 발견해야만 합니다.

12. 미래사회는 어떤 모습이 될 것 같습니까?

　무슨 일이 있었는지에 대한, 연관관계를 드러내주는 이야기들을 만들어내는 것은 유연화되고, 파편화된 현재에서도 가능할 것입니다. 하지만 앞으로 어떤 일이 일어날지에 관한 창조적이며 예견적인 구상을 발전시키는 것은 더 이상 가능하지 않습니다. 만약에 우리가 사회는 계속 변화하는 자본주의적 시스템 속에서 머물러 존재할 것이라는 전망을 염두에 둔다면, 우리는 이 사회의 모습이 15년 후에도 여전히 현재와 비슷할 거라는 사실에서 시작할 수 있습니다. 저는 현재의 유연성이 계속해서 자본주의의 조건이 되리라고 생각하지 않습니다. 제 느낌에 현재의 경제 시스템이 10년이 지난 후에는 중대한 위기를 겪을 것입니다. 왜냐하면 단기적인 이윤을 얻을 가능성이 계속될 수 없고 또 점점 줄어들 것이기 때문입니다. 당장은 단기적인 경제교류로 인한 이윤이 ―제가 저의 책『유연한 인간』에서 설명했듯이― 아직도 매우 높은 단계입니다. 그러나 10년이 지나면 이러한 단기적 경제교류는 사라질 것입니다. 그렇게 되면 우리는 완전히 새로이 생각해야만 합니다. 왜냐하면 우리 사회의 구조가 근본적으로 변화할 것이기 때문입니다.

인터뷰

막스 베버가 1904/1905년에 쓴 자신의 고전적 연구인 『프로테스탄트 윤리와
자본주의 정신』에서 밝혔듯이, 초기 자본주의의 역동성에서 중요했던 것은 일
정한 노동시간이 정해진 기업조직 내에서의 직업활동이었습니다. 그러나 오늘
날의 노동형태는 고전적인 노동생활 구조와는 아주 다릅니다. 한 기업에서 평
생 동안 일하는 형태 대신에 새로이 등장한 것은 무엇입니까? 새로운 자본주
의의 특징은 어떤 것입니까?

제 생각에 새로운 자본주의 질서의 특징은 '유연성'이라는 개념으
로 잘 설명할 수 있습니다. 유연성이라는 말은 노동조직 내의 가속화
되는 변화를 이해하는 열쇠입니다. 이러한 변화는 경직되고, 관료주의
적인 형태와의 단절, 모든 형태의 일상적 관례에 대한 거부라는 특징
을 가지고 있습니다. 노동세계가 '강철 같이 단단한 예속의 집'으로
변화할 것이라는 베버의 우려와는 달리 20세기 말의 노동세계는 고도
로 유연화되었습니다. 기업들은 경직된 구조로부터 벗어나고, '오래된
짐'인 장기근속자들을 털어버리며, 신과 인간의 세계를 연결하기 위해
새로운 테크놀로지들을 이용합니다. 한 회사에서 일하는 기간은 더욱
짧아지고, 경제활동이 가능한 인간의 일생 중에 여러 다양한 직장을
거치는 취업자들의 수는 증가합니다. 정규직은 점점 줄어드는 대신에,
계약직, 보조직, 시간제 근무직 및 새로운 형태의 자영업과 반자영업
이 늘어나고 있습니다. 새로운 자본주의에서의 잦은 직장이동, 그리고
유연성은 장기적으로 한 곳에서 직업상의 경력을 쌓는 것을 불가능하
게 만듭니다. 이제 어느 누구도 더 이상 한 직장에서 평생 일할 수 있
을 것이라고 기대하지 않습니다. 제도적 보호가 존재하지 않는 사회에
서 각 개인들은 자신의 생활의 안정과 보장을 위해 스스로 노력하지
않으면 안 됩니다.

새로운 자본주의가 유연성을 강조하는 만큼, 이것은 좀더 안정된

생활을 원하고 장기적 목표를 가지기를 희망하는 인간들에게 엄청난 압력을 가하는 것입니다. 전적으로 유연성만을 지향하는 자본주의는, 일관성 속에 자신을 발전시키고 경험을 중시하고자 하는 사람들의 생각과 희망을 전혀 고려하지 않습니다. 이 자본주의는 점점 더 사람들이 지속적으로 한 가지 업무를 유지할 수 없도록 하고, 앞으로의 직업적 출세에 대한 계획을 세우지 못하도록 합니다. 한 가지 업무를 배우고, 반평생 그 업무를 해온 사람이 어느 날 갑자기 실직하고 어떤 완전히 다른 업무를 배워야만 합니다. 사람들은 새로운 요구에 적응해야 하고, 단기적인 노동계약직을 받아들여야만 합니다. 이러한 물결을 따라가지 못하는 사람, 자신의 자존심을 버리면서까지 이러한 위험에 뛰어들려 하지 않는 사람, 또는 새로운 게임 규칙을 충분히 숙지하지 못한 사람은, 자신이 생각했던 것보다도 더 빨리 길거리에 나앉게 될 것입니다.

유연한 자본주의는 특히 관료주의에 반대한다고 주장하고 또 자신을 기존의 권력구조와 통제구조에 저항하는 강력한 반대자로 부각시키고 있습니다.

이러한 주장을 저는 강하게 부인하고 싶습니다. 오늘날 우리가 사용하는 유연성이라는 말 속에는 새로운 권력시스템이 감추어져 있습니다. 이 시스템은 다음과 같은 3개의 요소로 구성되어 있습니다. 비연속적인 제도 개편, 유연한 생산 특성화, 중앙집중화가 아닌 상태에서의 권력의 집중이 바로 그것입니다. 신자유주의적 경제의 배후에는 아주 철저히 계산을 따지는 자들, 즉 기업의 정상에 있는 사업가들의 의도가 있는데, 그들의 의도는 가능한 한 단기간에 최소의 노동력으로 최대의 이윤을 얻는 것입니다. 권력구조와 통제구조는 계속해서 존재합니다. 하지만 권력자는 더욱더 베일에 가려지고 익명으로 활동합니다. 왜냐하면 권력자들이 새로운 형태의 권위를 이용하고 또 기업들은 다른 식으로 구조개편되었기 때문입니다.

항상 빨라지는 전지구적 시장의 변화에 대처하기 위해서 많은 미국 기업들의 구조는 더 이상 피라미드식의 위계형태를 띠지 않고, 중심과 주변으로 양극화되어 있습니다. 유연한 기업의 중심은 전혀 구조적이지 않은 주변과는 정반대로 아주 잘 구조화되어 있습니다. 기업의 정상부문은 생산영역과 동떨어져 있습니다. 기업의 경영진은 생산목표와 이윤목표를 정한 다음 그것을 일단의 유연한 노동작업팀에 넘겨버립니다. 그러면 이 팀들은 어떠한 수단을 써서라도 설정된 목표를 달성해야만 합니다. 각 업무를 위해 항상 새로이 짜여지는 작업팀들은 서로간의 경쟁 속에서 할당된 과업을 수행합니다. 각 팀들은 누가 과제를 제일 먼저 뛰어난 실적으로 달성하는가를 놓고 경쟁합니다. 여기서 이기는 사람들은 계속해서 일을 할 수 있고, 지는 사람들은 해고됩니다. 이런 사실은 전통적인 업무방식과 능률에 대한 이제까지의 생각과는 전혀 다른 것입니다. 팀작업을 하게 되면 더 이상 간부들과 평사원들 간에 대립이 생기지 않는다는 주장은 틀린 것입니다. 그리고 마찬가지로 권력구조와 통제구조가 사라진다는 말도 옳은 말이 아닙니다. 실제로는 유연성이라는 구실 아래 새로운 권력과 통제의 가능성이 생겨납니다. 오늘날 컴퓨터 기술의 도움으로 관철되는 통제의 가능성을 한번 생각해보십시오.

중심과 주변으로의 양극화는 어떻게 이해해야 합니까? 이 현상을 예를 들어 설명해주실 수 있습니까?

아주 적절한 예로 마이크로소프트 사(社)를 들 수 있습니다. '인터넷 익스플로러(Internet Explorer)'를 개발하기 위해 여러 프로젝트팀이 만들어졌고, 이들은 새로운 프로그램 개발을 위해 각각 별도로 일을 했습니다. 가장 먼저 과제를 성공적으로 완수한 팀은 승리자가 되어 경쟁에서 벗어났고, 고용계약 연장과 주식이라는 보상을 받았습니다. 패배한 자들은 즉시 해고되었습니다.

여기서 우리가 반드시 짚어보아야 할 사실들이 있습니다. 첫째, 이러한 이른바 좀더 수평적인 위계구조하에서도 기업의 최고경영진이 생산목표를 정한다는 사실입니다. 둘째, 여기서는 가능한 한 빨리 원하는 성과에 도달해야 한다는 목표와 더불어 노동조직이 근본적으로 변화하고 있다는 중요한 사실입니다. 그리고 세번째로는 이러한 시스템의 비효율성이 분명해졌다는 사실입니다. 이러한 시스템은 비록 단기적으로 보면 이윤을 내겠지만, 이러한 이윤을 내기 위해서는 동시에 여러 팀에서 병렬적으로 일을 수행해야 하므로 과거보다 더 많은 노동력이 투입되기 때문에 비효율적입니다.

노동조합은 어떻게 행동합니까? 이런 식의 변화가 독일의 노동시장에도 관철될 수 있을까요?

물론 독일 사회에서는 이러한 변화가 아주 제한적으로만 일어나고 있습니다. 하지만 독일에서도 한 직장에서 장기 근무하는 사람들을 점점 보기가 힘들어질 것입니다. 종업원들이 장기 근속할 수 있는 일자리를 제공하는 기업의 모습은 독일에서도 이미 금이 간 상태입니다. 이것은 국제적 경쟁력을 가지고자 하는 기업들은 전지구적 조건에 적응해야만 한다는 주장에 기인합니다. 그리하여 어떤 일을 시키기 위해 누군가를 고용했는데, 그 일이 1년이 지나서는 수요가 사라져, 더 이상 필요하지 않게 되어버리는 일이 생겨납니다. 유연한 자본주의의 표어는 "그 어느 것도 오래가지 못한다"입니다. 이것은 미국에서는 이미 1980년대 중반 이후 일종의 원칙이 되어버렸습니다. 따라서 미국의 많은 기업들은 종업원들에게 재교육프로그램을 실시하고 있습니다.

텔레콤 대기업인 AT&T를 예로 들어보겠습니다. 그곳에서는 지난

6년 동안 전파접속장치가 세 번이나 바뀌었습니다. 그리고 바뀔 때마다 상당수의 종업원들은 예전과는 완전히 다른 일을 해야만 했습니다. 그들은 자신들이 배운 것을 계속할 수가 없었습니다. 대신에 다른 일로 갈아타고 무언가 아주 새로운 것을 배우지 않으면 안 되었습니다. 우리가 현재 경험하고 있는 것은 추가적 자질향상에서 연속적 자질향상으로의 변화입니다(과거에는 추가적으로 부족한 부분을 보충하여 자질을 향상시키면 되었지만, 오늘날에는 완전히 다른 내용을 새로이 계속 습득하여야 함—옮긴이). 사람들은 급속한 변화 속에서 쉴새 없이 배우고 또다시 배우지 않을 수 없게 되었습니다.

실업을 줄이자는 논의에서 '미국, 일자리를 만드는 기계' 그리고 독일의 구조적 경직성이 자주 이야기되고 있습니다. 당신이 말한 유연한 경제방식과 관련하여 독일, 영국, 미국의 차이는 무엇입니까? 새로운 자본주의가 실제로 더 많은 일자리를 만들 수 있습니까?

미국에서는 지난 몇십 년 동안 수백만 개의 새로운 일자리가 창출되었습니다. 그러나 이러한 새로운 일자리의 창출은 낮은 실질임금으로 이루어진 것입니다. 실질임금은 매우 하락하여, 일자리가 충분히 있어도, 사람들은 종종 자신과 가족을 부양하지 못할 정도가 되었습니다. 많은 임금을 받는 일자리는 줄어들고, 그 자리는 낮은 임금 수준의 일자리로 대체되었습니다.

미국 사회는 분명히 세 나라들 중에서 가장 유연한 나라입니다. 왜냐하면 미국은 독일, 영국 또는 일본보다도 국가개입으로부터 자유롭기 때문입니다. 이러한 맥락에서 제가 "유연하다"라는 말을 쓴다면, 이때는 관료주의적 구조와 관련된 의미입니다. 미국은 자신들의 제도를 가능한 한 유연하도록 조직하는 데 가장 힘써왔습니다. 그리고 미국은 자신들 행위의 정치적 결과에 대해서 다른 나라들에 비해 훨씬 고려를 안 하는 편입니다. 여기에는 분명한 이유가 있습니다. 즉 미국은 제국주의 세력이고, 미국의 적응능력은 바로 이러한 제국주의적 지배를 유지하는 열쇠인 것 같습니다. 자본주의 시스템이 위기에 빠지면, 이 위기는 미국에서 가장 심하게 나타날 것입니다. 또 미국은 복지국가의 작은 부분들조차도 없앴습니다. 복지국가는 매우 약해졌습니다. 미국의 기업들과 조직들은 이러한 제국주의적 경제요구를 계속해서 충족시킬 능력이 없습니다. 이 점은 누구나 다 알고 있습니다. 제가 빌 클린턴 대통령을 볼 때 가장 마음에 안 드는 점은 그가 1년 후의 일을 생각하지 않는다는 사실입니다. 그는 현재의 호경기가 끝나면 무슨 일이 일어날지 전혀 생각이 없습니다. 그는 절대 이런 생각을 하지 않습니다. 무슨 일이 일어날 시점이 되면, 그는 더 이상 대통령직에 있지 않을 것입니다. 그렇게 되면 이후 모든 것은 더 이상 그가 책임져야 할 문제가 아닌 것입니다.

당신의 설명에서 가벼운 경고를 들을 수는 있습니다. 하지만 전반적으로 보면 당신은 평생직장을 가진 교수로서 사회의 변화에 대해 이미 타협한 것처럼 보입니다.

전혀 아닙니다. 단지 우리는 현실적이어야 하며 또 미국에서는 이미 상황이 종료되었다는 것을 인정해야만 합니다. 그래서 저는 저의 책『유연한 인간』을 우선적으로는 유럽에 주는 경고로 이해합니다. 즉 아무 생각 없이 미국에서의 실험을 받아들이지는 말라는 것이지요. 유연성은 노동자와 화이트칼라들은 위험에 처하게 만드는 반면, 기본적으로 금융자본의 이익을 더욱 보장합니다. 그러나 독일과 다른 유럽 국가들에서도 과연 이것을 허용할지는 신중히 생각해보아야만 합니다. 저는 독일 사회가 과연 미국의 길을 따를 것인지 아닌지에 대해 결정했는지는 잘 알지 못합니다. 만약에 독일 사회가 그렇게 한다면, 독일 사회 또한 미국과 똑같은 위험에 처할 것입니다. 단기이윤이라는

생애   개념   공통질문   인터뷰

특징을 가진 이 시스템은 사회에 거대한 구조적 피해를 주는 위험성을 그 안에 내포하고 있습니다. 사회가 여기 저기 무너지게 되면, 원상복구는 거의 불가능합니다. 예를 들어 미국에서는 전 보건시스템을 민영화했는데, 이 시스템은 제 기능을 하지 못했습니다. 지금 이로 인한 피해를 복구한다는 것은 불가능합니다. 따라서 다른 나라들은 선택의 기로에 놓여 있습니다. 미국 시스템을 따르게 되면, 그 시스템이 가지는 위험성도 감수해야만 합니다.

어떻게 하면 우리는 이러한 위험을 피할 수 있을까요? 신자유주의적 자본주의가 가는 길에 맞설 대안은 있습니까? 전지구적 경쟁 속에서 다른 선택의 가능성이 있습니까?

우리는 신자유주의적 길에 대한 찬반을 결정하기 전에, 유연한 경제조직이 사람들의 노동조건, 생활상태, 그리고 우리 사회의 정치적 기본 조건에 어떤 영향을 미치는지를 알아야만 합니다. 금융자본의 경제적 추구는 이미 제도적 구조들을 불안정하게 만들었는데, 이 구조 속에는 인간들이 살고 일하고 있습니다. 이것은 예를 들어 인간의 경험적 가치에 대한 변화, 특히 시간개념에 대한 변화에서도 나타납니다. 일하는 시간에 비해 일상생활에서 가족들과 지내는 시간과 친교를 위해 쓰는 시간은 더욱더 줄어듭니다. 결국 인간은 불안해지고 조종당하며, 나아가 자신도 인식하지 못하는 사이에 새로운 형태의 인간으로 재정립됩니다.

이것은 또한 제 책의 근본 질문이기도 합니다. 기본적인 시간적 기준은 어떠한가? 새로운 시간형태들, 특히 노동시간의 조직형태는 어떠한가? 어떻게 하면 우리는 다양한 요구들, 그리고 현재의 순간에만 집중하는, 새로운 경제의 끊임없이 변화하는 가치들에서 안정된 자아존중감을 가질 수 있는가?

당신의 질문에 하나 더 추가하겠습니다. 고전적 노동형태와 프로테스탄트적 노동윤리를 변화시킨 유연한 기업구조는 이러한 기업에서 일하는 사람들의 자아존중감에 어떤 영향을 미칩니까? 일하는 사람들은 자신의 노동과 어떤 관계를 맺으며, 또 동료들 서로간에 어떤 관계들을 만들 수 있습니까?

새로운 형태의 노동조직은 일련의 심각한 문제들을 야기합니다. 물론 유연화는 종업원들이 노동을 수행하는 데 있어서 더 많은 자유를 가져다주었습니다. 오늘날 많은 사람들은 예전에 여러 가지 제한으로 인해 다가가지 못했던 위치에 갈 수도 있습니다. 그러나 단기적으로 부과된 업무로 인해 사람들은 자신의 노동과도, 또 자신의 동료들과도 깊은 관계를 맺을 수가 없습니다. 사람들이 일하는 동안 맺는 관계들은 깊은 것이 아니어서, 피상적인 교류를 넘어서는 경우는 아주 드뭅니다. 비록 깊은 관계를 맺었다 하더라도, 이 관계는 아주 짧은 기간 동안만 유지됩니다. 피상적인 교류 이상을 만들어내기에는 시간이 부족합니다.

하나의 팀에 소속된다는 것, 이것은 사람들이 서로를 책임지고 서로간에 신뢰한다는 것을 의미합니다. 오늘날 이러한 것은 더 이상 볼 수가 없습니다. 가령 기업의 특정 업무를 위해 구성된 한 팀에 어떤 사람이 속했다 할지라도, 그 사람이 팀 내의 다른 동료들과 앞으로 계속 일하리라는 확실한 보장은 없습니다. 특정한 프로젝트를 위해 구성된 작업팀은 성공적 결과를 낳은 후에는 다시 해체되곤 합니다. 그리하여 대부분의 사람들은, 동료들을 사귀거나 우정을 쌓거나 또는 타인에 대한 신뢰 같은 것을 만들어가는 데에 더 이상 시간도 노력도 들이지 않습니다. 종업원들의 기업에 대한 충성심도 이와 마찬가지입니다. 기업과 자기 자신을 동일시했던 생각은 변화하는 업무, 과제 중심적 업무를 더욱더 많이 하면 할수록, 그만큼 사라져갑니다. 현재의 상황에서 종업원들에게 자신이 이삼 년밖에 일하지 않을 기업을 위해 적극적인 참여를 기대한다는 것은 말이 안 됩니다. 뿐만 아니라 그 기업의 존속 여부 또한 어느 누구도 장담할 수 없습니다.

일직선적인 직업적 출세가 더 이상 없다는 것이 사실이라면, 취업자는 자신의
일생 동안 얼마나 자주 일자리를 바꾸어야 한다고 생각해야 합니까? 그리고
그는 이에 대해 어떤 태도를 보입니까?

미국의 젊은 학자가 직장생활을 시작해서 평균 40년간 일을 한다고
할 때, 그는 보통 11번 직장을 옮기고, 3번 정도 주전공을 바꿉니다.
또 여러 조사들에 의하면 영국의 대학졸업생은 평균 35년의 직장생활
동안 최소한 12번 직장을 옮긴다고 합니다. 그리고 독일에서도 안정된
직장에 있는 사람들, 즉 한 번도 직장을 바꾸지 않았거나 딱 한 번 바
꾼 사람들의 비율은 분명 머지 않아 지속적으로 하락할 것입니다.

일자리를 바꾸는 것에 대한 태도는 사람마다 매우 큰 차이를 보입
니다. 예를 들어 IBM 사에서 해고된 프로그래머에 대한 연구는, 오랜
기간 한 기업에서 일하고 이렇다할 변화를 경험하지 않았던 사람들은
해고의 원인을, 비록 그 원인이 자신의 책임 바깥에 있다 하더라도, 자
기 자신에게서 찾는다는 것을 보여주었습니다. 그들은 자신들이 제때
에 보조를 맞추지 못하고 또 이러한 상황에 대비해 충분히 준비를 하
지 못한 것을 자책했습니다. 한편 입사기간이 짧은 상태에서 실직된
프로그래머들은 지체 없이 새로운 직장을 구하기 시작했습니다. 그들
은 먼 출퇴근 거리나 이사는 물론, 새로운 업무를 맡는 것까지도 기꺼
이 감수할 준비가 되어 있었습니다. 새로운 일자리를 통해 인생을 다
시 시작하는 것은 나이가 많은 실직자들에게는 분명 더욱 어렵습니다.
얼마나 오래 직장생활을 하였는가를 논외로 한다면, 우리는 오늘날 새
로운 자본주의의 조건하에서 한 개인의 지식, 능력, 경험은 어느 날 갑
자기 더 이상 필요하지 않고 또 수요도 없을 수 있다는 사실을 명심하
지 않으면 안 됩니다. 사람들은 매순간 변화에 민감해야 하고, 또 계속

해서 배우거나, 혹 필요한 경우에는 완전히 다른 말을 갈아탈 준비가 되어 있어야만 합니다.

당신은 당신의 저서들과 논문들에서 인격과 개성의 형성에 있어서 노동의 중요성을 강조했습니다. 기업이 요구하는 유연성은 인간의 이런 부분에 어떤 영향을 미칩니까?

저는 유연한 자본주의는 인간의 인격과 모순된다고 생각합니다. 노동이 유연해질수록, 즉 시간적으로 노동이 더욱 한시적인 것이 될수록, 노동은 인간의 인격 형성에 중심이 되지 못합니다. 저는 인격을 우리가 인생과정에서 발전시키고 또 우리에게 일정한 안전과 안정을 제공하는 개성과 능력의 근간으로 이해합니다. 개인들의 자아존중감은 "나의 고유한 경험은 단순히 우연한 사건들의 결과 이상이다"라고 하는 확신에 기초하고 있습니다. 만약에 개인들이 외부적인 조건에 의해 계속 변화하지 않으면 안 되고, 근본적이고 친밀한 사회적 관계를 맺을 시간을 전혀 가지지 못한다면, 이러한 자아존중감은 커질 수가 없습니다. 인격의 형성은 사람들이 장기간 몰두하는 업무와의 교류 속에서 이루어집니다. "사람은 업무 속에서 성장한다"라는 말도 있지 않습니까. 안정된 생활은 지속적인 사회적 관계를 가능하게 하고, 장기적 목표를 추구하며, 가족과 사회에 대한 책임과 의무를 다하는 데 있어서 토대가 되는 것입니다. 새로운 조건들에 끊임없이 적응해야만 하는 상황에서 인격은 공허하게 될 위험이 높습니다. 점점 더 많은 사람들에게 노동은 자신들의 생활에 어떤 깊은 의미를 주지 못하는 것으로 바뀌고 있습니다. 우리가 우리 시간의 대부분을 일로 보내면서도 이 일이 결코 우리의 장기적 목표와는 상관이 없다는 사실을 받아들이기는 매우 어렵습니다. 만약에 우리가 일터에서도 또 사생활에서도 우리들의 정체성과 인생사를 하나의 이야기로 엮어낼 수 없다면, 우리가 인생의 주인이 될 수 없을 것입니다.

하지만 프리드리히 텐부르크(Friedrich Tenbruck)가 이야기했듯이, 우리 자신을 되돌아봄으로써 우리가 인생의 주인이 될 수도 있지 않겠습니까?

유연한 자본주의는 물론 각 개인들에게 더 큰 개인적 능력을 요구하지만, 많은 사람들은 오늘날과 같은 자본주의 조건하에서는 자신들의 생활을 일정하게 연속적으로 유지하지 못하고 있습니다. 유연한 자본주의는 사람들의 인생과정 전체를 불확실성 속으로 내몹니다. 이런 불확실성으로 인해 사람들은 현실적 구속력을 상실하게 되는데, 이 구속력이 있어야 사람들은 인생을 어느 정도 설계하고 목표를 향해 나아갈 수 있습니다. 계속 직장을 바꾸고 이사를 다닌다면 우리들의 일상생활은 예측 불가능해지고, 인생은 파편화된 사건들의 연속으로 받아들여집니다. 인생이야기의 연속성은 없어지는 것입니다.

당신은 경제적 변화에 대해 극도로 회의적이군요. 그러나 유연성과 이로 인해 인생이 여러 개로 분절화되는 것에 대해 긍정적으로 평가하는 목소리들도 있습니다.

그러한 평가는 일반적으로 새로운 자본주의의 승리자들로부터 나옵니다. 그들은 인생의 분절화를 새로운 기회로 이용하며, 경제적 네트워크의 끊임없는 변화와 확대 속에서 이득을 취합니다. 바로 이런 이유 때문에 새로운 경제질서의 특권층들은 유연성 속에서 자유의 확대만을 봅니다. 그러나 그들이 잊어서는 안 되는 사실은 이것이 대다수 사람들에게는 전혀 해당이 없다는 것입니다. 저는 유연성에 근본적으로 반대하지는 않습니다. 하지만 우리는 대다수의 사람들이 유연성이라는 거친 파도를 따라 헤엄칠 수 없다는 사실을 간과해서는 안 됩

니다. 많은 사람들은 변화된 조건하에서 어려움을 겪고 있습니다. 그
리고 이러한 어려움은, 완전히 유연하고 자율적인 인간을 요구하는 경
영자문진의 똑똑한 제안으로도 해결될 수 없습니다. 대다수는 그들이
변화된 세계에 적응하는 데 필요한 만큼의 문화자본을 가지고 있지 않
다는 단순한 이유로 이 대세에 보조를 맞출 수가 없습니다. 그들은 -
제가 '현대적 기술'이라고 정리하는- 재능들을 가지고 있지 않습니다. 즉
카오스 속에서 자신의 인생을 헤쳐나갈 능력이 없는 것이지요. 이것은
엘리트 집단의 능력이지, 대중의 능력은 아닙니다. 또 우리는 이 빠르
게 변화하는 경제가 이미 존재하는 불평등을 엄청나게 심화시켰다는
사실을 그냥 지나쳐서는 안 됩니다. 일부 소수의 사람들에겐 신자유주
의가 일종의 축복이지만, 다수의 사람들에게는 저주일 뿐입니다.

유연성이 반복적 관행이라는 해악을 줄일 수 있을까요?

당신의 질문은 반복적 관행은 해악이라고 미리 전제하는 듯합니다.
도덕철학자이기도 한 애덤 스미스(Adam Smith)는 실제로 1776년에 출
판된 자신의 저서 『국부론』에서 반복 관행적 노동을 아주 신랄하게 비
판하면서 인간들이 단조로운 노동으로부터 해방되어야 한다고 주장했
습니다. 그에 따르면 자본주의의 합리적 노동분업은 그가 연구했던 바
늘공장의 노동자들을 몇 개의 노동과정으로 몰아넣고, 결국 노동자들
을 멍청하고 단순한 존재로 만들었다는 것입니다. 저는 여기서 반복적
관행은 다른 한편 일정 정도의 안전과 안정을 준다는 사실을 환기시키
고 싶습니다. 제가 했던 설문조사에서는, 계속 위험에 처하고 또 생활
의 대대적 변화에 노출된 많은 사람들은 심하게 방황하고 또 우울해한
다는 사실이 발견되었습니다. 이것은 현대 자본주의의 요구에 대해 많
은 사람들이 부담스럽게 느낀다는 것을 보여줍니다. 그들은 위험을 감
수하고, 과거와 단절하며 카오스 속에서 인생을 극복해나갈 능력도,

또 의지도 없습니다.

일반화할 수 있는 사실입니까?

이 사실은 장기간 유연한 노동구조 속에 일했던 사람들을 대상으로 한 설문조사 자료를 통해 증명할 수 있습니다. 저는 영국과 미국의 자료들을 살펴보았는데, 이 자료들에 의하면 상위 15%에서 20%까지는 자기 의사에 의해 직장을 바꾼 이후 물질적으로 형편이 나아졌습니다. 반면에 결코 적지 않은 비율의 사람들은 생활형편이 악화되었습니다. 게다가 대다수 대중들은 스스로가 자기 노동력의 고용주가 되라는 요구로 인해 매우 불안해졌습니다. 계속되는 위험을 감수하는 것은 육체적, 정신적 건강상태에 부정적 영향을 미쳤습니다. 자신이 다른 사람에 의해 교체될 수 있다는 두려움, 자신의 경험이 더 이상 가치가 없기 때문에 필요없는 사람이 될 수 있다는 두려움, 전혀 예측 불가능한 힘들의 노리개가 될 수 있다는 두려움, 가족관계, 우정관계까지 침해당하는 방향 없는 내몰림에 자신도 당할 수 있다는 두려움 등이 있겠지요.

이미 1950년대에 다니엘 벨은 그의 고전적 연구 『노동세계에서의 불안』에서 미시간에 있는 제너럴 모터스 윌로우 런 공장의 노동자들이 1분도 틀리지 않는 노동시간의 엄격한 관리에 저항하지 않았다는 사실을 제시했습니다. 노동은 비록 거칠고 힘들었지만, 엄격하게 정해진 공장생활을 통해 사람들은 자신들의 생활을 스스로 만들어나갈 수 있었습니다. 임금은 점점 오르고, 노동시간은 점점 줄어들며, 보장된 노후연금을 기대할 수 있는 상황에서 그 노동자들은 확실한 기대를 가지고 자발적으로 일할 수 있었습니다. 노력에는 보상이 따랐으며, 노동의 대가는 돌아왔습니다. 이런 이유에서 반복적 관행은 부정적으로 평가되지 않고, 인생을 설계하고 만들어나갈 수 있는 기회로 인식되었

습니다. 반복적 관행이라는 해악에 대한 투쟁으로 이해되는, 유연성에
대한 요구는 반복적 관행도 아주 좋은 측면을 가지고 있다는 사실을
보지 못하고 있습니다.

당신이 보기에 유연화의 긍정적 측면과 부정적 측면은 어떤 것입니까?

비록 제가 현재 형성되고 있는 자본주의 형태에 대해 비판을 하지
만, 유연화는 분명히 긍정적 측면을 가지고 있습니다. 순수 경제적 의
미에서 볼 때, 유연화가 무기력해진 제도들에 압력을 가하여 다시 제
도의 생동성을 불러일으킨다는 사실은 긍정적 측면입니다. 우리는 기
존에 해오던 것을 단순히 반복할 수는 없습니다. 유연화는 관료주의적
복지부동에 대한 도전입니다. 또한 저는 이러한 유연화가 이른바 '제3
세계' 국가들에게 전지구적 경제로의 접근을 가능하게 해주기 때문에
긍정적으로 작용한다고 생각합니다. 우선 이민이 증가하고, 또 서방
경제의 일부인 생산적 일자리가 창출됨으로써 제3세계에 도움이 된다
고 봅니다.

유연화의 부정적 측면은 관료주의적 구조문제의 해결과 분리해서
생각할 수 없습니다. 그러나 문제는 해결의 방식이 이 구조 속의 인간
들을 과거의 복지부동 대신에 이제는 카오스 속으로 내몰음으로써 그
들의 일상생활을 해체하는 방향으로 나갈 수 있다는 것입니다. 이것은
'제3세계'의 사람들에겐 그들이 큰 시스템하의 전혀 중요하지 않은 하
인으로 전락한다는 것을 의미합니다.

또 저는 유연화가 독일이나 미국 같은 선진국들의 중산층에게 커다
란 경제적 기회를 제공한다고 말하고 싶습니다. 이것도 긍정적 측면입
니다. 부정적인 면은 이러한 가능성의 결과가 불확실하다는 것입니다.
실제로 많은 사람들이 현 시스템하에서 망하는 데도, 우리는 현 시스
템의 매력적인 점에만 관심을 기울이고 있습니다. 창업한 기업이 파산

하는 비율은 미국의 경우, 85%에서 87%에 이릅니다. 물론 사람들이 독자적인 기업을 세울 수 있는 가능성은 늘어났지만, 일찌감치 경쟁을 포기하는 기업의 비율은 믿을 수 없을 정도로 높습니다.

사람들이 처하는 이런 상황은 패러독스적 상황입니다. 저는 유연성의 부정적 영향들을 특히 전세계적 기준이라는 틀을 통해 어느 정도 완화시킬 수 있는 몇 가지 일들이 있다고 생각합니다. 예를 들어 저는 우리가 아동 노동과 다른 많은 것들에 대해 전세계적 허용 기준을 만들 수 있다고 확신합니다. 전세계적 협력을 통해 적절한 규제가 가능합니다. 왜냐하면 일정한 노동조건들을 준수할 것을 강제할 수 있기 때문입니다. 만약에 제3세계의 상품을 소비하는 소비자들이 그러한 주장을 한다면 어떨까요? 우리는 바로 좋은 예로 미국의 '나이키' 사를 들 수 있습니다. 나이키는 주로 제3세계의 노예적 아동 노동을 통해 자사 제품을 만들게 했습니다. 미국 국민들 사이에서 이에 대한 대대적인 항의가 일어났고, 결국 나이키는 어쩔 수 없이 노동조건을 개선시켜야만 했습니다. 즉 이러한 문제에 대해서 어떤 조치가 취해질 수 있었던 것입니다. 이와는 반대로 매우 난감한 문제는 우리 사회의 경제적 강제성 문제에 대해 과연 어떻게 행동해야 하는가입니다. 이 사회는 창업기업의 높은 파산율, 그런 위험에 노출된 사람들의 물질적 문제들 같은, 극복해야 할 많은 문제들을 가지고 있습니다. 이런 사람들은 타격을 입습니다. 그들에게는 주변의 다른 사람들로부터 받을 수 있는 어떠한 형태의 보장도 없습니다. 하지만 다른 사람들은 그들 나름대로 파산에 대응할 것이고, 따라서 파산으로 인한 문제는 계속될 것입니다. 바로 이것이 현 사회구조 형태의 양면성입니다. 그러나 그럼에도 불구하고 저는 유연화가 사람들이 전혀 대항할 수 없는 무시무시한 자본주의의 괴물이 되리라고는 생각하지 않습니다.

변화된 조건들하에서 연대와 자유를 의미 있게 결합시키는 새로운 정치 문화는 어떻게 하면 생겨날 수 있을까요? 고삐 풀린 자본주의에 대해 어떤 조치들이 취해져야만 합니까?

저는 네덜란드와 영국에는 과거에 이룩한 성과물들을 던져버리지 않고도 노동시장을 더 유연하게 만들 수 있는 좋은 해결책들이 있다고 생각합니다.

영국의 수상 토니 블레어(Tony Blair)는 아주 머리가 좋은 사람입니다. 그는 미국의 클린턴 대통령처럼 행동하지 않습니다. 블레어는 신자본주의의 과일들을 수확하면서도 동시에 사회시스템이 약화되는 것을 방지하는 길을 찾으려 합니다. 아마 매우 기술적인 예가 될지 모르겠지만, 다음과 같은 이야기를 들려 드리지요. 만약에 기업의 파산율을 낮추기 위해 창업을 지원하고 또 '기업 프로그램' 같은 창의적 정책안을 도입한다면, 이것은 예를 들어 보건시스템을 다시 강화하는 데 도움이 되는 좋은 방안을 찾은 것입니다. 저는 영국인들과 네덜란드인들은 바로 이 점에서 훨씬 더 신중했다고 생각합니다. 그들은 올바른 균형에 더 많은 가치를 부여합니다. 영국의 많은 전통적 노동당 지지자들은 물론 블레어와 사이가 좋지 않으며, 그들은 블레어가 자신들을 더욱더 적나라한 자본주의로 내몬다고 생각합니다. 하지만 저는 오히려 블레어가 마치 서커스의 고공 줄타기꾼 같다고 생각합니다. 영국인들만 그런 것은 아니고, 네덜란드인들도 약간은 그런 불안감을 가지고 있습니다. 하지만 이 두 나라는 좋은 모델입니다.

영국 사회에 대한 커다란 오해는 영국이 제2차세계대전의 승전국이면서도 세계 강대국으로서의 지위는 상실했다는 딜레마에서 전혀 벗어나지 못했다는 시각입니다. 이 오해가 마가렛 대처의 등장을 가능하게 했습니다. 영국인들은 경직된 상태였고, 관료적으로 틀에 박힌 노동조합, 협동조합 등등에 안주하고 있었습니다. 그런데 대처가 그들의 경직된 조직을 뜯어고치면서 유연성을 요구했습니다. 이것은 긍정적 측면입니다. 여기서 부정적이었던 측면은 사회적 평등에 대한 영국

인들의 생각을 변화시킨 그들에게 요구된 변화들이었습니다. 저는 블
레어가 원만하게 조정을 했다고 생각합니다. 저는 이 중도노선에 매우
찬성합니다. 앞에서도 말씀드렸듯이, 이것은 저희 세대의 생각입니다.
이러한 생각은 20세부터 30대 초반의 사람들에게는 동의를 얻지 못할
지도 모릅니다. 블레어가 진정 하고자 하는 것은 일종의 의사 같은 역
할입니다. 그는 상처를 치유하려는 것입니다.

노동시장의 상처가 치유될 수 있을까요? 당신은 실업으로 노동시장에서 배제
된 사람들 문제의 해결책을 노동이 사회적으로 의미가 변화했다는 사실에서
찾으려 하십니까? 즉 울리히 벡이 시민노동[Bürgerarbeit: 벡은 돈을 받는 취
업노동만을 중시하는 시대는 지났다고 말하면서 각 개인들의 삶은 취업노동,
시민노동, 가사노동, 여가 등의 혼합형태로 구성되어야 한다고 주장한다. 여기
서 공동체를 위한 다양한 일을 의미하는 시민노동은 노동의 대가로 급여를 받
는 것이 아니라, 그 노동의 가치에 대한 보상(예를 들어 연금청구권 또는 벡이
'Bürgergeld'라 부르는 물질적 급여 등)을 받는다는 특징을 지닌다. 이에 관한
더 자세한 내용에 대해서는 그의 최근 저서 『노동과 민주주의의 미래(Die
Zukunft von Arbeit und Demokratie)』(2000)를 참조―옮긴이]의 예를 들면서 제안
했던 것처럼 말입니다.

　이처럼 유연한 경제시스템에서 많은 사람들에게 일자리를 고루 나
누어줄 수 있다고 생각하는 것은 완전히 환상입니다. 시스템 자체의
논리가 정반대의 사실을 말하고 있습니다. 정치개혁과 경제에 있어서
전적으로 새로운 길을 찾아야만 합니다. 한 가지 예를 들겠습니다. 저
희 세대들은 일자리를 나누어야 한다는 생각을 하기가 어렵습니다. 저
는 일주일에 60시간을 일하지 않으면, 제 자신이 진짜로 살아 있다고
느끼지 못합니다. 우리는 누구나 다 이러한 프로테스탄트적 사고를 마
음 속 깊이 가지고 있습니다. 그러나 누군가가 이런 저런 방식으로 자
신의 노동시간을 28시간 또는 30시간으로 한정할 수 있습니다. 즉 노

동을 나누는 것이지요. 그리고 그 사람은 매우 행복해 할 것입니다. 저는 이러한 나누기를 분명히 못할 것입니다. 그러나 다른 환경에서 자라난 누군가는 저 같은 사람의 생각을 아주 끔찍하게 여긴다는 것은 충분히 상상할 수 있습니다. 바로 이것이 노동세계입니다. 영국에서는 제가 말한, 이러한 길로 강력하게 나아가고 있습니다. 영국과 마찬가지로 네덜란드에서도 젊은 사람들은 이런 형태의 일자리 나누기를 많이 시도하고 있습니다.

『세계화의 덫』이라는 책에 "'터보(Turbo)−자본주의'는 자기 존재의 토대, 즉 작동하는 국가와 민주주의적 안정성을 파괴한다"라는 말이 있습니다. 랄프 다렌도르프 역시 법치국가와 민주주의를 담는 그릇으로서의 국민국가는 점점 더 쇠퇴한다고 봅니다. 세계화라는 조건하에서 국민국가는 어떤 역할을 하게 됩니까? 국민국가적인 정치는 전세계적으로 합병된 콘체른의 보조적 역할로 격하될까요?

각국 정부들의 상황은 더욱더 어려워졌습니다. 각 정부들은 딜레마에 빠져 있습니다. 기업들이 생산기지와 사무실, 커뮤니케이션의 중심을 외국으로 옮기겠다고 위협하기 때문에, 정부는 어쩔 수 없이 자신의 주권을 더욱더 상실하게 만드는 조치들을 취하게 됩니다. 기업들을 국내에 머무르게 하고 또 그럼으로써 일자리를 유지하기 위해, 정부는 세금감면과 기타 특혜를 제공합니다. 정부정책은 더욱더 기업에 대해 고분고분한 간청자의 역할을 할 것입니다. 그리고 정부가 기업이 조종하는 끈을 따라가고 있을 때, 기업들의 이윤과 주식가치는 올라만 갑니다.

이러한 고삐 풀린 자본주의를 통제하기 위해서는 어떤 길로 나아가야만 합니까? 인간의 인격을 복구 불가능하게 하는 이러한 변화를 어떻게 하면 억제할 수 있겠습니까? 당신의 동료 앤서니 기든스가 '제3의 길'이라는 상표로 내놓은 제안들에 대해서는 어떻게 생각하십니까?

앤소니 기든스는 불분명한 것들을 깊이 고민하면서 제안을 내놓았습니다. 왜냐하면 현 시대에 분명한 목표를 정하고 해결방안을 제시한다는 것이 얼마나 어려운 일인가를 그도 알기 때문입니다. 설령 제가 그의 '좌파와 우파를 넘어서'라는 제안들을 그다지 높게 평가하지 않는다 하더라도 -저는 그 제안들이 아직 제대로 완성된 것이 아니라고 봅니다- 그 제안들은 우리가 현재의 지속되는 변화들에 맞서 대응해야만 한다는 것을 주장하는 제안들입니다.

우리가 늘 명심해야 할 최상의 목표는 현재의 경제적 관계들에 대한 비판입니다. 우리는 이 단기적 경제가 완전히 스스로 소진할 때까지 기다릴 수가 없습니다. 그럴 경우 어쩌면 무엇을 하기에는 너무나 늦을지도 모릅니다. 따라서 우리는 오늘날 노동세계에는 어떤 종속들이 있는가, 그리고 어떻게 하면 이런 종속들을 변화시켜, 전 인류의 안녕에 기여하고, 극소수의 계층에게만 이윤이 돌아가는 것을 막는 새로운 경제형태를 만들 수 있는가 하는 문제를 고민해야만 합니다. 얼마 안 되는 능력을 가진 인간이라 하더라도 인간다운 삶을 영위하기 위해선 파이의 일부를 제몫으로 분배받아야만 합니다.

영국과 네덜란드에서 이미 실험하고 있는, 사회보장을 유지하면서 이루어지는 현대적인 유연화를 저는 모험적인 시도라고 생각하지만 현 상황에서는 유일한 대안이라고 봅니다. 여기서 우리는 사람들이 스스로를 조직화하는 것을 도울 수 있는 정책적 요소들이 강화되어야만 한다는 사실을 잊어서는 안 됩니다. 우리는 어떻게 하면 사람들이 서로를 의지하고 서로를 필요로 한다는 사실을 다시 배울 수 있는 사회가 올 수 있을까에 대해 깊이 생각해야만 합니다. 우리가 미래에 그 속에서 살고 일하게 될 새로운 사회구조를 찾는 일은 반드시 현재의 많은 긍정적 측면들까지 없애야 한다는 것을 의미하지는 않습니다. 우리는 우리가 과거의 성과물들을 현재로 이어받았다는 사실을 명심해야 합니다.

지안니 바티모

투명사회

생애 지안니 바티모(Gianni Vattimo)는 1936년 생으로 현재 토리노
(Torino) 대학의 이론철학 교수이며 브뤼셀에 있는 유럽의회의
의원이다. 그는 학술지 ≪레비스타 디 에스테티카(*Revista di Estetica*)≫와 ≪필
로소피아(*Filosofia*)≫의 편집인이며 ≪아카데미아 델레 스치엔체(*Accademia delle
Scienze*)≫ 같은 수많은 전문잡지의 학술자문위원이다. 일반적인 철학적 문제
들, 그리고 현실 정치적 주제들에 관해 그는 정기적으로 이탈리아의 일간지
≪라 스탐파(*La Stampa*)≫에 기고하고 있다.

바티모에 따르면 시청각적 정보형태와 커뮤니케이션 형태의 확산과 다양화
는 통일적인 이야기 서술에 종말을 고했다. 이전의 시대들과는 달리 오늘날의
시대는 사회적 지배계급의 시각에서 중요하게 취급되는 것만을 보여주는 시대
가 아니다. 오늘날에는 수많은 여러 지역에서 공중파를 통해 보내는 이야기들
을 인터넷이나 다른 미디어들을 통해 접할 수 있게 되었다. 이러한 커뮤니케이
션이 보편화되면서 근대적 특징을 띠었던 발전은 종말을 맞이하였다. 바로 이
것이 바티모가 1985년에 『근대의 종말』이라는 책을 내게 된 동기이다.

이탈리아의 포스트모더니즘의 대표적 이론가의 한 사람인 바티모의 저술들
은, 프리드리히 니체와 마르틴 하이데거의 이론들에 토대를 두고 있다. 미디어
의 발전을 전적으로 믿고 있는 바티모는 통일적 관념, 절대성에 대한 요구, 진
리성에의 요구 등을 거부한다. 그는 대중매체에 의해 주어진 다양한 가능성들
에 주목한다. 그런데 이러한 가능성들은 인류가 '기술적 가능성의 정점에' 도달
했을 때, 많은 사람들에 의해 인식되고 실현될 수 있다는 것이다. 그는 우리가
더 이상 '이데올로기의 노예'가 아니기 때문에, 우리는 '여러 세계관들의 시대'
를 통과하여 우리들 나름의 독자적인 길을 찾아야만 한다고 말한다. 중요한 것
은 루드비히 비트겐슈타인이 요구했듯이, '파리에게 유리상자(Fliegenglas)에서
빠져나오는 방법을 가르쳐주는 것'이 아니다. 주체를 구할 수 있는 것은 역설적
이게도 오직 자기 자신을 포기함으로써만 가능하다는 것이다. "자신의 영혼을
잃어버리는 자만이 스스로를 구원할 수 있다."

■ 주요 저작들

• Gianni Vattimo. 1992, *Die Transparente Gesellschaft*, Wien: Passagen
   Verlag. ─ 『투명한 사회』(이탈리아어 원판: *La Societe Transparente*, Milano:
   Garzanti Editore, 1989)
• _____. 1997, 『미디어사회와 투명성』(김승현 역), 한울.

메시지의 대량확산으로 인해 생겨난 정보의 혼란

개념   1989년 이탈리아어로 출판된 저서 『투명한 사회』에서
지안니 바티모는 다음과 같이 썼다. "우리 사회의 특징
은 정보교환이 더욱 늘어난다는 것이다." 투명한 사회의 모순은 한편
으로 기술적 발전으로 인해 정보교환이 쉬워지고 빨라졌으며 또 늘어
났다는 사실과, 다른 한편으로는 그로 인해 제공되는 정보들이 다양해
지고 복잡화되었으며 또 불투명해졌다는 사실에 있다. 오랜 기간 전자
정보의 수집과 유포는 국가 방송기관의 수중에 있었다. 국가에 의한
라디오 방송, 텔레비전 방송의 독점이 사라지면서 민간인들도 전세계
적 정보시장과 뉴스 시장에 적극적으로 참여하게 되었다. 정보제공자
의 수가 증가하면서 범위가 훨씬 넓어지고, 다양하며 이질적인 정보들
이 더욱 많은 양으로 제공되었다. 그러나 크게 늘어난 라디오, 텔레비
전 방송국의 숫자만이 정보의 영향력을 증대시킨 것은 아니다. 특히
정보기술분야에서 이룩한 진보들은 정보들을 더 쉽게 찾고 더 빨리 전
달할 수 있도록 해주었다. 그리하여 언제나 더 많은 정보들이 더 많은
지역에서 효과적으로 수집되고 또 더 빨리 재전송된다. 바티모에 의하
면 오늘날 이러한 미디어의 풍경은 '하나의 중심에 의해 지배되는 단
일한 돌기둥 구조보다는 차라리 바빌론의 언어혼란'에 가깝다고 볼 수
있다.

거의 모든 정보들을 수집하고 보냈던, '이야기를 만들어내는 중심
기관'이 점점 민영화·다양화됨으로 인해 대중매체에 대한 철학적-비
판적 이해에서도 전환이 일어나게 된다. 테오도르 아도르노(Theodor
W. Adorno)와 막스 호르크하이머(Max Horkheimer)―그들은 자신들의 책
『계몽의 변증법』에서 대중매체에 의한 악마적 영향과 통제에 대해 경고하였다
―의 비판에 반대하면서, 바티모는 정보의 확대와 심화가 가져다주는
기회들을 강조한다. 예를 들어 인공위성기술은 먼 곳에서 일어난 일들
을 시간적 지체 없이 바로 알게 해준다. 일정 시간이 지난 뒤에야 비
로소 일어난 일들을 알게 되었던 이전의 시대들과는 달리, 시청각적
동시성을 누리는 현 시대에는 정보를 알리고 받는 데 걸리는 시간이

거의 제로로 줄어들었다. 사람들은 지구상에 일어나는 일들에 대해 '실시간으로' 알게 된다. 사람들은 세계 도처의 사건들의 '한 가운데' 있게 되고, 바로 그 와중에서 "사는 것이다". 사람들은 다른 사람들의 먹고사는 생존형태나 생활양식을 알게 된다. 그들은 다른 사람들을 관찰하며 자신들 역시 다른 사람들의 영원한 관찰 대상이 된다. 사람들은 자신들의 도덕적, 미학적, 정치적, 문화적 가치들이 단지 수많은 가치들 중의 일부일 뿐이라는 사실을 이해하게 된다. 대중매체는 사람들에게 "다른 가능한 세계들을 경험하게 만들고, 자신이 속해 있는 현실 세계가 얼마나 우연적이며, 상대적이고 또 불확정적인지를 보여준다."

이러한 논의를 배경으로 할 때, 아도르노의 대중매체 비판은 더 이상 그 타당성을 가지지 못한다. 비록 오늘날에도 대중매체에 의한 통제는 기술적으로 또 이론적으로 충분히 현실화될 수 있지만, 그러한 의도는 여러 가지 이유로 인해 실제 행동으로 이어질 수 없다. 사회를 하나의 중심 모터에 의해 작동되는 기계로 생각했던 기존의 통념은, 기계시대에서 전자·정보시대로의 이행과정 속에서 네트워크로서의 사회라는 생각으로 대체되었다. 이 사회는 많은 다양한 행위주체들로 구성된 사회이다.

이러한 사실은 한편으로 전체 네트워크의 일부이면서 다른 한편으로는 독자적인 네트워크 구조를 가지고 있는 대중매체에도 마찬가지로 해당된다. 대중매체는 한 개인 또는 집단에 의해 통제되지 않는다. 오히려 그 정반대가 사실이다. 많은 독립적 매체들은 시청자를 끌어모으기 위해 경쟁한다. 물론 이렇다고 해서 아도르노가 경고한, 정보를 조작하고 왜곡할 가능성이 제거된 것은 아니다. 하지만 각각의 라디오 방송국과 텔레비전 방송국들이 시청자들을 대화 파트너로 진지하게 받아들이고, 보통사람들을 자신들의 방송에 참여시키는 경향이 있음을 알 수 있다. 방송국들은 결코 오랫동안 시청자들의 견해를 외면할 수가 없다. 컴퓨터에 의해 지원되는 커뮤니케이션 그물망의 등장은 더욱 많은 사람들로 하여금 스스로 빨리, 그리고 손쉽게 정보를 얻을 수 있게 했을 뿐만 아니라, 사람들이 자신이나 자신의 견해를 표명하는 데 있어 새로운 매체들에서 제공하는 가능성－여기서는 특히 인터넷－을 이용하게 만들었다. 사람들은 더 이상 이데올로기, 당파적 이해 또는 이와 유사한 것들에 의해 영향을 받지 않는다. 그들은 세상에 대한 나름대로의 해석을 발전시켜나간다.

　이처럼 증가하는 다매체성은 '세상과 역사를 총체적 관점에서 보는 것'을 불가능하게 만든다. 역사를 객관적 과정으로 이해하던 과거 시대들과는 달리 오늘날에는 '승자의 역사'가 더 이상 존재하지 않는다. 불변의 진리 대신에 많은 다양한 생각들과 시각들이 등장한다. 많은 현실에 대한 이해들은 현실에 관심을 집중하게 하고, 이를 통해 해석의 자유를 보장한다. 바티모가 보기에는 전자기술의 발전은 아도르노와 프랑크푸르트 학파의 비관적 전망이 틀렸음을 보여주는 증거를 제공하는 것이다. 그리하여 바티모는 미디어가 지배하는 사회의 앞날을 걱정스럽게 바라볼 이유가 전혀 없다고 한다.

공통질문

1. 당신은 스스로를 사회이론가나 사회비평가 또는 사회설계가로 생각합니까? 아니면 그저 동시대인으로 생각합니까?

저는 스스로를 사회이론가로 생각합니다. 설계가나 비평가는 구체적 문제들을 해결하는 데 힘쓰는 사람들입니다. 하지만 저는 보편적인 변화와 문제 제기에 관심이 있습니다. 저는 세상에 무슨 일이 일어나는지 또 어떤 방향으로 세상이 나아가는지에 대해 중립적 입장에서 이론적인 규명을 시도합니다. 제가 만약에 무언가를 긍정적으로 또는 부정적으로 평가한다 해도, 그것은 어떤 구체적 행동과 전혀 관련이 없습니다. 저의 제안은 항상 이론적인 범위 안에 머물러 있습니다.

2. 우리가 살고 있는 사회는 도대체 어떤 사회입니까?

제가 쓴 책들에서 언급한 투명한 사회는 다음과 같은 모순으로 정의할 수 있습니다. 한편으로 현대적 정보기술과 감시기술은 전면적 통제를 가능하게 하지만, 다른 한편으로 이러한 통제는 어느 한 개인이나 사회의 일부에 의해 행해질 수 없다는 것입니다. 헤겔은 주인과 노예를 이야기했고, 아도르노는 전체주의의 위험을 보았습니다. 이런 종말론적인 주장들은 제 생각에는 그 효력을 잃었습니다. 따라서 저는 미셸 푸코의 '권력의 미시물리학'이라는 명제에 동의합니다. 그는 사회 내에 어떤 상위의 권력도 존재하지 않고, 오히려 모두가 권력에 – 한 번은 주인으로, 한 번은 노예로– 참여한다고 생각했습니다. 어느 누구도 지속적으로 권력을 가지지 못합니다. 오늘의 권력자는 내일이면 그 권력을 박탈당할 수도 있습니다.

투명한 사회라는 것은 초기의 계몽주의적 사상, 즉 사회는 지식을 통해 계획할 수 있고, 전망할 수 있으며 또 통제할 수 있을 것이라는 생각에서 출발합니다. 그러나 우리는 오늘날 엄청난 양의 정보가 사회 내의 어느 한 주체에 의해 파악될 수 없고, 따라서 앞의 생각들과는 정반대가 되는 것을 보고 있습니다.

투명한 사회는 계몽주의의 하나의 비전, 구상, 꿈입니다. 하지만 현실은 바빌론 사회입니다(성서에 나오는 바벨탑을 지었다고 추정하는 장소가 바빌로니아 지방인데, 인간의 바벨탑 건설을 방해하려는 하느님이 사람들에게 수많은 언어를 주어 결국 의사소통의 혼란이 일어났다고 함－옮긴이). 즉 개인은 이 사회 안에서 보통의 의사소통능력을 가지고는 결코 더 이상 확실하고 분명한 기준을 가질 수 없습니다. 바로 여기에서 지향성을 상실했다는 느낌이 생겨납니다.

3. 현 사회의 긍정적인 면과 부정적인 면에는 어떤 것이 있습니까?

긍정적인 면은 디지털적이고, 전지구적인 커뮤니케이션이 현실화되었다는 점, 즉 정보의 민주화와 자유로운 이용을 들 수 있습니다. 부정적인 면은 모든 정보를 완전히 자유로이 이용하지 못한다는 점입니다. 커뮤니케이션은 실제로 가능한 정도까지 일반화되지 못했습니다. 즉 정보는 항상 쌍방향으로 이용 가능해야만 하는데, 이것이 안 될 경우에는 일부 집단들에게만 정보의 특혜와 경쟁상의 특혜가 생겨나게 됩니다. 역설적인 이야기지만 대량의 정보의 흐름은 오히려 제한적인 정보의 흐름보다 덜 위험합니다. 예를 들어 이탈리아에서는 소수가 텔레비전을 독점하고 있습니다. 국가, 베를루스코니(Berlusconi: 이탈리아의 언론재벌－옮긴이), 그리고 일부 집단들만이 독점을 하고 있는데, 이러한 상태에서는 모든 국제적 텔레비전 방송과 라디오 방송을 접할 수 있을 때보다도 훨씬 강한 영향을 받을 가능성이 높습니다. 현재 상태는 전면적인 정보의 이용과는 아직 상당히 거리가 있습니다.

4. 사회에서 당신의 역할은 무엇입니까?

대학교수로 활동하면서, 저는 지식을 생산하고 현실 인식을 정리하는 학자로서의 역할은 하지 않습니다. 저는 오히려 철학자로서 사회 내의 윤리, 도덕, 그리고 정치의 문제를 환기시키고자 노력합니다. 각 개별 학문영역을 넘어서 보편적인 담론을 강조하고, 그럼으로써 사회적 양심의 역할을 하고자 합니다. 따라서 저는 지식을 생산하는 일보다는, 가치를 전달하면서 자유롭고 개방된 사회에 관한 사상을 이론적으로 발전시키는 일에 몰두합니다.

5. 사회소설 가운데 어떤 것을 좋아합니까?

대서사적 사회소설의 시대는 끝났습니다. 전체로서의 사회를 묘사하려는 마지막 문학적 시도들은 제임스 조이스(James Joyce)의 『율리시즈(Ulysses)』같은 명작들 속에서조차 소설이라는 장르의 해체로 나타났습니다. 저는 사회적 변화를 주제로 삼는 문학적 기능들은 이제 세상이 화면으로 나타나는 시대에서는 영화로 대체되었다고 생각합니다. 여러 곳에서 동시에 일어나는 사실들에 관한 장면은, 이제 사회를 하나의 전체로서 그리고 인간을 일정한 맥락 속에서 설명하는 것이 더 이상 가능하지 않다는 것을 분명히 보여줍니다. 그리고 로베르토 베니니(Roberto Benigni)의 영화 <인생은 아름다워(La Vita e Bella)>는 사회적 실재는 현실적으로 다시 똑같이 그려낼 수 없다는 것을 증명하고 있습니다. 즉 픽션과 환타지에 의존하지 않을 수 없습니다.

물론 일부 소설들은 저를 감동시켰는데, 그 이유는 그 소설들 속에는 분명하게 정의된 사회가 서술되어 있기 때문입니다. 아이작 바쉐비스 싱어(Isaac Bashevis Singer)와 베르나드 말라뮈드(Bernard Malamud)의 사회소설들이 바로 그러한데, 거기에는 아직도 구체적인 사회적 설명 틀이 있습니다. 뉴욕의 유대인 공동체를 다루는 그 이야기 속에는 개인과 사회 간의 갈등이라는 것이 여전히 드러나고 있습니다.

현존하는 이탈리아 작가들의 작품들에서는 그러한 배경이 존재하지 않습니다. 저는 저의 제자이며 또 좋은 친구이기도 한 알레산드로 바리코(Alessandro Barricco)가 쓴 글에는 항상 호기심을 가지지만, 그의 작품을 끝까지 읽는 경우는 거의 없습니다. 왜냐하면 제가 보기에 그의 작품들에는 사회적 함의가 부족하기 때문입니다. 지난 몇 년간 저를 감동시킨 소설들은, 저의 동료이자 친구인 움베르토 에코(Umberto Ecos)의 『장미의 이름』 또는 아룬다티 로이스(Arundhati Roys)의 『사소한 것들의 신』처럼 과거 전통사회의 흔적들을 다루는 작품들입니다.

6. 당신이 즐기는 게임에는 어떤 것이 있습니까?

저는 사교놀이를 할 시간이 별로 없습니다. 혹 시간이 나면 스코포네(scopone)나 브리스콜라(briscola)를 즐깁니다. 이 두 가지는 이탈리아에서 아주 인기 있는 카드게임입니다. 스코포네는 두 명이 한 조가 되어 두 개조로 나뉘어 하는 게임입니다. 이 게임에서는 카드가 한 장도 남지 않을 때까지, 카드판을 완전히 쓸어버리는('scopa'는 이탈리아어로 빗자루라는 뜻임) 조가 이깁니다. 이기는 방법에는 4가지 있는데, 특히 많은 수의 카드를 가져오거나 '뷰티풀 세븐' 카드(이탈리아어로는 'settebello'라고 하는데, 다이아몬드 세븐 카드를 말함—옮긴이)를 가져오면 이기게 됩니다. 제가 이 게임을 특히 좋아하는 이유는 이 게임이 단순하고 화목한 게임 분위기에서 사회성도 기를 수 있기 때문입니다.

7. 어떤 모임을 좋아합니까?

저는 학생들의 모임에 즐겨 참석합니다. 그들과의 세미나에서 나타나는 자유롭고, 스스럼없는 대화를 저는 좋아합니다. 특히 공식 학술회의나 회담과 비교하면 더욱더 그렇습니다. 같은 학자들간에는 항상 일정한 경쟁심이 있고, 종종 질투심까지 표출되는데, 이것은 불필요한 긴장과 갈등을 낳습니다. 유명한 시칠리아 속담에 빗대어 말씀드리자면 이렇습니다. 속담에는 "명령하는 것이 섹스보다 낫다"라고 되어 있는데, 저는 "세미나는 섹스보다 더 즐겁다"라고 말하고 싶습니다.

저는 신문에 기고하고 또 대규모 회의에 참석하는, 공적인 철학자로서 저 자신이 일종의 '쇼비지니스'에 관여하고 있기 때문에, 스스로를 어떤 면에서는 자아연출가 또는 배우로 생각합니다. 제가 대학에 다닐 때, 수업을 들었던 가다머(G. H. Gadamer)는 이 개념을 종종 사용했습니다. 그가 생활하면서 기분이 좋지 않을 때, 그의 부인은 남편에게 대규모 회의에 참석하여 기분을 다시 풀라고 항상 권유했습니다. 저는 주연배우는 물론 아니지만, 이 쇼비지니스의 한 배우입니다. 제 자신을 배우로 간주하는 것은 또 '약한 사고'를 하는 자신과도 맞아떨어집니다. 저는 어떻게든 정의될 수 없는 사람이기 때문에, 모든 가능한 사회적 역할들을 맡을 수 있으며 또 적응할 수 있습니다. 저는 사회적 경향에 영향을 받으며, 영향력이라는 것을 무언가 개방적이고, 긍정적인 것으로 생각합니다. "나는 내가 믿는다는 사실을 믿는다(Credo di credere)"라는 말은 제가 쓴 책 중 하나에 붙인 제목입니다. 따라서 저는 제 자신을 어떤 하나의 사상과 절대적으로 동일시하지 않고 또 그 사상을 위해 죽을 각오도 없습니다. 저는 저의 영향력을 느낄 수 있는 대화 문화를 원합니다. 그리고 그 속에서 처음의 좌우명(위의 "Credo di credere"를 의미함―옮긴이)으로 돌아가는 즐거움을 느낍니다.

제가 자주 접촉하는 집단은 학생들과 대학동료들입니다. 이외에는 ―강연과 회의 참석으로 인한 해외여행을 제외한다면― 특별히 활동적인 사회생활을 하지 않습니다. 기본적으로 저는 다양한 사회 상황에 잘 적응하며, 그러면서 편안한 느낌을 받습니다. 따라서 제 스스로가 이 개방적이고, 잠재력 있는 사회의 산물인 것입니다.

8. 당신이 소속되어 있다고 느끼는 사회집단은 어떤 것입니까?

대학교수로서 저는 분명 중산층에 속합니다. 저는 토리노에 살기 때문에, 기업체의 경영 엘리트들과 교제하고 그들의 모임에도 참석합니다. 그러나 저는 권력을 행사하지도, 지배계급의 가치를 지지하지도 않기 때문에, 이 사회의 지도층인 상위계층에는 속하지 않습니다.

게다가 저는 사적 개인으로서는 사회의 주변층에 해당하는데, 이 점은 저의 사적 생활을 보면 알 수 있습니다. 1975년에 저는 공개적으로 제가 동성애자라는 사실을 고백했습니다. 이 사건으로 인해 저에게는 일련의 새로운 가능성들이 열렸습니다. 좌파이면서 지배계급인 사람들은 당시 저를 인정했습니다. 그러나 이것은 단지 인격적 차원에서의 인정이었습니다. 정치 권력에 저는 참여할 수가 없었습니다. 최근 들어, 즉 1999년 여름 이후부터 저는 더 적극적으로, 그리고 직접적으로 정치에 관여하고 있습니다. 저는 현재 이탈리아의 민주좌익당 (Partito democratico di sinitra)을 대표하는 유럽의회 의원입니다. 물론 이것은 얼마 전까지 사회생활에 이론적으로만 참여해왔던 저에게 많은 영향을 미쳤습니다. 저는 우선 정치적으로 참여하고 싶은데, 그 이유 중 하나는 제가 많은 친구들과 동료들에게서 확인한 생각, 즉 정치라는 것은 더러운 사업이라는 생각에 맞서기 위해서입니다. 저는 무엇보다 일찌감치 학자 또는 철학사가라기보다는 오히려 '사회참여적' 철학자로 살아왔습니다. 이런 제 자신의 발전은 저의 기본 입장과 모순되지 않는다고 생각합니다.

9. 당신이 사회적으로 중요하다고 평가하는 사람은 누구입니까?

자신은 진리를 이야기한다고 주장하는 사람이라면 저는 누구든지 의심스럽게 봅니다. 그러나 가지고 있는 카리스마로 인해 제가 높이 평가하는 사람들은 있습니다. 예를 들어 교황 요한 바오로 2세 같은 사람들입니다. 제가 그 사람의 생각에 동의하기 때문이 아닙니다. 오히려 저는 정반대의 생각을 가지고 있습니다. 그러나 교황은 군대와 무기도 없이 자신의 권력을 행사하기 때문에 저에게 깊은 인상을 줍니다. 즉 그는 카리스마를 가지고 있고 항상 언론매체에 등장합니다. 우리 사회에서의 성공은 전통적 카리스마와 언론권력으로부터 나옵니다. 교황은 오늘날 권력이 어떤 모습을 띨 수 있는가를 보여주는 좋은 예입니다. 재정적, 정치적 수단만 가지고는 언제나 충분한 것은 아닙니다. 영향력은 종종 실재적이라기보다는 가상적인 것입니다. 우리 사회에서 권력은 물질의 문제라기보다는 세계관의 문제입니다. 경제조차도 현실적 요인들보다는 가상적 요인들에 따라 좌우됩니다. 제너럴 모터스(General Motors) 사가 아주 좋은 예입니다. 모든 사람들이 GM이 망할 것이라고 생각하면, 실제로 GM은 망하게 됩니다. 따라서 저는 자연에서 문화로의 이행 역시 일종의 정신적 과정으로 표현하고 싶습니다. 거기에서도 권력의 '탈물질화'가 일어나기 때문입니다.

10. 당신이 생각하는 이상적 사회는 어떤 사회입니까?

저는 이상사회에 대해 어떤 구상도 없습니다. 아마도 이상사회라면 이상적 사회상이 전혀 존재하지 않는 그런 사회일 것입니다. 우리가 어떠한 이상도 가지지 않고 있다는 사실은 우리를 자유롭게 합니다. 이것은 우리 시대의 표현이기도 합니다. 사회란 무엇인가에 대한 정의가 존재하지 않는 것이, 역설적이게도 바로 사회에 대한 정의입니다.

생애　　　　개념　　　　공통질문　　　　인터뷰

이것이 현대사회의 과정입니다. 즉 경직된 정의에서 점점 더 정의를 내릴 수 없는 상황으로 옮겨가는 것입니다. 민주주의는 결코 사회에 대한 실증적, 규정적 표현이 아니라 오히려 열려진 표현입니다. 다시 말해 사회는 항상 변화할 수 있는 질서를 가지고 있다는 사실입니다.

11. 당신은 사회를 변화시키고 싶습니까?

사회의 무언가를 바꿀 수 있기에는 제가 권력과 수단을 가지고 있지 않다는 것을 이제 말씀드려야겠습니다. 그러나 이런 식의 고백은 제가 저의 가능성을 너무나 제 자신에게만 국한시키는 것 같습니다. 따라서 다음과 같이 말하고 싶습니다. 저는 말하고, 쓰고, 행동함으로써, 공동체의 감정이 자연적 결속에 의해 좌우되지 않는 사회에 우리가 살 수 있도록 하는 데 기여하고 싶습니다. 강한 결속은 존재한다 하더라도 그것이 자연적 과정이 아닌 문화적 과정을 거쳐 사회를 건설하는 것이 바람직합니다. 이것은 오늘날 더욱 중요합니다. 왜냐하면 오늘날 우리는 사람들이 정말로 애타게 지향점을 찾는 바빌론 사회 속에 살기 때문입니다. 그러나 이러한 사회적 연대는 법률로 강제되어서는 안 됩니다.

12. 미래사회는 어떤 모습이 될 것 같습니까?

저는 컴퓨터에 기반한 커뮤니케이션 네트워크의 지속적인 발전이 열어줄 가능성에 희망을 걸고 있습니다. 저는 우리가 머지않아 세상에 관한 더욱 광범위한 정보들을 얻을 수 있는 위치에 도달하리라 믿습니다. 정보기술, 커뮤니케이션 기술, 감시기술로 인해 정보의 영향력은 더욱 커질 것이며, 커뮤니케이션은 더욱 자유로워질 것입니다. 감시기술은 '빅 브라더(Big Brother)'에 의한 전체주의적 감시로 나아가지 않고, 오히려 세계를 감시하는 기구가 없는 상태에서 세계를 감시할 수 있게 해줄 것입니다.

인터뷰

복잡성이 증대되고 꿰뚫어보기가 힘들다는 것이 현대사회의 특징입니다. 이미 노베르트 엘리아스(Nobert Elias)가 1981년 확언했듯이, 가장 막강한 지위에 있는 인간도 다른 이들로부터 독립해서, 그리고 스스로 자신만을 위해 결정을 내릴 수 없습니다. 그래서 엘리아스는 '거의 투명하지 않은 사회적 연관관계를 파악하거나 심지어는 이를 통제하기 위해서는' 다른 방식의 비개인적인 사고 수단이 필요하다고 말하고 있습니다. 사회가 개괄하거나, 꿰뚫어보기 어렵고 또 복잡하고 투명하지 않음에도 불구하고 당신은 투명한 사회를 말하고 있습니다. 당신의 테제를 좀더 자세히 설명해주시겠습니까?

　투명한 사회라는 테제는 정보의 공급이 대단히 커져서 각 개인들에 의해서는 통제될 수 없다는 모순을 바탕으로 하고 있습니다. 그러니까 우리 사회는 단지 이론적으로만 투명합니다. 우리는 모든 것이 주어져서 더 이상 드러낼 아무 것도 없는 그런 사회에서 살고 싶지는 않을 것입니다. 하지만 다른 한편 어떤 사회가 여러 장애 요소로 인해 조건부로 투명한 것이 아니라 완전히 투명하다면, 그런 사회는 바람직한 사회가 아닌가 합니다. 다시 말해 정보는 상호 공유되어야 하며 그렇지 않으면 소수의 사람들이 정보를 통제함에 있어 그들의 사회적 권력을 정치적 목적을 위해 오용할 수 있습니다. 제 책의 제목인 『투명한 사회』는 의도적으로 이중의 의미를 띤 제목입니다. 왜냐하면 사회에는 여전히 비투명성이 뭉쳐 있는 곳들이 존재하기 때문입니다. 그러니까 이 제목은 문제적 경향을 정의하고 있지, 특별히 현재의 상태를 정의 내리고 있는 것은 아닙니다.

테오도르 아도르노는 선전목적이나 대중암시의 목적으로 쓰일 수 있는 대중 매체의 오용에 대해 경고한 바 있습니다. 당신이 대중매체를 그렇게 낙관적으

로 보는 이유는 무엇입니까? 전면적 통제라는 위험이 오늘날에는 극복되었다
고 보십니까?

1970년대에 이탈리아에서 통용되던 이론은 상위의 개별 권력이 존
재한다는 것인데, 그것은 제가 기억하기로는 국가와 '붉은 여단' 등의
테러 조직 간의 갈등에서 나온 것입니다. 그런 이론은 근거가 없는 것
으로 판명되었습니다. 당시 사람들은 국가 쪽이건 테러조직 쪽이건 모
든 것을 조정하는 '큰 어른'이 있다고 믿었습니다. 지금은 다들 어떤
권력의 중심도 더 이상 존재하지 않으며, 권력자와 희생자 사이의 분
명한 경계를 긋는다는 것이 얼마나 안일한 생각이고 또 더 이상 가능
하지도 않다는 것을 잘 알고 있습니다. 미디어의 권력은 더 이상 중앙
에서 조정되는 것이 아니며, 오히려 그물이라는 형상으로 더욱 분명히
드러낼 수 있다고 봅니다. 방송사들은 시청자를 확보해야 한다는 점에
신경을 쓰며 시청자들을 끌어들이려 합니다. 시청자들이 조작 가능하
고 또 조작된다고 해도, 그들은 그 속내를 계산할 수도 없고 틀에 짜
맞출 수도 없는 대화 상대입니다.

미디어에 대한 전면적 통제라는 아도르노의 견해는 역설적이게도, 사
실 악의 위험이 도사리고 있기는 하지만 동시에 선의 가능성과 선으로
유도될 수 있는 가능성이 존재하는 어떤 사회에 대한 낙관적인 표상을
여전히 표현하고 있습니다. 하지만 우리 사회는 좋은 쪽이건 나쁜 쪽이
건 연관점이 없습니다. 개인들에게 펼쳐지고 있는 가능성들은 그들에게
자신의 삶을 스스로 개척하도록 밀어붙이고 있습니다. 이것이 니체가
'초인'이라는 은유로 말하고 있는 것입니다. 우리는 초인이거나 아니면
중도에 머무르는 사람입니다. 니체의 허무주의에서는 어떤 전승된 연관
점도 없으며, 모든 연관점들은 개인적으로 발명하거나 획득한 것입니다.
이런 의미에서 오늘날의 사회는 누구나 스스로 자기 길을 찾아야 하는
미로 정원이라고 할 수 있습니다. 인터넷은 스스로 자기 길을 찾아 발견
하지 않는 사람에게는 전혀 도움이 되지 않습니다.

'투명성'이란 포스트모던 사회의 특징이기도 합니까? 당신의 테제가 지그문트 바우만과 장 프랑수아 료타르의 테제와 구별되는 점은 무엇입니까? 당신을 대략 볼프강 벨슈와 같은 선상에 있다고 보아도 됩니까?

　　포스트모더니스트들은 현대사회를 기술할 때 일반적으로 약함의 이념에서 출발합니다. 즉 이것은 명백한 가치의 부재를 의미하는 것입니다. '약한 사고'라는 저의 이론은 존재가 약화되는 것을 다룬 강한 이론인데, 몇 년 전에 제가 정식화한 것입니다. 제가 "세계에 대한 우리의 지식은 하나의 해석이다"라고 말했을 때, 제가 끌어들인 이들은 니체, 하이데거 혹은 가다머입니다. 언젠가 니체가 표현한 것처럼 사실은 존재하지 않으며 단지 해석만이 존재할 뿐입니다. 이 해석철학의 진리는 객관적 증거에 의해 증명될 수 있는 것이 아니라 단지 공동의 문화를 근거로 할 때만 가능합니다.

　　그러니까 객관성이란 없는 것입니다. 이것은 또한 현실에 대한 정확하고 과학적으로 기술하려고 시도했던 모더니즘과 비교할 때 드러나는 포스트모더니즘의 특징이기도 합니다. 우리 존재의 역사성, 즉 상대성을 인식했던 헤겔은 우리가 처한 사회과정의 총체성을 밝혀낼 수 있다고 생각했습니다. 저도 이 과정에 참여하고 있기는 하지만 누군가에게 이 과정에 대한 확신을 불어넣기 위해서 제시된 지식들이란 단지 그렇게 해석된 진리들일 뿐입니다. 포스트모더니즘은 객관성의 종말과 더불어 시작합니다. 료타르의 말을 빌리면 그것은 헤겔 이후에 시작한다고 할 수 있습니다. 하지만 포스트모더니즘도 역사를 필요로 합니다. 그것은 철학과 역사의 끝이 아니라 오히려 역사의 종말에 관한 역사나 철학입니다. 포스트모더니즘을 특징짓는 요소는 강력한 구조들이 약해진다는 것입니다. 우리는 이미 예술에서도 객관적으로 기술할 수 있는 현실의 해체를 체험했습니다. 파블로 피카소의 '아비뇽의 처녀들'을 생각해보십시오. 어떤 사람도 그 작품이 정말로 아름답다고 생각하지는 않을 겁니다. 모더니즘의 많은 현상들은 포스트모더

니즘으로 넘어오면서 존재의 약화 과정으로 기술될 수 있습니다. 그것
은 바로 명백한 가치들의 상실을 말하며 곧 허무주의로의 경도를 의미
합니다.

**포스트모더니즘에 이르러 모더니즘의 국민국가적 기획이 종말을 고했다는 점
을 포스트모더니즘의 특징으로 보는 테제에 동의하십니까?**

    그렇습니다. 제 생각에는 포스트모더니즘의 전형적인 특징 중의 하
나가 국민국가의 해체입니다. 그렇게 해서 지역적인 것과 전지구적인
것이 공존하는 체제 쪽으로 나아가고 있습니다. 이런 제 말은 생산, 교
역 그리고 소비의 세계화 때문에, 특히 경제적인 이유에서도 초국가적
인 구조를 건설하는 것이 점점 더 시급해졌다는 것입니다. 다른 한편
제게 이런 발전 경향은 지역 소속감, 뿌리, 그리고 문화의 재발견을 촉
진하는 것으로 보이는데, 이것들은 국민국가들에 의해서도 여러 차례
차단되었던 것입니다. 연방주의가 오늘날의 사회에 적합한 정치체제라
고 보는 것이 엉뚱한 생각은 아닙니다.

사회라는 말을 당신은 어떻게 이해하십니까? 어떤 정의가 있습니까?

    사회(Gesellschaft)란 공동체(Gemeinschaft)가 세속화된 것입니다. 공동
체는 어떤 집단에 소속된 개별적 인간들의 결합체입니다. 이러한 공동
체가 확대되고 권리와 의무, 자유와 법률이 정립되면, 그것이 사회라
고 우리는 말할 수 있습니다〔퇴니스(Tönnis)의 이익사회(Gesellschaft)와 공동
체사회(Gemeinschaft)의 구분을 생각해볼 것. 공동체사회는 일반적으로 혈연, 지
연 등의 자연적 결속과 강한 유대라는 특징을 가지고 있다. 그러나 보통 사회라
고 하면 이익사회, 즉 게젤샤프트를 의미한다―옮긴이〕. 사회는 공동체의 자
연적 구속에서 사람들이 해방되는 곳입니다. 오늘날 우리 사회에서의

차이들은 아직도 남아 있는 공동체간의 차이들입니다. 사회는 역동적 개념입니다. 비록 여러 다양한 사회들이 있지만, 그러나 이러한 사회들이 모여서 하나의 공통적인 사회가 형성됩니다. 사회란 파악할 수 있는 그 어떤 것이 아니라, 자체의 한계들, 즉 자연적 공동사회의 한계들을 넘어서 진행되는 하나의 과정입니다. 사회의 세속화, 즉 공동체적 생활양식에서 사회적 생활양식으로의 이행은 하나의 과정입니다. 우리들의 생활은 자연적이고, 강하며 억압적인 구조로부터, 우리가 문화라고 부를 수 있는, 더욱 성찰적인 구조로 끊임없이 이행하는 과정에 있습니다.

다시 말해 직접성으로부터 법률과 규칙으로 이행하는 것이며, 우리들의 자연적 한계들로부터 계속해서 멀어져가는 과정입니다. 오늘날 종족차별주의는 한 종족이 다른 종족보다 우월하다는 막무가내식 주장으로 나타나지는 못합니다. 하지만 서로 격리된 공동체의 형태로 나타납니다. 이것은 위험합니다. 왜냐하면 이로 인해 우리들이 이룩한 문화적, 합리적 성과물들은 상실되고 자연적 공동체 감정만이 커질 수 있기 때문입니다.

당신의 '투명한 사회'라는 테제는 아주 소수의 사람들만이 가지고 있는, 정보의 이용능력과 평가능력을 전제하고 있는 것은 아닙니까? 만약에 아주 소수만이 정보의 제공을 이용할 수 있다면, 정보의 자유로운 이용은 사회를 반드시 더 자유롭고, 더 민주적으로 만들지는 않을 것입니다. 당신은 앞에서 국제적인 방송국들을 예로 들었습니다. 그러나 이러한 정보들을 이용하기 위해서는 외국어 실력이 전제되어야 하는데, 이것은 소수만이 가지고 있습니다. 그렇다면 '투명한 사회'는 많은 새로운 불평등을 야기하지 않을까요?

컴퓨터를 다룰 줄 알고, 여러 외국어를 할 수 있는 능력 등을 지닌 사람들만이 전지구적 커뮤니케이션을 이용할 수 있다는 말은 맞습니다. 정보사회는 항상 새로운 불평등을 야기할 위험을 가지고 있습니다. 저는 컴퓨터, 외국어, 컴퓨터 지식 등의 활용이 어떤 식으로든 단선적으로 발전하리라고는 결코 생각하지 않습니다. 그렇게 되기에는 다른 문화, 다른 생활양식 등등 너무나 많은 '외부적 요인들'이 있습니다. 이 요인들은 우리가 생각한 것 이상으로 세계의 '서양화'를 복잡하게 만들 것입니다. 하지만 우리는 단지 가설만을 세울 수 있고, 이 과정에 '서양 국가'로서 참여할 뿐입니다. 바로 이러한 이유 때문에 우리는 다른 문화들이 기여할 수 있는 부분에 대해 열려 있어야 합니다. 이미 오래 전부터 서양은 스스로 지나치게 자만해서는 안 된다는 것을, 그리고 서양 자신을 '예속적(자기폐쇄적─옮긴이)' 관계로부터 해방시켜주는 '외부'의 기여들을 받아들여야 한다는 것을 배웠습니다.

투명한 사회의 모순은 어떻게 극복할 수 있습니까?

저는 '투명한 사회'라는 개념은 모순적이라고 이미 말했습니다. 제 생각에 커뮤니케이션이 가속화되고 있는 우리 사회는 결코 '투명한 사회'가 아닙니다. 우리 사회는 날마다 더욱 혼란스러워지고 있습니다. 이 사회의 모순은 어떤 상위의 종합명제(Synthese)라는 형태를 통해서는 극복될 수 없습니다. 중요한 것은, 니체의 '초인(Übermensch)' 비슷한 의미에서, 우리 자신들을 모순에 맞설 수 있는 수준으로 끌어올리는 것입니다. 예를 들어 사람들은 더욱 불안해진 사회에 사는 법을 배워야만 합니다. 철학의 영역에서 사람들은 궁극적, 확정적 '이유'를 포기하는 합리성을 가져야만 합니다. 왜냐하면 이러한 이유들은 항상 지나치게 권위주의적이기 때문입니다. 저는 제가 종종 '객관적 진리'라는 가치로부터 이웃사랑이라는 가치로의 이행이라고 표현한 것을 유일한 가능성으로 봅니다. 우리는 어떤 '궁극적, 객관적 이유들'을 더 이상 가지고 있지 않습니다. 우리가 가지고 있는 것은 오직 우리들의 '이웃들' 뿐입니다. 즉 이웃은 우리와 함께 합의에 도달하고, 우리도 그들에 속하며, 또한 그들에게 우리들의 행위에 대한 이성적 설명을 해야만 하는, 함께 사는 사람들입니다. 이것은 기독교적 이상입니다. 성서의 복음에도 도그마의 상위에 존재하는 것은 '카리타스(Caritas)', 즉 이웃사랑이라고 적혀 있습니다.

당신의 논문 중 「현실해체」라는 것이 있습니다. 대중매체시대에 현실은 해체됩니까? 아니면 당신은 '현실해체'라는 말을 어떤 의미로 쓰고 있습니까?

이 개념은 '약한 사고' 개념에서 정리되었듯이, '존재의 약해짐'을 지칭하는 또 하나의 개념일 뿐입니다. 만약에 우리들의 철학과 문화를 의미 있게 대변해줄 수 있는 하나의 해방적 이상이 있다면, 그것은 분명히 인식에 대한 우리들의 지식이 증대되었기 때문은 아닐 것입니다. 우리들의 지식은 오히려 현실이 오래 전부터 우리들에게 채웠던 족쇄에서 우리 스스로를 해방시키는 문제에 집중해야 할 것입니다. 정보사회, 사물의 본질을 찾는 철학적 시도의 종말, 과학적 패러다임의 역사성에 대한 자각, 과학과 생명공학에서의 많은 자연적 한계들의 소멸, 이 모든 것은 인간의 관점에서 볼 때, 거친 물질 대신에 정신의 심화, 자연 대신에 문화의 심화로 파악할 수 있습니다.

사르트르가 『마르크스주의와 실존주의』라는 책에서, 역사 자신이 구체적으로 만들어놓은 것 속에서 역사의 의미가 해체되어간다고 말했던 그 사회를 우리는 과연 실현할 능력이 있는 것입니까?

그 의미가 해체되고, 약화되어 더 이상 그 의미를 하나의 중심적 과정에서 나온 총체적 개념으로 바라보지 않을 때에야, 우리는 역사의 의미를 우리 것으로 만들 수 있을 것입니다. 총체적 파악은 여전히 '지배의 모델'입니다. 저는 헤겔의 '절대 정신'조차도 원래는 전혀 총체적 이

해를 제시하지 못하고, 오히려 객관적 정신이라는 형태를 띠면서 분산
되는 의미, 즉 문화와 가치체계들 속에서 분산되는 의미를 보여주고 있
다고 생각합니다. 사르트르가 생각했듯이, 부르주아 계급의 '지배'를
프롤레타리아라는 다른 계급의 지배로 대체하기 위해서 혁명이 일어났
다고 보아서는 안 됩니다. 정말 중요한 것은 '지배'라는 개념 자체를 없
애는 것입니다.

닐 포스트맨이 예견한 대로, 우리는 미래에 문 밖을 한 발짝도 나가지 않고, 집
에서 장을 보고, 의원들을 뽑고, 은행 일을 처리하고 또 모든 원하는 정보들을
얻을 수 있을까요?

   이미 오늘날 더욱 많은 사람들은 장보기, 은행 일보기 등 가능한 모
든 것을 하기 위해 컴퓨터를 이용하고 있습니다. 저는 사람들을 직접
대면하기를 좋아하는 사람이 아니라, 그 정반대입니다. 제 생각에 사회
는 이러한 직접 대면을 상징적인 것으로 바꾸면서 진보를 이룩해왔습
니다. 저는 우리가 미래에는 필요한 일들을 더욱더 비물질적인 방식으
로 처리할 것이라고 봅니다. 장보기, 송금하기 그리고 특히 일하기조차
우리의 책상에서 다 이루어질 것입니다. 그리고 사회생활은 더욱더 편
안하고 즐거워지며, 좋아서 또는 운동을 같이 할 목적으로 다른 사람
들을 만나는, 즉 '자발적'인 만남이 가능해집니다. 마치 책상에 너무
오래 앉아 있다보면 산책을 나가고 싶어지듯이 말입니다.

후기

카를 마르크스가 말했듯이, 인간이 스스로 풀 수 있는 문제들에만 몰두한다면, "우리가 살고 있는 사회는 도대체 어떤 사회인가?"라는 질문을 제기하는 것은 분명히 적절한 의미가 있다.

이 질문을 풀기 힘든 것은, 사회는 —이미 제1권에서 확인했듯이— '범주화하고 또 한정지을 수 없다는 사실, 그리고 사회는 오히려 더욱 불투명하고 복잡하게, 스스로 항상 움직이며 변화하고 있다는 사실' 때문이다. 사회 또는 우리가 이와 비슷한 그 무엇이라고 간주하는 것은 결코 구조적으로 연결된 어떤 전체가 아니라, 오히려 커다란 형태변화와 구조변화라는 특징을 가지고 있다. 그런데 이러한 요인들뿐만 아니라, '사회'라는 개념의 해석적 특징은 명확한 해답을 찾기 힘들게 한다. 즉 저마다 다르게 '사회'를 이해하기 때문이다. 또 하나의 어려움은 각 연구자들 스스로가 자신이 관찰하고, 기술하고 또 설명하려고 하는 사회의 일부라는 사실에 있다. 사회는 바로 우리가 여러 시각들 속에서 관찰하고 또 그것을 여러 다양한 동기에서 표현한다는 사실을 통해 구성되는 것이다. 우리가 우리의 행위, 그리고 타인의 일체의 행동에 부여하는, 막스 베버가 강조한 '주관적으로 생각하는 의미(subjektiv gemeinte Sinn)'야말로 우리들의 행위, 그리고 사회에 대한 분석과 해석을 결정짓는 구성적 요인이다. 하지만 또 역으로 우리들의 지각과 설명적 기준을 제공하고, 그 형태를 만드는 것은 사회 자체이다.

사회를 어떻게 표현하든 간에, 이 책에 소개된 모든 학자들로부터 한 가지 확실하고 또 공통적으로 뽑아낼 수 있는 것이 있다. 그것은 세계의 탈주술화와 이로 인해 필요해진 새로운 조건들에 대한 시각의 전환이 개인과 사회에 있어서 핵심적 요구이며 과제가 된다는 사실이다. 이로 인해 많은 사람들과 사회의 많은 부분들이 어려움을 겪는다는 것은, 그들에게는 이제 이러한 요구와 과제를 받아들이는 길 이외에는 다른 방법이 없다는 것과 마찬가지이다.

여기서 중요한 것은, 어떤 정확한 답변을 제시하는 것이 아니다. 하물며 각 개념들에 대한 평가는 더더욱 아니다. 오히려 내가 이 책의 말미에서 다시 한번 강조하고 싶은 점은 우리가 많은 시각들, 견해들, 해석들을 접할 수 있다는 것이 얼마나 중요한가라는 사실이다. 사회를 하나의 개념으로 확정하려는 모든 시도는 사회의 자유와 개방성, 그리고 전반적인 과정적 특성을 한정적으로만 드러내게 된다. 사회는 지속적인 해석과 재해석의 과정 속에 있다. 따라서 이 책에 제시된 개념들은 단지 하나의 기술적·설명적 시도, 그리고 일종의 스냅사진으로 이해하여야만 한다.

이 책이 비록 명확한 해답을 주진 않지만, 제기된 질문을 피하지는 않는다. 각 장에서 분명하게 드러났듯이, 사회는 사건들을 모으고 정리하는 어떤 구심점을 더 이상 가지고 있지 않다는 특징을 가진다. 사람들은 목표를 정할 때, 점점 더 신앙체계나 이데올로기체계에 의존하지 않는다. 모든 것을 통제하고 조정할 수 있는 권력자는 더 이상 없으며, '사건들에 대한 지배'를 확실히 할 수 있는 개인도 더 이상 없다. 정치가 국가의 중심이며 가족이 사회의 심장이었던 시대는 끝났다. 우리는 언제나 구체적인 해답을 기대한다. 그러나 이러한 기대는, 사회가 더 이상 계획되고 설계될 수 없는 시대에는 더 이상 불가능하다. 계획이 예기치 않은 결과를 가져오고 또 질서를 세우려는 시도가 되려 카오스를 증가시키는 것은 하나의 분명한 사실이며 우리는 바로 이것을 직시해야만 한다.

확실한 것에서 지속적으로 멀어지는 사회에서 우리는 오로지 우리의 활동을 증대시킴으로써만 변화에 대처할 수 있다. 오늘날에는 생활에 대한 훨씬 능동적인 태도가 요구되고 있다. 누구나 자신의 생활을 과거보다 더 자기 책임하에서 만들어나가야만 한다. 누구나 자신의 노동력, 이념 그리고 재능의 주인이 되어간다. 이러한 변화는 부정적 측면과 함께 긍정적 측면도 있다. 긍정적 측면은 두말할 나위도 없이 개인들의 확대된 행동여지인데, 이것은 사람들이 자신의 생활을 좀더 자기 뜻대로 만들 수 있도록 한다. 부정적 측면은 긍정적인 측면과 밀접한 관련이 있다. 전통적 생활관계에서 벗어나면서 각 개인의 생활설계에 대한 요구 역시 증가하게 된다. 그런데 우리가 이를 감당하지 못하면, 이러한 요구는 과도한 요구가 된다. 부과된 과제가 없다는 것은 자유로운 활동여지를 가능하게 해주지만, 다른 한편으로는 우리들의 운명을 스스로 개척하도록 강제하는 것이다. 바로 여기에 현재가 가지는 중요한 의미가 있다. 우리는 수동적 희생자의 역할에서 스스로를 해방시켜야 하고 자신을 더 적극적으로 보아야만 한다. 그렇게 해야만 권력집중의 경향이 멈춰질 수 있으며, 또 그렇게 해야만 오늘날의 사회적 불평등에 맞설 수 있다. 뜻이 있는 사람은 이 말 속에 사회경제적 변화에 우리가 아무런 저항도 없이 굴복해서는 결코 안 된다는 호소가 담겨 있음을 알 것이다.

전지구적 자본주의는 그것이 야기하는 위험들에 대비해 신뢰할 만한 사회보장을 구축해야만 비로소 정치적 정당성을 확보할 수 있다. 더욱더 많은 권력이 더욱더 적은 소수의 비민주적 정당성을 가진 사람들에 의해 행사될 수 있다는 사실은 세계의 탈주술화로 인해 이룩된 발전들과는 조화를 이룰 수 없는 것이다. 각 개인들은 경제와 정치의 지도부에 압력을 행사할 수 있는 가능성을 확보해야만 한다.

이 책은 아직 완결되지 않은 경험적 연구의 잠정적 결과물이라는 성격을 띠고 있다. 따라서 머지않아 3권에서도 또 다른 학자들과 이 책의 핵심질문에 대한 그들의 해석이 소개될 것이다. 핵심질문에 대한 좀더 해박한 답변이 가능하리라 가정하는 것은 완전한 환상이며 게다가 위험하기까지 하다. 그러나 이러한 질문을 제기하는 것 자체가 무의미하다고 생각하는 것은 불행한 결과를 낳을 것이다. 이런 질문들이, 보호되고 장려되어야 할 공론적 토론에 없어서는 안 될 요소라는 사실에 대해서는 더 이상 언급하지 않겠다. 여러 다양한 해석들은 서로에 영향을 주는 기존의 경제적, 사회·문화적 현상들의 변화, 그리고 앞으로 일어나게 될 변화과정에 대한 시각을 날카롭게 해준다.

언젠가 노베르트 엘리아스가 말했듯이, "우리들의 미래는 열려 있다. 개인들의 미래, 개인들이 서로 모여 구성하고 있는 사회의 미래는 열려 있다. 그 어느 것도 최종적이고 확정된 것은 없다". 우리는 사회적 관계들과 변화를 관찰하고 또 이에 대해 서로 토론해야 한다. 이러한 공동의 노력만이 우리를 희망이 있는 사회로 이끌 것이다. 왜냐하면 만약에 우리가 현재 어디에 서 있는지 모른다면, 우리가 어디로 가야 하는지에 대한 생각을 발전시킬 수 없기 때문이다. 그러므로 우리는 항상 반복해서 "우리가 살고 있는 사회는 도대체 어떤 사회인가"라는 질문을 던져야 한다. 그리고 날마다 새로이 그 해답을 찾아야만 한다.

아르민 퐁스(Arnim Pongs)

찾아보기

▮ 용어

■ 인명

맥클린톡, 바바라(Barbara McClintock) 202

머독, 루퍼트(Rupert Murdoch) 229, 234, 238

머튼, 로버트 (R. K. Merton) 91

메르텐스, 디이터(Dieter Mertens) 257

모이니한, 다니엘 패트릭(Daniel Patrick Moynihan) 49

무질, 로버트(Robert Musil) 340, 343

미드, 조지 허버트(George Herbert Mead) 101, 202

(ㅂ)

바리코, 알렉산드로(Alessandro Barricco) 379

바우만, 자그문트 12, 387

바티모, 지안니(Gianni Vattimo) 12, 171, 370, 373, 375

발자크(Jean-Louis Guez de Balzac) 23, 107

발저, 마르틴(Martin Walser) 251

베니니, 로베르토(Roberto Benigni) 378

베를루스코니(Berlusconi) 377

베버, 막스(Max, Weber) 19, 43, 172, 242, 263, 340, 393

베블렌, 톨스타인(Thorstein Veblen) 177

벡, 울리히 12, 92, 122, 154, 201

벡-게른스하임(Beck-Gernsheim) 153

벤야민, 발터(Walter Benjamin) 225

벨, 다니엘(Daniel Bell) 12, 200, 206, 361

벨슈, 볼프강(W. Welsch) 387

보크트, 본(A. E. van Vogt) 167

볼테, 카를 마틴(Bolte) 154

부르디외, 피에르(Pierre Bourdieu) 152, 226

브란트, 빌리(Willy Brandt) 109

브레히트, 베르톨트 107, 109

블레어, 토니(Tony Blair) 364, 365

비트겐슈타인, 루드비히(Ludwig Wittgenstein) 319, 370

빌케, 헬무트 200

(ㅅ)

사르트르, 장 폴(Sartre, Jean-Paul) 391

세네트, 리처드(Richard Sennett) 12, 236, 334, 339

셰익스피어, 윌리엄(William Shakespeare) 237

슈뢰더, 게르하르트(Gerhard Schröder) 89

스미스, 애덤 (Smith, Adam) 110, 360

스타인 벡, 존(John Steinbeck) 43

스트린드베리, 아우구스트 107

시몽, 클로드(Claude Simon) 107

■ 엮은이

아르민 퐁스

1968년에 태어났으며 대학에서 사회학, 심리학, 정치학을 공부하였다. 현재는 뮌헨에 살면서 자유 저널리스트, 사진작가, 저술가로 활동하고 있다. 또한 자신이 편집한 책들을 주제로 한 강연회와 토론회, 전시회를 기획하고 있다.

■ 옮긴이

윤도현

한국외국어대학교 독일어과 졸업
서울대학교 대학원 사회학과 석사
독일 베를린 자유대 사회학 박사
한양대학교, 한림대학교, 서울대학교, 동국대학교 등 강사
국회 정책연구위원
현재 현도사회복지대학교 교수
저·역서:『한국 사회민주주의 선언』(사회와 연대, 2001, 공저),『계급이여 안녕?: 선진자본주의 사회의 계급과 복지국가』(한울, 2000),『소련과 중국』(한길사, 1990, 공역),『이데올로기와 상부구조』(한마당, 1987)
논문:「세계화와 복지국가」,「신자유주의와 대안적 복지정책」외 다수
e-mail: dhyoon@kkot.ac.kr

사회과학자 12인에게 던지는 질문

당신은 어떤 세계에 살고 있는가? ❷

ⓒ 윤도현, 2003

엮은이 | 아르민 퐁스
옮긴이 | 윤도현
펴낸이 | 김종수
펴낸곳 | 도서출판 한울

초판 1쇄 발행 | 2003년 10월 30일
초판 3쇄 발행 | 2010년 4월 10일

주소 | 413-832 파주시 교하읍 문발리 507-2(본사)
         121-801 서울시 마포구 공덕동 105-90 서울빌딩 3층(서울 사무소)
전화 | 영업 02-326-0095, 편집 02-336-6183
팩스 | 02-333-7543
홈페이지 | www.hanulbooks.co.kr
등록 | 1980년 3월 13일, 제406-2003-051호

Printed in Korea.
ISBN 978-89-460-4274-2 03330
ISBN 978-89-460-0113-8(세트)

* 가격은 겉표지에 표시되어 있습니다.